Baedeker

Allianz  Reiseführer

W0229157

Dänemark

www.baedeker.com

Verlag Karl Baedeker

TOP-REISEZIELE ★ ★

Kulturliebhaber und Erholungssuchende kommen in Dänemark gleichermaßen auf ihre Kosten: Traumhafte Schlösser, malerische Fachwerkstädtchen und spannende Museen gibt es zuhauf, daneben laden endlose weiße Strände und idyllische Wald- und Heidelandschaften zum Entspannen ein. Die Highlights haben wir Ihnen hier zusammengestellt.

Wie im Märchen
Eines der schönsten Renaissance-schlösser ist Egeskov Slot.

1 Skagen

2 Bangsbo

3 Aalborg

4 Limfjorden

5 Rebild Bakker

6 Fyrkat

7 Gammel Estrup

8 Ebeltoft

9 Århus

10 Helsingør

11 Louisiana

12 Fredensborg

13 Hillerød

16 Kopenhagen

15 Legoland   14 Jelling

17 Roskilde

19 Ribe

20 Odense   21 Egeskov

18 Køge

22 Holmegård

23 Stevns Klint

24 Rømø

26 Bornho

25 Tønder

27 Møn

28 Ærø

©Baedeker

Licht, Sand und Meer
*Nicht nur Künstler schätzen die
Vorzüge von Skagen.*

Freilichtmuseum in Århus
*Vor dem Reetdachhaus klappert
noch munter das Mühlrad.*

Pulsierend

An warmen Sommertagen trifft man sich am Nyhavn in Kopenhagen.

Frederiksborg
Das Schloss beherbergt seit 1875 das
Nationalhistorische Museum.

DIE BESTEN BAEDEKER-TIPPS

Von allen Baedeker-Tipps in diesem Buch haben wir hier die interessantesten für Sie zusammengestellt! Erleben und genießen Sie Dänemark von seiner schönsten Seite.

Heiße Eisen
Was wäre das Mittelalterfestival ohne einen Schmied?

▮ Gartenidylle
Fast 40 Jahre lang pflanzte ein fantasievoller Schneidermeister seine geliebten Blumen, Büsche und Bäume aus aller Herren Länder in einen bezaubernden Garten. ▶ **Seite 168**

▮ Zurück ins Mittelalter
Im Middelaldercentret am Guldborg Sund finden Ritterturniere statt, präsentieren Falkner ihre Jagdvögel, zeigen Weber, Tuchfärber und Zinngießer ihr Können. Vom Museumshafen starten Törns mit Repliken historischer Schiffe. ▶ **Seite 173**

▮ Längste Theke Dänemarks
Gut zwei Dutzend Restaurants und witzige Musikkneipen finden Nachtschwärmer in einem nur 200 m langen Sträßchen. ▶ **Seite 129**

▮ Im ewigen Eis
Lang wohnte der dänische Polarforscher Knud Rasmussen in Hundested. Wie er die Arktis durchquerte, den magnetischen Nordpol entdeckte und vieles mehr erzählt das spannende Museum in seinem Domizil. ▶ **Seite 187**

▮ Frauenpower
Von Teppichklopfern und Dienstbüchern bis zu Frauenliteratur, Modetrends und Liebesbriefen – das Kvindemuseet befasst sich mit allen Lebensbereichen der Frau früher und heute. ▶ **Seite 140**

▮ Goldene Bornholmer
Frisch geräuchert, gepökelt oder gebraten – Bornholmer Fischrezepte sind unwiderstehlich und abwechslungsreich. ▶ **Seite 156**

Viel Holz ...
ist nötig, damit die »Goldenen Bornholmer« richtig werden.

🔲 Nach Gutsherrenart

Durch Stil und Atmosphäre bezaubert der Serridslevgård. Neun Herrenhauszimmer und eine ausgezeichnete Küche warten auf Gäste. ▶ **Seite 218**

🔲 Royal Shopping

In Kopenhagen wird ein Einkaufsbummel zum entspannenden Vergnügen. Alles, was das Herz begehrt, lässt sich zu Fuß erreichen: Designeroutfits, Bücher, Antiquitäten ... ▶ **Seite 232**

🔲 Kostenlose Citybikes

Erobern Sie Kopenhagen doch mal mit dem Rad: Von April bis Oktober stehen Bikes überall in der Stadt zur Verfügung. ▶ **Seite 235**

🔲 Keramik & Væv

In einer verträumten Gasse von Rudkøbing haben Lizzi und Leif ihren kleinen Laden eingerichtet. Hier findet man einmalig schönes Kaffee- und Teegeschirr nebst handgewebten Sachen. ▶ **Seite 279**

🔲 Schnapsroute ...

heißt das Pendant der Limfjordgegend zu Deutschlands »Weinstraße«. Zehn Lokale laden zum Probieren von würzigen Schnäpsen ein, unterwegs gibt es interessante Städte und Attraktionen zu entdecken. ▶ **Seite 293**

🔲 Natur pur

Eine 23 km lange Wander- und Fahrradroute führt durch ein herrliches Küstengebiet mit kleinen Inseln, Wäldchen und Landzungen. ▶ **Seite 308**

🔲 Das Runde Eck

Anerkannte Namen und neue Talente des dänischen Kunsthandwerks findet man in Randers. ▶ **Seite 325**

🔲 Glasgalleriet

Im ehemaligen Gaswerk von Roskilde kann man heute Glasbläsern bei der Arbeit zusehen und schöne Mitbringsel einkaufen. ▶ **Seite 347**

🔲 Det gamle Apotek

In einem vornehmen Patrizierhaus in Tønder gibt es nicht nur das Apothekenmuseum mit alten Utensilien, Geheimrezepten und Giftschrank, sondern auch Glas, Keramik und nostalgische Haushaltswaren zu kaufen. ▶ **Seite 374**

🔲 Unter Tage

Westlich von Viborg erzählt ein fantastisches, rund 80 km langes Stollenlabyrinth vom harten Arbeitsalltag in den Kalkminen. ▶ **Seite 385**

Nostalgische Läden

Vielerorts kann man Glas, Keramik, Kunstgegenstände und andere schöne Mitbringsel erwerben.

Absalon von Lund
*Bischof von Roskilde und
Stadtgründer Kopenhagens*
► Seite 233

HINTERGRUND

PRAKTISCHE INFORMATIONEN VON A bis Z

Strand satt
*Endlose Sonnentage an kilometer-
langen weißen Sandstränden*
► Seite 72

Frische Fische
*Kabeljau, Hering und Scholle
werden von zahllosen Kuttern
an Land gebracht.*
► **Seite 28**

TOUREN

Zauberhaft
Das Muschelhaus in Thyborøn
► **Seite 287**

Beutekunst
*Reich verzierte Axt aus
einem Wikingergrab*
▸ **Seite 352**

REISEZIELE
VON A BIS Z

Preiskategorien

▸ **Hotels**
Luxus: ab 1700 DKK
Komfortabel: ab 1000 DKK
Günstig: bis 1000 DKK
Für eine Übernachtung

▸ **Restaurants**
Fein & teuer: ab 280 DKK
Erschwinglich: ab 170 DKK
Preiswert: unter 170 DKK
Für ein Hauptgericht

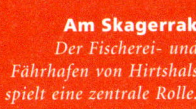

Am Skagerrak
Der Fischerei- und Fährhafen von Hirtshals spielt eine zentrale Rolle.
► **Seite 213**

nachdenken · klimabewusst reisen
atmosfair

Nachbau
Nur die Krypta des Viborger Doms stammt noch aus dem Mittelalter.
► **Seite 283**

Hintergrund

KURZ, KNAPP UND SCHNELL
NACHZUSCHLAGEN: WISSENS-
WERTES ÜBER DÄNEMARK, ÜBER
LAND UND LEUTE, NATUR,
KULTUR UND DIE REICHE
GESCHICHTE DES LANDES
ZWISCHEN ZWEI MEEREN.

INSELREICH AM NORDMEER

Ein mildes Licht, das Meer und die Farben des Landes verweben sich in Dänemark zu einer einzigartigen, großen Sinfonie. Vermutlich nirgendwo in Europa hat man auf eine so sympathische Weise das Gefühl, die Zeit sei stehen geblieben, der Beton noch nicht erfunden und die Landschaft gehöre nur uns allein.

»Tonio Kröger stand in Wind und Brausen gehüllt, versunken in dies ewige, schwere, betäubende Getöse, das er so sehr liebte. Wandte er sich und ging fort, so schien es plötzlich ganz ruhig und warm um ihn her. Aber im Rücken wusste er sich das Meer; es rief, lockte und grüßte. Und er lächelte.« Was Thomas Mann in seiner 1903 erschienenen Novelle so wunderschön vom südlichsten Land Skandinaviens erzählt hat, besitzt zeitlose Gültigkeit. Ein langer Strandspaziergang bei stürmischem Wetter, wenn der Wind an der Jacke zerrt, die Lippen nach Salz schmecken und das Meer so laut brüllt, dass man sein eigenes Wort kaum versteht, ist und bleibt ein Stück dänischen Wohlbefindens. Am nächsten Tag scheint die Sonne an einem strahlend blauen Himmel, der Strand hat wieder seine natürliche Breite und man findet zwischen Muscheln und anderem Strandgut vielleicht sogar einen Bernstein, das mystische Gold des Nordens. Deutschlands Nachbar Dänemark besteht aus der großen Halbinsel Jütland

Idyllisch
Sanft fallen die Waldhänge zum Meer hin ab.

und 406 Inseln, weshalb man auch gern vom Inselreich spricht. Von keinem Ort aus ist es weiter als 50 km bis zum Meer und ein Badestrand und ein Jachthafen gehören fast überall dazu.

Von Hygge und Smørrebrød

Touristische Schwerpunkte sind im Wesentlichen die Hauptstadt Kopenhagen und die Badeorte an den Küsten. Als Highlights gelten die Seebäder an der Nordostküste Seelands (Sjællands) und die Insel Bornholm, die auch als »Capri des Nordens« bezeichnet wird. Wer mehr Einsamkeit sucht, ist dagegen an den endlosen Sandstränden der Westküste Jütlands (Jyllands) bis hinauf nach Skagen richtig oder an der jütländischen Nordostküste und auf Fünen (Fyn). Als urty-

Verträumt
Liebevoll gepflegte Fachwerkhäuser wie hier in Ribe säumen die Straßen vieler Städte.

Verwegen
Bei Wikingerfestivals wird die Vergangenheit des Landes wieder zum Leben erweckt.

Erholsam
Nach ausgiebigem Genuss von Kultur und Kunst kommt man in schöner Umgebung wieder zur Ruhe.

Gesellig
In den Fischerdörfern genießen die alten Seebären ihren Ruhestand.

Vergnüglich
Endlose weiße Sandstrände sorgen für reichlich Spiel- und Badespaß.

Startklar
Farbenfrohe Fischerboote warten auf ihren nächsten Einsatz.

pisch für Dänemark gilt der Urlaub im Ferienhaus, der im kleinen Königreich eigentlich immer Saison hat. Auf der Reise durch das Inselreich zwischen Nord- und Ostsee erschließt sich das Geheimnis von »hygge«, der legendären dänischen Gemütlichkeit und Gelassenheit. Man sagt, dass ein »Kro«, wie die traditionsreichen Landgasthöfe heißen, zum Längerbleiben verführt. Das liegt nicht zuletzt an der dänischen Gastfreundschaft, die alles ein bisschen persönlicher macht. Und natürlich an der ausgezeichneten dänischen Küche, die weit mehr als Smørrebrød (ein Butterbrot mit fantasievoll wechselndem Belag) und Fischgerichte aller Art zu bieten hat.

Dänemark ist Weltmeister im Bewahren. In den Großstädten, die man übrigens an einer Hand abzählen kann, ebenso wie in den Landgemeinden stehen immer noch Hunderttausende bunt bemalter Fachwerkhäuschen, fast jedes wie ein Puppenheim. Dazu kommen sorgsam erhaltene Zeugnisse der legendären Wikingerzeit, verwunschene Bilderbuchschlösser und prachtvolle königliche Residenzen, sensationelle Kunstsammlungen, einzigartige Freilichtmuseen und märchenhafte Vergnügungen bei Tivoli, Legoland und Co.

Freiheit ist für die Dänen ein wichtiger Begriff, der sich bis in die Bildung hinein fortsetzt: In Dänemark gibt es eine Unterrichtspflicht, aber keine Schulpflicht. Das Recht, selbst für den Unterricht seiner Kinder zu sorgen, wurde 1915 sogar in der Verfassung verankert.

Traumhafte Strände

Die Landwirtschaft spielt in Dänemark eine herausragende Rolle, augenfällig wird das besonders beim Obst und Gemüse. Immer wieder stehen an den Straßen kleine Tische, an denen sich die Vorbeifahrenden mit frisch gepflückten Erdbeeren, Kartoffeln und Gemüse der Saison versorgen und ihren Obulus einfach ins bereitstehende Kässchen entrichten. Zwar gibt es Industrie in Dänemark, doch keine Schwerindustrie, auch keine verschmutzten Flüsse, die ihre Brühe ins Meer spülen. Die Umweltschutzgesetze sind mit die schärfsten der Welt. Außerdem legen die Dänen schon von sich aus großen Wert darauf, dass ihre herrlichen Sandstrände, die auf Hunderte Kilometer die Küsten zieren, sauber bleiben. Denn der Tourismus bildet eine sehr wichtige Einnahmequelle. Also auf nach Dänemark? Da können Sie es getrost mit Tonio Kröger halten: »Ja. Und ich verspreche mir Gutes davon.«

Labsal
Leckereien erfreuen Augen und Magen.

Fakten

Viele Hände haben das Gesicht von Dänemark geformt: Die Eiszeiten, Wasser und Wind schufen die abwechslungsreiche Landschaft, die Menschen verwandelten sie in einen ertragreichen Garten.

Natur und Umwelt

Das dänische Landschaftsbild verdankt seine Entstehung vor allem den **letzten beiden Eiszeiten** und der Zeit danach. Unter dem Land lagern Gesteine aus älteren erdgeschichtlichen Perioden: hauptsächlich Kalksteine, Sandsteine und Tonschiefer, Granite und Gneise. Granit kommt nur auf Bornholm ans Licht, dessen Granitoberfläche vom Inlandeis zu einer Rundhöckerflur abgeschmirgelt wurde.

Urgesteine

Dänemarks Landschaft besteht aus einem flachen West- und einem hügeligen Ostteil. Die Grenze verläuft von Bovbjerg an der Nordseeküste über Hald bei Viborg und biegt dann steil in den Süden nach Padborg in Südjütland ab. Hier erstreckte sich die sogenannte Hauptstillstandslinie des Eises, d. h. hier kamen vor rund 22 000 Jahren die aus dem Norden und Osten vordringenden Eismassen der letzten Eiszeit, der **Weichsel-Eiszeit**, zum Stillstand. Erkennbar ist diese Linie an den **Endmoränen**, die vom Eisrand beim Vorstoß aufgeschoben wurden. Westlich dieser Grenze, in Westjütland, ist das Land schon sehr viel länger der Abtragung ausgesetzt. Hier beherrschen **Geesthügel** das Bild und ausgedehnte **Sanderflächen**, d. h. Ebenen aus Sand, Kies und Geröll, die von Schmelzwasserflüssen des Inlandeises abgelagert wurden. Nördlich und östlich der Hauptstillstandslinie lag das Land bis vor ca. 12 000 Jahren unter dem Eis. Erst nach Abschmelzen des Eises setzte auch hier die Erosion ihren großen Hobel an. Weil dieser Landesteil jedoch länger unter Eis lag, hat die Abtragung noch nicht dasselbe vollbracht wie im Westen. Daher ist die Landschaft hier noch sehr viel hügeliger. Im Randbereich des Inlandeises bildete sich durch Anhäufung des Moränenmaterials das Moränenhügelland. Hier befindet sich auch der höchste Berg des Landes, der Yding Skovhøj südlich von Skanderborg, der aber auch nur eine Höhe von 173 m erreicht.

Kinder der Eiszeiten

> **?** **WUSSTEN SIE SCHON …?**
>
> ■ Dünen sind nichts anderes als Sandhaufen, die der Wind aufgetürmt hat. Und sie wandern, wohin der Wind sie bläst. Heute ist es gelungen, die Dünenwanderungen fast völlig zum Stillstand zu bringen – außer bei Råbjerg Mile und Rubjerg Knude in Nordjütland, wo die letzten Wanderdünen Dänemarks jährlich noch rund 5 bis 15 m ostwärts rücken. Das Flugsandmuseum am Rubjerg haben sie bereits unter sich begraben.

In der Nacheiszeit stieg der Meeresspiegel an, der Zusammenhang zwischen Schweden und Dänemark sowie den dänischen Inseln und dem europäischen Festland ging verloren; durch Überflutungen entstanden die als Sund, Großer und Kleiner Belt bezeichneten Wasserstraßen. Heute liegt Dänemark gleich an zwei Meeren, Nord- und Ostsee. Den Übergang bilden das Skagerrak von der Nordsee her

Dünen und Küsten

← *Dänemark ist ein Paradies für Wattvögel wie den Austernfischer.*

Findlinge wie dieser Wackelstein in Almindingen zeugen von der Eiszeit.

und das **Kattegat** im Osten; am Kap Skagen treffen die beiden zusammen. Bei rund 7500 km Küstenlänge kann Dänemark eine **Vielzahl verschiedener Küstentypen** aufweisen: Felsküsten im nördlichen Bornholm, Kliffküsten auf Møn und Flachküsten auf den übrigen Inseln. Die jütländische Westküste hat über weite Strecken einen geraden Verlauf, denn sie ist eine Ausgleichsküste. Daher gibt es dort nur wenige Häfen, abgesehen vom Limfjord, dem mit 180 km längsten Fjord Dänemarks. Als fast ununterbrochener Gürtel ziehen sich Dünenlandschaften an der westjütländischen Küste hin. Die zahlreichen Förden, im Dänischen »Fjord« genannt, die besonders an der Küste Ostjütlands auftreten, sind vom Meer überflutete Gletscherrinnen; in ihrem Schutz entstand eine ganze Reihe von Hafenstädten.

Kulturlandschaft Auch in Dänemark wurden die Moore trockengelegt, die Heiden umgebrochen, landwirtschaftlich nutzbare Fläche geschaffen, Menschen angesiedelt. Fast **zwei Drittel der Gesamtfläche** des Landes werden heute landwirtschaftlich genutzt. Nur einige Naturschutzgebiete und ein dem Tourismus vorbehaltener Dünen- und Heidestreifen entlang der Nordseeküste sind im Urzustand belassen.

Flora

Wälder Erdgeschichtlich und damit **pflanzengeografisch** gehört Dänemark (Bornholm ausgenommen) **zu Mitteleuropa** und nicht zu Skandinavien. Entsprechend wächst in den südlichen Teilen Dänemarks Laubwald. An bestimmten Stellen Mitteljütlands wird jedoch bereits der

Übergang zur Nadelwaldzone deutlich, die Fichte gedeiht hier besonders gut. Der gesamte Wald, der rund elf Prozent Dänemarks bedeckt, ist angepflanzt und wird forstwirtschaftlich gehegt. Unter den
Laubbäumen ist die Buche am weitesten verbreitet; daneben finden
sich Eiche, Ulme und Linde. In den Nadelforsten dominieren Fichte
und Kiefer. Wie ursprünglicher dänischer Buchenwald in etwa ausge-
sehen hat, kann man auf der Insel Møn beobachten, in deren schönen Wäldern auch eine artenreiche Begleitflora gedeiht. Im Frühjahr
blühen hier Buschwindröschen, Leberblümchen, Gelbes Windrös-
chen, Bärlauch und Seidelbast.

Vollkommen anders geartet sind die Pflanzengesellschaften der Dü-
nen-, Heide- und Feuchtgebiete, die hauptsächlich in Jütland vor-
kommen und rund **zehn Prozent der Landesfläche** einnehmen. Entlang der Westküste Jütlands breitet sich die Dünenvegetation aus, die
sich mit Seegras, Binsen, der schwarzen Rauschbeere, Zwergweiden
usw. an die extremen Verhältnisse der Flugsandgebiete angepasst hat.
Ferner findet man hier Strandroggen, Meersenf und Strandhafer,
Dünenrose, Strandsalzmiere, Strandplatterbse und Stranddistel. Auch
die Schlickflächen und Salzwiesen im Wattenmeer weisen eine Fülle

**Dünen, Heide,
Feuchtgebiete**

von Pflanzenarten auf, wie sie andernorts nicht gedeihen, so etwa
Queller, Schlickgras, Widerstoß
(Strandflieder) und Salz-Aster.
Auf den Sanderflächen und sandigen Moränenhängen sowie auf vielen Arealen, wo Wälder gerodet
wurden, hat sich die Heide weit
ausgebreitet. Ein Großteil dieser
Flächen (wie auch der Moorflä-
chen) wurde im Laufe des 19. Jh.s
kultiviert und in Agrarland umgewandelt. Zahlen besagen, dass von
den rund 1 Mio. ha großen Heideflächen Jütlands innerhalb weniger
Jahrzehnte rund 700 000 ha in
Agrarland umgewandelt und weitere 200 000 ha aufgeforstet wurden.
Von den ursprünglichen Feuchtgebieten sind im Laufe des 19. und
20. Jh.s sogar zwischen 95 und 98
Prozent dem Ackerland gewichen.

Um den Limfjord, der Jütlands
Norden zweiteilt, findet man tatsächlich noch so etwas wie Natur
pur mit artenreichen Brack- und
Süßwasserbiotopen und Vejlerne,

*Auf Bornholm im Døndal rauscht Dänemarks
höchster Wasserfall.*

Wind und Wasser haben die Küsten Dänemarks geformt, doch drei Viertel der Landesfläche sind von Menschenhand geschaffenes Kulturland.

Nordeuropas größtes Feuchtgebiet für Wasservögel. Im Südosten bietet das Himmerland den größten Wald, die wasserreichsten Quellen und die größten Heideflächen im ganzen Königreich. Um der **Sandflucht** Einhalt zu gebieten, hat man um 1800 damit begonnen, Wald anzupflanzen. Diese Waldinseln, Plantagen genannt, bestehen hauptsächlich aus Blau- und Waldkiefer. Sie ziehen sich heute wie eine Kette an der dänischen Nordküste entlang, teilweise stoßen sie fast an den Fjord an.

Pflanzenwelt Bornholm Auf Bornholm findet man **Skandinavien im Miniaturformat** sowie Pflanzenarten, die innerhalb Dänemarks sonst nur selten oder gar nicht anzutreffen sind, wie z. B. unter Naturschutz stehende Orchideen und Anemonen. In den Gärten der Bornholmer wachsen sogar Südfrüchte wie Feigen, die normalerweise nur im Mittelmeerraum gedeihen.

Fauna

Waldtiere ohne Wald Zwar haben die Dänen ihren Wald auf rund 11 Prozent der Landesfläche reduziert, doch ist die dänische Tierwelt immer noch eine Waldfauna. Zahlenmäßig betrachtet ist der überwiegende Teil der Wildtiere auf dem Ackerland anzutreffen, das rund zwei Drittel des Landes ausmacht. Maschinen- und Chemieeinsatz auf den Äckern machen hier vielen Arten das Überleben schwer.
Die Tierwelt Dänemarks entspricht der des mitteleuropäischen Tieflandes. In den Laubwäldern trifft man Reh, Rothirsch, Damhirsch,

Fuchs und Dachs. Der Damhirsch kommt recht häufig vor, den Rothirsch hört man wegen des geringen Waldbestandes eher selten röhren. Füchse wagen sich immer öfter bis in die Städte, jagen dort Mäuse und Vögel oder machen sich über die Abfälle her.

Bemerkenswert ist die Vielfalt der Vögel – **über 300 Arten** wurden gezählt, davon rund 160 Arten Brutvögel. Neben Spechten, Singdrosseln, Rotkehlchen, Meisen, Buchfinken, Amseln und Staren (vor allem im Inland) sind im Küstengebiet viele Zug-, See- und Sumpfvögel zu beobachten, u. a. Zwergschwäne, Ringelgänse und Pfeifenten. Ende September ziehen die etwa 30 000 kurzschnäbeligen Gänse von Svalbard auf ihrem Flug nach Holland und Belgien an der Westküste Jütlands entlang; spätestens im Januar kehren sie nach Dänemark zurück. Ein wahres Dorado findet der Vogelfreund auch um den Limfjord im Norden Jütlands herum. In den Vogelschutzgebieten brüten Lach- und Silbermöwe, der Säbelschnäbler sowie Brandseeschwalbe und Küstenseeschwalbe, ferner Tiere, die das Röhricht lieben, darunter Rothalstaucher, Rohrdommel und Rohrweihe. Auf den nordöstlich von Bornholm liegenden Ertholmene (Erbseninseln) liegen die einzigen dänischen Brutplätze typisch felsbrütender Meeresvögel wie Trottellumme und Tordalk. **Vögel**

Mit etwa 1500 Tierarten verfügt die salzhaltigere Nordsee (3,5 % Salzgehalt) über eine weitaus größere Artenvielfalt als die mit einem Prozent Salzgehalt salzarme Ostsee (ca. 200 Arten). Insbesondere folgende Tiere leben vor der dänischen Küste: Tümmler und Robben, **Meerestiere**

Gehören zur eingeschworenen Fangemeinde Dänemarks: die Robben

Kabeljau, Hering, Scholle, Mies- und Herzmuscheln, Krebse, Seesterne, Schnecken, Sandwürmer, Quallen und Wasserflöhe.

Naturschutz

Mehr Wald!

Grenzen sind dem dänischen Naturschutz durch die **dichte Besiedlung** und die **intensive Nutzung** fast des gesamten Landes gesteckt. So werden oft Flächen geschützt, die ganz oder teilweise landwirtschaftlich genutzt werden. Darüber hinaus versucht man, Seen, Wasserläufe und Feuchtgebiete, die in Agrarland umgewandelt wurden, zu renaturieren. Ein weiteres Ziel ist, die Waldfläche innerhalb der nächsten 100 Jahre zu verdoppeln. Das Sandtreiben an der jütländischen Küste ist nämlich ein Resultat des Abholzens der Wälder.

Schutzgebiete

Dänemarks Natur und landschaftliche Vielfalt schützen bislang **drei Nationalparks**. 2008 wurde ein 24 km² großes Gebiet auf der Halbinsel Thy in Nordjütland zwischen den Dünen und Stränden der Nordsee und Dänemarks größtem Fjord, dem Limfjord, als erster dänischer Nationalpark ausgewiesen. 2009 kam die von der Eiszeit geprägte Hügellandschaft der Mols Bjerge (18 km²) in Ostjütland bei Århus hinzu. Seit Oktober 2010 bildet das dänische Wattenmeer an der Nordseeküste von der deutschen Grenze bis zur Halbinsel Skallingen inklusive der Inseln Rømø, Mandø und Fanø und dem Hinterland den dritten und größten Dänischen Nationalpark. Das waldreiche Nordseeland der Könige (39 km²) nördlich von Kopenhagen und das renaturierte Flusstal der Skjern Å (25 km²) in der Kommune Ringkøbing-Skjern werden in absehbarer Zeit zu Nationalparks erhoben.

? WUSSTEN SIE SCHON ...?

- Dänemark ist das Land der Schwäne, der Höckerschwan der Nationalvogel. Gab es 1926 zu Beginn des absoluten Schutzes dieser Art nur noch drei bis vier Paare, so brüten heute rund 4000 Paare. Die flachen Gewässer sind auch als Überwinterungsplatz beliebt: 75 000 Vögel oder ca. 40 % des nordwesteuropäischen Bestandes sprechen für sich!

Wattenmeer

Dänemarks größtes Schutzgebiet ist das Wattenmeer vor der Westküste Jütlands. Diese flachen Meeresabschnitte, vor allem um die Inseln Fanø, Mandø und Rømø, die bei Flut überspült werden und bei Ebbe trockenfallen, bilden ein **eigenes Ökosystem**. Ebbe und Flut sorgen für regelmäßigen Nährstoff- und Sauerstoffaustausch, daher ist das Wattenmeer ein fruchtbarer Lebensraum. Im Herbst und im Frühjahr stärken sich 10 – 12 Millionen Zugvögel wie Seeschwalben, Austernfischer und Sandregenpfeifer von Würmern, Schnecken, Muscheln und Krebsen. Hier laichen wichtige Speisefischarten wie Scholle und Dorsch und das Watt ist Dänemarks wichtigste Kinderstube für den Seehund. Zusammen mit dem Wattenmeer vor der deutschen und niederländischen Nordseeküste steht hier ein Gebiet unter Schutz, das zu den wertvollsten Feuchtgebieten der Erde zählt.

Bevölkerung · Politik · Wirtschaft

Bevölkerung

Dänemark, ein moderner Staat mit hohem Lebensstandard, hat knapp 5,5 Mio. Einwohner. Am dichtesten besiedelt sind die Inseln Fünen und Seeland mit der Hauptstadtregion Kopenhagen sowie die nordjütische Insel nördlich des Limfjords. Jütland und die vielen kleineren Inseln sind relativ dünn besiedelt; von 406 dänischen Inseln waren 2008 nur 78 bewohnt. Fast 85 Prozent der Bevölkerung leben in Städten. Auch in Dänemark werden immer weniger Kinder geboren; momentan beläuft sich das Bevölkerungswachstum auf etwa 0,3 Prozent. Mehr als ein Sechstel aller Dänen sind Rentner.

Viel Wohlstand, zu wenig Kinder

Dänemark ist das Ziel von Einwanderern v. a. aus der Türkei, Ex-Jugoslawien und Asien, insbesondere Pakistan. 2008 betrug der Anteil ausländischer Staatsbürger rund sieben Prozent, 1984 waren es noch zwei Prozent. Über die Hälfte der Einwanderer lebt im Großraum Kopenhagen, fast jeder Vierte stammt aus einem anderen skandinavischen Land oder den EU-Staaten. Die größte Minderheit sind die Deutschen mit 1,7 Prozent in Südjütland (Nordschleswig).

Königin, Folketing und der Wohlfahrtsstaat

Das Oberhaupt der parlamentarischen Monarchie Dänemarks ist seit 1972 Königin **Margrethe II.** (geb. 1940), die 2007 ihr 35. Kronjubiläum beging. Ihretwegen musste 1953 das Thronfolgegesetz geändert werden, sodass seither auch die weibliche Thronfolge in der dänischen Verfassung verankert ist, allerdings in zweiter Linie. Der Königin obliegen ausschließlich formelle und zeremonielle Funktionen (►Baedeker Special, S. 48).

Die Königin steht an der Spitze

Seit 1953 hat Dänemark ein Einkammerparlament, das Folketing mit 179 Abgeordneten. Alle vier Jahre wird das Parlament neu gewählt. In Dänemark gibt es seit jeher eine **Vielzahl politischer Parteien**, sodass meist nur Minderheitsregierungen zustande kommen. Zu den stärksten Parteien zählen die Sozialdemokraten sowie die Konservative Volkspartei und die Liberalen. Seit fast zehn Jahren regiert eine bürgerlich-liberale Minderheitskoalition aus der liberalen Venstre und der Konservativen Volkspartei. Ministerpräsident ist der »Venstre«-Politiker Lars Løkke Rasmussen. Er löste Anders Fogh Rasmussen ab, der 2009 zum Nato-Generalsekretär berufen wurde.

Das Folketing regiert

Zu Dänemark gehören auch die Färöer-Inseln zwischen Norwegen und Island sowie Grönland. Die **Färöer** bilden seit 1948 ein autonomes Gebiet unter der dänischen Krone und haben ein eigenes Nationalbanner – und streben wie Grönland die völlige Unabhängigkeit

Inseln auf eigenem Kurs

Zahlen und Fakten Dänemark

Dänemark

©*Baedeker*

Fläche und Staatsgebiet
► 104 000 km² Meeresgebiet,
  43 094 km² Landgebiet
► Jütland 29 647 km²
► Seeland 7517 km²
► Fünen 2984 km²
► Lolland 1243 km²
► Bornholm 587 km²
► Falster 514 km²
► weitere 402 kleine Inseln. Nicht zu
  diesem Baedeker-Band, aber zu Däne-
  mark gehören Grönland (2 Mio. km²
  Land) und die Färöer-Inseln (1400 km²)

Bevölkerung
► 5,49 Mio. Einwohner
  (ohne Färöer: 48 350 Einw.
  Grönland: 56 600 Einw.
  zum Vergleich:
  Deutschland 81,9 Mio. Einw.)
► Einwohnerdichte: 129 Einw./km²

► von den 406 Inseln sind
  78 bewohnt
► Anteil ausländischer Staatsbürger 7 %

Hauptstadt
► Kopenhagen 510 000 Einwohner,
  Hauptstadtgebiet (18 Kommunen)
  1,2 Mio. Einw.
► Århus 243 000 Einw., Odense 166 300
  Einw., Aalborg 122 500 Einw.

Staat
► Parlamentarische Monarchie
► Staatsoberhaupt: Königin Margrethe II.
  (seit 1972)

Religion
► Evangelisch-lutherische Volkskirche
  86 % der Bevölkerung
► Römisch-katholische Kirche 300 000
  Mitglieder
► Islamische Gemeinde 70 000 Mitglieder
► Dänische Baptistenkirche
  6000 Mitglieder
► Jüdische Gemeinde 3400 Mitglieder

Wirtschaft

► Bruttoinlandsprodukt pro Kopf (2009): 41 900 Euro (zum Vergleich: Deutschland 30.000 Euro)
► Hauptausfuhrprodukte: Maschinen und Geräte (75 %), landwirtschaftliche Produkte (15 %)
► Haupthandelspartner im Export: EU (66 %), davon Deutschland (20 %), Schweden (13 %) Großbritannien (10 %); USA (6 %), Norwegen (5,5 %)
► Mehrwertsteuersatz: 25 %
► Gewerkschaftsmitglieder unter den Beschäftigten: 80 % (zum Vergleich: Gewerkschaftsmitglieder in Deutschland 25 %)

Beschäftigte

► Landwirtschaft und Fischerei 5 % Industrie 25 % Private Dienstleistungen 40 % Öffentliche Dienstleistungen 30 %
► Arbeitslosenquote (8/2010) 3,3 %

von Dänemark an. **Grönland** gehört seit 1721 zu Dänemark und besitzt seit 1979 das Recht auf innere Selbstverwaltung. Anfang 2008 wurde ein Plan für die Loslösung vom Mutterland präsentiert, Ende November 2008 stimmten die Grönländer zu 75,5 Prozent mit ja. Am 21. Juni 2009 trat auf Grönland der Selbstregierungsstatut in Kraft – erste Voraussetzung dafür, dass es sich von Dänemark lösen und die reichen Öl- und Erzvorkommen selbst nutzen kann.

Wohlfahrtsstaat

Lange Zeit galt das dänische Wohlfahrtssystem neben dem schwedischen und norwegischen europaweit als Vorbild. Prinzip des skandinavischen Wohlfahrtsmodells ist, **soziale Leistungen allen Bürgern** zu gewähren, nicht nur den sozial Schwächsten oder Personen, die berufstätig gewesen sind. Den größten Teil der finanziellen Last trägt der dänische Staat, daher zahlen die Dänen extrem hohe Steuern (durchschnittlich 33 Prozent des Bruttogehalts), andererseits sind zum Beispiel Gesundheitswesen und Bildungssystem kostenlos. Mittlerweile steckt das Wohlfahrtssystem in einer Krise, da es nicht darauf angelegt war, derart viele Arbeitslose und Sozialhilfeempfänger so lange Zeit zu unterstützen wie in den letzten Jahren. Eine Anhebung der ohnehin schon hohen Steuern ist politisch nicht möglich, weshalb die Staatsverschuldung enorme Ausmaße angenommen hat. Vermutlich wird die Entwicklung in den skandinavischen Ländern auf ein mehr fragmentarisches Wohlfahrtsmodell hinauslaufen.

Eines der zehn reichsten Länder der Welt

Viele Exporte

Gemessen am Bruttosozialprodukt pro Einwohner gehört Dänemark zu den zehn reichsten Ländern der Erde. Die Wirtschaft des Landes ist stark exportorientiert. Seit Jahrzehnten ist die Arbeitslosigkeit in

Dänemark recht großen Schwankungen unterworfen; 2008 lag sie bei 2,9 Prozent. Die höchste Arbeitslosenrate haben die Inseln außerhalb der Hauptstadtregion und der Nordosten Jütlands.

Starke Landwirtschaft

Fast zwei Drittel der Gesamtfläche des Landes werden landwirtschaftlich genutzt, rund zwei Drittel der Agrarprodukte gehen in den Export. Die größte Bedeutung hat die **Viehzucht** – vor allem Schweine-, aber auch Rinder- und Geflügelzucht. Etwa die Hälfte des in Großbritannien verbrauchten Schinkens stammt aus Dänemark. Bei der dominierenden Rolle der Viehzucht ist es kein Wunder, dass mehr als 90 Prozent der pflanzlichen Agrarproduktion Verwendung als Tierfutter findet. Zu den pflanzlichen Hauptagrarprodukten zählen Getreide (60 Prozent), Kartoffeln und Zuckerrüben – Hauptanbaugebiet sind die fruchtbaren Grundmoränenböden in Ostjütland. Ferner spielen Obst- und Gemüseanbau sowie Blumenzucht eine wichtige Rolle. Zudem kann Dänemark stolz von sich behaupten, in Europa der führende **Exporteur von Weihnachtsbäumen** zu sein.

Fischerei

Bedeutung für die Wirtschaft hat bis heute auch der Fischfang, schließlich gehört Dänemark zu den 10 bis 15 größten Fischereinationen der Welt. Gefangen werden vor allem Kabeljau, Tobis (großer Sandaal), Scholle, Hering und Kaiserhummer. Mehr als 80 Prozent der Fangerträge stammen aus der Nordsee und dem Skagerrak. Die wichtigsten Fischereihäfen sind Esberg, Thyborøn, Hanstholm, Hirtshals und Skagen.

Industrie

Dänemark verfügt nur über wenig Bodenschätze. Dennoch ist die Industrie zum **zweitgrößten Wirtschaftszweig** avanciert. Führende Branchen sind die Nahrungs- und Genussmittelindustrie mit Schlachtereien, Molkereien, Getreidemühlen und Brauereien, die chemische Industrie mit Kraftstoff, Insulin und Kunststoffprodukten sowie die Eisen- und Metallindustrie. Auch Möbel und Spielzeug vor allem der LEGO-Gruppe zählen zu den Verkaufserfolgen der dänischen Wirtschaft. Unter der Konkurrenz der Billiglohnländer leidet vor allem die Textilindustrie.

Öl, Gas und Wind

Die Energieversorgung des Landes beruht vorwiegend auf importierter Kohle aus billigen außereuropäischen Ländern, auf Öl und Erdgas aus der dänischen Nordsee und auf Windenergie. Alternative Energiegewinnung spielt inzwischen eine gewisse Rolle: Sonnenkollektoren, Windkraftanlagen sowie Feuerungsanlagen, die mit Stroh und anderen biologischen Brennstoffen beschickt werden. Einer der größten Windparks befindet sich bei Ebeltoft auf Jütland. Das im dänischen Teil der Nordsee geförderte Öl und Erdgas übersteigt bei Weitem den Eigenbedarf – nach Norwegen und England ist Dänemark **drittgrößter Ölproduzent in Westeuropa**. Ein Großteil der Fördermengen dieser fossilen Brennstoffe wird daher exportiert: Erdgas gelangt vor allem nach Schweden und Deutschland.

Die meisten Arbeitsplätze bietet der Dienstleistungssektor, darunter **Tourismus**
der Tourismus als eine **beachtliche Einnahmequelle** mit steigender
Tendenz. Jährlich besuchen rund 10 Mio. Auslandsgäste das Land.
Die meisten von ihnen kommen aus Deutschland und Schweden.

Die dänischen Regionen *Orientierung*

Dänemark
(ohne Färöer und Grönland)

Grenzen der
Regionen

● Verwaltungssitz

Skagerrak

NORDJYLLAND
Aalborg

Limfjorden

Kattegat

Viborg

MIDTJYLLAND

Skjern Å

Vejle

SYDDANMARK

Hillerød

HOVEDSTADEN
KØBENHAVN

Sorø
SJÆLLAND

Østersøen

BORNHOLM
(zu Hovedstaden)

Baedeker

Die neue Brücke, die acht Kilometer Øresund in elegantem Bogen überschwingt, macht den Inselstaat zum Durchfahrtsland. Nur eine Viertelstunde mit dem Auto trennt Kopenhagen heute vom schwedischen Malmö.

ABSCHIED VOM INSELLEBEN

Brückengiganten überspannen den Øresund und den Großen Belt. Vor allem mit dem Bau der Querung über den Øresund erhoffen sich die Anrainerstaaten eine wirtschaftliche Blüte für ihre Region. Ökologen hingegen warnen vor einem Umkippen der Ostsee. Doch schon ist eine neue Ostseequerung geplant.

Am 1. Juli 2000 war es so weit. Nach einer großen Feier mit der dänischen Königin Margrethe und ihrem schwedischen Kollegen Carl Gustaf wurde die **Øresund-Brücke,** die erste feste Verbindung zwischen **Dänemark** und **Schweden,** für den öffentlichen Verkehr freigegeben. Die gewaltige Brücke, über die sich die Fahrtzeit vom dänischen zum schwedischen Festland um rund 20 Minuten verkürzt und diejenige von Hamburg nach Malmö um gut eine Stunde verringert, ermöglicht nun Fahrten von **Südeuropa bis zum Nordkap** ohne Fähre.

Der Øresund-Gigant

Die Verbindung über den Øresund ist ein technisches Bauwerk der Superlative. Die knapp 16 km lange Verbindung zwischen Kopenhagen und Malmö besteht aus einem 4 km langen Tunnel, der künstlichen Insel Peberholm (4 km) und einer 7,8 km langen **Hochbrücke.** Der Autoverkehr rollt auf vier Spuren, der Bahn über eine zweigleisige Trasse, die 60 m unter dem Øresund verläuft. Der Bau, an dem auch die deutsche Firma Hochtief beteiligt war, stellte die Planer vor gigantische Herausforderungen: Ein riesiger Schwimmkran setzte die bis zu 140 m langen, rund 6600 t schweren Tragwerke aus Stahl auf die insgesamt 51 Betonbrückenpfeiler. Der imposanteste Teil der Hochbrücke ist die 490 m lange **Schrägseilbrücke:** Jeweils ca. 10 000 t schwer sind die »Caissons« (Senkkästen aus Beton) für die beiden Pylone, die H-förmigen Türme der Hochbrücke, die von einem Katamaran mit 12 000 t Hebekraft in ausgebaggerte Gruben im Meeresboden gesenkt wurden. Ein Satellitenpositionierungssystem half bei dieser

Feinarbeit, Taucher überwachten das Geschehen unter Wasser – höchstens 5 cm Abweichung waren beim Absetzen der Caissons zulässig.

Die Brückenbauer hatten einen **harten Job** zu verrichten. Blies der Wind stärker als 20 m pro Sekunde, mussten sich die Arbeiter schleunigst von ihrer Arbeitsstelle in schwindelerregender Höhe hinab auf die sichere Plattform begeben. Für die fertige Brücke bedeutet Wind kein Problem: Anders als bei einer Hängebrücke sind die Träger mit schrägen Kabeln am Pylon befestigt, daher fallen die durch den Wind verursachten Resonanzschwingungen kaum ins Gewicht.

Neue Wirtschaftsblüte?

Über 4 Milliarden Euro hat das Projekt verschlungen, das 1993 auf dänischer Seite, 1995 auf schwedischer Seite begonnen wurde. Über **Mauteinnahmen** sollen die Baukosten innerhalb von 30 Jahren wieder hereingeholt werden. Von der neuen Querung, deren Bau der schwedische Autobauer **Volvo** angeregt hatte, um seine Wagen einfacher aufs zentraleuropäische Festland verfrachten zu können, erhoffen sich die Regierungen der Bauländer eine neue Wirtschaftsblüte des Ostseeraums, speziell der Øresund-Region. In der Tat hat sich der baltische Raum seit dem Ende des Kommunismus in Osteuropa zu einer dynamischen Region entwickelt. Auch deutsche Unternehmen zeigen immer mehr Interesse an dieser Gegend: Mittlerweile fließen zehn Prozent des einst überwiegend für Übersee bestimmten Exports in die Anrainer der Ostsee; **Daimler** etwa verlegte sein skandinavisches Hauptquartier an den Øresund, **Siemens** richtete eine Niederlassung in Malmö ein. Auch Dänemark und Schweden belassen es nicht bei Träumereien. Schon etliche wirtschaftspolitische Planungen sind angelaufen. So werden unter anderem 14 Hochschulen auf beiden Seiten des Sunds zu einem großen Wissenschafts- und Forschungsverband zusammengefasst; in Malmö, direkt an der Brückenzufahrt, soll das mit 325 m höchste Gebäude Europas entstehen, der **»Scandinavian Tower«**, eine Kombination aus Hotel, Geschäfts- und Kongresszentrum – Dänemark und Südschweden setzen

Unten Zug, oben Autos, so überwindet man heute den Großen Belt.

alles daran, zum größten und wirtschaftsmächtigsten Ballungszentrum an der Ostsee aufzusteigen. Hamburg will von diesem Kuchen auch ein Stück abhaben und verlagerte, um in der wirtschaftlich interessanter werdenden Ostseeregion mitmischen zu können, Umschlagkapazitäten vom Hamburger Hafen nach Lübeck.

Der Koloss vom Großen Belt

Die Brücke über den Øresund ist nicht die erste technische Meisterleistung in der Ostsee. Von Fünen aus führt eine 6,6 km lange, auf 62 Senkkästen gebaute **Flachbrücke** zur Insel Sprogø mitten im Belt, die auf das Dreifache ihrer Größe aufgeschüttet werden musste. Dort trennen sich die Wege von Auto- und Eisenbahnverkehr. Während die Eisenbahn durch einen die Schifffahrtsstraße unterquerenden Tunnel rollt, überqueren die Autos den Belt auf einer 6,8 km langen Brücke, in deren Mitte eine 65 m hohe **Hängebrücke** selbst größten Schiffen die Passage erlaubt. Auch diese Brücke – die »Königin der Brücken« – stellt ein technisches Bravourstück dar.

Mit stolzen 1624 m Spannweite ist diese Hängebrücke bis jetzt die längste ihrer Art in Europa; sie übertrifft das berühmte Vorbild über der Bucht von San Francisco um fast ein Drittel. Gehalten wird die frei gespannte Fahrtrasse von zwei, jeweils 3 km langen Tragseilen, deren 85 cm dicke Kabel aus 18 648 Einzeldrähten bestehen und von denen jeder einzelne Meter 3,2 t wiegt. Trotz sorgfältiger

Die längste Hängebrücke Europas

Planung und hervorragender Durchführung blieben Pannen nicht aus. Am schlimmsten war ein Wassereinbruch nahe der Insel Sprogø. Nur sehr knapp konnten die Arbeiter den Wassermassen entkommen, nachdem die für einen solchen Fall eingebauten automatisch schließenden Schotten ihren Dienst versagt hatten. Zehn Jahre dauerte der Bau, an dem zeitweise mehr als 4000 Menschen aus ganz Europa beschäftigt waren, sieben von ihnen verloren am Arbeitsplatz ihr Leben.

Brücke über den Großen Belt bei Nacht

Ökologische Gefahr

Ökologen befürchten jedoch, dass mit der Zubetonierung der Insel Sprogø ein wichtiger **Rastplatz für Zugvögel** gestört wird. Auch schlagen die Umweltschützer Alarm, weil das enorm aufgeschüttete Eiland und die gewaltigen Brückenfundamente einem Sperrwerk gleich den **Zufluss von Nordseewasser** stark einschränken würden. Und auf eine Auffrischung mit Wasser aus der Nordsee (Salzgehalt: 3,5 %) ist die Ostsee, die oft unter akutem Salz- und Sauerstoffmangel leidet (mancherorts beträgt der Salzgehalt nur 0,4 %) angewiesen, um nicht zu versüßen und zu ersticken. Die Brückenbauer im Øresund hingegen konnten sich freuen: Etliche Gutachten belegen, dass die Meeresströmung durch den Bau nicht beeinträchtigt wird.

Drittes Wunderwerk

Beschlossen ist seit 2007 auch eine 19 km lange Brücke über den Fehmarn-Belt. Infocenter in Burg/Fehmarn und im dänischen Rødbyhavn/Lolland informieren über das Großprojekt. Die Kosten von etwa 5,6 Milliarden Euro übernimmt Dänemark fast komplett – Deutschland trägt lediglich 800 Millionen Euro für die Hinterlandanbindung in Schleswig-Holstein. Die Brücke von der Ostseeinsel Fehmarn nach Lolland in Dänemark soll im Jahr 2018 dem Verkehr übergeben werden und die Fahrzeit nach Skandinavien auf eine Viertelstunde verkürzen. Doch die Fährgesellschaften sehen dem gelassen entgegen, denn billig sind die Fahrten über die neuen Brückengiganten nicht gerade: Die einfache Fahrt über den Øresund kostet im Pkw 30 €, im Zug ca. 8 €. Und so mancher Autofahrer, obwohl glücklich über das Zusammenschweißen der dänischen Inseln, vermisst vielleicht die Zwangspausen in den Fährhäfen und auf den Schiffen – die Zeit für eine gemütliche Tasse Kaffee oder für ein gutes Buch.

Übrigens wurde die Øresundbrücke zwei Tage vor der offiziellen Öffnung von einem Deutschen »eingeweiht«. Dieser hatte sich vor Kopenhagen verfahren und war auf der Øresundbrücke gelandet. Kurz vor der schwedischen Küste fing ihn die Polizei ab und schickte ihn wieder zurück.

Geschichte

Streitbare Wikinger und expansionslustige Monarchen, Großreich an der Ostsee und Vormacht in Skandinavien, eigenwilliges EU-Mitglied ohne Lust auf den Euro – das kleine Dänemark blickt auf eine große Geschichte zurück.

Furor Teutonicus

250 000 v. Chr.	Streifzüge urzeitlicher Jäger nach Südjütland
9500 v. Chr.	Erste Siedlungen der steinzeitlichen Jäger und Sammler
3300 v. Chr.	Bronzezeitliche Megalithgräber
113 v. Chr.	Kimbern und Teutonen aus Jütland fallen ins Römische Reich ein.

In einem Flusstal gefundene Feuersteinwerkzeuge belegen, dass Menschen vor rund 250 000 Jahren in Südjütland umhergestreift sind. Doch gilt es als sicher, dass es sich dabei nur um vereinzelte Jäger handelte, die sich ausschließlich zum Jagen so weit nördlich vorwagten. Eine ständige Besiedlung dieser Breiten erfolgte erst nach der letzten Eisperiode, also vor etwa 11 500 Jahren, wie Funde von Waffen und Werkzeugen dokumentieren.

Aus der Zeit um 7000 v. Chr. datieren die ersten Kunstformen, Einritzungen von Figuren in einem Auerochsenknochen. In der Wende von der Alt- zur Jungsteinzeit (ca. 3300 v. Chr.) sind die ersten Ackerbauern nachweisbar. Sie rodeten den Wald und bauten Getreide an. Die Toten wurden in großen **Megalithgräbern** bestattet, von denen noch ca. 2000 erhalten sind. In der **Bronzezeit**, die in Dänemark um etwa 1500 v. Chr. einsetzte, begruben Menschen der Oberschicht ihre Toten in Hügelgräbern. 11 000 dieser Anlagen stehen heute unter Denkmalschutz. Berühmtestes Zeugnis der **Eisenzeit** (ca. 500 v. Chr. bis 750 n. Chr.) ist der **Silberkessel von Gundestrup** (Jütland). Er wird der Keltenzeit zugerechnet, die von ca. 500 v. Chr. bis zur Zeitenwende andauerte.

Megalithkultur und Kelten

»Furor teutonicus« nannten die Bewohner von Rom voller Panik die von Norden nach Oberitalien einfallenden Horden der **Kimbern** und **Teutonen**. Erst dem römischen Feldherrn Marius gelang es, ihren Vormarsch nach Süden zu stoppen. Die dänischen Vorgeschichtsforscher sind sicher, dass beide Volksstämme aus Jütland aufbrachen; die Kimbern aus Himmerland, die Teutonen aus Thy. In den darauf folgenden Jahrhunderten entwickelte sich ein reger Handelsverkehr zwischen dem Römischen Reich und dem Gebiet des heutigen Dänemark. Für die Wissenschaft sind die ersten nachchristlichen Jahrhunderte »dark ages«, über die politische Geschichte Dänemarks in dieser Zeit ist kaum etwas bekannt. Der Name »Daner« als älteste Bezeichnung für die Stämme auf Jütland und den dänischen Inseln wurde erst während der Völkerwanderungszeit von römischen Schriftstellern verwendet.

Wilde Horden vor Rom

← *König Humbles Grab auf Langeland?*
Dänemark ist reich an prähistorischen Fundstellen.

Mittelalter

8.–11. Jh.	Wikingerüberfälle an den europäischen Küsten
1169–1227	Dänisches Großreich an der Ostsee
1397	In der Kalmar Union vereinigen sich Dänemark, Norwegen und Schweden zu einem Staatenbund.
1460	Beginn der Personalunion zwischen Dänemark und den Herzogtümern von Schleswig und Holstein
1523	Schweden löst die Kalmar Union auf.

Ära der Wikinger Um 700 entstand in Dänemark ein Königtum, dessen erster Herrscher Angantyr (Angandeo bzw. Ongendus) hieß. Rund 100 Jahre später ließ König Godfred (ca. 800 – 810) wohl aus Furcht vor dem expandierenden Frankenreich Karls des Großen die dänische Südgrenze befestigen, indem er den vermutlich schon ein Jahrhundert zuvor errichteten Wall »Danevirke«, das **Dänenwerk**, ausbauen ließ. Der Zeitabschnitt zwischen 720 und 1050 wird als Wikingerzeit bezeichnet; ▶ Baedeker Special, S. 38.

Aus Heiden werden Christen

Unfreiwillige Christen Unter Godfreds Sohn Harald begann allmählich die Christianisierung der Dänen, aber es dauerte noch weit über 100 Jahre, bis **Harald Blauzahn** (935 – 985) auf dem Runenstein von Jelling, einem der bedeutendsten historischen Dokumente des frühen Mittelalters in Dänemark, stolz verkündete, er habe das ganze Land unterworfen und dessen Bewohner christianisiert. Bei der Christianisierung mögen politische Überlegungen eine große, wenn nicht gar die entscheidende Rolle gespielt haben. Schließlich war Harald nicht das grausame Ende der heidnischen Sachsen durch die Truppen Karls des Großen verborgen geblieben, daher erschien es ihm ratsamer, mit den fränkischen Christen rechtzeitig Frieden zu schließen, als diesen einen Vorwand zu geben, in ein heidnisches Land einzufallen und es zu »missionieren«.

Bruderkrieg und große Unruhen Mit dem Mord an **Knud IV.** (1080 – 1086), den verärgerte Bauern wegen erhöhter Steuern in Odense erschlugen und der wegen angeblicher Wunder 1101 heilig gesprochen wurde, endete vorläufig die radikale Machterweiterung der dänischen Könige. Ohne Übereinstimmung mit den Interessen von Adel und Geistlichkeit war ein Regieren nicht mehr möglich; im Kampf um die Krone wurde auch innerhalb der königlichen Familie skrupellos gemordet.

Zeit der Valdemare Mitte des 12. Jh.s erlebte das Land die, wie dänische Historiker gern hervorheben, »glückliche« Zeit der Valdemare (1157 – 1241). Unter-

Valdemar I. dem Großen (1157–1182) und seinen beiden Söhnen **Knud VI.** und **Valdemar II.** dem Sieger wurde Dänemark im Innern weitgehend befriedet, die Zentralmacht entscheidend gestärkt. Nach außen vergrößerte das Reich sein Territorium rund um die Ostsee. 1169 eroberten die Dänen die Insel Rügen, 1219 nahmen sie Estland teilweise ein, sogar Holstein mit der Stadt Lübeck gelangte in dänischen Besitz.

Mit der Niederlage gegen norddeutsche Fürsten in der Schlacht bei Bornhöved in Holstein 1227 mussten die Besitzungen an der Ostsee allerdings abgetreten werden – Dänemarks Zeit als Großmacht war damit erst einmal beendet. Nach 1241 schwand die Macht der Krone und Adel und Geistlichkeit konnten ihre Position verstärken. Überall im Land herrschte feudale Anarchie, acht Jahre lang (1332–1340) besaß das Reich nicht einmal einen König. Erst **Valdemar IV. Atterdag** (1340–1375) – für Ludvig Holberg (►Berühmte Persönlichkeiten) »einer der größten und nützlichsten Könige, die je auf einem dänischen Thron saßen«, für adlige und geistliche Zeitgenossen hingegen »der Böse« – stellte die Macht des Königshauses erneut her. Sein größter außenpolitischer Schachzug war die von ihm erwirkte Heirat zwischen seiner Tochter Margrethe und König Håkon VI. von Norwegen.

Pulverfass Schweden

Nach Valdemars und Håkons Tod ließ sich **Margrethe** – gegen das Gesetz der männlichen Erbfolge – 1387 zur Regentin von Dänemark ausrufen. Kurze Zeit später regierte sie die Drei-Staaten-Union Dänemark, Norwegen und Schweden, nachdem der schwedische Adel sie zur Herrscherin über sein Land gemacht hatte. Die verfassungsmäßige Grundlage für diesen Staatenbund schuf Margrethe 1397 mit der **Kalmarer Union**, in der die nordischen Länder gegen das Deutsche Reich vereinigt werden sollten.

Königin Margrethe I.

Nach mehreren Kriegen um den Anschluss an Dänemark wählten 1460 die schleswig-holsteinischen Stände überraschend den dänischen König **Christian I.** zum Herzog von Schleswig und von Holstein. Bis ins 19. Jh. hinein waren diese Herzogtümer Bestandteil des Königreichs Dänemark. Norwegen mit seinen Besitzungen im Nordatlantik (Färöer-Inseln, Island und Grönland) gehörte bis 1814 zur dänischen Monarchie, während die Schweden schon bald versuchten, sich von der dänischen Oberhoheit zu lösen. Als der Dänenkönig **Christian II.** (1513–1523) oppositionelle schwedische Adlige im **»Stockholmer Blutbad«** (1520) hinrichten ließ, brach in Schweden ein erneuter Aufstand los, der das endgültige Aus der Kalmarer Union bewirkte. Mit dem 1523 zum schwedischen König ausgerufenen Reichsverweser **Gustav Vasa** begab sich Schweden nun in scharfe Konkurrenz zum Königreich Dänemark-Norwegen um die Vorherrschaft in Nordeuropa.

Pulverfass Schweden

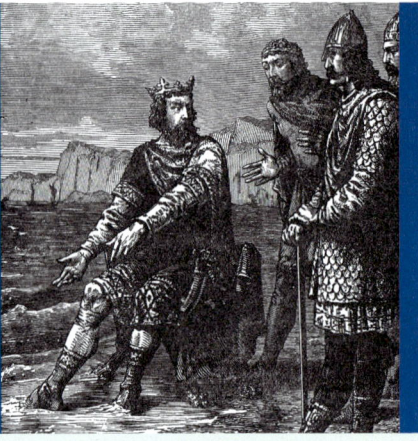

Ein Höhepunkt der Wikingerherrschaft: Knud der Große aus der Jelling-Dynastie wird König von Dänemark, England und Norwegen. Die Abbildung aus dem 19. Jh. zeigt ihn am Meer sitzend.

RAUE MÄNNER AUS DEM NORDEN

Wo die Wikinger auftauchten, verbreiteten sie Angst und Schrecken. Brandschatzend zogen sie durch die Welt, stießen dabei in bisher unbekannte Regionen vor, schufen ein riesiges Handelsnetz und errangen politische Macht. Doch ebenso schnell wie sie erschienen waren, verschwanden die rauen Nordmänner wieder von der Bildfläche.

8. Juni 793: Der erste tödliche Hieb einer Streitaxt traf den Abt, dann metzelten die Wikinger alle Brüder des Klosters Lindisfarne in Britannien nieder, raubten die Abtei aus und zündeten sie an. »Niemals zuvor hat es in Britannien einen derartigen Schrecken gegeben, wie wir ihn jetzt durch ein Heidenvolk erlitten haben«, beschrieb Alkuin, der Gelehrte am Hof Karls des Großen in Aachen, den Überfall auf Lindisfarne, »die Kirche des Heiligen Cuthbert ist bespritzt mit dem Blut der Priester Gottes und all ihres Schmuckes beraubt«.

Reißende Wölfe

Seit diesem Überfall, in dem viele Historiker den Beginn der Wikingerära sehen, ging in europäischen Küstenorten die Angst vor den wilden Nordmännern in ihren **Drachenschiffen** um. Keine Küste schien vor den Seemännern sicher. Sie plünderten, brandschatzten, vergewaltigten Frauen, ermordeten oder versklavten die Einwohner. Beliebte Ziele für ihre Plünderungen waren die Küsten Westeuropas.

»Der endlose Strom der Wikinger nimmt kein Ende.«

Sie schreckten auch nicht davor zurück, die Flüsse hinaufzufahren. 810 wurde Friesland geplündert, 845 erlebte Hamburg einen Angriff. Köln, Mainz, Worms und Speyer folgten. »Die Zahl der Schiffe nimmt zu. Der endlose Strom der Wikinger nimmt kein Ende«, kommentierte um 860

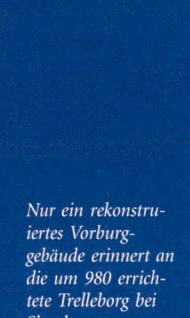

Nur ein rekonstruiertes Vorburggebäude erinnert an die um 980 errichtete Trelleborg bei Slagelse.

ein französischer Mönch die Situation. Paris, Bordeaux, Toulouse, selbst Spanien war Ziel der beutegierigen Wikinger. Nach der Plünderung von Lissabon, Cadiz und Sevilla stießen sie ins westliche Mittelmeer vor, brandschatzten die Küste Nordafrikas und segelten schließlich das Rhônetal hinauf. Als »stechende Hornissen«, »reißende Wölfe«, »Geiseln Gottes« gingen sie in die Annalen des 9. und 10. Jh.s ein. **»Normanni«** wurden sie von den Franzosen genannt, bis sich der Begriff **»Wikinger«** durchsetzte, abgeleitet vom altnordischen Verb »víkingr«, was so viel bedeutet wie plündern, morden, Raubfahrten organisieren, aber auch Handel treiben.

Abenteuer und Gier

Die rund 2 Mio. Wikinger bildeten **nie ein geeintes Volk** in nationalstaatlichen Grenzen. Sie stammten aus Schweden, Norwegen und Dänemark, wurden von Hunderten Kleinkönigen regiert. Von Schottland, Irland und den atlantischen Inseln führte sie der Weg bis hinüber nach Island und Grönland. Im Jahr 1000 gelangten sie unter der Leitung von **Leif Eriksson**

nach Neufundland, d. h. als erste Europäer lange Zeit vor Kolumbus auf den amerikanischen Kontinent. Warum begaben sich die von Fischfang, Ackerbau und Viehzucht lebenden Nordmänner, die den Schlittschuh mit Knochenkufen erfanden, aber offenbar weder Tisch noch Stuhl kannten und keine überragenden bildlichen und schriftlichen Darstellungen hinterließen, auf große Fahrten? Weshalb überbrückten sie rund 10 000 km Wasser- und Landwege und ließen vier Kontinente erzittern? Über die **Ursachen der Wikingerzüge**, an denen nach Schätzungen des Schleswiger Archäologen Harm Paulsen »allenfalls fünf Prozent« der Wikinger teilgenommen haben sollen, gibt es viele Theorien: Die **Überbevölkerung** dürfte sicher eine große Rolle gespielt haben. Etliche trieb auch das Erbrecht in die Fremde; denn nur die Erstgeborenen waren erbberechtigt, während sich die anderen Söhne selbst um ihre Zukunft kümmern mussten. Gier, so der französische Skandinavist Régis Boyer, sei das Hauptmotiv der Wikinger für ihre Raubzüge gewesen. Eine solche Raub-

Auf dem Wikingermarkt von Lindholm Høje wird alljährlich Ende Juni die bekannteste Geschichtsepoche Dänemarks wieder lebendig.

fahrt könnte, wie Simek vermutet, als »Initiationsritus« gedient haben, d. h. erst die Teilnahme an der Expedition machte den Knaben zum Mann. Auch der Kriegerethos der an nordische Gottheiten glaubenden Wikinger dürfte eine Rolle gespielt haben: Wer auf dem Schlachtfeld sein Leben einbüßte, so ihr Glaube, wurde von Walküren nach **Walhall** gebracht, wo er sich bis in die Ewigkeit mit Met verlustieren durfte.

Zahl oder stirb!

Eine Voraussetzung für die Raubfahrten waren die genial konstruierten Schiffe der Wikinger (▶ 3-D-Darstellung S. 352). Die Überfälle erfolgten immer nach dem gleichen Schema: heimliche Landung, gewaltsame Erstürmung des Ziels, Plünderung und schneller Rückzug. Wer verschont werden wollte, wurde zur Kasse gebeten: Viele Städte und Grundherren zahlten lieber das sogenannte **Danegeld**, also Zwangsabgaben, statt zerstört und geplündert zu werden. Und prominente Gefangene konnten oft nur durch hohe Lösegelder freigekauft werden. Als für den Erzbischof von Canterbury nicht die verlangten 12 000 Kilo Silber gezahlt wurden, prügelten ihn die Geiselnehmer mit Knochen und Ochsenköpfen kurz entschlossen zu Tode.

Gewiefte Händler

Schnell hatten die wilden Nordmänner aber erkannt, dass sich Reichtum auch anders erwerben ließ. Mit viel Geschick errichteten sie aus unzusammenhängenden Wasserstraßen ein **weit verzweigtes Verkehrsnetz** und erbauten befestigte Stützpunkte, aus denen sich teils große Städte entwickelten, wie Dublin oder Kiew. Doch kehrten sie immer wieder gern zu ihrem Piratendasein zurück, wenn sich die Gelegenheit dazu bot. So wurde auf der Fahrt zum Markt ein zufällig kreuzendes Handelsschiff schon mal gekapert und dessen Fracht dann auf dem Markt des Zielorts öffentlich verkauft. Handel und Piraterie waren für die nordischen Seeleute gut unter einen Hut zu bringen, Hauptsache, die Kasse stimmte.

In der ersten Hälfte des 11. Jh.s reichte das Handelsnetz der Wikinger von Grönland bis Taschkent. Die

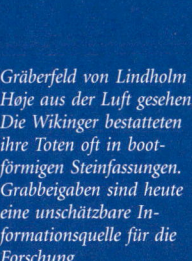

Gräberfeld von Lindholm Høje aus der Luft gesehen. Die Wikinger bestatteten ihre Toten oft in bootförmigen Steinfassungen. Grabbeigaben sind heute eine unschätzbare Informationsquelle für die Forschung.

Nordmänner handelten mit allem, mit Gewürzen, Waffen, Speckstein, Honig, Schmuck, Pelzen und Häuten, ihren Reichtum verdankten sie aber dem **Sklavenhandel.**
Die größte Handelsniederlassung mit über 1000 Einwohnern bildete **Haithabu** in Schleswig-Holstein bei Schleswig; hier traf sich die internationale Welt. Doch nicht jedem gefiel es dort. So schrieb der aus dem kultivierten Córdoba in Spanien angereiste Araber At-Tartûschi 965 entrüstet, dass es den Bewohnern sehr an Tischsitten mangele und dass, um sich die Ausgaben zu sparen, überzählige Babys einfach ins Meer geworfen würden.

Das Ende

Zwischen 867 und 954 waren weite Teile Englands unter der Kontrolle dänischer Wikinger. **Knud dem Großen** (1018 – 1035) gelang es gar, König über England, Dänemark und Norwegen zu werden. Nach 1042 zerfiel das Großreich der drei Staaten jedoch wieder. Wikingerführer Rollo gründete 911 in Frankreich das Herzogtum Norman und wurde 912 Vasall und

Herzog des fränkischen Königs Karls des Einfältigen, Robert Guiscard unterwarf 1059 – 1085 Unteritalien. Im Namen eines modernen Staats sind die Wikinger sogar verewigt. Von den Bewohnern rund um den Ladogasee wurden die schwedischen Wikinger, aus deren Machtbasen sich der erste russische Staat entwickeln sollte, »rus« (Rothaarige) genannt. Dieser Ursprung des Namens **Russland** wurde in der früheren UdSSR lange Zeit vehement abgestritten.
Die Wikinger verschwanden fast ebenso schnell wieder von der Bildfläche, wie sie erschienen waren. Fast überall in Europa hatten sich die herrschende Wikinger- bzw. Normannenschichten mit den Untertanen vermischt. Ausgerechnet mit dem Normannen **Wilhelm dem Eroberer**, der nach dem Sieg über die Angelsachsen 1066 Englands neuer Herrscher wurde, ging die Wikingerära endgültig zu Ende. 1066 wurde Haithabu von Feinden niedergebrannt und von der Handelsmetropole blieb nur die meterhohe Umwallung sichtbar, bis die Stadt 1897 wiederentdeckt wurde.

Reformation und Absolutismus

1537	Reformation
1563–1720	Kriege mit Schweden
1626	Niederlage Christians IV. gegen Tilly
1660	Beginn des absolutistischen Zeitalters in Dänemark
1720–1807	Befreiung der Bauern von der Schollenbindung

Adel mit großer Macht

Historiker sind immer noch nicht in der Lage, darauf zu antworten, warum König Christian II. anno 1523 Dänemark aufgab und vor rebellischen Adligen flüchtete, die daraufhin ihre Macht enorm ausbauen konnten. Die Wahl des Königs lag nun – bis 1660 – in den Händen des Reichsrats, in dem sich der Hochadel versammelte.

Christian IV. hinterließ einen Scherbenhaufen.

1536 führte **Christian III.** (1534–1559) die Reformation in Dänemark ein. Er konfiszierte den Grundbesitz und das Vermögen der katholischen Kirche und machte sich selbst zum Oberhaupt der neuen lutherischen Staatskirche. Durch die **Nationalkirche** sollte die dänische Muttersprache, die in den Gottesdiensten allmählich das Latein ablöste, einen größeren Stellenwert erhalten und schließlich zu einem neuen dänischen Identitätsgefühl beitragen. Als König **Christian IV.** (1588–1648; ▶Berühmte Persönlichkeiten) seine Herrschaft antrat, ging es Dänemark gut, bei seinem Tod hinterließ der volkstümlichste aller dänischen Könige jedoch einen politischen und wirtschaftlichen Scherbenhaufen. Sein Nachfolger **Frederik III.** (1648 bis 1670) nutzte die Gunst der Stunde. 1660 konnte er die Stände dafür gewinnen, ihm das Erbfolgerecht zuzugestehen, was ihn unabhängig vom Reichstag machte. Mit der neu gewonnenen Macht wandelte er seine Herrschaft in eine absolutistische Regierungsform um.

Niederlage im Schwedenkrieg

Während der Regierungszeit Christians III. war Dänemark die führende Macht in Nordeuropa und kontrollierte die Ostsee. Ab Mitte des 16. Jh.s endete die friedliche Koexistenz mit dem schwedischen Nachbarn. Schweden wollte Dänemark die Souveränität im Norden abringen, der dänische König hingegen träumte von einer neuen Kalmarer Union unter eigener Vorherrschaft. Mehrere Kriege waren die Folge. Die Niederlage Christians IV. während des **Dreißigjährigen Kriegs** (1618–1648) gegen die Truppen des kaiserlichen Feldherrn **Tilly** bei Lutter am Barenberg (1626) bescherte Dänemark einen militärischen Zusammenbruch und einen Staatsbankrott. Bis 1658 musste das Reich alle seine Besitzungen östlich des Øresunds außer Born-

Die Schweden belagerten Kopenhagen im Jahr 1658.

holm an das immer stärker werdende Schweden abtreten, die Landesfläche schrumpfte um ein Drittel. Nach der letzten kriegerischen Auseinandersetzung, dem **Großen Nordischen Krieg** (1709–1720), war der jahrhundertelange Machtkampf zwischen Dänemark und Schweden vorüber.

Nach dem Frieden von 1720 begann eine bis 1807 währende friedliche Periode, die längste, die Dänemark bis dahin erlebt hatte. In wirtschaftlicher Hinsicht war ein enormer Aufschwung zu verzeichnen: Der Außenhandel florierte, die Schifffahrt hatte Hochkonjunktur. Reformen sorgten für Veränderungen in Wirtschaft und Gesellschaft. Auch zu einem Verbot des Sklavenhandels, den Dänemark u. a. an der afrikanischen Goldküste betrieb, rang sich die Krone 1792 durch. **Langer Friede**

19. Jahrhundert

1807–1810	Krieg mit England
1814	Kieler Frieden mit Verzicht auf Norwegen
1864	Friede von Wien und Verlust Schleswig-Holsteins

Mit seiner Neutralitätspolitik rief Dänemark allerdings Anfang des 19. Jh.s Großbritannien auf den Plan. London fürchtete, dass der französische Kaiser **Napoleon Bonaparte** die Dänen in ein Bündnis **Raub der dänischen Flotte** gegen die Briten zwingen und die große dänische Flotte gegen die britischen Schiffe einsetzen könnte. Als Kopenhagen sich einem Bündnis mit Großbritannien verweigerte, bombardierten britische Schiffe 1807 die dänische Hauptstadt und raubten die dänische Flotte. Dänemark ging daraufhin eine Allianz mit Napoleon ein und beteiligte sich an Frankreichs Kontinentalsperre gegen Großbritannien. Nach der Abdankung Napoleons auf dem **Wiener Kongress** musste das nun wirtschaftlich am Boden liegende Dänemark im Kieler Frieden von 1814 Norwegen an Schweden abtreten, das sich mit einem Heer gegen den einstigen Kaiser gestellt hatte. Die Färöer, Island und Grönland durfte Kopenhagen behalten.

Mit dem Kieler Frieden blieben dem Königreich zudem die Herzogtümer Schleswig, Holstein und Lauenburg. Die **Kolonien** in Südindien (seit 1620) und an der afrikanischen Goldküste wurden 1845 und 1850 verkauft.

Ein zentrales Problem in der ersten Hälfte des 19. Jh.s war die Stellung der Herzogtümer innerhalb des Reichs. Ein Drittel der Bevölkerung des eigentlichen Dänemark und der Herzogtümer war deutsch – Holstein und Lauenburg hatten eine rein **deutsche Bevölkerung**, Schleswigs Einwohner bestanden je zur Hälfte aus Deutschen und aus Dänen. Im Rahmen des erstarkenden Nationalismus in ganz Europa forderte nun die Mehrheit der Bevölkerung in den Herzogtümern die Loslösung von Dänemark und die Einbindung in den Deutschen Staatenbund. 1848 brach zwischen Dänemark und Schleswig ein Krieg aus, in den sich auch **Preußen** einmischte und der 1851 mit der Niederlage Schleswigs endete. Als dann die dänische Monarchie 1863 erneut versuchte, das nördlich gelegene Schleswig entgegen den Friedensvereinbarungen von 1851 an das Königreich zu binden, erklärten 1864 Preußen und Österreich Dänemark den

Nachdem britische Schiffe die Stadt bombardiert hatten, musste Kopenhagen am 6. September 1807 kapitulieren (Gouache von I. M. Wagner).

Krieg, der rasch entschieden war: Im **Frieden von Paris** musste Dänemark schließlich die drei deutschen Herzogtümer abtreten.

Nach 1864 setzten v. a. die Bauern auf industriellen und agrartechnischen Fortschritt. Molkereien und Schlachthöfen folgten Bierbrauereien, Zuckerfabriken, Werften und Zementfabriken. Anfang des 20. Jh.s waren fünf Prozent der Arbeiter in **Gewerkschaften** organisiert.

Frühe Industrie

20. Jahrhundert

1914–1918	Im Ersten Weltkrieg bleibt Dänemark neutral.
1915	Frauen erhalten das Wahlrecht.
1917	Mit dem Verkauf der westindischen Besitzungen an die USA endet die dänische Kolonialzeit.
1940–1945	Im Zweiten Weltkrieg wird Dänemark trotz seiner Neutralität von deutschen Truppen besetzt.
1944	Island erklärt seine Unabhängigkeit.

Erster Weltkrieg

Im Ersten Weltkrieg (1914–1918) blieb Dänemark neutral, was ganz in deutschem Interesse war. Allerdings musste die dänische Regierung vielen deutschen Forderungen nachkommen und z. B. den Großen Belt verminen, trotz internationaler Verpflichtungen, diese Wasserstraße offen zu halten. Ca. 275 Schiffe der dänischen Handelsmarine wurden versenkt; etwa 6000 dänische Südjütländer fielen auf deutscher Seite. 1917 verkaufte Dänemark seine letzte Kolonie in Westindien (Virgin Islands), für 25 Mio. Dollar an die USA. 1920 stimmten gemäß den Vereinbarungen im **Versailler Friedensvertrag** von 1918 die Nordschleswiger über ihre künftige Staatszugehörigkeit ab. Über die Hälfte von ihnen votierte für den Anschluss an Dänemark, zu dessen Gunsten die Grenze neu gezogen wurde, sodass diese weitgehend mit der Sprachengrenze zusammenfiel.

Großer Belt wird vermint

◄ Nordschleswig zu Dänemark

Zweiter Weltkrieg

Auch im Zweiten Weltkrieg (1939–1945) wollte Dänemark neutral bleiben. Doch diesmal drangen deutsche Truppen ins Land ein. Trotz eines mit Hitler-Deutschland geschlossenen Nichtangriffspakts (am 31. Mai 1939) wurde Dänemark am 9. April 1940 innerhalb weniger Stunden besetzt. Nach kurzem Widerstand – 16 dänische Soldaten fielen – kapitulierte die Regierung in Kopenhagen. Die deutsche Besatzungsmacht garantierte jedoch die Souveränität des Staats sowie

Von Deutschland besetzt

die weitere dänische Neutralität. Anders als in anderen von deutschen Truppen besetzten Ländern gab es in Dänemark keine Nazifizierung des gesellschaftlichen Lebens. Heer, Flotte und Polizei blieben unter dänischer Führung.

Über 200 000 deutsche Flüchtlinge, die v. a. von Gdingen aus über See in Sicherheit gebracht wurden, kamen ab März 1945 in dänischen Lagern wie Øksbøl bei Esbjerg, Silkeborg Bad oder Sandholm bei Kopenhagen unter. Die Asche vieler verstorbener Flüchtlinge wurde auf dem Kopenhagener Friedhof der Grundvig-Kirche beigesetzt.

Widerstand Bald regte sich Widerstand gegen die Besatzer. Nach dem Verbot der **Kommunistischen Partei** Dänemarks, womit die Deutschen die Souveränität des Landes ignorierten, gingen die Kommunisten in den Untergrund und sammelten hier alle unzufriedenen Dänen. Als sich die deutsche Niederlage abzuzeichnen begann und die Besatzer zunehmend diktatorischer wurden, nahmen Sabotageakte zu. Im Oktober 1943 plante die deutsche Regierung die **Deportation der dänischen Juden**. Als der Reichsbevollmächtigte Werner Best dies dem deutschen Diplomaten von Buchwitz mitteilte, organisierte dieser zusammen mit dem dänischen Widerstand die Flucht, sodass weniger als 500 Menschen nach Theresienstadt verschleppt wurden; über 7000 gelang über See die Flucht nach Schweden. Im Zweiten Weltkrieg kamen rund 7000 Dänen ums Leben. Ein Jahr vor Kriegsende hatte sich **Island** von Dänemark losgelöst und zur Republik erklärt.

Nachkriegszeit

1945/1949	Mitbegründer der UN und der Nato
1973	Beitritt zur EG
1998/2000	Brücke über Großen Belt und Øresund
2007	Verwaltungsreform in 5 Regionen

Gefragter Bündnispartner Obwohl Dänemark im Zweiten Weltkrieg neutral geblieben war, wurde das Land 1945 als Alliierter anerkannt und konnte somit die **Vereinten Nationen** (UN) mitbegründen. Nach den negativen Erfahrungen während des Zweiten Weltkriegs und mit dem Erstarken der UdSSR gab Dänemark nun auch seine traditionelle Neutralität auf und wurde 1949 Gründungsmitglied der **Nato**. Neben dem Engagement im Nordatlantikpakt haben dänische Soldaten als **Blauhelme** an vielen friedenserhaltenden Maßnahmen der UN teilgenommen: u. a. seit den 1990er-Jahren im früheren Jugoslawien. 2003 stellte sich Dänemark an die Seite der USA und erklärte dem **Irak** den Krieg, entsandte aber keine Truppen.

Dänen und Deutsche In den 1950er-Jahren verbesserte sich das Verhältnis zu Deutschland. In den **Bonn-Kopenhagener Erklärungen** von 1955 legten die Regierungen beider Staaten das Minderheitenproblem in der deutsch-dänischen Grenzregion endgültig bei, indem den jeweiligen Minoritäten Sonderrechte im kulturellen und politischen Bereich zugestanden wurden – seitdem ist z. B. der Südschleswigsche Wählerverband (SSW) als politischer Vertreter der dänischen Minderheit in Schleswig-Holstein nicht mehr an die Fünf-Prozent-Klausel gebunden.

Ja zu Europa, Nein zum Euro

1973 trat das Land der EG bei. Nachdem die dänische Regierung einige Ausnahmeregelungen hatte durchsetzen können, wurde 1993 in Dänemark der **Maastrichter Vertrag** angenommen, die Grundlage für den politischen Zusammenschluss der EU-Staaten. Doch 2000 entschieden sich die Dänen knapp gegen den **Euro.** 2008 stimmte Dänemark für den EU-Reformvertrag von Lissabon..

Brücken übers Meer

Durch den Brückenschlag über den Großen Belt 1997/1998 und die Eröffnung der **Øresundbrücke** 2000 hat Dänemark heute eine direkte Anbindung zum Kontinent und zum Nachbarn Schweden, was seiner Rolle als Mittler zwischen Skandinavien und Mitteleuropa zunehmend Gewicht verleiht. Dazu trägt auch das **Schengen-Abkommen** über den Wegfall der Kontrollen an den Binnengrenzen bei, dem 2001 auch die skandinavischen Länder beigetreten sind. Seit der **Verwaltungsreform 2007** ist Dänemark in 5 Regionen (»regioner«) und 98 Gemeinden (»kommuner«) aufgegliedert (▶Abb. S. 29).

Innerhalb nur einer Generation halbierte sich im 20. Jh. die Zahl der Bauern, dennoch bleibt Dänemark das Land der weiten Felder und stolzen Vierkanthöfe.

Die dänische Königs-
familie, rechts Margre-
the II. und ihr Gemahl
Prinz Henrik, links
Kronprinz Frederik und
seine Frau, hinter der
Königin steht ihr Sohn
Prinz Joachim.

MODERNE MONARCHIE

Dänemark ist stolz auf sein Königshaus. Die königliche Familie von Margrethe II. lehnt dynastischen Pomp ab und hat keine Skandale zu bieten, wie sie die britische Monarchie in den letzten Jahren in Verruf brachten. Auch Kronprinz Frederik hat sein Leben nun in solide Bahnen gelenkt und im Mai 2004 endlich geheiratet.

Zur königlichen Familie gehören **Königin Margrethe II.**, ihr Ehemann **Prinz Henrik** sowie die beiden gemeinsamen Söhne **Kronprinz Frederik** und **Prinz Joachim**. Kronprinz Frederik ehelichte am 14. Mai 2004 Mary Donaldson. Prinz Joachim, der aus der Ehe mit Alexandra Christina Manley (1995 bis 2005) zwei Söhne hat – Prinz Nicolai (geb. 1999) und Prinz Felix (2002), ist am 24. Mai 2008 zum zweiten Mal vor den Traualtar getreten: In der Dorfkirche von Møgeltønder heirate er die gebürtige Französin Marie Cavallier. Besonders freute sich darüber ihr Schwiegervater Henrik – er hat nie ein Hehl daraus gemacht, wie schwer ihm die dänische Sprache fällt. Zur engeren Königsfamilie zählen die beiden Schwestern der Regentin: **Prinzessin Benedikte**, verheiratet mit dem Deutschen Richard Prinz zu Sayn-Wittgenstein-Berleburg, sowie **Prinzessin Anne-Marie**, vermählt mit Exkönig Konstantin von Griechenland. Die allseits sehr beliebte **Königinmutter Ingrid** starb am 7. November 2000 im hohen Alter von 90 Jahren und wurde in einer eigenen Grabkapelle neben dem Dom von Roskilde beigesetzt.

Bürgerliche Königin

Königin Margrethe II., die am 16. April 2010 ihren 70. Geburtstag feierte, erbte nach dem Tod ihres Vaters Frederik IX. 1972 den dänischen Thron. Dazu war 1953 die Verfassung geändert worden, da die Dänen bis dahin – mit Ausnahme der 1412 verstorbenen Margrethe I. – nur männliche Nachfolger kannten. Margrethe II. ist die 55. Monarchin der **ältesten regierenden Dynastie der Welt**. Als Staatsoberhaupt einer konstitutionellen Monarchie wirkt die Regentin bei Regierungsbildungen mit, steht formal an der Spitze der Regierung und repräsentiert Dänemark im Ausland. Über sonstiges politisches Mitspracherecht verfügt Margrethe II. laut Verfassung nicht. Beim Volk erfreut sie sich großer Beliebtheit. Berühmt sind ihre Neujahrsansprachen, denen sie immer eine stark persönlich gefärbte Note

Ein blaublütiger Junggeselle weniger: Kronprinz Frederik heiratete 2004 die Australierin Mary Donaldson. Neben ihnen Königin Margrethe II. und Prinz Henrik.

gibt: So muss sich das dänische Volk schon mal den Vorwurf der Intoleranz und Selbstgefälligkeit anhören. Am meisten macht die Königin von sich reden als versierte Kunstkennerin. Neben dem Studium der politischen Wissenschaften entwarf sie als Textildesignerin u. a. das Ballett »Et folkesagn« (1991) und die Fernsehverfilmung von Andersens Märchen »Die Schneekönigin« (2000), illustrierte Bücher wie die dänische Ausgabe von Tolkiens »Herr der Ringe« (1977) und übersetzte mit ihrem Mann 1981 den Roman »Alle Menschen sind sterblich« von Simone de Beauvoir ins Dänische.

Schwieriger Prinzgemahl

Es war Liebe auf den ersten Blick, als Margrethe während einer Englandreise in London den aus dem Südwesten Frankreichs stammenden Jungdiplomaten Henri-Marie-Jean-André **Graf de Laborde de Montpezat** (geb. 1934) kennenlernte. 1967 heiratete das Paar. Seither trägt der Graf den offiziellen Titel Prinz Henrik von Dänemark. Über Jahre hinweg genoss der Prinzgemahl, der Schutzherr vieler dänischer Organisationen ist und Weingüter in Frankreich unterhält, großes Ansehen im Land. Das hat mittlerweile gelitten, seit Prinz Henrik für die Prügelstrafe bei der Kindererziehung plädierte, der Frauenbewe-

gung »Übertreibungen« vorwarf und sich am liebsten mit Vertretern des dänischen Geldadels umgibt. Auch nimmt ihm das Volk sein schlechtes Dänisch übel. Selbst sein Wein genießt nicht den besten Ruf: Bei offiziellen Anlässen am Hof ist er »eine gefürchtete Beigabe« (Nordeuropa-Korrespondent Hannes Gamillscheg).

Thronnachfolger Frederik

Lange Zeit schüttelte das Volk den Kopf über Kronprinz Frederik (geb. 1968), ließ er sich doch mit dem Heiraten Zeit und genoss das Leben. 2000 lernte er beim Besuch der Olympiade in Sydney **Mary Elisabeth Donaldson** kennen. Und 2004 war es endlich so weit: Am 14. Mai heiratete er im Kopenhagener Dom Kronprinzessin Mary. Sie wurde 1972 in Tasmanien (Australien) geboren und schloss ihr Studium mit einem Bachelor-Grad in Jura und Wirtschaftswissenschaften ab. Frederik steht seiner Frau nicht nach: Er hat Politikwissenschaft studiert und läuft gern Marathon. Inzwischen hat sich in **Schloss Amalienborg**, wo das Kronprinzenpaar lebt, Nachwuchs eingestellt: Am 10. Oktober 2005 wurde ihr Sohn geboren, am 22. Juli 2007 ihre Tochter Isabella. Der Thronfolger heißt Christian – denn seit sieben Generationen wird er abwechselnd Frederik bzw. Christian genannt.

Kunst und Kultur

Aus welcher Zeit stammt der berühmte Sonnenwagen von Trundholm? Welche Epoche ging als »Goldenes Zeitalter« in die Kunstgeschichte des Landes ein? Was hat es mit der Künstlergruppe CoBrA auf sich?

Kunstgeschichte

Frühzeit

Die ältesten kunsthandwerklichen Zeugnisse in Dänemark stammen **Steinzeit** aus der mesolithischen **Maglemosekultur** (ca. 9300 – 6800 v. Chr.): Knochen, Geweihe und Bernsteinanhänger, in die geometrische Muster, zuweilen auch stilistische Tiere und Menschen eingeritzt sind. Aus dem Neolithikum (Jungsteinzeit; ca. 3000 – 1800 v. Chr.) sind neben Keramik auch Gräber, Dolmen aus unbehauenen Granitblöcken und Grabhügel mit Kammern oder Steinkisten erhalten, die immer noch das Landschaftsbild prägen.

In der Bronzezeit (1800 – 500 v. Chr.) ersetzten Bronze und auch **Metallzeiten** Gold die Keramik als künstlerische Ausdrucksform. Das wohl schönste Werk dieser Epoche ist der **»Sonnenwagen« von Trundholm**, ein 60 cm großes, wagenförmiges Kultgerät aus dem 12. – 11. Jh. v. Chr., das man heute im Kopenhagener Nationalmuseum bewundern kann. Das häufigste Motiv der Bronzezeit war jedoch das Schiff, das als religiöses Symbol eine wichtige Rolle spielte. In der Eisenzeit (500 v. Chr. – 800 n. Chr.) entstand eine hoch entwickelte Goldschmiedekunst, zu deren berühmtesten Exponaten die mit vielen Figuren verzierten **»Goldhörner von Gallehus«** gehören.

Zahlreich sind die Funde aus der Wikingerzeit (um 800 – 1060), darunter Schmuckstücke von hoher Qualität mit Tierdarstellungen. Als bedeutendstes Zeugnis für das bildhauerische Schaffen der Wikinger gilt der Runenstein des Harald Blauzahn bei Jelling (um 985). Während bei den älteren Skulpturen die Tierornamentik vorherrscht, findet man auf diesem Stein bereits die **Christusfigur**.

Die Scheibe des Sonnenwagens von Trundholm ist mit Goldblech belegt.

Romanik

In der romanischen Epoche (1060 – 1265) entstanden während der **Dome und** Regierungszeit Valdemars des Großen (1157 – 1182) mächtige Dome, **Rundkirchen** darunter, von den Domen am Niederrhein beeinflusst, diejenigen von Ribe und Viborg. Auch die Rundkirchen, die als wehrhaftes Gotteshaus konzipiert waren, stammen aus dieser Zeit. Vier der sieben Rundkirchen Dänemarks befinden sich auf Bornholm. Auswärtigen Einfluss zeigen die **Kalkmalereien**, die vor allem auf Seeland reichhaltig vorzufindenden Freskenmalereien des 12. Jh.s,

Sieben romanische Rundkirchen sind in Dänemark erhalten geblieben, vier davon, wie die Nykirke, stehen auf Bornholm.

die auf Kontakte mit dem Byzantinischen Reich hinweisen. Zu den hervorragenden Werken der romanischen Steinskulptur gehört das Bogenfenster am Dom zu Ribe mit einer ergreifenden Darstellung der Kreuzabnahme. Unvergleichlich ist der Reichtum Dänemarks an **»goldenen Altären«** aus dem 12. und 13. Jh., an vergoldeten Altaraufsätzen aus Kupfer, die in keinem anderen Land in solcher Zahl erhalten sind.

Gotik

Nur wenige Baudenkmäler Ab Mitte des 13. Jh.s hielt die Gotik (um 1265 – 1525/50) Einzug in Dänemark. Da aber bereits im 12. Jh. in Dänemark zahlreiche Kirchen erbaut wurden, hinterließ die Gotik nur wenige Baudenkmäler, darunter die beiden Kirchenbauten St. Marien und St. Olai in Helsingør sowie St. Knud in Odense, den Dom von Århus und die Peterskirche in Næstved, die sich vom Stil her an die norddeutsche Backsteingotik anlehnen. Unter deutschem Einfluss entstanden auch die aus Holz geschnitzten und bemalten **Altartafeln**. Die herausragendsten Arbeiten sind der Flügelaltar des Lübecker Holzschnitzers Bernt Notke im Dom von Århus von 1479 und die von dem ebenfalls aus Lübeck stammenden, aber im süddeutschen Stil arbeitenden Claus Berg angefertigte Hochaltartafel der St.-Knud-Kirche in Odense (1515 – 1525). Die Einführung der Reformation bedeutete auch das Aus für die Bildschnitzerkunst. Künstler wie Claus Berg verließen schließlich das Land, weil die Aufträge ausblieben.

Renaissance

Niederländische Künstler brachten die Renaissance (um 1550 bis 1650/60) nach Dänemark. Wohlstand kennzeichnete die Epoche, die Verherrlichung des eigenen Status wurde für die Monarchie zum Prinzip: Unter Frederik II. wurde Schloss Kronborg bei Helsingør (1574–1586) umgebaut und neu eingerichtet, Christian IV. ließ in Hillerød Schloss Frederiksborg (1602–1620) bauen und in Kopenhagen das kleine Schloss Rosenborg (1610–1626). Die Prestigegelüste der Krone wirkten sich auch auf den Hochadel aus, der den Bau stattlicher **Herrensitze** in Auftrag gab wie Schloss Rosenholm in Ostjütland oder Schloss Holckenhavn auf Fünen, sowie auf Bürger, die reich geschmückte Steingebäude errichten ließen, wie das Jens Bangs Stenhus in Ålborg. Einhergehend mit der verstärkten Hervorhebung des Individuums entstanden eindrucksvolle Grabmäler, etwa das für Christian III. (1575) im Dom von Roskilde. Auch die **Porträtkunst** stand in hoher Blüte. Eine Vorstudie zu einem Wandteppich in Schloss Kronborg mit der Darstellung Frederiks II. ist das älteste gemalte Ganzfigurporträt in Dänemark (1581).

Impulse aus den Niederlanden

Barock und Rokoko

Im Zeitalter des Barock (um 1660–1750/60) setzte in Kopenhagen nach einer Phase darniederliegender Wirtschaft eine Periode intensiven Bauens ein. Zu den bedeutendsten Bauten gehören das Schloss Charlottenborg, seit 1754 Sitz der Königlichen Kunstakademie, das im österreichischen Barockstil erbaute Schloss Christiansborg und die nach einem Entwurf von Niels Eigtved errichteten Rokokopalais von Amalienborg, die seit der Zerstörung von Schloss Christiansborg 1794 als Residenz der dänischen Könige dienen. Auf dem Gebiet der Skulptur sind vor allem Thomas Quellinus' prachtvolle Grabmäler in vielen dänischen Kirchen und das 1688 enthüllte Reiterstandbild von Christian V. auf dem Kongens Nytorv in Kopenhagen zu erwähnen. Die **Malerei** wurde weiterhin durch ausländische Künstler, insbesondere aus den Niederlanden, beeinflusst. Sie hatte jetzt vor allem der Raumdekoration zu dienen, was die nach 1615 erstellte Serie großer Ölgemälde an der Decke des langen Saals von Schloss Rosenborg in Kopenhagen zeigt. Anfang des 18. Jh.s gelangte der Porträtstil des französischen Hofs von Ludwig XIV. nach Dänemark. Der bedeutendste Porträtmaler dieser Zeit war der in Deutschland ausgebildete **Balthasar Denner**.

Bauboom in Kopenhagen

Klassizismus

Zu den herausragenden Werken des Klassizismus (um 1760–1825/1835) zählen die Liebfrauenkirche in Kopenhagen (1811–1829) von Christian Friedrich Hansen und das Reiterstandbild Frederiks V. des Franzosen J. F. J. Saly auf dem Schlossplatz von Amalienborg (1771),

Werke von europäischem Rang

was als ein Hauptwerk der europäischen Skulptur gilt. Die Malerei machte vor allem mit Landschaftsdarstellungen von sich reden. Imposante Werke auf diesem Gebiet schuf Christoffer Wilhelm Eckersberg (1783–1853), der mit seiner Lehrtätigkeit an der Kunstakademie in Kopenhagen ab 1818 wesentlichen Einfluss auf die Malerei der nächsten Generation hatte.

Historismus

Alter Stil in der Architektur

Der Einfluss der Romantik auf die Architektur führte vielfach zur Nachahmung früherer Stilformen wie Romanik, Gotik, Renaissance und Barock. Aus der Epoche des Historismus (1835–1915) stammen das Rathaus von Kopenhagen und im Westen der Hauptstadt die Grundtvigkirche, die bereits einen Übergang zur Architektur der Moderne bildet.

Goldenes Zeitalter der Malerei

Die Malerei erlebte zwischen 1816 und 1848 ein »Goldenes Zeitalter«, das sich durch eine liebevolle Schilderung der Umwelt sowie durch Ausgewogenheit der Bildkomposition und der Farbgebung hervortat und das als der eigentliche Beginn der dänischen Kunst angesehen wird. Bedeutendster Vertreter dieser Periode war **Christen Købke** (1810–1848), der trotz seines kurzen Lebens mit seinen Landschafts- und Porträtbildern zu den größten dänischen Künstlern gehört. Der Bildhauer **Bertel Thorvaldsen** zählte zu den berühmtesten Künstlern seiner Zeit (▶Berühmte Persönlichkeiten). Ab ca. 1850 setzte in der dänischen Malerei ein Niedergang ein.

Auch in Opposition zur tonangebenden, mittlerweile aber selbstzufriedenen Kunstakademie gründeten am Ende des 19. Jh.s dänische, schwedische und norwegische Maler im nordjütländischen Skagen

Peter Severin Krøyers, »Sommerabend am Strand von Skagen« (1893).
Das Bild zeigt seine Ehefrau Marie und die Malerkollegin Anna Ancher.

eine Künstlerkolonie, die zur berühmtesten Künstlergruppe Dänemarks wurde. Im Stil des **Impressionismus** und unter dem Eindruck der französischen Freiluftmalerei schufen die »**Skagenmaler**« Werke, die das Meer sowie das Leben der Fischer und Bauern zum Motiv hatten. Die dänischen Vertreter waren u. a. Anna und Michael Ancher, Peter Severin Krøyer und Viggo Johansen.

20. Jahrhundert

Für die Architektur des 20. Jh.s war Skandinavien sehr bedeutend. In den 1920er- und 1930er-Jahren wurde eine erdverbundene Bauweise geschätzt. Bestes Beispiel hierfür sind die »Bakkehusene« des Dänen Ivar Bentsen (1876 – 1943), im Reihenhausstil angelegte »**Hügelhäuser**«. Als Schöpfer eines neuen Architekturstils traten in Dänemark u. a. Erik Møller und Arne Jacobsen hervor, nach deren preisgekrönten Entwürfen 1938 – 1942 das neue, in Stahlbeton gehaltene Rathaus von Århus errichtet wurde. Neben Jacobsen (1902 – 1971) ist **Jørn Utzon** (1918 – 2008) der wohl international bekannteste dänische Architekt. Sein bedeutendstes Werk steht in Australien: die **Oper von Sydney** (1957 – 1974) mit den markanten Betondachschalen, die aufgeblähten Segeln ähneln.

Neuer Architekturstil

Zu den herausragenden Bildhauern des 20. Jh.s zählen **Kai Nielsen** (1882 – 1924), der Schöpfer eines neuen Monumentalstils, und der Metall- und Holzbildner **Robert Jacobsen** (1912 – 1993), von 1962 bis 1981 Professor an der Kunstakademie München.

In der Malerei erregte die Künstlergruppe **CoBrA** die größte Aufmerksamkeit. Gegründet wurde sie 1948 in Paris unter Leitung des dänischen Malers Asger Jorn von abstrakten Künstlern aus Dänemark, Belgien und den Niederlanden – CoBrA steht als Abkurzung für Copenhague, Bruxelles und Amsterdam.

Skulptur von Robert Jacobsen im Kunstmuseum von Herning

Die Gruppe strebte eine von populären Bildsprachen ausgehende »Volkskunst« an, die sie unter Verschmelzung von Expressionismus, Surrealismus und Abstraktion mithilfe der informellen Kunst zu gestalten suchte. Zwar wurde CoBrA bereits 1951 aufgelöst, doch leistete ihre Malerei den wesentlichsten Beitrag Dänemarks zur europäischen Kunst der Nachkriegszeit.

◄ International bekannte Maler

Die zurzeit international weitaus größte Wertschätzung genießt **Per Kirkeby** (geb. 1938), der neben der Malerei Ausdrucksformen und Medien wie Skulptur, Grafik, Lyrik und Film verwendet; seit 1978 ist Kirkeby Professor an der Kunstakademie in Karlsruhe. Neben Kunstwerken im engeren Sinn findet besonders das dänische Design internationale Beachtung (►Baedeker Special, S. 56).

Dänisches Design ist überall zu finden, und fast jede Fensterbank zeigt das Bemühen, Dekorationselemente charmant zu arrangieren.

EDEL, PRAKTISCH, FORMVOLLENDET

Dänisches Design genießt in aller Welt einen hervorragenden Ruf. Man findet es im Kunsthandwerk, in der Architektur, im Handwerk, in der Industriefertigung. Selbst die einfachsten Gebrauchsgüter kommen in Dänemark ohne Design kaum aus.

Anno 1788 beauftragte der dänische Kronprinz Frederik die 1775 gegründete Königliche Porzellanmanufaktur, ein Tafelservice von 2600 Teilen herzustellen. Dieses Service, auf dem die gesamte dänische Pflanzenwelt abgebildet war und das den Namen »Flora Danica« trug, wollte er der Zarin Katharina II. schenken. Das Geschirr wurde jedoch erst 1803 fertiggestellt, die Zarin war schon 1796 verstorben. So behielt der mittlerweile zum König ernannte Frederik VI. das Service an seinem Hof. Die **»Flora Danica«** ist das Flaggschiff einer eigenständigen kunstgewerblichen Entwicklung und gilt als Vorreiterin des hoch geschätzten und gefeierten Dänischen Designs.

Schlicht und zeitlos

Zu einem Markenzeichen wurde »Dansk Design« nach dem Zweiten Weltkrieg, als Dänemark mit der Produktion von Mobiliar, Beleuchtung und anderer Ausstattung für Haus und Heim einen wirtschaftlichen Aufschwung erlebte. Den internationalen Durchbruch schafften die Dänen mit ihren Designprodukten in den 1960er-Jahren. Dänisches Design steht für Erzeugnisse von hoher Qualität, die schlicht, doch originell, ja teilweise künstlerisch gestaltet, eine wichtige Forderung erfüllen: Funktionalität.

Die Vorliebe der Dänen für qualitätvolle, aber einfache, d. h. sparsam angefertigte **Gebrauchsgüter** reicht in frühere Zeiten zurück. Das Land verfügt über so gut wie keine Bodenschätze – nur mit einem hoch entwickelten Handwerk konnte man sich wirtschaftlich behaupten. Also begannen sich die Hersteller auf Gegenstände zu spezialisieren, die aus erlesenem Material bestanden und leicht

zu produzieren waren. Auf Zierrat verzichtete man dabei großzügig, nur die Materie selbst war als Dekorationselement erlaubt. Veredelung wurde schließlich zum A und O der Produktion. »Etwas Dauerhaftes, das gut zusammengebaut und aus hochwertigem Material ist und so klassisch aussieht, dass es jahrelang in Mode

Etwas Dauerhaftes,
das jahrelang in Mode bleibt.

bleibt«, das ist nach den Worten von Christian Jacobsen, Direktor des Museums für angewandte Kunst in Kopenhagen, »echtes dänisches Design«. Eine Vorreiterrolle für die Entwicklung des dänischen Designs spielte nicht nur die **»Kongelige Porcelainsfabrik«**, auch die 1853 errichtete Porzellanfabrik **Bing & Grøndahl**, die Silberschmiede von **Georg Jensen** (gegr. 1904) und die **Holmegård Glaswerke** (gegr. 1825) lieferten wichtige Voraussetzungen und tun es immer noch. 1985 fusionierten die größten dänischen Kunstindustrieunternehmen – Königliche Porzellanmanufaktur, Georg Jensens Silberschmiede und die Holmegård Glaswerke – zum Konzern **»Royal Copenhagen«,** heute **»Royal Scandinavia«.**
Pionierarbeit bei der Entwicklung von »Dansk Design« leisteten auch Einzelpersonen. Als erster und größter Designer im eigentlichen Sinn gilt **Thorwald Bindesbøll** (1846 – 1908), ein Architekt, der unter dem Einfluss japanischer Kunst eine organische und abstrakte Ornamentik entwarf, die in seiner Keramik, seinen Möbeln, Silber- und Stickereiarbeiten, Buchbinderei und in einzelnen Gebäuden zum Ausdruck kam.

Beleuchtung

Zu den bekanntesten Formgebern des dänischen Designs zählt das Multitalent **Poul Henningsen** (1894 – 1967). Für Zeitungen schrieb er kritische Artikel, als Architekt schuf er Villen und Industriebauten, als Designer entwarf er Haushaltsgüter, u. a. einen Armstuhl, der gemütlicher, vom Gewicht her leichter und wesentlich billiger als andere vergleichbare Stühle war. Poul Henningsen – von den

Dänen kurz PH genannt – lieferte die theoretische Grundlage, nach der heute viele Designer arbeiten.

Insbesondere mit seinen Lampen machte sich der Designer einen Namen. 1925 gewann er einen Wettbewerb für die Beleuchtung des dänischen Pavillons auf der Pariser Weltausstellung. Die hierfür geschaffene **PH-Lampe**, die 1928 patentiert wurde, zeigte ein schlichtes Design, nutzte die Lichtqualität und -stärke optimal aus und war einfach und daher preisgünstig herzustellen. Charakteristisch für PHs Beleuchtungskörper ist, dass sie mehrere Schirme besitzen, um die Farbe des Lichtes zu korrigieren. Die PH-Lampe wurde ständig weiterentwickelt, zunächst von Henningsen selbst (PH fünf; 1956), dann von Louis Poulsen.

Architektur und Möbeldesign

Das wohl berühmteste Beispiel für dänisches Architekturdesign ist Jørn Utzons **Opernhaus in Sydney** mit seinen gewaltigen übergreifenden Dachschalen von 1973, das während der Bauphase nur Schimpf und Schande auf sich zog, weil es wesent-lich teurer wurde als ursprünglich geplant. Schon in den 1930er-Jahren trug **Arne Jacobsen** (1902 – 1971) als Architekt zur Einführung des Funktionalismus in Dänemark bei. Zu seinen berühmtesten Gebäuden zählen das 1942 eingeweihte Rathaus von Århus und das Hotel SAS Royal, das erste Hochhaus in Kopenhagen. Auch in England und Deutschland schuf er große Bauten wie 1966 das St. Catherine's College in Oxford und 1973 das Rathaus von Mainz. Jacobsen widmete sich auch der Gestaltung von Möbeln und Gebrauchsgegenständen, darunter Gläser, Bestecke und Thermoskannen. Seine **Stahlrohrstühle** aus den 1950er-Jahren wurden zum Renner und zum festen Bestandteil der Möbelbranche.

Überhaupt erfuhr die dänische Möbelkunst den internationalen Durchbruch im Laufe der 1950er-Jahre. Wegbereiter war der Architekt **Kaare Klint** (1888 – 1954), der 1924 der erste Dozent für Möbelgestaltung an der Kopenhagener Kunstakademie wurde. Mit seinen Studien der menschlichen Proportionen eröffnete Klint eine systematische Arbeitsweise, die nach

Das »blau bemalte« Tafelservice der Königlichen Porzellan-manufaktur wird seit dem Gründungsjahr 1775 in kunst-voller Handarbeit hergestellt.

Typische PH-Lampe aus den 1930er-Jahren, die durch mehrere Schirme die Farbe des Lichtes korrigiert.

dem Motto »Die Form eines Gegen-stands folgt seiner Funktion« Be-quemlichkeit und Funktionalität von Möbeln in den Vordergrund stellte. Auf dieser Grundlage entwickelte er bestehende Möbeltypen weiter, unter anderem vereinfachte er englische Chippendalemöbel.

Zu den bekanntesten Vertretern däni-schen Möbeldesigns gehört **Hans J. Wegner**: »The Chair«, 1949 entwor-fen, wurde zum Begriff. Wie beispiel-haft die flexiblen Verarbeitungsmög-lichkeiten von Holz sind, zeigte auf der Möbelmesse 2000 in Köln **Peter Karpf** mit seinem Stuhl »Eco«, der aus einem einzigen Stück Holz geschnit-ten wurde.

Industriedesign

Auch im Industriedesign nimmt Dä-nemark eine gute internationale Posi-tion ein. Bereits 1947 eröffneten **Sigvard Bernadotte und Acton Bjørn** das erste dänische Büro für Industrie-design. Zu den designorientierten Unternehmen der Gegenwart zählen u. a. die Firmen LEGO, VELUX und Bodum. Modernes Design ist auch charakteristisch für die Produkte des mit zahlreichen Designpreisen ausge-zeichneten Elektronikkonzerns **Bang & Olufsen** aus Struer in Jütland, dessen Fernseh- und Hi-Fi-Geräte sich einerseits durch eine Technik der Spitzenklasse, andererseits durch ihre Formschönheit auszeichnen, wo-bei die leicht verständliche Handha-bung – Knöpfe, Tasten oder flackern-de Lichter werden so weit wie irgend möglich ausgespart – im Vordergrund steht. Klar, dass diese Hi-Fi-Geräte der Luxusklasse mit fernöstlicher Massenware nur wenig gemeinsam haben und, laut Unternehmensjargon, für diejenigen bestimmt sind, »die Geschmack und Qualität vor dem Preis diskutieren«. Auch die dänische Königin Margrethe II. lässt sich hin und wieder gern von Bang & Olufsen beliefern, wenn sie die üblichen Gast-geschenke für Staatsbesucher be-nötigt.

Auch im Museum zu finden

Wer sich einen Überblick zum Thema Dänisches Design verschaffen will, sollte beim »Kunstindustriemuseet« und dem »Dansk Design Center« in Kopenhagen vorbeischauen.

Berühmte Persönlichkeiten

Wofür bekam Niels Bohr den Nobelpreis, welche Neuerungen führte Graf von Struensee ein, was tat Tycho Brahe auf der Insel Ven und womit stach Asta Nielsen ihre Hollywood-Kolleginnen aus? Kleine Denkmäler für jene, die dem »Inselreich am Nordmeer« ihren Stempel aufgedrückt haben.

Martin Andersen Nexø (1869 – 1954)

Martin Andersen Nexø stammte aus ärmlichen Verhältnissen und fühlte sich zeitlebens der besitzlosen Klasse verbunden. Er war der erste große Vertreter der ab Beginn des 20. Jh.s an Bedeutung gewinnenden sogenannten Arbeiterliteratur in Dänemark. In seinem wohl größten Werk, dem vierbändigen Roman »Pelle der Eroberer« (1906 – 1910), beschreibt er einfühlsam das harte Leben von Bauern, Fischern und Arbeitern seiner Zeit auf der Insel Bornholm, der Heimat in Kindertagen. Den ersten Teil des Romans verarbeitete 1987 Bille August zu einem Film, der 1988 die Goldene Palme von Cannes und einen Oscar erhielt. Andersen, der als Mitglied der dänischen KP 1943 vor den Nazis nach Schweden geflüchtet war, lebte ab 1951 bis zu seinem Tod in Dresden.

Schriftsteller der Arbeiterklasse

Niels Bohr (1885 – 1962)

Nicht wenige Wissenschaftler schüttelten den Kopf, als Niels Bohr 1913 seine Hypothese von den Gesetzen der Atome veröffentlichte. Ausgehend von Ernest Rutherfords Atommodell erklärte der junge Physiker, dass das Atom nicht die kleinste unteilbare Einheit ist, sondern dass um einen positiven geladenen Atomkern elektrisch negative Elektronen rotieren, so wie die Planeten ihre Bahnen um die Sonne ziehen. 1922 erhielt er den Nobelpreis für Physik. Gemeinsam mit anderen Forschern begründete er auch die Quantenmechanik, die Mechanik der Vorgänge in der Mikrophysik. Neben Werner Heisenberg zeigte er, dass, anders als in der klassischen Physik, wo sich Phänomene nach dem Prinzip von Ursache und Wirkung vorausberechnen ließen, sich im atomaren Maßstab nur Wahrscheinlichkeiten, aber keine Gewissheiten erkennen lassen.

Erforscher der Atome

Während der deutschen Besatzungszeit emigrierte Bohr in die USA, wo er an der Entwicklung der Atombombe mitarbeitete, obwohl er ihre Auswirkung fürchtete – er wies Roosevelt und Churchill auf entsprechende Konsequenzen hin, doch ohne Erfolg. Nach dem Krieg arbeitete Bohr wieder am Institut für Theoretische Physik in Kopenhagen (seit 1965 Niels-Bohr-Institut). 1975 wurde seinem Sohn Aage ebenfalls der Physik-Nobelpreis verliehen.

Tycho Brahe (1546 – 1601)

Sein Weltsystem, nach dem sich Mond und Sonne um die Erde drehen, um die Sonne aber alle übrigen Planeten, war eine Art Vorläufer für die Weltenschau des Kopernikus. In dem dänischen König Frede-

Blick in die Sterne

← *Asta Nielsen erhielt die erste Supergage der Filmgeschichte.*

rik II. fand der in Südschweden geborene Astronom Tycho Brahe einen großen Gönner. Auf der Insel Ven im Øresund durfte er die Sternwarte Uranienborg erbauen, wo er unter anderen einen Katalog mit den Positionen von 1000 Fixsternen erstellte. Nach einem Streit mit König Christian IV. verließ er 1597 Dänemark, um seine Tage in Prag als Kaiserlicher Astronom von Kaiser Rudolf II. zu beschließen. Seine frühere Sternwarte auf Ven wurde leider abgerissen und von seinem umfangreichen astronomischen Instrumentarium blieben der Nachwelt nur zwei Sextanten erhalten. Doch Brahe hatte einen gelehrigen Gehilfen, der seine Arbeiten entscheidend weiterführte: Johannes Kepler.

Christian IV. (1577 – 1648)

Im Zeichen des C4   Immer wieder betonte er, dass er sich nur für das Wohl des Reichs und des Volks einsetzte. Und die Untertanen glaubten ihm. Doch nicht alles, wofür König Christian IV. stritt, brachte seinem Land Glück. Ein großer Baumeister war er auf alle Fälle. Im alten Kopenhagen gibt es kaum ein prächtiges Gebäude, wo nicht sein Signum prangt, das berühmte große »C« mit der kleinen »4«. Darüber hinaus

König Christian IV. und Anna Katherina von Brandenburg
(Gemälde von Jacob van Doordt, 1611)

gab er auch die ersten Reihenhäuser Europas in Auftrag: Wohnungen für seine Seeleute und deren Familien. Mit seinen Feldzügen allerdings (zweimal gegen Schweden sowie auf deutschem Boden im Dreißigjährigen Krieg) verursachte der König, der sich auch bei Saufgelagen und bei Frauen (23 Kinder) hervortat, ein gewaltiges Chaos im Reich. Nach vielen militärischen Niederlagen war das Land wirtschaftlich völlig am Boden und hatte im Ränkespiel der europäischen Mächte nichts mehr zu melden. Dessen ungeachtet ist kein anderer König in Dänemark so populär wie Christian IV.

Nikolaj Frederik Severin Grundtvig (1783 – 1872)

Einen Namen machte sich der unermüdliche Schriftsteller und Pfarrer Grundtvig mit dem Werk »Die Mythologie des Nordens« (1808), das den Dänen nordische heidnische Mythen nahezubringen versuchte, und mit über 400 von ihm selbst verfassten Liedern, die das dänische Kirchengesangbuch so sehr beherrschen, dass ein Gottesdienst in Dänemark ohne ein Wort von Grundtvig kaum vorstellbar ist. Mit seinen pädagogischen Zielen wurde er auch über die Landesgrenzen hinaus bekannt: Er trat ein für eine konsequente Erwachsenenbildung und schuf die Volkshochschulen, die ohne Lehrpläne und Examenszwang den Bürgern eine allgemeine Orientierung über das tägliche Leben vermitteln sollten. Die erste Schule dieser Art wurde 1844 in Rødding auf Jütland gegründet.

Singen und Lernen

Ludvig Holberg (1684 – 1754)

Mit seinen gesellschaftskritischen Komödien, in denen er in Anlehnung an Molière und die italienische Maskenkomödie treffsicher menschliche Selbstgefälligkeiten aufs Korn nahm, ist Ludwig Baron von Holberg als Schöpfer des dänischen Lustspiels in die Weltliteratur eingegangen. Doch die Komödien sind nur ein kleiner Teil der enormen Produktion des gebürtigen Norwegers, der als Hauptvertreter der skandinavischen Aufklärung gilt. Eine Verbindung zwischen seiner Tätigkeit als Kopenhagener Universitätsprofessor für Metaphysik, Rhetorik und Geschichte und dem leichtfertigen Theater war wohl nicht sehr passend: Für seine Komödien legte sich der vielseitige Kopf, der auf drei großen Auslandsreisen auch Deutschland besuchte, das Pseudonym »Hans Mickelsen, Bürger in Kalundborg« zu, das in Dänemark rasch zum geflügelten Wort wurde.

Dichtender Universalgelehrter

Søren Kierkegaard (1813 – 1855)

»Was von einem Toten kommt«, prophezeite Søren Kierkegaard kurz vor seinem Tod, »darauf wird man weit eher hören!« Er behielt Recht. Von seinen Zeitgenossen wollten und konnten den grüblerischen, schwermütigen Denker und dessen quälenden Zwiespalt zwischen pietistischem Herrnhutertum und Hegels Dialektik nur wenige

Philosoph und Schriftsteller

begreifen. In seinem dichterisch-philosophischen Werk, das rund 40 Titel umfasst, behandelte Kierkegaard die Situation des modernen isolierten Menschen. »Existenz« und »Angst« sind hierbei die zentralen Themen. Sein Denken mündete in die Einsicht, dass Angst und Selbstverlorenheit ausschließlich durch die göttliche Gnade zu überwinden seien, dass es ohne einen Glauben an Gott keine menschliche Existenz geben könne.

Der zurückgezogen lebende Philosoph – seine Verlobung hatte er aufgelöst, weil er »in religiösem Sinn bereits als Kind Gott versprochen war« – verstand sich selbst als religiöser Schriftsteller. Ein Jahr vor seinem Tod begann er seinen »Kirchenkampf«, seine scharfen Angriffe gegen die offizielle Verkündigung des Christentums und die kirchlichen Autoritäten. Im Oktober 1855 brach er erschöpft und ausgebrannt auf der Straße zusammen. Er kam ins Krankenhaus, wo er fünf Wochen später starb. Berühmt wurde er außerhalb Dänemarks durch deutsche Übersetzungen. Seine Ideen bilden weitgehend die Grundlagen der Dialektischen Theologie, für den Existenzialismus, die Dialogphilosophie wie die Existenzphilosophie.

Asta Nielsen (1881 – 1972)

Erste Spitzengage der Welt

Nicht ein berühmter Hollywoodstar erhielt die erste Supergage der Filmgeschichte, sondern die Schauspielerin Asta Nielsen aus Dänemark. Bekam sie für ihren ersten Filmauftritt in »Der Abgrund« (Dänemark, 1910) noch bescheidene 200 Kronen (53,60 Dollar), verdiente sie Ende 1912 bei dem Berliner Produzenten Paul Davidson 1500 Dollar pro Woche – der bestbezahlte US-Star seinerzeit musste sich mit 250 Dollar zufrieden geben. Ihre ruhmreiche Karriere begann Asta Nielsen als Bühnenschauspielerin in ihrem Heimatland. Aber erst in Deutschland wurde sie einer der größten Stummfilmstars. Berühmtheit erlangte sie vor allem durch Filme, die von der großen, unglücklichen Liebe handeln. Zu ihren bekanntesten Filmen gehören »Hamlet« (1920), »Fräulein Julie« (1922) sowie ihr letzter Streifen »Unmögliche Liebe«, ein Tonfilm von 1932. Asta Nielsen hat wesentlich dazu beigetragen, den Film zu einer Kunstgattung mit eigenen ästhetischen Gesetzen zu machen.

Johann Friedrich Graf von Struensee (1737 – 1772)

Liberaler Staatsmann

Eineinhalb Jahre leitete der deutsche Arzt Johann Friedrich Struensee die politischen Geschicke Dänemarks. Er führte bahnbrechende liberale Reformen ein, sorgte sogar dafür, dass das Land nach Jahrzehnten wieder schuldenfrei war. Der in Halle a. d. Saale geborene Hamburger Mediziner war 1769 von König Christian VII. als Leibarzt an den dänischen Hof geholt worden. Dort erwarb er sich schnell das Vertrauen der unglücklich verheirateten Königin Caroline Mathilde sowie des schwachsinnigen Monarchen, der ihm zusehends mehr politische Macht in die Hände gab. Struensee versuchte, das feudale, rückständige Dänemark in einen aufgeklärten Staat umzuwandeln. U. a. schaffte er die Folter ab, beschnitt die Rechte des Adels und verbesserte den gesellschaftlichen Status der Bauern.

Doch mit seinen Eigenmächtigkeiten machte er sich am Hof auch Feinde. Diese riefen wegen des »schamlosen Treibens« mit der Königin (die beiden hatten miteinander ein Kind) schließlich zur Hetzjagd auf den deutschen Arzt. Auch die Presse – Struensee hatte die Pressefreiheit eingeführt! – stimmte in den Chor mit ein und putschte den Hass der Dänen gegen das »Deutschtum« des »Königinnenschänders« und »Tyrannen« hoch. Am 17. Januar 1772 wurden Struensee und Caroline Mathilde verhaftet, nachdem es der oppositionellen Hofclique gelungen war, vom König entsprechende Haftbefehle zu erwirken. Die aus England stammende Königin durfte nach Celle ausreisen, wo sie drei Jahre später starb. Struensee wurde wegen Hochverrats zum Tod verurteilt und auf dem Osterfeld vor Kopenhagen unter dem tosenden Beifall der Bevölkerung enthauptet, nachdem ihm erst, wie das Gesetz es vorsah, die rechte Hand abgehauen worden war.

Bertel Thorvaldsen (1768–1844)

Heute weniger bekannt, war Bertel Thorvaldsen zu seinen Lebenszeiten neben Antonio Canova der größte Bildhauer des Klassizismus. Den überwiegenden Teil seines Lebens, die Jahre von 1797 bis 1838, verbrachte der Künstler in Rom, wo er sich an den Werken der klassischen Kunst ausbildete. Am Ende seines Lebens stand fast in jeder europäischen Metropole ein Bildwerk aus seiner Werkstatt, in der ihn rund 50 Schüler und Mitarbeiter bei dem gewaltigen Auftragspensum unterstützten: u. a. in Rom der Alexanderfries, in Kopenhagen die Gestalt Christi mit den zwölf Aposteln, in Stuttgart die Statue Schillers, in München das Reiterdenkmal von Kurfürst Maximilian.

Begnadeter Bildhauer

Als er aus Rom in sein Heimatland zurückkehrte, bereitete ihm die Bevölkerung Kopenhagens einen triumphalen Empfang. Seinen Tod inmitten einer Theatervorstellung empfand ganz Dänemark als nationales Unglück. Schon zwei Jahre später wurde in Kopenhagen das Thorvaldsenmuseum eröffnet, in dem alle Werke ausgestellt sind, die der Künstler seiner Geburtsstadt vermacht hatte.

Praktische Informationen

WAS DÜRFEN SIE AUF KEINEN FALL ZU HAUSE
VERGESSEN? WIE VIEL TRINKGELD IST
ÜBLICH? WELCHE BESONDERHEIT
HABEN DÄNISCHE STECKER?
LESEN SIE ES NACH –
AM BESTEN SCHON VOR
DEM START IN DEN URLAUB.

Anreise · Reiseplanung

Anreisemöglichkeiten

Mit dem Auto   Autofahrer können über den Großen Belt (Fünen/Seeland) sowie über den Øresund (Seeland/Südschweden) von Flensburg bis nach Malmö (Schweden) durchfahren (Maut). Die Vogelfluglinie E 47 zwischen Hamburg und Kopenhagen ist auf dänischer Seite durchgängig eine Autobahn, das letzte fehlende Teilstück in Deutschland auf der Insel Fehmarn wird 2011 fertiggestellt; über Fahr- und Stauzeiten in Kopenhagen informieren digitale Anzeigen. Die Autofähre von Puttgarden/Fehmarn nach Rødbyhavn/Lolland braucht 45 Minuten, von Rostock nach Gedser/Falster zwei Stunden. weitere Ver-

 ADRESSEN ANREISE

BAHN

▶ **Deutsche Bahn**
Tel. (0 18 05) 99 66 33
www.bahn.de

FLUGGESELLSCHAFTEN

▶ **SAS**
Deutschland:
Tel. (01805) 11 70 02
Österreich:
Tel. (08) 10 977 980
Schweiz:
Tel. (08) 48 117 100
Dänemark:
Tel. 32 32 68 00
www.flysas.com

▶ **Lufthansa**
Deutschland:
Tel. (01805) 838 42 67
Dänemark
Tel. 32 32 26 00
www.lufthansa.com

▶ **Austrian Airlines**
Deutschland:
Tel. (0180) 300 05 20
Österreich: Tel. (05) 17 89
Dänemark: Tel. 32 47 47 47
www.aua.com

▶ **Air Berlin**
Deutschland: Tel. (01805) 73 78 00
Dänemark:
Tel. 80 88 77 85
www.airberlin.com

▶ **Cimber Air**
Dänemark:
Tel. 70 10 12 18
www.cimber-air.dk

▶ **Cirrus Airlines**
Deutschland:
Tel. (0180) 44 44 888
Dänemark:
Tel. 22 84 88 06
www.cirrus-airlines.de

▶ **Sterling Air**
Dänemark: Tel. 70 33 33 70
www.sterling.dk

▶ **Swiss**
Deutschland:
Tel. (01803) 00 03 37
Schweiz:
Tel. (08) 48 700 700
in Dänemark:
Tel. 70 10 50 64
www.swiss.com

bindungen zwischen Flensburg bzw. Langballigau und Kollund bzw. Gråsten, in der Hochsaison rechtzeitig reservieren! Autoreisezüge fahren ein- bis mehrmals wöchentlich von Lörrach und München nach Hamburg, von Chur (Schweiz) und Villach (Österreich).

Täglich fahren Züge von Hamburg nach Kopenhagen (zwischen Puttgarden und Rødby mit dem Fährschiff) sowie über die Große-Belt-Verbindung. Der EuroNight fährt täglich von München, Nürnberg bzw. Karlsruhe, Frankfurt/M. sowie von Köln und dem Ruhrgebiet nach Kopenhagen. Ein ICE verkehrt zwischen Hamburg bzw. Berlin und Kopenhagen sowie zwischen Hamburg und Århus. Von Hamburg aus bestehen tägliche Verbindungen auch nach Jütland und Fünen, u. a. nach Frederikshavn mit Anschluss an Fährschiffe nach Schweden und Norwegen.

Mit der Bahn

Fast der gesamte Linienflugverkehr von und nach Dänemark geht über den Flughafen Kopenhagen (Kastrup). Direkte Flugverbindungen gibt es von Berlin, Bremen, Dresden, Düsseldorf, Frankfurt/M., Hamburg, Hannover, Köln/Bonn, München, Stuttgart, Wien, Genf, Zürich und Basel. Cirrus Airlines fliegt mehrmals pro Woche von Frankfurt/M. nach Billund mit dem Kinderparadies LEGOLAND. Inlandsflüge starten in Kopenhagen zu den jütländischen Flugplätzen Århus, Aalborg, Billund, Esbjerg, Karup, Rønne (Bornholm), Sønderborg und Thisted. Zu den kleineren Inseln Anholt und Læsø bestehen Airtaxis (Abflug von Roskilde, www.aircat.dk).

Mit dem Flugzeug

◄ Innerdänische Flughafen

Bis auf wenige Ausnahmen verkehren Fähren täglich. Beim Visit Denmark (►Auskunft) ist eine Dänemarkkarte erhältlich mit den Telefon- und Faxnummern für Buchungen von Autofähren, der Dauer der jeweiligen Überfahrt und den Preisen.

Mit der Fähre

 FÄHREN

EINZELNE FÄHR-VERBINDUNGEN

► **Deutschland–Dänemark**
Sylt–Rømø
Puttgarden–Rødby
Rostock–Gedser
Sassnitz–Rønne (Bornholm)

► **Fähren innerhalb Dänemarks**
Aalborg–Engholm
Årøsund–Årø, Assens–Bågø
Bandholm–Askø, Bøjden–Fynshav
Branden–Fur, Esbjerg–Fanø
Faaborg–Søby (Ærø)

Faaborg–Avernakø–Lyø
Frederikshavn–Læsø
Grenaa–Anholt
Hals–Egense
Hammer Bakke–Orø
Hardeshøj–Ballebro
Havnsø–Sejerø
Holbæk–Orø, Hov–Samsø
Hundested–Rørvig
Hvalpsund–Sundsøre
Kalundborg–Århus
Kalundborg–Samsø
Kleppen–Venø
Kopenhagen–Rønne (Bornholm)

Kragenæs–Fejø
Kragenæs–Fernø
Kulhuse–Sølager
Mellerup–Voer
Mommark–Søby (Ærø)
Mors–Thy (Feggesund)
Mors–Thy (Næssund)
Rudkøbing–Marstal (Ærø)
Rudkøbing–Strynø
Sjællands Odde–Ebeltoft
Sjællands Odde–Århus
Snaptun–Endelave
Snaptun–Hjarnø
Stigsnæs–Agersø,
Stigsnæs–Ornø
Stubbekøbing–Bogø
Svendborg–Ærøskøbing
Svendborg–Skarø–Drejø
Tårs–Spodsbjerg
(Langeland)

Thyborøn–Agger
Udbyhøj Nord–Udbyhøj Süd

FÄHRGESELLSCHAFTEN

▶ **BornholmsTraffiken**
Dänemark: Tel. 56 95 18 66
www.bornholmstraffiken.dk

▶ **Scandlines**
Scandlines-Servicecenter
Tel. (0 18 05) 11 66 88 (0,14 €/Min.
im deutschen Festnetz)
www.scandlines.de

▶ **FRS (Sylt–Rømø)**
Tel. (0 18 03) 10 30 30
www.frs.info

▶ **Nordic Ferry Services**
www.nordic-ferry.com

Ein- und Ausreisebestimmungen

Reisedokumente Zur Einreise nach Dänemark benötigen Reisende aus Deutschland, Österreich und der Schweiz einen gültigen Personalausweis oder Reisepass. Kinder brauchen einen Kinderausweis (ab 10 Jahren mit einem Lichtbild), wenn sie nicht im Pass der Eltern eingetragen sind.

Fahrzeugpapiere Wer mit dem Wagen nach Dänemark fährt, braucht Führerschein und Fahrzeugschein. Ein Nationalitätszeichen (D-, CH- oder A-Schild) ist nur notwendig, wenn das Auto kein Euronummernschild hat. Die Grüne Versicherungskarte ist nicht obligatorisch.

Haustiere Hunde und Katzen benötigen einen veterinäramtlichen **EU-Heimtierausweis**, der Informationen über die erfolgten Impfungen enthält. Mindestens drei Wochen vor der Einreise muss eine Tollwutimpfung vorgenommen worden sein. Außerdem muss das Tier einen Mikrochip oder eine Tätowierung tragen. Das Mitbringen von Haustieren auf die Färöer-Inseln ist nicht erlaubt.

Zollbestimmungen Bürger aus EU-Staaten dürfen alle Waren für den persönlichen Gebrauch, auch Tabak und Alkohol, zollfrei einführen. Zur Abgrenzung zwischen privater und gewerblicher Verwendung gibt es Richtmengen: 90 l Wein (davon max. 60 l Schaumwein) und 110 l Bier.

Nicht-EU-Länder ▶ Für Reisende aus Nicht-EU-Ländern (u. a. der Schweiz) liegen die Freimengengrenzen für Personen über 17 Jahre bei 200 Zigaretten oder 100 Zigarillos oder 50 Zigarren oder 250 g Rauchtabak, ferner bei 1 l Spirituosen mit mehr als 22 Vol.-% Alkoholgehalt. Bei allen Fragen hilft die Dänische Botschaft weiter (►Auskunft, Diplomatische Vertretungen).

Waffen

EU-Bürger mit europäischem Waffenpass dürfen ihre Schusswaffe(n) einführen, sofern sie zu einem Jagd- oder Schießwettbewerb eingeladen sind. Weitere Informationen gibt es beim Dänischen Fremdenverkehrsamt (►Auskunft). Verboten sind Schreckschuss- und Gaspistolen, Luftgewehre, Gasampullen, Tränengassprays, Schlag- und Hiebwaffen sowie Messer mit fester Klinge über 12 cm Länge.

Wiedereinreise

Aus Dänemark dürfen EU-Bürger 300 Zigaretten oder 150 Zigarillos oder 75 Zigarren oder 400 g Rauchtabak und 1,5 l Spirituosen sowie sonstige Waren nach Deutschland und Österreich einführen. Für die Schweiz gelten andere Freimengen: Zollfrei sind für Schweizer 250 g Kaffee, 100 g Tee, 200 Zigaretten oder 50 Zigarren oder 250 g Tabak, 2 l Wein oder andere Getränke bis 15 Prozent Alkoholgehalt sowie 1 l Spirituosen mit mehr als 15 Prozent Alkoholgehalt, Souvenirs bis zu einem Wert von 300 sfr.

◄ Schweiz

**Kranken-
versicherung**

Auch im EU-Ausland müssen die gesetzlichen Krankenkassen Arztkosten erstatten. Dafür muss die EHIC-Krankenversicherungskarte vorgelegt werden. Ratsam ist eine Reisezusatzversicherung.

Auskunft

In allen größeren Städten und Fremdenverkehrsorten befinden sich Informationsbüros des Dänischen Fremdenverkehrsrates. Viele dieser Auskunftsstellen sind auch ganzjährig geöffnet. Die Mitarbeiter sprechen meist mehrere Sprachen, darunter v. a. Deutsch und Englisch.

 ## WICHTIGE ADRESSEN

AUSKUNFT
IN DEUTSCHLAND

► **Visit Denmark**
auch für Österreich
und Schweiz
Glockengießerwall 2
20095 Hamburg
Tel. (0 18 05) 32 64 63
Fax (040) 65 03 19 30
www.visitdenmark.com

Prospektanforderung
Tel. (01 90) 19 00 33

AUSKUNFT IN DÄNEMARK

► **Visit Denmark**
früher: Danmarks Turistråds
Islands Brygge 43
2300 København S
Tel. 32 88 99 00, Fax 32 88 99 01
www.visitdenmark.com

DIPLOMATISCHE VERTRETUNGEN

▶ **Deutsche Botschaft**
Stockholmsgade 57
2100 København Ø
Tel. 35 45 99 00, Fax 35 26 71 05
www.kopenhagen.diplo.de

▶ **Österreichische Botschaft**
Sølundsvej 1, 2100 København Ø
Tel. 39 29 41 41, Fax 39 29 20 86
www.bmaa.gv.at

▶ **Schweizer Botschaft**
Amaliegade 14
1256 København K
Tel. 33 14 17 96, Fax 33 33 75 51
www.eda.admin.ch/copenhagen

INTERNETADRESSEN

▶ **www.daenemark.org**
Homepage der dänischen Botschaft in Berlin mit sehr informativem Inhalt.

▶ **www.denmark.dk**
Das dänische Außenministerium berichtet über Wissenswertes aus dem Königreich.

▶ **www.skandinavien.de**
Zahlreiche Links zu Ferienhäusern, Routen und Events aller Art.

▶ **www.kultunaut.dk**
Der größte elektr. Event-Kalender.

▶ **www.danskarkitekturguide.dk**
Führer zu den architektonischen und städtebaulichen Highlights in Kopenhagen, Århus, Aalborg und Odense mit der Möglichkeit, maßgeschneiderte Stadtrundgänge zusammenzustellen.

Badeurlaub

Badestrände An der Nordseeküste Jütlands findet man von Süd nach Nord fast durchgehend zum Baden bestens geeignete Sandstrände mit ausgeprägtem Dünenhinterland. An der Ostküste Jütlands mit den vielen Fjorden sind die Strände schmaler, Dünen gibt es keine. Bornholm ist das einzige Gebiet mit längeren Felsküsten, besitzt aber auch feine Sandstrände. Auf der Halbinsel Mols und entlang der jütländischen Ostküste rücken Wälder oft nahe an den Strand heran. Seeland, Fünen und seine Nachbarinseln weisen vorzügliche Strände auf. Umweltbewusst versucht man in Dänemark die Strände weitgehend im natürlichen Zustand zu halten, weshalb Liegestühle, Sonnenschirme und Strandkörbe eher eine Seltenheit sind. Zwischen Blokhus

ℹ Die schönsten Strände

- In Westjütland: Henne Strand nördlich von Esbjerg und der bis zu 800 m breite Strand der Insel Rømø
- Limfjorden: »Europas Hawaii« wird der Strand von Klitmøeller genannt, Top-Tipp für Surfer
- Auf Fünen: Ristinge Hale südlich von Rudkøbing
- Auf Bornholm: Strände im Süden, zum Beispiel bei Dueodde
- Auf Falster: Marielyst, kilometerlanges Sandvergnügen
- Auf Seeland: Strände nördlich von Helsingør

Dänemarks Strände sind ein Traumziel für große und kleine Badenixen.

und Løkken, auf Fanø und Rømø sowie bei Vejers Strand dürfen Autos auf den Strand fahren. Jetskifahren ist überall verboten. Hunde müssen vom 1. April bis 30. September an der Leine geführt werden. Beim Dänischen Fremdenverkehrsamt (▶ Auskunft) ist eine Dänemarkkarte erhältlich, auf der alle dänischen Strände aufgelistet und näher beschrieben sind.

Wasserqualität

Es gibt das Gütesiegel »Blaue Flagge« (dem Gütesiegel der EU für eine saubere Natur und gute Badewasserqualität), die nur an sauberen Stränden gehisst werden darf. Außerdem wird in Dänemark jährlich eine »Badewasserkarte« herausgegeben, die im Buchhandel und bei den Informationsstellen (▶ Auskunft) erhältlich ist. Sie zeigt die Qualität des Meerwassers und den Zustand der dänischen Strände an.

Kurtaxe, Parkgebühr

Kurtaxe wird in Dänemark nirgends fällig. Dementsprechend ist das Angebot an Dienstleistungen direkt am Strand auch geringer. In der Nähe der Badestrände liegen meist Parkplätze. Meist sind sie kostenlos, werden deshalb aber auch nicht bewacht.

Jeder Strand ist frei zugänglich. Daher gibt es keine speziell ausgewiesenen **FKK-Strände**. Vorschriften »mit oder ohne« existieren nicht. Örtlich kann jedoch durch Ausschilderung ein Verbot erteilt werden – wie z. B. in Henne Strand und Holmsland Klit. Fragen zum FKK-Urlaub in Dänemark beantwortet der dänische FKK-Verband.

 FKK

- **Dansk Naturist Union**
  Postfach 165
  6400 Sønderborg
  Tel. 70 22 27 26
  www.dansknaturistunion.dk

Mit Behinderung unterwegs

Reisen in und nach Dänemark Das Dänische Fremdenverkehrsamt in Hamburg (▶ Auskunft) gibt das Heft »Reisen in und nach Dänemark für Körperbehinderte« heraus, mit Hinweisen über Unterkunft, Aktivitäten, Sehenswürdigkeiten und Transportmöglichkeiten für Rollstuhlfahrer. Informationen erteilt auch die Dachorganisation der dänischen Behindertenverbände DSI. Der BSK-Reisedienst organisiert Gruppenreisen, vermittelt geschulte Reisehelfer und leistet Hilfe bei Individualreisen.

Auf Fanø können Rollstuhlfahrer und Gehbehinderte das Wattenmeer aus nächster Nähe erleben. Die Nordseeinsel bietet als erste dänische Destination einen „Wattenmeerrollstuhl" mit Elektroantrieb und Ballonreifen, der auch im Watt und auf Sand gut vorankommt.

▶ BEHINDERTENREISEN

▶ **DSI-Dachverband**
De samvirkende Invalide-
organisationer DSI
Kløverprisvej 10 B
2650 Hvidovre
Tel. 36 75 17 77, Fax 36 75 14 03
www.handicap.dk

▶ **BSK-Reisedienst**
Altkrautheimer Straße 17

74238 Krautheim/Jagst
Tel. (0 62 94) 42 81 31, 681 07
www.bsk-ev.org

▶ **Westjütland**
www.visithandicapguide.com
Hier bieten Fremdenverkehrsamt
und Behindertenverbände behindertengerechte Unterkünfte, Infos
und Tourenvorschläge an.

Elektrizität

Das Stromnetz in Dänemark führt eine Spannung von 220 Volt Wechselstrom (50 Hz), Adapter sind nicht nötig. Bitte beachten, falls scheinbar der Strom nicht funktioniert: Fast alle Steckdosen sind mit einem Kippschalter versehen, um den Strom ein- und auszuschalten.

Essen und Trinken

Bitte zu Tisch! Frühstück (morgenmad) bekommt man in Hotels und Restaurants bis etwa 11.00 Uhr. Es ist kontinental, mit Brötchen, Käse, Ei, Marmelade und reichhaltigem Aufschnitt. Das Mittagessen (frokost) wird zwischen 11.30 und 14.00 Uhr, das Abendessen zwischen 18.00 und

20.00 Uhr eingenommen. Das kalte Abendessen nennen die Dänen »aftensmad« und – Vorsicht! – das warme Abendbrot »middag«, also Mittagessen.

Typisch für Dänemark sind die Mittagsbuffets in den Restaurants, die sogenannten **»Frokost«**: Sie beginnen immer mit Fisch, meist mariniertem Hering, gefolgt von geräuchertem oder »graved« Lachs, danach hat man die Wahl zwischen Frikadellen, Schweinebraten, Leberpastete oder Rinderbrust, den Abschluss bildet ein Stück Käse, der auch mit etwas Rum übergossen serviert wird. Dazu trinkt man Bier und eisgekühlten Aquavit.

Speisen

In Dänemark wird **Fisch** aller Art köstlich und abwechslungsreich zubereitet. Am häufigsten kommen in den Speiselokalen Hering, Forelle, Flunder, gebratene Scholle sowie Aal und Lachs auf den Tisch.

Die Dänen lieben aber auch **deftige Gerichte** wie Frikadeller (Hackfleischklöße aus Schweinefleisch – ein Nationalgericht, das 1842 aus Deutschland importiert wurde), Hakkebøf (Hackfleischklöße vom Rind), Flæskesteg mit røkål (Schweinebraten mit knuspriger Schwarte und Rotkraut), gule ærter (Erbsensuppe mit Bratwurst und Schweinefleisch) oder dyreryg (Rehbraten mit Preiselbeeren).

Getränke

Die Nationalgetränke der Dänen sind Kaffee und Bier. Der aus dem Ausland importierte Wein ist im Verhältnis zum europäischen Festland relativ teuer.

Nationalgetränke

Ein typisch dänischer Schnaps, der gern nach fetten Speisen getrunken wird, ist der goldfarbene Aquavit – abgeleitet vom lat. aqua vitae = Lebenswasser –, ein mit Kümmel und anderen Gewürzen aromatisierter Branntwein mit mindestens 38 Prozent Alkohol, der eiskalt getrunken wird. Als Magenbitter ist der rubinrote sanfte »Gammel Dansk« zu empfehlen.

Aquavit

Das übliche Getränk ist helles **Lagerbier** (øl), das in der Regel in kleine Flaschen abgefüllt wird. Es gibt auch dänisches **Fassbier**, allerdings enthält es wesentlich weniger Kohlensäure als das deutsche. Die bei Weitem größte Braugruppe des Landes, die United Breweries Carlsberg und Tuborg, stellt allein über 15 Marken für den inländischen Markt her, von leichten Pils- und Altsorten bis hin zu Starkbieren.

? WUSSTEN SIE SCHON …?

■ Eine dänische Spezialität ist die sogenannte »kande«, eine Mischung aus zwei Biersorten (Porter, ein Starkbier, mit Pils oder Alt) und Aquavit, Pernod sowie Zitronenlimonade.

Köstliches Smørrebrød!

»Sonne über Gudhjem« heißen die geräucherten Bornholmer Heringe mit rohem Eigelb.

SMØRREBRØD UND ANDERE LECKERBISSEN

»Die Dänen«, so eine New Yorker Gastrokritikerin, »essen belegte Brote zum Frühstück, zum Lunch und zum Abendessen, und um sicherzugehen, dass sie keinen Hunger bekommen, essen sie auch noch ein paar Brote zwischendurch.« Gemeint ist das berühmte Smørrebrød, was übersetzt schlicht Butterbrot bedeutet.

Grundsätzlich besteht es aus einer dünnen Scheibe Weiß-, Schwarz-, Grau-, Roggen- oder Knäckebrot und nicht zu dick aufgetragener Butter; wichtigster Bestandteil ist aber der **pålæg** (Belag). Und der kann vielfältig sein. Beliebt sind Krabben, gebeizter Lachs, marinierter oder geräucherter Hering mit Eigelb, Radieschen und Schnittlauch, geräucherter Aal mit Rührei, Schweinebraten mit Rotkohl, Äpfeln und Backpflaumen, zartrosa Roastbeef mit gerösteten Zwiebeln und Meerrettich.

Designer-Schnittchen

Es heißt, Ende des 19. Jh.s sei Smørrebrød im Kopenhagener **Lokal von Oskar Davidsen** entstanden, dessen beengte Räumlichkeiten keinen Platz mehr für eine richtige Küche zuließen, sodass die Köchin mehr aus Verlegenheit auf die Idee kam, den Gästen fantasievoll kreierte Schnittchen anzubieten. Diese erwiesen sich als ein solcher Renner, dass das Lokal bald **178 Variationen** derselben anbot. Beim Smørrebrød kommt das feine Gespür der Dänen für Design zum Ausdruck; für den Gaumen wie auch das Auge sollte der Belag eine wahre Freude sein. Zubereitet werden die Brote vielerorts von sogenannten Smørrebrød-Jungfern, die eine besondere Ausbildung besitzen, ähnlich wie Köche oder Konditoren. Viele Restaurants bieten auf dem Smørrebrødseddel eine Endlosliste dieser Leckereien an, es gibt Smørrebrød-Wagen und spezielle Smørrebrødläden. Aber Vor-

sicht: Nach drei Schnittchen ist man in der Regel pappsatt. Getrunken wird zum Smørrebrød Bier und evtl. ein »snaps«, aber bloß kein Wein.

Fisch paarweise geräuchert

Eine dänische Spezialität sind auch Bornholmer: Heringe, die von Mai bis Oktober auf der Insel Bornholm geräuchert werden. Die ausgenommenen und gesalzenen Fische steckt man paarweise zusammen, indem der Kopf des einen durch die Kiemenöffnung des anderen geschoben wird. Anschließend werden die Heringe über Erlenholzfeuer geräuchert. Vier bis fünf Stunden dauert die Umwandlung vom gemeinen Ostseehering in den goldglänzenden Bornholmer. Den Hering mit dem zarten, leicht gesalzenen Fleisch isst man im Ganzen und stilecht mit den Fingern; Feinschmecker jedoch bevorzugen ihn filetiert mit Zwiebeln, Schnittlauch und Radieschen. Ganz delikat ist der Bornholmer mit rohem Eigelb, dann heißt er »Sol over Gudhjem« (Sonne über Gudhjem) – nach dem idyllischen Fischerdorf an der Ostküste der Insel. Zum Nachspülen: Aquavit.

Demokratisches Würstchen

Es gibt sie immer noch, die Pølsevogn. Trotz der zunehmenden Anzahl Fast-Food-Restaurants konnten sich die fahrbaren Würstchenstände mit ihren gasbeheizten Wasserbadbehältern, Bratpfannen und Grillrosten halten, auch wenn viele Buden nun auch Hamburger anbieten. Aber was wäre das dänische Stadtbild ohne die beliebten Pølser, die in pappigen Brötchen und mit Senf und Ketchup oder mit Remoulade, süßen Gurken und Röstzwiebeln serviert werden?

Süße Zungenbrecher

Schwierig zu bestellen, da für Nichtdänen ein wahrer Zungenbrecher, aber lecker: Rødgrød med fløde, auf Deutsch: Rote Grütze, z. B. aus Himbeeren sowie schwarzen und roten Johannisbeeren, serviert mit Sahne oder Milch. Wer Lust auf Kuchen hat, sollte sich Wienerbrød bestellen. In Wien selbst ist das Gebäck aus Hefeteig völlig unbekannt. Das Rezept soll von Bäckern stammen, die aus politischen Gründen 1840 Wien verließen und in Kopenhagen ein Zuhause fanden.

Kulinarische Freuden

In der dänischen Gastronomie wird dem Besucher jede Geschmacksrichtung von dänischer Hausmannskost bis zur exquisitesten Küche geboten. Viele dänische Restaurants heißen **»Kro«**, was dem alten deutschen Ausdruck »Krug« entspricht. Daneben wartet eine Vielzahl von fremdländischen Lokalen mit kulinarischen Genüssen auf. Wer typisch Dänisch speisen möchte, sollte sich zur Frokost an den kalten und warmen Gerichten der dänischen Mittagsbuffets gütlich tun oder eine schmackhafte Smørrebrødkombination zusammenstellen. Ein Restaurantbesuch in Dänemark ist nicht gerade billig, doch sollte dabei berücksichtigt werden, dass im Preis sowohl 15 % Bedienung als auch 25 % Umsatzsteuer (MOMS) enthalten sind.

i **Preiskategorien**

- Fein & teuer: ab 280 DKK
- Erschwinglich: ab 17 DKK
- Preiswert: unter 170 DKK
  für ein Hauptgericht ohne Getränke

Feiertage · Feste · Events

Informationen über Veranstaltungen gibt es beim Dänischen Fremdenverkehrsamt, das jährlich einen Veranstaltungskalender herausgibt, oder im Internet (▶Auskunft). Am 5. Juni, dem Verfassungstag, schließen Geschäfte und Büros um 12.00 Uhr, Banken sind ganztags geschlossen. Am 24. und 31. Dezember schließen Banken und viele Büros ganztags, Geschäfte um 12.00, 14.00 oder 16.00 Uhr.

▶ FESTKALENDER

FEIERTAGE

1. Januar
Gründonnerstag
Karfreitag
Ostermontag
Buß- und Bettag (4. Freitag nach Ostern)
Christi Himmelfahrt
Pfingstmontag
Verfassungstag (5. Juni)
24. Dezember
25. Dezember
26. Dezember
31. Dezember

APRIL

▶ **Geburtstag der Königin**
am 16. April mit einer großen Parade der Palastwache in Kopenhagen.

MAI

▶ **Wikingermarkt in Ribe**
Dänemarks größter Wikingermarkt findet Anfang Mai im Ribe Vikingecenter statt.
Über 200 Handwerker in historischen Kostümen zeigen, wie vor 1000 Jahren als Schmied oder Topfer gearbeitet wurde. Auch der Umgang mit Waffen wird demonstriert.

▶ Karneval in Kopenhagen

Alternative Studenten- und Stadtteilgruppen begründeten zu Beginn der 1980er-Jahre den Pfingstkarneval, wobei sie sich an südamerikanischen Vorbildern orientierten. Da Samba nicht zu kaltem Wetter passt, wurde das Fest auf Pfingsten gelegt. Neben heißen Samba-Nächten und bunten Umzügen gibt es zum Abschluss einen Kinderkarneval. Auch in anderen Städten feiert man einen farbenfrohen Karneval nach brasilianischem Muster, u. a. in Aalborg.

▶ Copenhagen Marathon

Stadtmarathon mit Läufern aus aller Welt Ende Mai.

▶ Rømø Jazz

Am Strand von Lakolk wird Ende Mai gejazzt (www.romo-jazz.dk).

JUNI

▶ Verfassungstag (Grundlovsdag)

Am 5. Juni, dem Tag, an dem König Frederik VII. Dänemark 1849 eine bürgerliche Verfassung gab, wird in ganz Dänemark ausgiebig gefeiert.

▶ Klöppelfestival in Tønder

Alle drei Jahre (2013, 2016 ...) findet das internationale Klöppelfestival in Tønder statt, mit Workshops, Vorträgen und Ausstellungen.

▶ Drachenfestival auf Fanø

Rund 5000 Drachenpiloten aus aller Welt demonstrieren an einem langen Wochenende Mitte Juni ihre Flugleistungen mit den fantasievollsten Drachenkonstruktionen.

▶ Sonnwendfeiern am 23. Juni

Im ganzen Land feiern die Dänen mit Straßen- und Nachbarfesten die Mittsommernacht. Das ursprünglich heidnische Fest wurde in katholischer Zeit in »Fest von Johannes dem Täufer« (Sankthansaften) umbenannt, endet jedoch unverändert mit großen Feuern, mit der Verbrennung einer hölzernen Hexe auf einem Scheiterhaufen.

▶ Jazz- und Bluesfestival in Aalborg

In der ganzen Stadt gibt es Jamsessions bis spät in die Nacht.

▶ Silkeborger Jazzfestival

Internationale Bands spielen Jazz nicht nur an, sondern auch auf den Seen Silkeborgs.

▶ Skagen Visefestival

Fans der Folkmusik treffen sich Ende Juni an Dänemarks Nordspitze in Skagen.

▶ Hærvejsmarchen

Der wohl größte Volksmarsch Nordeuropas am letzten Juni-Wochenende. Start und Ziel ist in Viborg.

▶ Odense Orgelfestival

In allen Kirchen der Stadt spielen internationale Solisten Barock-, Gospel-, Kammer- und Kirchenmusik.

▶ Wikingerspiele

Spannende und unterhaltsame Wikingermärkte und -spiele im Wikingercenter Frykat bei Hobro (Ostjütland), auf der Freilichtbühne am Jels Sø bei Rødding (Südjütland) und am Gräberfeld Lindholm Høje bei Aalborg.

JULI

► **Roskildefestival**
Europas größtes Rockfestival:
►Baedeker Special, S. 348.

► **Midtfyns Festival**
Zeitgleich läuft Anfang Juli in
Ringe auf der Insel Fünen dieses
Festival mit rund 100 Bands und
Solisten.

► **Ringreiterfeste**
auf Als und in Aabenraa, wo am
ersten Wochenende im Juli das
größte der mittelalterlichen Ritterturniere stattfindet.

► **Aarhus International
Jazz Festival**
Immer in der ersten Juliwoche
finden zahlreiche Konzerte in
Pubs, Clubs und Cafés statt.

► **4. Juli**
Dänen und Amerikaner dänischer
Herkunft feiern in den Hügeln
von Rebild Bakker den amerikanischen Unabhängigkeitstag.

► **5./6. Juli**
Fredericia gedenkt auf den Wallanlagen des dramatischen Siegs
von 1849 über die schleswig-holsteinischen Truppen.

► **Copenhagen Jazz Festival**
Wer Jazz liebt, sollte in der zweiten
Juliwoche zu diesem zehntägigen
Fest in die europäische Hauptstadt
des Jazz reisen. Auf Straßen und
Plätzen, in Lokalen und Konzert-
hallen spielen internationale
Jazzgrößen aller Stilrichtungen.
Thelonious Monk, Duke Elling-
ton, Miles Davis haben dem
Festival ihre Reverenz erwiesen.

Zahlreiche Musikfestivals, wie hier in Tønder, sorgen für tolle Stimmung.

► **H. C. Andersen Festspillene**
Im Freilichtmuseum »Den Fynske Landsby« bei Odense werden Andersens Märchen inszeniert.

► **Langelandfestival**
Viertägiges Festival in Rudkøbing Ende Juli, das größte Gartenfest des Landes mit musikalischen Aufführungen.

► **Vikingetræf**
Wikingerfest am Strand von Moesgård.

JULI/ AUGUST

► **Musikfestival auf Fanø**
Klassische Klavierkonzerte und Orchestermusik.

► **Bornholms Musikfestival**
Klassische Konzerte und Kammermusik in den Rundkirchen der Insel.

► **Hammershus Markt**
Mittelalterliche Markttage im Sommer auf der Bornholmer Burg Hammershus.

► **Mittelalterfestival in Horsens**
Europas größtes Mittelalterfestival bietet an zwei Tagen in der zweiten

Augusthälfte spannende Ritterturniere, offene Werkstätten, Bühnen und Umzüge mit über 100 000 Gauklern, Musikanten, Rittern, Pilgern, Mönchen, Bauern und Bettlern.

► **Tønder Festival**
Jährlich Ende August treten auf sechs Bühnen und den Straßen der Stadt zahlreiche Bands auf – ein musikalisches Highlight!

SEPTEMBER

► **Århuser Festwoche**
Größtes Kulturfestival in Skandinavien mit Oper, Theater, Ballett, Tanz, klassischer und moderner Musik, Sport, Film, Literatur, Symposien, Kinderveranstaltungen, kunterbuntem Straßenrummel und Ausstellungen.

► **Drachenfestival auf Rømø**
Anfang September wird es eng am Himmel über Rømø, wenn unzählige der bunten Fantasievögel aufsteigen.

DEZEMBER

► **Weihnachtsmarkt in Tønder**
Stimmungsvoller Lichterglanz und Budenzauber.

Geld

Währungseinheit ist die Dänische Krone (DKK oder dkr) zu je 100 Øre. Es gibt Banknoten zu 50, 100, 200, 500 und 1000 Kronen. Im Umlauf sind Münzen mit oder ohne Loch: 50 Øre (ohne Loch, aus Kupfer); 1, 2 und 5 Kronen (mit Loch, aus Silber); 10 und 20 Kronen (ohne Loch, Messing).

Die Ein- und Ausfuhr von dänischen und ausländischen Banknoten, **Zahlungsmittel** Reiseschecks und anderen Zahlungsmitteln ist unbegrenzt.

WECHSELKURSE

- ▶ **1 Euro = 7,46 DKK**
- ▶ **1 DKK = 0,13 Euro**
- ▶ **1 CHF = 5,56 DKK**
- ▶ **1 DKK = 0,18 CHF**

KARTE VERLOREN?

Ist eine Bank- oder Kreditkarte verloren gegangen oder gestohlen worden, sollte man sie sofort sperren lassen. Einheitliche Notfall-Nummer für sämtliche sperrbaren Medien wie Bank-, Kreditkarte und Handy: **Tel. (00 49) 116 116**.

Schecks und Kredit-karten ▶ Kreditkarten und Reiseschecks werden von allen Geldinstituten, den meisten Hotels (Achtung: gelegentlich höherer Preis wegen Karten-spesen), Restaurants und größeren Geschäften angenommen. Mit der EC-Karte (Maestrozeichen) und mit allen gängigen Kreditkarten kann an den Geldautomaten der Banken rund um die Uhr Geld ab-gehoben werden. Ungeachtet der Höhe des Betrags wird bei jedem Umtausch eine Wechselgebühr in Höhe von 20 bis 35 DKK erhoben.

Öffnungszeiten von Banken Die Banken sind in der Regel Mo. – Fr. 9.30 – 16.00 und Do. bis 18.00 Uhr geöffnet. Wechselstuben in größeren Bahnhöfen und Flug-häfen schließen oft erst um 22.00 Uhr – hier wird allerdings auch ei-ne Sondergebühr erhoben!

Münzen mit und ohne Loch – das hilft bei der Orientierung.

Gesundheit

Erkrankte Reisende haben Anspruch auf kostenlose Behandlung in **Arzt** dänischen Krankenhäusern. Die meisten Hotels in Dänemark stehen mit einem Arzt in Verbindung. Auch über Campingplätze, Jugendherbergen und Informationsbüros kann man ärztliche Hilfe anfordern. Die Notrufnummern aller Ferienregionen finden sich unter www.laegevagten.dk.

Die **Apotheken** folgen den Öffnungszeiten der Geschäfte. In größeren Städten sind Apothekennotdienste eingerichtet. Achtung: Viele in Deutschland verschreibungsfreien Medikamente sind in Dänemark nur gegen Rezept erhältlich.

> **ℹ Allgemeiner Notruf**
>
> ■ Tel. 112 (Unfallhilfe, Ambulanz)
> Hinweis auf den nächsten ärztlichen Notdienst außerhalb der normalen Sprechzeiten:
> Tel. 38 88 60 41

Mit Kindern unterwegs

Dänemark gilt als Inbegriff von Familienurlaub. Kindern wird hier sehr viel geboten: In Ferienzentren und auf Campingplätzen sind Spielplätze die Norm, Spielgeräte stehen oft auch mitten auf dem Marktplatz eines Orts oder im Garten eines Restaurants, Spielecken in Banken, Läden und Museen sind durchaus keine Seltenheit.

In vielen Sehenswürdigkeiten und Museen ist für Kinder der Eintritt frei, oft gibt es spezielle Kinderabteilungen. Die meisten Restaurants haben Kindermenüs und ein Hochstuhl ist selbstverständlich. Zu den besten Attraktionen zählen natürlich die breiten Sandstrände mit seichtem Wasser. »Sommerland« heißen die großen Erlebnisparks für die ganze Familie. Streichelzoos gibt es in allen großen Tiergärten. Spannend für Kinder sind auch Begegnungen mit der Vergangenheit – z. B. auf den zahlreichen Wikingermärkten und -festen. Im Juli, August und den dänischen Herbstferien Mitte Oktober lockt täglich ein Programm mit pädagogischer Betreuung: Kinder-Olympiade, Kerzenziehen, Fußball, Schatzsuche, Bowling, Windsurfing, Angeltörns auf einem Kutter und anderen Ausflügen (www. traefpunkt.dk). Oder wie wäre es mit einem Ausflug mit der Draisine (►Special Guide, S. 8)?

> **ℹ Wohin mit Kindern?**
>
> ■ Spielzeugparadies LEGOLAND in Billund
> ■ Sommerland in Fårup in Nordjütland
> ■ Mittelalterzentrum Nykøbing auf der Insel Falster
> ■ Fossilien suchen an der Kreideküste der Insel Møn
> ■ Authentische Spiele von einst entdecken im Gerlev Legepark auf Seeland

Im großen Reiseprospekt des Dänischen Fremdenverkehrsamts sind Attraktionen für Kinder wie Freizeitparks, Zoos und Veranstaltugen aufgelistet (▶Auskunft).

Knigge

Viele Dänen verfügen über eine hervorragende Schulbildung und legen Wert auf gute Manieren. So gute Manieren, dass sie über flegelhaft auftretende Besucher meist nur im Stillen die Nase rümpfen oder – seltener – diese von oben herab auf ihr Fehlverhalten aufmerksam machen. Grundsätzlich sind die Dänen aber überaus hilfsbereit und Gästen gegenüber sehr tolerant.

Rauchen In Dänemark ist seit 2007 das Rauchen in Cafés, Bars und Restaurants, die größer als 40 m² sind, nur noch **in abgetrennten Bereichen** erlaubt. Am Arbeitsplatz, in öffentlichen Gebäuden und Verkehrsmitteln ist das Rauchen verboten.

Trinkgeld Auch in Dänemark sind **Trinkgelder inzwischen üblich**, etwa im Hotel oder Restaurant, im Taxi oder beim Friseur, mit dem die Angestellten ihren bescheidenen Lohn aufbessern können.

Vorsicht mit Flaggen Schluss mit der Toleranz ist beim Flaggehissen: Die Dänen lieben es zwar, zu allen Gelegenheiten ihren Danebrog zu hissen. Bitte aber die eigene Nationalflagge zu Hause lassen, denn man riskiert Polizeibesuch: Das Hissen fremder Nationalfahnen ist gesetzlich verboten.

Konversation Es ist immer schön, wenn man zumindest ein paar Brocken der Landessprache kann. Dänisch ist aber so schwer auszusprechen, dass Insider davon abraten, als Anfänger zu radebrechen. Entweder versteht das Gegenüber nur Bahnhof oder überschüttet, entzückt über den vermeintlich dänisch sprechenden Gast, diesen mit einen Wortschwall. Konversation macht man besser auf Deutsch oder Englisch.

Gemütliche Fahrweise Dänische Straßen sind gut ausgebaut. Trotzdem neigen die Dänen eher zum gemütlichen Fahren, deutsche Bleifuß-Taktiken legt man schon an der Grenze also möglichst schnell ab, sonst liegen die Nerven blank. Teuer kann es obendrein werden, denn die Radarüberwachung ist äußerst scharf und die Strafen sind drakonisch.

Literatur

Andersen, Hans Christian: »Märchen«. Beltz Verlag, 2009. Zum Andersen-Jubiläum erschienene Märchensammlung mit 43 der bekanntesten Andersen-Märchen und 120 farbigen Illustrationen von Nikolaus Heidelbach – hintergründig und poetisch.

Bengtsson, Jonas T: »Aminas Briefe«. Tropen/Klett-Cotta 2005. – Die Geschichte einer Liebe zwischen zwei Welten. Eindrucksvolles Debüt des dänischen Autors, der zu den besten Gegenwartsliteraten des Landes gezählt wird.

Findeisen, Jörg-Peter: »Dänemark. Von den Anfängen bis zur Gegenwart«. Friedrich Pustet, Regensburg 2008. – Kennnisreiche Schilderung der politischen, gesellschaftlichen und wirtschaftlichen Geschichte Dänemarks von der Frühzeit bis heute.

Keel, Aldo (Hrsg.): »Skandinavische Erzähler«. Manesse 1999. – 23 Klassiker der Moderne, unter ihnen der norwegische Nobelpreisträger Knut Hamsun, Selma Lagerlöf, Karen Blixen und Klaus Rifbjerg.

Nexø, Martin Andersen: »Pelle der Eroberer« (1906–1910). Aufbau Tb 2004. Vierbändiger Roman, in dem einfühlsam das harte Leben von Bauern, Fischern und Arbeitern zu Beginn des 20. Jh.s auf der Insel Bornholm geschildert wird (▶ Berühmte Persönlichkeiten).

! _Baedeker_ TIPP

Crime Time

An einem kalten Winterabend wird eine Frau von einem Streifschuss getroffen, auf offener Straße, mitten in Kopenhagen. »Mord im Straßengraben« (Bastei Verlag 2007) gehört zu Dan Turèlls spannenden Kultkrimis mit viel Ironie, schwarzem Humor und Gespür für die dänische Seele. Bei »Mord in Rødby« (Bastei Verlag 2009) führt die Spur nach Lolland ins Drogenmilieu der Hafenstadt Rødby. Offenbar will jemand vertuschen, dass hinter der bürgerlichen Fassade des Provinznestes die organisierte Kriminalität lauert ...

Medien

In allen Ferienorten werden deutsche Zeitungen – oft vom gleichen Tag – und Zeitschriften verkauft. **Zeitungen**

Nachrichten in englischer Sprache werden das ganze Jahr über Mo. bis Fr. um 8.30 Uhr im dritten Programm des dänischen Rundfunks (UKW) gesendet. In den Sommermonaten senden viele lokale Rundfunkanstalten Nachrichten in englischer und deutscher Sprache (Auskünfte erteilen die nächsten Touristenbüros). Deutsche Sender können über Lang- und Mittelwelle empfangen werden. **Rundfunk**

Mit normaler Antenne kann deutsches Fernsehen nur im südlichen Teil Dänemarks gut empfangen werden. Viele Ferienhäuser, Hotels und Campingplätze verfügen über Satellitenschüsseln. **Fernsehen**

Notrufe

Pannenhilfe Der dänische Automobilclub FDM leistet keine Straßenhilfe; im Schadensfall ruft man den Tag und Nacht erreichbaren FALCK-Dienst an, der abschleppt oder vor Ort repariert (gegen Barzahlung). Dessen Rufnummern sind in jedem Telefonbuch zu finden. Für deutschsprachige Touristen hat der ADAC einen Dienst in Dänemark eingerichtet, der jeden Tag von 8.30 bis 18.00 Uhr erreichbar ist.

▶ WICHTIGE NOTRUFNUMMERN

▶ **Allgemeiner Notruf**
Polizei, Feuerwehr und Ambulanz
Tel. 112

▶ **ACE-Notrufzentrale Stuttgart**
Kranken- und Fahrzeug-
rückholdienst
Telefon aus Dänemark:
Tel. (00 49/18 02) 34 35 36

▶ **ADAC-Notrufzentrale München**
Telefon aus Dänemark:
Tel. (00 49/89) 22 22 22
(rund um die Uhr besetzt;
Beratung nach Unfällen etc.)
Tel. (00 49/89) 76 76 76
(Ambulanzrückholdienst
und Telefonarzt)

▶ **DRK-Flugdienst Bonn**
Telefon aus Dänemark:
Tel. (00 49/2 28) 23 00 23

▶ **Deutsche Rettungsflugwacht Stuttgart**
Falck DRF Luftambulance A/S
Ringsted/Seeland, Tel. 57 65 16 00
Telefon aus Dänemark:
Tel. (00 49/7 11) 70 10 70

▶ **ÖAMTC-Notrufzentrale Wien**
Tel. (0043/1 25 12 000)

▶ **Schweizerische Rettungs-flugwacht Zürich**
Tel. (00 41/1) 14 14 bzw. 3 83 11 11

AUTOHILFE

▶ **ADAC-Notruf**
ADAC, c/o Falck Danmark A/S
Falck-Huset, Boulevarden 66
Polititorvet
1780 København V
Bei Unfall: Tel. 112
Bei Wagenpanne: Tel. 70 10 20 30

Post · Telekommunikation

Post Die Postämter sind i. d. R. Mo. bis Fr. von 9.00 oder 10.00 bis 17.00 oder 18.00, Sa. von 9.00 bis 12.00 Uhr geöffnet. Für einen Brief bis 20 g oder eine Postkarte innerhalb Dänemarks 8 DKK, in die EU sowie in die Schweiz kostet das Porto 8,50 DKK. Post ins Ausland muss mit einem großen »A« (für »prioritaire«) gekennzeichnet werden.

LÄNDERVORWAHLEN

▶ **von Deutschland, Österreich und der Schweiz ...**
... nach Dänemark: 00 45
(+ achtstellige Teilnehmernummer; es gibt keine Ortsvorwahlen)

▶ **von Dänemark ...**
... nach Deutschland: 00 49
... nach Österreich: 00 43
... in die Schweiz: 00 41
(Null der Ortsvorwahl entfällt!)

Die Inlandsauskunft erreicht man unter **Tel. 118**, die Auskunft für das Ausland unter **Tel. 113**.

Auskunft

Telefongespräche können in Dänemark von öffentlichen Telefonzellen und Postämtern mit 1-, 2-, 5- oder 10-Kronen-Münzen geführt werden. Für ein Auslandsgespräch benötigt man mindestens 5 DKK. Ist der Teilnehmer nicht erreichbar, erhält man in den meisten Telefonzellen das Geld nicht zurück, die bezahlte Sprechzeit bleibt jedoch erhalten. Viele Telefonzellen haben eine eigene Rufnummer, die auch vom Ausland her angerufen werden kann. Die Funktion »Empfänger zahlt« ist von allen Telefonzellen aus möglich.
Kartentelefone sind in Dänemark weit verbreitet. An diesen Fernsprechern können auch deutsche Chipkarten verwendet werden. Die Telefonkarten sind in Kiosken und Postämtern zu 30, 50 oder 100 DKK erhältlich.

Telefon

? WUSSTEN SIE SCHON ...?

■ Im Dezember 1903 hatte der Postbeamte Einar Holbøll die glänzende Idee, wie notleidenden Kindern in den Arbeitervierteln Kopenhagens zu helfen wäre: Auf die Weihnachtspost sollte jeder zusätzlich eine Marke von 2 Øre kleben, und aus dem Erlös konnte man eine Klinik für tuberkulosekranke Kinder bauen. Die Idee wurde ein Riesenerfolg und so kommen die sogenannten »julemærker« seither jedes Weihnachten in den Handel, um notleidenden Kindern zu helfen.

D- und E-Netz-Telefone können benutzt werden, B- und C-Netz-Telefone funktionieren hier nicht. Man erkundigt sich am besten bei der jeweiligen Telefongesellschaft im Heimatland bezüglich des International Roaming mit Dänemark.

Mobiltelefone

Reisezeit

Das Klima unterscheidet sich kaum von dem in Norddeutschland, allerdings weist Dänemark mehr die Eigenarten eines Inselklimas auf. D. h., die Winter sind bei Temperaturen von durchschnittlich 0,7 °C eher mild, die Sommer selten heiß, der Herbst ist lang und mild und

Mildes Klima

die Frühlingswärme setzt später ein. Niederschläge fallen in Dänemark das ganze Jahr über, am meisten in den Monaten August bis Oktober, am wenigsten in der Zeit von Februar bis Juni. Die Zahl der Tage mit Niederschlag liegt zwischen 120 und 200 pro Jahr. Am meisten regnet es in den westlichen Landesteilen. Im Sommer beschert der Ostwind dem Osten des Landes oft herrlich trockenes Sonnenwetter. Typisch für Dänemark ist das **wechselhafte Wetter**, sodass man sich auch auf Regen einstellen sollte – Dauerregen ist aber nicht häufig. Die Abende sind auch im Sommer gerne kühl, daher an ein warmes Kleidungsstück denken. Von Juni bis August liegt die Temperatur bei 15 – 17 °C, sie kann bis 25 °C ansteigen. Die **Wassertemperatur** erreicht in dieser Zeit 18 – 20 °C. Bedingt durch den Golfstrom und die Gezeiten erwärmt sich im Frühjahr und im Frühsommer das Wasser der Nordsee schneller als das der Ostsee, erreicht indes im Hochsommer nicht so hohe Temperaturen. Charakteristisch für die nördliche Lage sind die langen, hellen Sommernächte, die ihren Höhepunkt im Juni erreichen.

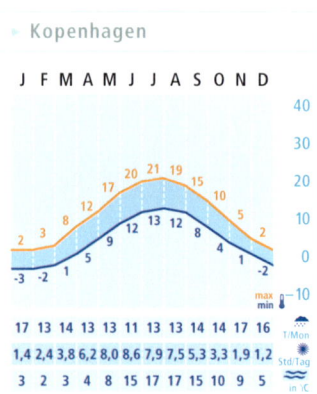

▶ Kopenhagen

Wind ▶ In Dänemark weht der Wind häufig, vor allem aus West und Südwest. Im Winter ist er am stärksten. Nicht selten verwandeln sich die westlichen Winde in Stürme, die insbesondere in Westjütland große Schäden verursachen können.

Shopping

Preise ▶ Die Preise für Waren des täglichen Bedarfs liegen nur **geringfügig über denen in Deutschland**; in Feriengebieten sind die Preise allerdings höher als in den Städten. Günstige Einkaufsquellen sind die Discountmärkte Fakta, Aldi und Netto; Superbrugsen ähnelt den REWE-Märkten. Brot, Käse und Tee sind etwas günstiger als in Deutschland, Gemüse, Fleisch und Zigaretten etwas teurer. Durch die Senkung der Alkoholsteuer sind die Preise für Wein, Bier und Spirituosen deutlich gesunken. Preiswert und frisch sind Gemüse, Obst und hausgemachte Marmeladen, die am Straßenrand von den Bauern angeboten werden. Die Benzinpreise liegen auf deutschem Niveau und schwanken ebenso stark. Eine aktuelle Übersicht über dänische Benzinpreise findet sich unter www.fdmbenzinpriser.dk.

Mitbringsel ▶ Auf dem Gebiet des **Designs** haben die Dänen eine besondere Meisterschaft entwickelt (▶Baedeker Special, S. 56). Beliebt als Souvenirs sind Porzellan- und Glaswaren, Schmuck und Silberbesteck, verar-

Beliebte Mitbringsel: formschönes Porzellan, Keramik und Spielsachen

beiteter Bernstein, Keramik, Kerzen oder Möbel. Als Mitbringsel eignen sich auch Antiquitäten, fantasievolles Spielzeug, bezaubernde Kindersachen, handgefertigte Tabakspfeifen und mollige Pullover. Unter den **Lebensmitteln** sind besonders Räucherlachs und Leberpastete, eingelegter Hering, Frühstücksspeck und Käse sowie die süßen Kransekager und Wienerbrød zu nennen. Spirituosenspezialitäten wie der Aquavit sind relativ teuer.

Hinweis

Die Erstattung der mit 25 Prozent recht hohen dänischen **Mehrwertsteuer** (MOMS) ist für Personen mit festem Wohnsitz in der EU nicht mehr möglich.

Öffnungszeiten

Geschäfte

Geschäfte sind in der Regel Mo. – Fr. von 9.00 bzw. 10.00 bis 17.30 bzw. 18.00, Do. oder Fr. bis 19.00 oder 20.00, Sa. bis 12.00 oder 14.00 Uhr geöffnet. Da das Ladenschlussgesetz in Dänemark weitaus liberaler als in Deutschland ist, können die Öffnungszeiten regional sehr unterschiedlich sein. In Kleinstädten haben die Geschäfte über Mittag oft geschlossen.
Am Samstagnachmittag und an Sonn- und Feiertagen sind Bäckereien, Kioske und Blumenläden normalerweise geöffnet. In Ferienorten öffnen die meisten Geschäfte jeden Tag, also auch am Wochenende, ihre Pforten.

Sprache

Nicht nur in den Touristenzentren und größeren Hotels, sondern fast überall in Dänemark kommt man mit Englisch oder Deutsch zurecht, da die meisten Dänen eine der beiden Sprachen sprechen oder zumindest verstehen.

Zur Erleichterung der Aussprache sind alle dänischen Wörter mit einer einfachen Aussprache (in eckigen Klammern) versehen.

KLEINER SPRACHFÜHRER DÄNISCH

Zahlen

0	nul [noll]	20	tyve [tühwe]
1	en [ehn]	21	enogtyve [ehn-ou-tühwe]
2	to [toh]	22	toogtyve [toh-ou-tühwe]
3	tre [treh]	30	tredive [trähdwe]
4	fire [fier]	40	fyrre [föhr]
5	fem [fämm]	50	halvtreds [hallträss]
6	seks [säks]	60	tres [träss]
7	syv [süw]	70	halvfjerds [halljährs]
8	otte [ohde]	80	firs [fiers]
9	ni [nie]	90	halvfems [hallfämms]
10	ti [tie]	100	et hundrede [et hunnrede]
11	elleve [älwe]	200	to hundrede [toh hunnred]
12	tolv [toll]	1000	et tusinde [et tuhsinn]
13	tretten [trätten]	2000	to tusinde [toh tuhsinn]
14	fjorten [fjohrten]	10 000	ti tusinde [tie tuhsinn]
15	femten [fämmten]		
16	seksten [seisten]	1/2	en halv [en hall]
17	sytten [sütten]	1/4	en fjerdedel [en fjehredehl]
18	atten [atten]		
19	nitten [nitten]		

Auf einen Blick

Ja./Nein./Vielleicht.	Ja. [ja]/Nej. [nei]/Måske. [moskeh]
Bitte	Vær så venlig [wär so wännli] Vær så god [wärs' goh]
Danke/Vielen Dank	Tak. [tack]/Mange tak [mange tack]
Gern geschehen.	Det var så lidt. [deh war so litt]
Entschuldigung!	Undskyld! [onnsküll]
Wie bitte?	Hvad behager? [wa behar]
Ich verstehe Sie/dich nicht.	Jeg forstår Dem/dig ikke. [jei forstohr dämm igge]
Können Sie mir bitte helfen?	Undskyld, kan De hjælpe mig? [onnsküll, kann d jälpe mei]

Ich möchte ... . Jeg vil gerne ... [jei will gärne]

Das gefällt mir (nicht). .... Det kan jeg (ikke) lide. [deh kann jei (igge) lie]

Wie viel kostet es? .... Hvad koster det? [wa koster deh]

Wie viel Uhr ist es? .... Hvad er klokken? [waär kloggen]

Kennenlernen

Guten Morgen! .... God morgen! [goh morn]

Guten Tag! .... Goddag! [goh däh]

Guten Abend! .... God aften! [goh aften]

Hallo! Grüß dich! .... Hallo!/Hej! Dav! [halloh/hei/dau]

Wie ist Ihr Name, bitte? .... Undskyld, hvad er Deres navn? [onnsküll, wa är däres naun]

Mein Name ist ... . Mit navn er ... [mit naun är]

Wie geht es Ihnen? .... Hvordan har De det? [wordann har die deh]

Danke. Und Ihnen/dir? .... Godt tak. Hvad med Dem/dig? [gott tack. Wa med dämm/dei]

Auf Wiedersehen! .... Farvel! [fahrwäll]

Bis morgen! .... Vi ses i morgen! [wi ses i morn]

Auskunft

links/rechts .... venstre/højre [wänstre/heure]

geradeaus .... lige ud [lie ud]

nah/weit .... tæt/fjernt [tätt/fjärnt]

Bitte, wo ist ...? .... Undskyld, hvor er ...? [onnsküll, wor är]

... der Hauptbahnhof .... hovedbanegården [hohwed-bähnegohren]

... die U-Bahn .... S-toget [äss-touet]

... der Flughafen .... lufthavnen [loffhaunen]

Wie weit ist das? .... Hvor langt er der? [wor langt är der]

Tankstelle

Wo ist bitte die nächste Tankstelle? ...... Undskyld, hvor er den nærmeste tankstation? [onnsküll, wor är den närmeste tankstaschohn]

Ich möchte ... Liter ... . Jeg vil gerne have ... liter ... [jei will gärne häh ... liter]

... Normalbenzin .... oktan 93 [oktähn tre-ou-hallfämms]

... Super .... oktan 95/98 [oktähn fem-ou-hallfämms/ohde-ou-hallfämms]

... Diesel .... diesel [diesel]

... bleifrei/verbleit .... blyfri/blyholdig. [blüfrie/blühholldig]

Volltanken, bitte. .... Vær venlig at fylde helt op.
[währ wännli att fülle hehlt opp]

Unfall/Panne

Hilfe! .... Hjælp! [jälp]

Vorsicht! .... Pas på [pas poh]

Rufen Sie bitte schnell ... . Tilkald hurtigt ... [tillkall hurdit]

... einen Krankenwagen .... en ambulance [en ambulangse]

... die Polizei .... politiet [politiet]

... die Feuerwehr .... brandvæsenet [brannwähsnet]

Es war meine/Ihre Schuld. .... Det var min/Deres skyld. [de var mien/dähres küll]

Geben Sie mir bitte Ihren   Vær venlig at give mig Deres navn og
Namen und Ihre Anschrift. .... adresse. [währ wännli att gie mei dähres naun ou adrässe]

Ich habe eine Panne. .... Jeg har en skade på bilen.
[jei hahr en skähde po bielen]

Würden Sie mir bitte einen   Vil De være venlig at sende mig
Abschleppwagen schicken? .... en kranvogn? [will die währe wännli att sänne
mei en krahnwoun]

Wo ist hier in der Nähe eine Werkstatt? ... Hvor er der et værksted? [wor är der et wärksted]

Arzt

Können Sie mir einen guten .... Kan De anbefale mig en god

Arzt empfehlen? .... læge? [kann die anbefähle mei en goh lähje]

Ich habe hier Schmerzen. .... Jeg har ondt her. [jei hahr onnt her]

Einkaufen

Wo finde ich ...? .... Hvor finder jeg ...? [wor finner jei]

... eine Apotheke .... et apotek [et apotek]

... eine Bäckerei .... et bageri [et bäjeri]

... Fotoartikel .... fotoartikel [fotoartikel]

... ein Kaufhaus .... et varehus [et wahrehuhs]

... ein Lebensmittelgeschäft .... en købmand [en köbmann]

... einen Markt .... torret [torwet]

Bank

Wo ist hier bitte ... . Undskyld, hvor er der ... [onnsküll, wor är der]

... eine Bank? .... en bank? [en bank]

... eine Wechselstube? .... et vekselkontor? [et wäkselkontohr]

Ich möchte ... Euro (Franken) in Kronen umwechseln. . . . . Jeg vil gerne veksle Euro (schweizerfrancs) til kroner. [jei will gärne wäksle euro (schweizerfrancs) till kroner]

Post

Was kostet ... . Hvad koster ... [wa koster]
... ein Brief ... . et brev ... [et brew]
... eine Postkarte ... . et postkort ... [et postkort]
... nach Deutschland? . . . . til Tyskland? [till tüsklann]

Essen/Unterhaltung

Wo gibt es hier ... . Hvor er der ... [wor är der]
... ein gutes Restaurant? . . . . en god restaurant? [en goh resdaurang]
... eine gemütliche Kneipe? . . . . et hyggeligt værtshus? [är der et hüggelit wärtshus]
Reservieren Sie uns bitte für heute Abend einen Tisch für 4 Personen. . . . . . . Vil De være venlig at reservere et bord til i aften til fire personer. [will die währe wännli att reserwehre et bohr till i afften till fier personhner]
Auf Ihr Wohl! . . . . Skål! [skohl]
Bezahlen, bitte. . . . . Jeg vil gerne betale. [jei will gärne betähle]
Wo kann man hier tanzen gehen? . . . . . . Hvor kan man gå hen at danse? [wor kann mann goh hänn att danse]

Übernachtung

Können Sie mir bitte ... empfehlen? . . . . . Kunne De anbefale mig ... [kunne die anbefähle mei]
... ein gutes Hotel . . . . et godt hotel? [et gott hotel]
... eine Pension . . . . en pension? [en pangschon]
Ich habe bei Ihnen ein Zimmer reserviert. . . . . Jeg har reserveret et værelse her. [jei hahr reserveret et währelse her]
Haben Sie noch ein Zimmer frei? . . . . Har De ledige værelser? [hahr die ledige währelser]
... ein Einzelzimmer . . . . et enkeltværelse [et enkeltwährelse]
... ein Doppelzimmer . . . . et dobbeltværelse [et dobbeltwährelse]
... mit Dusche/Bad . . . . med brusebad/bad [med bruhsebad/bad]
... mit Blick aufs Meer . . . . med udsigt over havet [med udsikt ouer hähwet]

... für eine Nacht .... for en nat [for en natt]
... für eine Woche .... for en uge [for en uhe]
Was kostet das Zimmer mit .... Hvad kostet værelset med ...
[wa koster währelset med]
... Frühstück? .... morgenmad? [mornmäd]
... Halbpension? .... halvpension? [hallpangschohn]

Spisekort (Speisekarte)

morgenmad	**Frühstück**
sort kaffe [sort kaffe]	schwarzer Kaffee
kaffe med mælk [kaffe med mälk]	Kaffee mit Milch
koffeinfri kaffe [koffeinfri kaffe]	koffeinfreier Kaffee
te med mælk/citron [teh med mälk/sitrohn]	Tee mit Milch/Zitrone
urtete [urte-teh]	Kräutertee
chocolade [schokoläde]	Schokolade
frugtsaft [fruktsaft]	Fruchtsaft
et blødkogt æg [ett blökokt äg]	ein weiches Ei
røræg [röhr-äg]	Rühreier
bacon og æg [bäkon ou äg]	Eier mit Speck
brød/rundstykker/ristet brød [bröd/ronnstöckär/ristet bröd/horn]	Brot/Brötchen/Toast
horn	Hörnchen
smør [smöhr]	Butter
ost [ost]	Käse
pølse [pölse]	Wurst
skinke [skinke]	Schinken
honning [honning]	Honig
marmelade [marmeläde]	Marmelade
mysli [müsli]	Müsli
yoghurt [joghurt]	Jogurt
frukt [frukt]	Obst

suppen	**Suppen**
ærtesuppe [ärtesobbe]	Erbsensuppe
kærnemælksuppe [kärnemälksobbe]	Buttermilchsuppe
øllebrød [öllebröd]	Bier-Brot-Suppe

forretter	**Vorspeisen**
butterdejspostej [budderdeis-postei]	Blätterteigpastete
fiskesalat [fiskesaläht]	Fischsalat
forskellige forretter [forskällije forrätter]	Diverse Vorspeisen
hønsesalat [hönsesaläht]	Geflügelsalat
kold steg [koll stei]	Kalter Braten
leverpostej [lewerpostei]	Leberpastete

pålæg [polläg]	Aufschnitt
røget sild [reuet sill]	Bückling
sildeanretning [sille-anrättning]	Heringsplatte

fisk og skaldyr	**Fisch und Schalentiere**
ål [ohl]	Aal
blåmuslinger [blomusslinger]	Miesmuscheln
brisling [brisling]	Sprotte
fiskeboller [fiskeboller]	Fischklößchen
flynder [flünder]	Flunder
gedde [gedde]	Hecht
helleflynder [hälleflünder]	Heilbutt
klipfisk [klippfisk]	Stockfisch
nordsøhummer [nohrsöh-hummer]	Kaisergranat
ørred [örred]	Forelle
pighvar [piggwahr]	Steinbutt
rejer [reier]	Krabben, Garnelen
rødspætte [rödspätte]	Scholle
sandart [sandart]	Zander
sild [sill]	Hering
torsk [torsk]	Dorsch

kødretter	**Fleischgerichte**
bajerske pølser [beierske pölser]	Würstchen
bedekølle [behdekölle]	Hammelkeule
benløse fugle [behnlöse fuhle]	Rouladen
biksemad [bicksemäd]	Labskaus
engelsk bøf [engelsk böff]	Rumpsteak
flæskesteg [fläskestei]	Schweinebraten
frikadelle [frekadelle]	Frikadelle
kalveskank [kalweskank]	Kalbshaxe
kødboller [ködboller]	Fleischklößchen
lever [lehwer]	Leber
mørbrad [mörbra]	Schweinelende
nyrer [nühr]	Nieren
medisterpølse [medisterpölse]	Bratwurst
svinekotelet [swienekotelett]	Schweinekotelett
tunge [tunge]	Zunge

vildt og fjerkræ	**Wild und Geflügel**
agerhøne [äjerhöhne]	Rebhuhn
and [ann]	Ente
due [due]	Taube
gås [gohs]	Gans
hare [hahr]	Hase

hjort [johrt] .... Hirsch
kalkun [kalkuhn] .... Truthahn
kylling [külling] .... (Brat-)Huhn/Hähnchen
rådyr [roddühr] .... Reh

salater .... **Salate**
agurkesalat [agurkesaläht] .... Gurkensalat
blandet salat [blannet saläht] .... Gemischter Salat
endiviesalat [endiviesaläht] .... Endiviensalat
grøn salat [grönn saläht] .... grüner Salat
italiensk salat [italiehnsk saläht] .... Gemüsesalat
julesalat [juhlesaläht] .... Schikoree
karrysalat [karrüsaläht] .... Heringssalat mit Curry
smørrebrød [smörbröd] .... bunt dekoriertes belegtes Brot
det kolde bord [deh kolle bohr] .... Kaltes Buffet, bei dem es auch warme
                                            Gerichte gibt.

grønsager .... **Gemüse**
ærter [ärter] .... Erbsen
blomkål [blommkohl] .... Blumenkohl
brunede kartofler [bruhnede kartoffler] ... glasierte Kartoffeln
gulerødder [gullerödder] .... Möhren
kartoffelmos [kartoffelmohs] .... Kartoffelbrei
pillekartofler [pillekartoffler] .... Pellkartoffeln
(syltede) rødbeder [sültede röhbeder] .... (eingelegte) Rote Bete
rødkål [rödkohl] .... Rotkohl
rørhatte [röhrhätte] .... Steinpilze
savojkål [saweukohl] .... Wirsing
svampe [swampe] .... Pilze

efterretter .... **Dessert**
bondepige med slør [bonnepije med slöhr] .... Apfelauflauf mit Schlagsahne [wörtlich:
                                              Bauernmädchen mit Schleier]
citronfromage [sitrohnfromähsche] .... Zitronencreme
frugtsalat [fruktsaläht] .... Obstsalat
is [ies] .... Eis
jordbæris [johrbähries] .... Erdbeereis
piskefløde [piskeflöhde] .... Schlagsahne
rødgrød (med fløde) [rödgröd med flöhde] .... Rote Grütze (mit Sahne)
æblegrød [äblegröd] .... Apfelmus
boller [boller] .... süße Brötchen
kanelkrans [känelkrans] .... Zimtkuchen
kransekage [kransekäje] .... Mandelhörnchen
kvarkkage [kwark-käje] .... Käsekuchen
lagkage [laukäje] .... Sahnetorte

napoleonskage [näpoleonskäje]	Sahneschnitte
roulade [rohlähde]	Biskuitrolle
småkager [smo-käjer]	Teegebäck, Kekse
wienerbrød [wienerbröd]	Kopenhagener Gebäck

Vinkort (Getränkekarte)

alkoholfrie drikke — **Alkoholfreie Getränke**

kaffe [kaffe]	Kaffee
te (med citron) [teh med sitrohn]	Schwarztee (mit Zitrone)
æblemost [äblemost]	Apfelsaft
mineralvand [minerahlwann]	Mineralwasser
juice [djuhs]	Fruchtsaft
mælk [mälk]	Milch
chokolade [schokoläde]	Schokolade
kakao [kakäo]	Kakao
appelsinjuice [abbelsiehn-djuhs]	Orangensaft
appelsinvand [abbelsiehn-wann]	Orangenlimonade

alkoholiske drikke — **Alkoholische Getränke**

øl [ol]	Bier
fadøl [fad-öl]	Fassbier
brændevin [brännewien]	Branntwein
snaps [snaps]	Aquavit
vin [wien]	Wein
hvidvin [wldwien]	Weißwein
rødvin [rödwien]	Rotwein
hedvin [hedwien]	Dessertwein

Übernachten

Camping und Caravaning

In Dänemark gibt es über 500 Campingplätze, von denen 135 ganzjährig geöffnet sind. Ihrem Standard entsprechend sind sie mit einem Stern (einfache Ausstattung) bis fünf Sternen (Luxuskategorie) ausgezeichnet. Nahezu 480 Campingplätze gibt es, etwa ein Drittel davon ist ganzjährig geöffnet. Die Plätze vermieten auch Hütten, die allerdings weder Bad noch Toilette besitzen, da jeder die sanitären Einrichtungen des Campingplatzes benutzen kann. Wer auf einem Campingplatz übernachten will, braucht einen dänischen oder inter-

Allgemeines

◀ Campingpass erforderlich!

nationalen Campingpass (ca. 10 Euro pro Person und Jahr). Ein Gastausweis kann auf allen Plätzen erworben werden. Wildes Campen ist in Dänemark generell verboten. Ideal für Wohnmobilisten, die nur eine Nacht bleiben wollen, sind die 185 dänischen Campingplätze, die der Quick-Stop-Ordnung angehören: Eine Übernachtung von frühestens 20.00 bis spätestens 10.00 Uhr kostet 14 bis 20 Euro, manche 30 Euro, für bis zu vier Personen, plus Strom (www.dk-camp.dk).

Ein Verzeichnis der Campingplätze sowie Tourenführer kann bei Visit Danmark (▶Auskunft) angefordert werden. Der dänische Campingrat gibt jährlich das offizielle Verzeichnis der Campingplätze heraus mit Beschreibung und Preis.

Ferienhäuser

In Dänemark stehen rund 50 000 Ferienhäuser von einfach bis luxuriös zur Verfügung. Sie befinden sich alle in Privatbesitz und sind daher sehr individuell gebaut und eingerichtet, oft mit Internetanschluss per WLAN oder Kabel. Ferienhäuser werden wochenweise vermietet, die Preise richten sich nach Ausstattung und Lage. Zu mieten sind sie über Reise- und Vermittlungsbüros in Deutschland und Dänemark bzw. Touristenbüros vor Ort, online unter www.atraveo.de. Infos gibt es auch bei Visit Danmark (▶Auskunft).

Erlebnisurlaub im Ferienhaus und Cityflair verbindet **Nordeuropas größtes Freizeitprojekt**, das nahe Kopenhagen eröffnet werden soll: Kildedal Park, 150 000 m² groß, mit 2000 Ferienhäuser, Kino, Geschäften, Restaurants und Erlebniscenter mit Badelandschaft.

Im Hafen von Nyköbing/Seeland und Hvide Sande/Jütland können Urlauber jetzt Ferienhausurlaub auf dem Wasser machen. Die Hausboote liegen fest vertäut am Isefjord bzw. am Ringkøbing Fjord.

Hotels und Gasthöfe

Klassifizierung Übers ganze Land sind mehr als 1000 Hotels verteilt, vom einfachen Landgasthof bis zum vornehmen Schloss. Generell überwiegt die gehobene Mittelklasse, Luxushotels sind am ehesten in der Hauptstadt anzutreffen. Hotels, die dem Hotel- und Gaststättenverband

Sterne ▶ HORESTA angehören, sind von einem Stern für einfachste Ausstattung bis zu fünf Sternen für absolute Luxusausführung eingeteilt.

Herrschaftlich ▶ Übrigens: Auch in 58 der 500 alten Schlösser des Königreichs kann man übernachten (kostenlose Broschüre von Dansk Slotte & Her-

regårde bei Visit Denmark oder unter www.slotte-herregaarde.dk).
Viele dänische Hotels haben das Zertifikat »Grüner Schlüssel« erhalten. Dazu muss eine Reihe von Umwelt- und Gesundheitsanforde-
rungen erfüllt werden (u. a. Begrenzung des Wasser- und Energiever-
brauchs, umweltfreundliche Reinigungs- und Waschmittel, Müllsor-
tierung, rauchfreie Zimmer usw.). Der
Grüne Schlüssel wird für ein Jahr verliehen,
danach wird erneut über seine Vergabe entschieden. Auch Ferienanlagen, Jugendherbergen, Ferienhäuser und Campingplätze
können ihn erhalten. Übernachtungen in
dänischen Hotels sind teuer, doch enthalten
alle Preise 15 Prozent Bedienungsaufschlag
und 25 Prozent Mehrwertsteuer. Ein Doppelzimmer der mittleren Preisklasse kostet
außerhalb von Kopenhagen 700 bis 1200

 Preiskategorien

- Luxus: ab 1700 DKK
- Komfortabel: ab 1000 DKK
- Günstig: unter 1000 DKK

Hotels und Pensionen
▶Reiseziele von A bis Z

DKK pro Nacht, in Kopenhagen ab 900 DKK, bei Onlinebuchung
und Selbst-Check-in ca. 100 DKK weniger. Sparen kann man mit
den Kro- und Hotelschecks der Danske Kroer & Hoteller, die in den
92 Häusern der Gasthofketten Dansk Kroferie, City Hotels und Clas-
sic Hotels angenommen werden und ab 780 DKK für eine Nacht im
Doppelzimmer mit Frühstück kosten (www.krohotel.dk).

Jugendherbergen

Die 96 Jugendherbergen werden von Danhostel Danmarks Vandrerhjem betrieben und sind wie Hotels mit einem bis fünf Sternen klas-
sifiziert. Die Häuser nehmen sowohl Jugendliche als auch Erwachse-
ne auf. Jede Herberge bietet ein preiswertes Frühstück an, warme
Mahlzeiten können in der Gästeküche zubereitet werden. Bettwäsche
kann mitgebracht oder ausgeliehen werden. Man benötigt einen Ju-
gendherbergsausweis des Heimatlandes, kann aber auch in Dänemark einen internationalen Jahresgästeausweis kaufen bzw. einen
Aufpreis zahlen. Ein kostenloses Gesamtverzeichnis hält das Visit
Denmark (▶ Auskunft) bereit. Ausführlichere Informationen erteilt
»Danhostel Danmarks Vandrerhjem«.

◀ Information

Entweder fragt man direkt bei den Hauseigentümern nach, die an
der Straße Schilder mit »Zimmer frei« – »Rooms« aufgestellt haben,
oder man wendet sich an die örtlichen Touristenbüros (Doppelzimmer ab 300 DKK).

Privatzimmer

»Bondegaardsferie« – Urlaub auf dem Bauernhof ist auf ca. 130 Höfen in Dänemark möglich. Ein Katalog des dänischen Verbands für
Urlaub auf dem Land stellt die Höfe mit Foto und Infos zu den Frei-
zeitmöglichkeiten und den auf dem Hof lebenden Kindern und Tieren vor. Die Broschüre ist kostenlos erhältlich bei Visit Denmark und
anzusehen unter www.bondegaardsferie.dk..

**Ferien auf dem
Bauernhof**

▶ ÜBERNACHTEN

CAMPING

▶ **Campingrat**
Das jährlich aktualisierte »Camping Danmark« ist in Deutschland erhältlich bei: Dr. Götze Land und Karte, Alstertor 14–18
20095 Hamburg
Tel. (0 40) 35 74 63-0
www.mapshop-hamburg.de

FERIENHÄUSER

▶ **Dansommer**
www.dansommer.de

▶ **DanCenter**
www.dancenter.com

▶ **Novasol**
www.novasol.de

PRIVATZIMMER

▶ **Dansk Bed & Breakfast**
Sankt Peders Stræde 41
1453 København K
Tel. 39 61 04 05, Fax 39 61 05 25
www.bbdk.dk.
Informationen über Bed & Breakfast und Bauernhausferien

JUGENDHERBERGEN

▶ **Danhostel Danmarks Vandrerhjem**
Vesterbrogade 39
1620 København V
Tel. 33 31 36 12, Fax 33 31 36 26
www.danhostel.dk

HOTELVERZEICHNISSE

▶ **HORESTA**
www.danishhotels.dk
Beschreibungen und Preise aller klassifizierten Hotels

▶ **Grüner Schlüssel/ Den Grønne Nøgle**
bei HORESTA: Vodroffsvej 32
Frederiksberg C
Tel. 35 24 80 80, Fax 35 24 80 88
www.green-key.org

ZIMMERRESERVIERUNG

▶ **EASY-BOOK**
Århusgade 33–35
2100 København Ø
Tel. 35 38 00 37, Fax 35 38 06 37
(Mo. – Fr. 9.00 – 18.00, Sa. 9.00 bis 14.00 Uhr)

Urlaub aktiv

Angeln Für Sportangler ist Dänemark ein Paradies. Gelegenheiten für ihr Hobby finden Angler an der Westküste, den Flüssen und Seen in Jütland, den Fjorden in Ostjütland, den Küsten von Fünen und Seeland, an den Felsenküsten von Bornholm sowie auf hoher See. Die Dänen – passionierte Angler von Meerforellen, Bachforellen, Regenbogenforellen und Lachsen – tun viel, um den Fischbestand zu erhalten bzw. zu verbessern. Wer angeln möchte, muss mindestens 18 Jahre alt sein und einen Angelschein besitzen, der u. a. in Touristenbüros erhältlich ist und den es mit drei unterschiedlichen Gültigkeitsdauern gibt: für ein Jahr, eine Woche oder einen Tag.

An Rømøs weitem Strand macht Reiten Spaß.

►Badeurlaub

Baden

►Special Guide, S. 11

Fliegen

Das leicht hügelige Gelände, das für große Teile Dänemarks kennzeichnend ist, bietet ideale Voraussetzungen fürs Golfen. **176 Golfplätze** mit unterschiedlichsten Schwierigkeitsstufen gibt es in dem kleinen Land. Ausländische Gäste sind überall willkommen, sofern sie Mitglied eines Golfclubs sind. Greenfees kosten pro Tag rund 30 Euro, an Wochenenden 45 bis 50 Euro.

Golf

Jagen darf in Dänemark nur, wer eine Einladung zur Jagd vorweisen kann und einen **dänischen Jagdschein** besitzt, der 515 DKK (ca. 70 Euro) kostet und beantragt werden muss.

Jagd

Es gibt 50 befahrbare Flussläufe sowie Seen und Kanäle. Auf den Wasserläufen **Gudenå** in Mitteljütland und **Suså** auf Seeland ist Kanufahren am weitesten verbreitet. Informationen erteilen die örtlichen Touristenbüros.

Kanu und Kajak

Über **12 000 km gut ausgeschilderte Radrouten** bieten beste Voraussetzungen für Sicherheit und Genuss beim Radeln. Ein weißes Zweirad auf rotem Grund vor einem orangefarbenen Stern weist den Weg zu besonders fahrradfreundlichen Unterkünften. In Zügen dürfen Fahrräder nur mitgeführt werden, wenn Platz vorhanden ist; fast alle Fähren und Überlandbusse (nicht Stadtbusse!) erlauben die Mitnahme von Rädern. Detailliertes Karten- und Informationsmaterial ist

Radfahren

u. a. erhältlich bei Dansk Cyklist Forbund. Vorschläge für Mountain-Bike-Touren lassen sich als PDFs mit topografischer Karte bei www.skovognatur.dk/Udgivelser/Mountainbikefoldere herunterladen (auch ▶Special Guide, S. 9). Der dänische Fahrradclub **Dansk Cyclist Forbund** hat acht Radreiseführer für Dänemark herausgegeben – mit Routenbeschreibungen, Kartenausschnitten/Sehenswürdigkeiten und Infos zu Unterkünften (Bestellung: www.visitdenmark.com/radreise-führer; 16,50 Euro).

Reiten Dänemark ist ein Dorado für Reitsportfans. Überall gibt es Reiterhö-fe und Reitschulen – beliebt sind Ausritte am Strand und durch die Wälder. Auch ein Wochenendkurs mit Unterricht für die ganze Familie und wahlweise die dazugehörige Unterkunft kann gebucht werden. Detaillierte Infos erteilt der **Dansk Ride Forbund**.

Segeln und Surfen In Dänemark findet man sowohl offene Gewässer wie Ostsee und Kattegat als auch geschütztere Reviere wie die **südfünische See** zwischen Seeland und Lolland/Falster und dem Limfjord. Auch die Gewässer **rund um Bornholm** sind beliebtes Segelrevier. Mehr als 500 Häfen, von modernsten Sportboothäfen bis zu idyllischen Ankerplätzen, stehen zur Verfügung. Die Hafengebühren schwanken zwischen 100 und 200 DKK. Segel- und Motorboote werden in der Regel auf Wochenbasis vermietet.

Hohe Wellen und anspruchsvolle Brandung für Highspeedfans der Surferszene findet man an der Nordseeküste. Bekannte Surfreviere sind auch die **Bucht von Køge**, die Küste **Nordseelands** und die Insel-

Ob Soulsurfing vor Rømø oder Flachwasserheizen am Limfjord – Dänemark hat für alle das richtige Surfrevier.

ADRESSEN SPORT

GOLF

▶ **Dansk Golf Union**
Idrættens Hus, Brøndby Stadion 20
2605 Brøndby
Tel. 43 26 27 00, Fax 43 26 27 01
www.dgu.org; www.golf.dl

JAGD

▶ **Jagttegn,**
Skov- og Naturstyrelsen
Haraldsgade 53, III
2100 København Ø
Tel. 39 47 20 00, Fax 39 27 60 99
www.skovognatur.dk/Jagt/Jagttegn

RADFAHREN

▶ **Dansk Cyklist Forbund**
Tel. 33 32 31 21, Fax 33 32 76 83
www.dcf.dk

REITEN

▶ **Dansk Ride Forbund**
Idrættens Hus, Brøndby Stadion 20
2605 Brøndby
Tel. 43 26 28 28, Fax 43 26 28 12
www.rideforbund.dk

SEGELN

▶ **Dansk Sejlunion**
Idrættens Hus, Brøndby Stadion 20
2605 Brondby
Tel. 43 26 26 26, www.sejlsport.dk

SURFEN

▶ **Dansk Brætsejler Organisation**
c/o Lars Johannesen
Vesterbyvej 12, 1,
2820 Gentofte
Tel. 39 30 11 71, www.dbo.dk

TAUCHEN

▶ **Dansk Sportsdykker Forbund**
Idrættens Hus, Brøndby Stadion 20
2605 Brøndby
Tel. 43 26 25 60, Fax 43 26 25 61
www.sportsdykning.dk

welt im **Süden von Fünen**. Detaillierte Informationen über Windsurfingschulen erteilen das Dänische Fremdenverkehrsamt (▶Auskunft) und die Dansk Brætsejler Organisation.

Vor allem am **Kattegat** und am **Kleinen Belt** werden Tauchkurse angeboten, erfahrene Sporttaucher können eine Ausrüstung mieten. **Tauchen**

In Dänemark gibt es Hunderte von gekennzeichneten Wanderwegen. Seit 2007 führt beispielsweise der **Øhavsstien** (Inselmeer-Wanderweg) 220 km lang zu den schönsten Ecken der dänischen Südsee. Viele dänische Touristenbüros bieten Tages- oder Mehrtageswanderungen an oder halten Informations- und Kartenmaterial für die jeweilige Region bereit. Ca. **125 dänische Wanderrouten** sind in deutscher Sprache zum Download ins Internet gestellt worden, weitere sollen folgen (www.skovognatur.dk/udgivelser/vandretursfoldere/tys). Die schönste Zeit zum Wandern sind der Frühsommer und der Herbst, wenn sich die Landschaft in ihren intensivsten Farben zeigt. Ein besonderes Erlebnis ist das Wattwandern (▶Special Guide, S. 3), eine Wanderung der ganz anderen Art ist die Schatzsuche (▶Special Guide, S. 7). **Wandern**

Verkehr

Autofahren

Autobahnen, Maut
Die dänischen Autobahnen (Motorvej; gebührenfrei) und die nummerierten Hauptstraßen (Hovedvej) sind in gutem Zustand und verhältnismäßig wenig befahren. Mautgebühren werden nur an der Storebæltbrücke und der Øresundbrücke erhoben.

Vorschriften
Es besteht **Gurtanlegepflicht** auf allen Sitzen! Kinder unter drei Jahren dürfen nur in einem anerkannten Kindersitz auf den Beifahrersitz. Motorradfahrer müssen einen **Schutzhelm** tragen. Man muss ein Warndreieck mit sich führen. Autos und Motorräder müssen rund um die Uhr mit eingeschaltetem **Abblendlicht** fahren, andernfalls ist mit einer Geldstrafe zu rechnen! Das Telefonieren mit dem Handy während der Fahrt ist verboten. Die Höchstgrenze für den Blutalkoholgehalt liegt bei **0,5 Promille**.

Verkehrsregeln ▶
Die meisten Verkehrsschilder entsprechen internationalem Standard. An Straßeneinmündungen bedeuten weiße Dreiecke (Haifischzähne) auf der Fahrbahn »Vorfahrt gewähren«. Kreisverkehr hat Vorfahrt.

Höchstgeschwindigkeiten ▶
In Ortschaften (erkennbar am weißen Schild mit Stadtsilhouette) beträgt die Höchstgeschwindigkeit 50 km/h, auf Land- und Schnellstraßen 80 km/h, auf Autobahnen 130 km/h, um Großstädte herum 110 km/h, für Pkw mit Anhänger 70 km/h. Vorsicht: Es gibt viele Geschwindigkeitskontrollen und selbst geringe Verstöße werden mit **hohen Geldstrafen** gleich vor Ort geahndet. Wer 140 fährt, wo nur 130 km/h erlaubt sind, bezahlt 1000 DKK, wo lediglich 110 km/h erlaubt sind, 1500 DKK. Wer nicht zahlen kann, muss den Wagen bei der Polizei zurücklassen. Ebenso drastisch sind Strafen beim Parken – wer falsch parkt oder die Parkzeit überschreitet, muss mindestens 510 DKK Bußgeld bezahlen.

Umweltzonen ▶
In Frederiksberg, Aalborg, Kopenhagen, Odense und Århus gibt es eine Umweltzone. In diesen Gebieten dürfen dieselbetriebene Busse, Lkw und Wohnmobile über 3,5 t nur mit **Partikelfilter** fahren. Dänische Fahrzeuge brauchen eine Plakette, für ausländische Autos genügt der Nachweis in den Fahrzeugpapieren (www.miljozone.dk).

 MIETWAGEN

▶ **Avis**
Reservierung in Deutschland:
Tel. (0 18 05) 21 77 02
In Dänemark: Tel. 33 26 80 00

▶ **Europcar**
Reservierung in Deutschland:

Tel. (01 80) 5 80 00
In Dänemark: Tel. 89 33 11 33

▶ **Hertz**
Reservierung in Deutschland:
Tel. (01 80) 5 33 35 35
In Dänemark: Tel. 33 17 90 00

Dänemark hat ein großes Tankstellennetz (verbleit 98 Oktan, bleifrei — »blyfri« — 92, 95 und 98 Oktan, Diesel und Gas). Es ist verboten, auf einem Fährschiff Treibstoff im Reservekanister mitzuführen. Die Tankstellen sind meist bis 18.00 Uhr geöffnet. Danach kann man an Automatenzapfsäulen tanken (mit 100-Kronen-Scheinen). Rund um die Uhr sind Autobahntankstellen und wenige Tankstellen in den größeren Städten geöffnet.

Tanken Kraftstoff

> ## ℹ Bei Autounfällen
>
> ■ Wird man schuldhaft in einen Unfall verwickelt, wendet man sich an Dansk Forening for international Motorkøretøjsforsikring Ameliegade 10, 1256 København K Tel. 33 43 55 00, Fax 33 43 55 01 www.dfim.dk

Taxi

Dänische Taxen sind mit einem Taxameter versehen. Der Preis pro Kilometer beträgt Mo.–Fr. 7.00–16.00 Uhr 11,50 DKK, 16.00 bis 7.00 sowie Sa./So. bis 23.00 Uhr 12,50 DKK, Fr., Sa. und So. nachts zwischen 23.00 und 7.00 Uhr sowie an Feiertagen 15,80 DKK. Hinzu kommt eine Startgebühr von 19 DKK (Fr./Sa. nachts 40 DKK), wenn das Taxi auf der Straße gerufen wird, und 32 DKK (Fr./Sa. nachts 50 DKK), wenn das Taxi telefonisch bestellt wurde.

Bahn und Bus

Intercityzüge verbinden im Stundentakt die Landesteile und alle größeren Städte. Zwischen Kopenhagen und größeren Städten verkehren Schnellzüge (Lyntog = Blitzzug) mit wenigen Halten. Auf den übrigen Strecken fahren regelmäßig Regional- und Lokalzüge. In Gebieten ohne Bahnanschluss gibt es ein gut ausgebautes Netz von Überlandbussen. Infos über lokale Busverbindungen und Fahrpläne erteilen die örtlichen Touristenbüros (►Reiseziele).

Allgemeines

Für alle Intercityzüge über den Großen Belt, für die Blitzzüge sowie für Schlaf- und Liegewagen sind Platzkarten erforderlich.

◄ Platzkarten

Kinder bis zu vier Jahren benötigen in der Bahn keine Fahrkarte, Kinder von vier bis elf Jahren zahlen den halben Preis. Eine Ermäßigung erhalten auch junge Leute bis 25 Jahren, Senioren ab 60 Jahren und Gruppen von mindestens drei Personen. Informationen über weitere Ermäßigungen erhält man auch bei der Deutschen Bahn (►Anreise).

◄ Fahrkartenermäßigungen

Zeit

In Dänemark gilt die Mitteleuropäische Zeit (MEZ), für die Sommermonate von Ende März bis Ende Oktober die europaweite Sommerzeit (MEZ + 1 Std.).

Touren

PEDAL-ATLETEN

AN DER KÜSTE ENTLANG
ODER LIEBER DURCHS HINTERLAND? ISLAND-
HOPPING, EINE RADTOUR ODER MUSCHELN
SAMMELN? WIR LOTSEN SIE ZU KILOMETER-
LANGEN STRÄNDEN, SCHLÖSSERN UND
MUSEEN UND NATÜRLICH IN HERRLICHE
WANDERGEBIETE.

TOUREN DURCH DÄNEMARK

Sie wissen noch nicht, wo es langgehen soll? Wir zeigen Ihnen die schönsten Routen durch Dänemark.

TOUR 1 **Düne, Watt und Strand**
Auf Tuchfühlung mit Wanderdünen und Wattvögeln einmal quer durch die Halbinsel Jütland bis hinauf nach Skagen. Zwischendurch wird Kultur getankt in Ribe und Aalborg. ▸ **Seite 111**

TOUR 2 **Der reiche Osten Jütlands**
Reizvoll dank der Kontraste: Wer sich auf den Weg durch Ostjütland macht, trifft auf Runen und Renaissance, Berge und Heide wechseln mit Sandstrand ab. ▸ **Seite 114**

Kaffee, Kunst und Kultur
Das Herz von Århus schlägt im Lateinerviertel.

TOUR 3 **Fünen und die dänische Südsee**
Kreuz und quer durch den »Garten Dänemarks«, vorbei an Fünens Fachwerkhäusern und Märchenstädten. Dazwischen in See stechen zum Island Hopping in der dänischen Südsee. ▸ **Seite 116**

TOUR 4 **Schlösser und Könige**
Diese Rundreise führt von Kopenhagen zu den Schlössern von Fredensborg und Helsingør und klingt mit einer Stippvisite bei Roskildes spektakulären Wikingerschiffen aus. ▸ **Seite 118**

Königliche Ruhestätte
Grab Margrethes I. im Dom von Roskilde

Egeskov Slot
Schönstes Wasserschloss der Renaissance

Fachwerkidylle
*Christian III. gab
Aalborghus in Auftrag.*

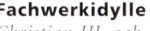

✳ Skagen

Hirtshals

✳ Rubjerg Knude

Hjørring

✳ Løkken

TOUR 1

✳ Sæbygård

✳ ✳ Aalborg

**✳ ✳ Rebild
Bakker**

✳ ✳ Fyrkat

Viborg

Grenaa

✳ Holstebro

Silkeborg   **✳ ✳ Århus**

✳ Ringkøbing

Herning   **✳ Ebeltoft**

✳ ✳ Himmelbjerget

TOUR 2   Horsens

✳ ✳ LEGOLAND   **✳ ✳ Jelling**

✳ Vejle

✳ Bogense

Esbjerg   Kolding   Middelfart   **✳ Hindsholm**

✳ Christiansfeld   **✳ ✳ Odense**   **✳ Kerteminde**

✳ ✳ Ribe   **TOUR 3**

Haderslev   **✳ ✳ Egeskov**   Nyborg

Faaborg   **✳ Svendborg**

✳ ✳ Tønder   Aabenraa   Langeland

✳ ✳ Ærø

Hyggelig
*Der nostalgische
»Neue Hafen«
in Kopenhagen*

TOUR 4   **✳ ✳ Helsingør**

Hundested

Frederikssund   **✳ ✳ Hillerød**

✳ ✳ Kopenhagen

✳ ✳ Roskilde

Unterwegs in Dänemark

Die Küste ist nie weit

Dänemarks besonderer Reiz ergibt sich aus dem Wechsel zwischen Inland und Küste: hier hellgelbe Rapsfelder, wogendes Korn und herausgeputzte Dörfer, dort kilometerlange Sandstrände, schäumende Brandung und das Schreien der Möwen. Hohe Berge wird man keine finden, dafür grün-violette Heiden zwischen glitzernden Seen.

Die Saison beginnt im Mai und endet im September, Hochsaison ist von Juni bis August. Einige hingegen kommen gerne im Winter nach Dänemark, mieten sich ein kuscheliges Ferienhäuschen, genießen das brodelnde Wintermeer und lassen sich die steife Brise um die Nase wehen. Auch im Frühjahr und Herbst sind die Strände fast menschenleer, das von vielen Künstlern so sehr geschätzte Licht leuchtet jedoch nicht weniger intensiv als im Sommer. Noch ein Wort zum Licht: Vor allem Besucher aus Süddeutschland, Schweiz und Österreich werden feststellen, dass die Sommertage hier oben im Norden deutlich länger sind und es fast überhaupt nicht dunkel werden will. Im Winter jedoch geht die Sonne in Kopenhagen bereits gegen 15.30 Uhr wieder unter.

Es lohnt sich, sowohl Badesachen als auch Wanderstiefel einzupacken. Auch ist es nützlich, ein Fernglas griffbereit zu haben, um in Ruhe Raubmöwen, Kormorane und Säbelschnäbler zu beobachten. Das Wetter wechselt rasch und häufig und wer draußen unterwegs ist, sollte daher an Windjacke, Pullover und Regenzeug denken.

Im Auto unterwegs

Besonders beliebt ist ein erholsamer Aufenthalt im Ferienhaus, wer aber Dänemarks Schätze voll und ganz auskosten möchte, sollte kein Stubenhocker sein. Mit Bus und Bahn kommt man fast überall hin, auch das Straßennetz ist ganz hervorragend ausgebaut. Mancherorts

Meisterwerk aus Stahl und Beton: die Øresundbrücke von Kopenhagen nach Malmö

darf man sogar auf dem Strand fahren und an Tankstellen besteht auch kein Mangel. Wer sich verfahren hat, braucht nicht zu verzweifeln, denn viele Dänen sprechen deutsch oder englisch und sind ausgesprochen hilfsbereit.

Seit 1991 besteht eine eigens für Autotouristen zusammengestellte Route, die auf einer Länge von 3540 km hauptsächlich über landschaftlich reizvolle Nebenstrecken zu den bedeutendsten Sehenswürdigkeiten Dänemarks führt. Gekennzeichnet wird die Strecke, die in fünf Einzelrouten aufgeteilt ist, von braun-weiß-gelben Schildern mit einer blühenden Margerite, der Lieblingsblume von Dänemarks Königin Margrethe II. Auch die in diesem Band vorgestellten Touren berühren die schönsten Regionen und Städte des Landes, aber natürlich bei weitem nicht alle. Wie immer gilt: Dort anhalten, wo es einem gefällt, sich auch auf Nebenwege leiten lassen, das ist die beste Methode, ein fremdes Land kennen zu lernen.

◄ Margeritenroute

Tour 1 Düne, Watt und Strand: Einmal quer durch Jütland

Start S 6

Länge der Tour: rund 430/550 km

Diese große Tour führt einmal quer durch Jütland von Tønder im Süden nach Skagen an der Nordspitze des Landes. Besonders allen Fans von Meeresbrise und Sandstrand dürfte diese Reise gefallen, wobei herausragende Städte wie Ribe und Aalborg für das nötige kulturelle Gegengewicht sorgen.

Die Hochburg der Klöppelspitzen heißt ❶ ✱ ✱ **Tønder**, ein beliebtes Ausflugsziel wenige Kilometer hinter der deutsch-dänischen Grenze. Nur 5 km westlich in ✱ **Møgeltønder** residiert Prinz Joachim auf ✱ **Schloss Schackenborg**. Durch seine ästhetische Ziegelbauweise besticht 20 km nördlich das im 12. Jh. von Zisterziensern begonnene ✱ ✱ **Løgumkloster**. Feinsandig und endlos lang sind die Traumstrände der größten dänischen Nordseeinsel ✱ ✱ **Rømø**. Hier wie auf der Nachbarinsel ✱ **Manø** ist eine Wattwanderung absolutes Muss.

Knapp 50 km nördlich von Tønder erreicht man die älteste Stadt Dänemarks: ❷ ✱ ✱ **Ribe** – über 100 Häuser der Fachwerkidylle stehen unter Denkmalschutz. Das schönste Bernsteinmuseum des Landes findet man 30 km weiter in ❸ **Esbjerg**, dem größten Fischereihafen. Nur 20 Minuten dauert von hier die Überfahrt nach **Fanø** mit kilometerlangen Sandstränden und reetgedeckten Fischerhäuschen. Über die hübsche Kleinstadt **Varde** und die Ferienhausmetropole ✱ ✱ **Henne Strand** geht die Fahrt nun zur stimmungsvollen Hafenstadt ❹ ✱ **Ringkøbing**.

Die gesamte Küstenlinie des Ringkøbing Fjords ist ein durchgehender breiter Sandstrand, der Fjord selbst eines der besten Surfreviere Nordeuropas. Eine wahre Rhododendrenpracht bietet 30 km nördlich der Wallgrabengarten von ✳ **Nørre Vosborg**, bevor man 240 km von Tønder entfert ❺ ✳ **Holstebro** erreicht, das fast an jeder Ecke mit Straßenkunst aufwarten kann.

Von Holstebro kann man direkt über die Domstadt Aalborg nach Viborg fahren oder den Umweg über den Limfjorden wählen, ein Paradies für Naturfreunde, Segler und Surfer mit einem bezaubernden Labyrinth aus Land und Wasser. Die kürzere Strecke verläuft von Holstebro über die alte Hauptstadt Jütlands ❻ **Viborg** zur Wikingersiedlung ❼ ✳ ✳ **Fyrkat** und weiter durch das Himmerland mit dem Nationalpark ❽ ✳ ✳ **Rebild Bakker** nach ❾ ✳ ✳ **Aalborg**. Gleich außerhalb in ✳ **Lindholm Høje** sind ein gewaltiges Gräberfeld und eine Siedlung aus der Eisen- und der Wikingerzeit erhalten.
Auf dem Weg Richtung Frederikshavn passiert man zwei prachtvolle Herrensitze: ❿ ✳ **Sæbygård** und ✳ ✳ **Bangsbo**. Nun trennen den Reisenden noch 45 km von ⓯ ✳ ✳ **Skagen**, der Spitze Dänemarks, wo Skagerrak und Kattegat zusammenströmen. Allein die Bilder der berühmten Malerkolonie von Skagen sind eine Reise wert, und natürlich auch die äußerste Landzunge ✳ **Grenen,** Treffpunkt zweier Meere.

Alternativ kann man von Aalborg die längere Strecke über die Jammerbucht wählen, wo im Sommer an den weißen Stränden zwischen Blokhus und Hirtshals Hochbetrieb herrscht. Charmant reihen sich die weißgetünchten Strandhäuser von ⓫ ✳ **Løkken** vor den Dünen auf, während das örtliche Museum über das mühsame Geschäft der Strandfischerei informiert.
In Dänemarks größtem Aquapark ✳ **Fårup Sommerland** bei Saltrum kommen Wasserratten voll auf ihre Kosten. Nicht versäumen sollte man das Naturschauspiel der Wanderdüne ⓬ ✳ **Rubjerg Knude**, die 80 m zum Strand abfällt, bevor man ⓭ **Hjørring** mit der sorgsam restaurierten Altstadt ansteuert.
Heringsschwärme, Robben und heimische Haiarten sind Thema des **Nordsømuseet**, knapp 20 km weiter nördlich in ⓮ **Hirtshals**. Gut 50 km entlang der Tannisbucht, wo ein Abstecher zur Wanderdüne ✳ **Råbjerg Mile** lohnt, führen schließlich nach ⓯ ✳ ✳ **Skagen**.

Unter Denkmalschutz
Die kunterbunten
Fischerhäuschen in Ribe

Baden, Angeln, Bootfahren
Eine Seenkette begrenzt die alte Stadt im Osten.

Hirtshals

★ ★ Skagen

★ Rubjerg Knude

Hjørring

★ Løkken

★ ★ Sæbygård

★ ★ Aalborg

★ ★ Rebild Bakker

★ ★ Fyrkat

Viborg

★ Holstebro

★ Kingkøbing

Esbjerg

★ ★ Ribe

★ ★ Tønder

15
14
13
12
11
10
9
8
7
6
5
4
3
2
1

50 km
19 km
13 km
20 km
44 km
50 km
30 km
25 km
36 km
48 km
43 km
82 km
31 km
48 km

Galionsfigur
Im Herrenhof Bangsbo ist eine ausgezeichnete Sammlung zu sehen.

Zeitreise
zu den wilden Wikingern

Renaissance-bürgerhaus
Das Stenhus von Jens Bang ist wohl das schönste im Norden.

Tour 2 Der reiche Osten Jütlands: von Aabenraa nach Århus

Start R 9

Länge der Tour: 300/400 km

Auf dem Weg zur zweitgrößten Stadt des Landes, Århus, durchqueren Reisende die sanft gewellte »Bergwelt« Dänemarks, wie geschaffen für kleine Abstecher in die Natur. Dass die Ostküste schon immer zu den wohlhabendenden Regionen zählte, beweisen die vielen schmucken Fachwerkstädtchen, Museen und grandiosen Schlösser.

Auf der ersten Etappe von der deutsch-dänischen Grenze zur Hauptstadt Jütlands warten am Ausgangspunkt der Tour in ❶**Aabenraa** gleich zwei große Marinas auf Freizeitkapitäne. Wer Anfang Juli anreist, sollte sich das spektakuläre Ringreiterfest auf keinen Fall entgehen lassen.

Gute Wassersportmöglichkeiten findet man auch knapp 30 km nördlich am Fjord von ❷**Haderslev**, dessen Museum die Kulturgeschichte der Region erzählt. Typisch für ❸✶ **Christiansfeld,** nur 12 km entfernt, ist die schlichte Architektur der Herrnhuter Brüdergemeine, unwiderstehlich das Naschwerk seiner Honigkuchenbäckerei.

Eine geniale Verbindung von Alt und Neu bietet der Ruinensaal im Schloss von ❹**Kolding**, knapp 30 km weiter kann sogar der Industriestandort ❺✶ **Vejle** altes Fachwerk vorweisen wie den Smidtske Gård von 1799 mit netten Kunsthandwerkläden. Als Taufurkunde Dänemarks gelten die Runensteine 10 km außerhalb in ✶✶ **Jelling**, die zum Weltkulturerbe gehören.

Weit über 1 Mio. Besucher kommen jedes Jahr nach Billund westlich von Vejle, um sich im ❻✶✶ **LEGOLAND** zu amüsieren. Dänemarks breiteste Fußgängerzone gehört indes nordöstlich von Vejle zur Fjordstadt ❼**Horsens**. Bei Skanderborg beginnt die liebliche Seenlandschaft des ❽✶ **Himmelbjerget**, aus dänischer Sicht schon eine »Bergwelt«, liegt hier doch der Ejer Bavnehøj, mit knapp 171 m der höchste Gipfel des Landes. Etwa 2400 Jahre alt ist die Moorleiche im Hovedgården von ❾**Silkeborg**, einmalig die CoBrA-Ausstellung im Jorn-Museum. Allein die extravagante Architektur von ❿**Hernings** Kunstmeile lohnt den Besuch: hier sind Carl-Henning Pedersens fabulierende Keramikwerke zu bewundern.

Rund 80 km trennen die Heidestadt vom quirligen ⓫✶✶ **Århus**, wirtschaftlich wie kulturell der Gegenpol zum übermächtigen Kopenhagen. Handlich und überschaubar ist Jütlands attraktive Hauptstadt, ihr museales Highlight »Den Gamle By« widmet sich der Kleinstadtkultur vom 16. bis 19. Jahrhundert.

Wer Zeit und Lust hat, noch weitere 100 bis 120 km zu reisen, kann von hier aus die Halbinsel Djursland erkunden. Es warten die romantischen Renaissance-Schlösser ✳ **Rosenholm** und ✳✳ **Gammel Estrup**. Wunderschön ist das Bilderbuchstädtchen ⑫ ✳✳ **Ebeltoft**. Wer gerne Haie aus nächster Nähe beobachten möchte, der sollte einen Besuch im spannenden ✳ **Kattegatcentret** von ⑬ **Grenaa** einplanen.

Glasmuseum
Zerbrechliche Schönheiten lassen sich in Ebeltoft bestaunen.

Hochkarätig
Künstler von Format sind in Silkeborg ausgestellt.

Für kleine Urlauber
Dänemark in Miniaturformat

Gotisches Gotteshaus
Am Dom von Århus wacht König Christian X.

Tour 3 Fünen und die dänische Südsee

Start P 11

Länge der Tour: rund 240 km

Fünen, das gerne als der »Garten Dänemarks« bezeichnet wird, lockt mit einer lieblichen Landschaft, Zeugnissen der Wikingerzeit und farbenfrohen Städten. Eine Fahrt durch die Heimat des Märchenerzählers Hans Christian Andersen lässt sich wunderbar mit einem Abstecher in die dänische Südsee verbinden.

Hüte, die Seefahrt und Brücken sind Thema im Stadtmuseum von ❶ **Middelfart**, dem Einfallstor nach Fünen, das hier durch zwei Brücken mit dem dänischen Festland verbunden ist. Nordöstlich von Middelfart bezaubert die Küstenstadt ❷ ✱ **Bogense** mit alten Fachwerkhäuschen.

Von dort führt die Autobahn E 20 nach ❸ ✱✱ **Odense**. Der charmante Geburtsort des Märchendichters H. C. Andersen kann mit sehr schönen Fachwerkbauten und erstklassigen Museen aufwarten. Zwei Dutzend traditionelle ländliche Gebäude aus allen Teilen Fünens sind im Freilichtmuseum ✱ **Den Fynske Landsby**, 4 km südlich der City, rekonstruiert worden. Gute 4 km weiter widmet sich der prachtvolle Herrensitz ✱ **Hollufgård** der Vor- und Frühgeschichte der Insel. Dass Märchen mitunter auch wahr werden können, beweist das südlich gelegene Bilderbuchschloss ❹ ✱✱ **Egeskov**, das mitten in einem See auf hunderten von Eichenpfählen ruht. Die gut 20 km entfernte Fjordstadt ❺ **Faaborg** besitzt die größte Sammlung fünischer Maler im Faaborg Museum an der Grønnegade.

Dutzende Eilande und Sandbänke gehören zur vorgelagerten Inselwelt, die gerne als »dänische Südsee« gepriesen wird. Eine Stunde braucht die Fähre hinüber nach ❻ ✱✱ **Ærø**. Von Stockrosen umrankte Fachwerkhäuschen und verträumte Gartenlokale gehören zur Märchenstadt ✱✱ **Ærøskøbing**.

Wieder eine Stunde Fahrt auf der Fähre müssen Inselhopper einplanen, die nun von Marstal hinüber nach ❼ **Langeland** möchten. Gute 15 km nördlich von Rudkøbing sollte man sich dort das Land-Art Museum bei ✱ **Schloss Tranæker** ansehen. Über eine Brücke ist man schnell auf dem Inselchen Tåsinge. Mit seinem Prisengeld aus der siegreichen Seeschlacht bei ✱✱ **Køge** erwarb der Seeheld Niels Juel hier anno 1678 ✱✱ **Schloss Valdemar**, das von seinem Enkel zu einer prachtvollen Barockanlage ausgebaut wurde.

Das Nordende von Tåsinge verbindet eine 1200 m lange Brücke direkt mit ❽ ✱ **Svendborg**. Sein lebhafter Marktplatz entzückt durch das älteste Haus der Seefahrerstadt, Anne Hvides Gård von 1560. Nur 4 km außerhalb steht eines der herrlichsten deutschen Barockpalais: ✶ **Hvidkilde Slot**, ebenfalls ein Meisterwerk des 16. Jahrhunderts. Um 1550 entstanden nach venezianischem Vorbild auch die Rundgiebel des Herrensitzes **Hesselagergård**, 15 km nördlich.

Nächster Halt ist ❾ **Nyborg**, dessen lange Geschichte der Fährschifffahrt 1998 zu Ende ging, als die gigantische ✶✶ **Storebæltbrücke** nach Seeland eröffnet wurde. Schmale Gassen mit kleinen bunten Häuschen und die spannende Unterwasserwelt des ✶ **Fjord- & Bæltcentret** findet man in ❿ ✶ **Kerteminde**. 4 km außerhalb am Kertinge Nor stößt man bei ✶ **Ladby** auf Dänemarks einziges Grabschiff der Wikingerzeit. Schließlich kann man noch einen Ausflug anhängen zur Halbinsel ⓫ **Hindsholm** mit schönen Stränden und dem gewaltigen Hünengrab Mårhøj bei Snave.

Schloss Tranæker
Bilderbuchschlösschen auf Langeland

Liebevoll erhalten
Uraltes Fachwerk am mittelalterlichen Marktplatz in Svendborg

Strände ohne Ende
Dutzende Inselchen und Sandbänke liegen zwischen Ærø und Langeland.

Tour 4 Schlösser und Könige: Rund um Kopenhagen

Länge der Tour: rund 230 km

Von der Hauptstadt aus startet man auf eine Rundtour zu traumhaften Schlössern, Kirchen und Museen im Norden Seelands, bei der Kultur- und Kunstliebhaber voll auf ihre Kosten kommen. Zwischendurch lässt es sich an herrlichen Sandstränden entspannen.

Zu jedem Aufenthalt in ❶ ✳ ✳ **Kopenhagen** sollte auch ein Ausflug ins königliche Nordseeland gehören. Am besten folgt man der herrlichen Küstenstraße am Øresund immer Richtung Norden, vorbei an noblen Villen und Yachthäfen ins 30 km entfernte ✳ **Rungsted**. Hier begann und endete das bewegte Leben der Schriftstellerin Karen Blixen, dem man im Museum auf Rungstedlund nachspüren kann.

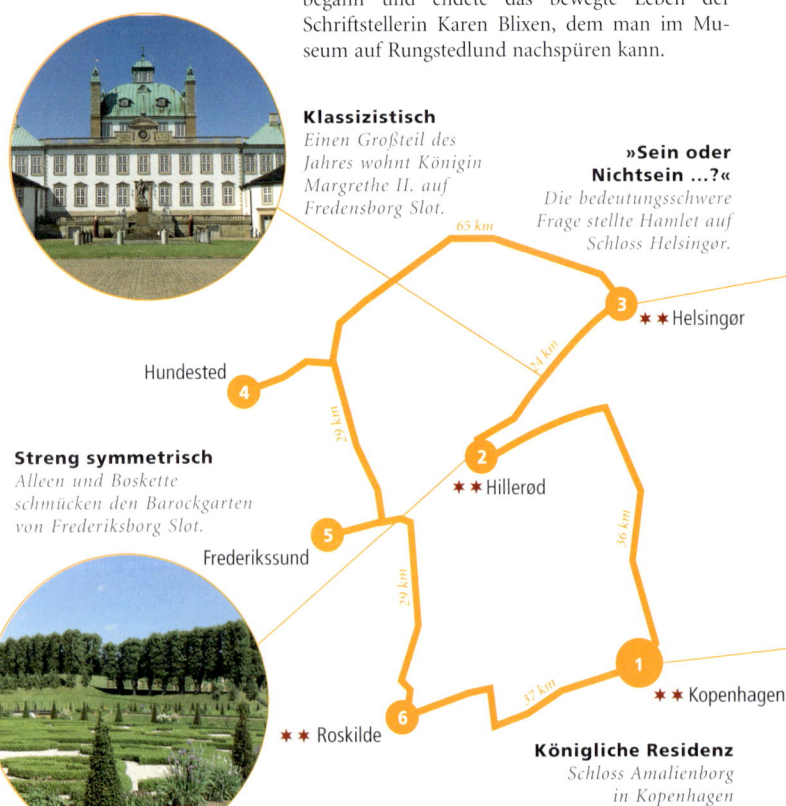

Klassizistisch
Einen Großteil des Jahres wohnt Königin Margrethe II. auf Fredensborg Slot.

»Sein oder Nichtsein …?«
Die bedeutungsschwere Frage stellte Hamlet auf Schloss Helsingør.

65 km

Hundested

④

24 km

③ ✳ ✳ Helsingør

29 km

② ✳ ✳ Hillerød

Streng symmetrisch
Alleen und Boskette schmücken den Barockgarten von Frederiksborg Slot.

⑤

36 km

Frederikssund

29 km

⑥ ✳ ✳ Roskilde

① ✳ ✳ Kopenhagen

47 km

Königliche Residenz
Schloss Amalienborg in Kopenhagen

Im **★★ Louisiana Museum**, 10 km weiter, verschmelzen moderne Kunst, Architektur und Landschaft zu einem harmonischen Dreiklang besonderer Art. Selbst Kunst-Abstinenzler könnten in diesem überragenden Museum auf den Geschmack kommen.

Sodann steuert man nach Westen Richtung Fredensborg. Auf drei Inseln inmitten eines Sees liegt bei ❷ **★★ Hillerød** Dänemarks schönstes Renaissanceschloss: das Nationalhistorische Museum **★★ Frederiksborg Slot**. Nur 6 km trennen es von **★★ Fredensborg Slot**, Frühjahrs- und Herbstresidenz der königlichen Familie.
Wer schnell vorankommen will, wähle nun die Straße 6 nach Helsingør; wer Zeit für die schönere Strecken am Gurre Sø entlang mitbringt, folge der Margeritenroute. ❸ **★★ Helsingør** wartet mit Renaissance in Vollendung auf: **★★ Kronborg Slot**, legendärer Schauplatz der Hamlettragödie.

Dänemarks Reiz machen natürlich nicht nur seine Schlösser und Museen aus, sondern auch die legendären Sandstrände: Für herrliche Sonnentage am Strand kann man an der Nordküste Seelands zwischen **★ Hornbæk**, **★ Gilleleje**, **★ Tisvildeleje** und **★ Liseleje** wählen und zum Abschluss vielleicht das Haus des Polarforschers in ❹ **Hundested** aufsuchen.

Auf dem Rückweg zur dänischen Metropole findet man zwischen zwei Fjorden noch ein stilles Stück Dänemark: **★ Jægerspris Slot** bei ❺ **Frederikssund** war erst mittelalterliche Burg, wurde dann Jagdsitz der Krone und endlich prunklosbequeme königliche Wohnung »nach Gutsherrenart«. Kopenhagen ist von hier aus knapp 50 km entfernt.

Wikingerfans sollten sich jedoch einen Besuch in ❻ **★★ Roskilde** einplanen. In den einzigartigen Vikingeskipshallen sind fünf Wikingerschiffe ausgestellt, die man um 1000 vermutlich als Sperre im Roskildefjord versenkt hatte. Zu guter Letzt wird es noch einmal königlich: In der prachtvollen Domkirche von Roskilde haben 38 Regenten ihre letzte Ruhe gefunden. Über die Autobahn gelangt man nun rasch zurück nach Kopenhagen.

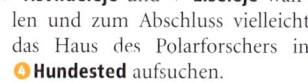

Reiseziele von A bis Z

HERRLICHE SANDSTRÄNDE, IDYLLISCHE DÖRFER, LEBENSFROHE STÄDTE, KUNST UND KULTUR QUER DURCH ALLE EPOCHEN – ES GIBT VIEL ZU ENTDECKEN IM STAATE DÄNEMARK.

Hinweise zum Alphabet

Die dänische Sprache besitzt außer den Buchstaben des deutschen Alphabets zusätzlich drei Sonderbuchstaben: Æ/æ, Ø/ø und Å/å. Sie stehen in vorgenannter Abfolge ganz am Ende (!) des dänischen Alphabets. Man beachte dies bei der Benutzung dänischer Verzeichnisse. Da die ungewöhnliche Reihenfolge deutschsprachige Leser bei der Benutzung des Buches irritieren könnte, werden die dänischen Sonderbuchstaben **in diesem Reiseführer** wie folgt eingeordnet: **Å, å wie A, a; Æ, æ wie Ae, ae; Ø, ø wie O, o**.

Aabenraa

R 9

Halbinsel: Jütland **Region:** Syddanmark
Einwohnerzahl: 15 800

Die größte Hafenstadt Südjütlands ist vor allem ihres Museums wegen einen Besuch wert. Turbulent wird es im Juli, wenn sich alljährlich Hunderte von Teilnehmern zum mittelalterlichen Ringreiterfest einfinden. Übrigens: Hier erscheint der »Nordschleswiger«, eine deutschsprachige Tageszeitung.

Dänemarks Rechtschreibreform in den 1950er-Jahren, die aus dem »Aa« ein »Å« machte, wurde mancherorts wie in Aabenraa vehement abgelehnt. Åbenrå mit »Å« in älteren Karten meint also die gleiche Stadt, die aber wieder die alte Schreibweise benutzen darf.

Schöne Häuser, stolze Recken

Durch den breiten Fjord besitzt »Apenrade«, wie der deutsche Name lautet, eine unmittelbare Verbindung zum Kleinen Belt, was ihm schon 1335 Stadtrecht einbrachte. Noch heute zeugen schmucke

Beim Ringreiterfest im Juli finden sich alle Generationen ein.

Bürgerhäuser und Kapitänshöfe aus dem 18. und 19. Jh., als Aabenraas stolze Flotte bis in den Fernen Osten segelte, vom Wohlstand großer Reedereien. Am ersten Wochenende im Juli werden mittelalterliche Traditionen wieder lebendig: Zum spektakulären Ringreiterfest treten mehr als 500 Bewerber an – der Sieg gehört dem Reiter, der mit der Lanze die meisten Ringe vom Galgen holt. Alljährlich um den 20. Juni herum fällt der Startschuss zu Dänemarks einzigem Bergmarathon. Beim »Aabenraa Bjergmarathon« werden 505 Höhenmeter mit Steigungen von bis zu 15 Prozent überwunden (www.bjergmarathon.dk).

◀ Ringreiterfest

Sehenswertes in Aabenraa

Die Schifffahrtsabteilung des Aabenraamuseums besitzt über 200 Buddelschiffe und eine kuriose Sammlung von Souvenirs aus aller Welt. Aus der Bronzezeit stammt das Skelett des »Mannes von Nybøl«. In der Gemäldesammlung sind dänische Künstler des 19. und 20. Jh.s ausgestellt (Öffnungszeiten: Juni – Aug. Di. – So. 10.00 bis 16.00, Sept. – Mai Di. – So. 13.00 – 16.00 Uhr). Dem Museum angegliedert ist der Jacob-Michelsen-Gård von 1704 am Toften 37.

★
**Aabenraa-
museum**

🕓

Wer Lust zum Einkaufen hat, schlendert durch die Fußgängerzone im alten Stadtkern, wo auch die St.-Nikolai-Kirche steht, mit spätromanischem Taufstein und einer Altartafel von 1642.

Sct. Nikolai

Von 1998 bis 2000 hat man den großen Hauptmarkt liebevoll restauriert, sodass die Gebäude rund um den Storetorv in neuem Glanz erstrahlen. Für das zweistöckige Rathaus zeichnete 1830 der damalige Stararchitekt Christian Frederik Hansen verantwortlich. Im Rathaussaal ist eine Porträtsammlung dänischer Monarchen zu bewundern.

Storetorv

Im alten Bahnhof an der Jernbanegade 2 zeigt die Galerie Banegården beachtliche Wechselausstellungen mit Kunst der Moderne.

**Banegården
Kunst & Kultur**

Umgebung von Aabenraa

Kunstfreunde sollten Schloss Brundlund (südlich der Stadt einplanen, das 1411 unter Königin Margrethe I. erbaut wurde und heute dänische Kunst vom 18. Jh. bis zur Gegenwart präsentiert.

Brundlund Slot

Nördlich vom Aabenraafjord erstreckt sich die Halbinsel Løjt. Wo früher wohlhabende Kapitäne ihr stolzes Anwesen hatten, findet man heute schöne Campingplätze und zahlreiche Ferienhäuser. Zur romanischen Løjt-Kirche gehören ein spätgotischer Flügelaltar und eine Kanzel, die Jes Jessen bemalt hat.

Løjt

Überall hat die Geschichte Spuren im Grenzland an der Flensburger Förde hinterlassen – fast alle Bewohner hier sind zweisprachig. Die

**Flensburger
Förde**

AABENRAA ERLEBEN

AUSKUNFT

Aabenraa
H. P. Hanssens Gade 5
Tel. 74 62 35 00, Fax 74 63 07 44
www.visitaabenraa.dk

Gråsten Turistbureau
Banegården, Kongevej 71
Tel. 74 65 09 55, Fax 74 65 35 13
www.visitsonderborg.com

ESSEN

▶ **Fein & teuer**
Christie's Sdr. Hostrup Kro
Østergade 21, Sdr. Hostrup
Tel. 74 61 34 46, www.christies.dk
Ca. 4 km nach der Autobahnabfahrt
Aabenraa wird feine Tischkul-
tur geboten: Dorsch in würziger Sa-
fransauce oder butterweiches Kalbsfi-
let mit Morchelrahm – wen wundert
es, dass Hausherr Jens Peter Kolbeck
königlicher Hofkoch war.

▶ **Erschwinglich**
Sejlclubben
Kystvej 55, Tel. 74 62 66 84

http://restaurantsejlclubben.com
Wer in Aabenraa ankert, kann gleich
am Hafen ausgezeichnet Fisch essen.

Café Storm
Storetorv 4, Tel. 73 62 10 00
www.cafestorm.dk
Originelles Ambiente und sehr netten Service bietet das 1999 eröffnete
Restaurant am alten Markt, benannt
nach dem Kopenhagener Robert
Storm Petersen (1882 – 1949), der
durch seine humoristischen Zeichnungen bekannt geworden ist. Super
Pasta und knackige Salate.

ÜBERNACHTEN

▶ **Komfortabel**
Restaurant og Hotel Knapp
Stennevej 79, Stollig
Tel. 74 62 00 92, Fax 74 62 10 92
www.restaurant-hotel-knapp.dk
Anno 1836 beginnt die Geschichte des
Hotels im Ortsteil Stollig, wo Chef-
koch Torben Nass feinste Menüs
zaubert, ergänzt durch edle Tropfen
der Weinimporteure Tina und Per
Dupont Holdt.

---

idyllische Landschaft lädt zu ausgedehnten Radtouren und Wanderungen ein, zum Baden, Segeln und einer historischen Reise auf dem
Heerweg – Dänemarks ältester Straße (▶ S. 222) – oder dem naturschönen Gendarmenpfad bei Padburg, wo blau uniformierte Grenz-
soldaten bis 1920 Wache schoben.

Gråsten In Gråsten residierte einst im Sommer die Königinmutter Ingrid, die
im November 2000 im Alter von 90 Jahren starb. Das Gråstener
Schloss wurde um 1600 im holländischen Barockstil erbaut, beim
Großbrand 1757 konnte man nur die reich verzierte herzogliche
Schlosskapelle und vier Türme retten. Nach der Wiedervereinigung
Papiermuseum ▶ 1920 übernahm der dänische Staat das Anwesen. Scherenschnitte
und ein ganzes Märchenland aus Papier faszinieren Groß und Klein
im Papiermuseum an der Nygade von Gråsten (Bomhusvej 3).

Die um 1200 errichtete romanische Ziegelkirche von Broager besitzt charakteristische Doppeltürme, die früher auch als Seemarke fungierten. Sie kamen jedoch erst im 14. Jh. dazu. In der Apsis beeindrucken Wandmalereien des 13. Jh.s, die Fresken im Chor sind auf das 16. Jh. datiert. Gräber von 1848 und 1864 auf dem Friedhof erinnern an die Kämpfe um Schleswig. Wie einst die Ziegelherstellung vom Lehmgraben bis zum Ringofen funktionierte, sieht man südöstlich im Ziegeleimuseum, einer Industrieanlage aus dem 18. Jh.

◄ Catherinesminde
Teglværksmuseet

Zur Entdeckungsreise für die Füße und Sinne lädt Dänemarks erster Barfußpark in Rødekro 19 km westlich von Aabenraa – auf der 1,5 km langen Rundstrecke stimulieren 15 Fühlstationen die Reflexzonen und Akupunkturpunkte der Füße mit wechselnden Untergründen wie weichen Birkenwaldwiesen, Sand- und Lehmböden oder Baumstämmen zum Balancieren. Ein Wasserbecken zum Wassertreten stärkt das Immunsystem (Öffnungszeiten: Mai – Sept. tgl. 10.00 bis 17.00 Uhr, www.barfodspark.dk).

**Klovtoft
Barfodsparken**

🕐

Ein trauriges Kapitel deutsch-dänischer Vergangenheit erzählt rund 3 km nordwestlich von Padborg das Frøslevlager, im Zweiten Weltkrieg ein Internierungslager. Viele Gefangene wurden von hier ab 1944 in andere deutsche Konzentrationslager deportiert. In den erhaltenen Baracken und Wachtürmen ist die Besatzungszeit in Südjütland dokumentiert, hinzu kommen u. a. Ausstellungen von Amnesty International und den Vereinten Nationen (Öffnungszeiten: Mitte Juni – Mitte Aug. tgl. 10.00 – 17.00, sonst Di. – Fr. 9.00 – 16.00, So. 10.00 – 17.00 Uhr; www.froeslevlejrensmuseum.dk).

Frøslevlejrens

🕐

◄ ★ Aalborg

Halbinsel: Jütland   **Region:** Nordjylland
Einwohnerzahl: 122 500

Wer nach vielen ländlichen Impressionen Lust auf Stadtluft, Geschäfte, Cafés, Kunst und Kultur und etwas Nachtleben verspürt, wird in Aalborg nicht enttäuscht werden. Darüber hinaus ist die Altstadt ein echtes Schmuckstück.

Die Rechtschreibreform in den 1950er-Jahren, die aus dem »Aa« ein »Å« machte, wurde von Aalborg vehement abgelehnt. Bei Ålborg mit »Å« in älteren Karten handelt es sich also um die gleiche Stadt, die jetzt aber ganz offiziell wieder die alte Schreibweise benutzen darf.

Rechtschreibung

Dänemarks drittgrößte Stadt am Südufer des ► Limfjords blickt auf eine lange und wechselvolle Geschichte zurück, die sich in den historischen Gebäuden seiner stimmungsvollen Altstadt widerspiegelt. Die

**Hauptstadt
Nordjütlands**

kulturellen Angebote reichen vom erstklassigen Kunstmuseum bis zum Jazz-und-Blues-Festival, Wikingermarkt und Kinderkarneval. Spaß versprechen Tivoli, der Oldtimerzug der Limfjordbahn oder eine Hafenrundfahrt mit dem »Hornfisken«, der im Sommer zwischen Honnørkajen und Egholm verkehrt. Wer bummeln will, schlendert durch die Fußgängerzonen von Algade, Bredegade und Nørregade.

Geschichte und Wirtschaft
Erste Besiedlungen sind schon für die Eisenzeit nachgewiesen. 1070 wurde Aalborg als »bekannte Seefahrtstadt« erwähnt, 1342 erhielt es Stadtrecht. Im Mittelalter avancierte Aalborg zu einem wichtigen **Handelszentrum Skandinaviens**. Seehandel, Werften und Heringsfischerei führten im 18. Jh. zu großem Wohlstand – 1720 wurden im Limfjord fast 230 000 t Hering gefangen. Als 1825 der Durchbruch der Nordsee bei Agger den Salzgehalt im Limfjord ansteigen ließ, erlitt die Heringsfischerei erhebliche Einbußen. Erst der Eisenbahnanschluss und die Vertiefung des Limfjords für größere Schiffe brachten einen erneuten Aufschwung von Handel und Industrie. Heute besitzt Aalborg Betriebe von internationalem Format wie Dansk Eternit, Trip Trap und Danisco – am bekanntesten sind natürlich Aalborg Akvavit (ein Kümmelschnaps) und Jubilæumsakvavit.

Rundgang durch die Altstadt

★★ Bangs Stenhus
Südlich der Stelle, wo die Limfjord-Brücke nach Nørresundby führt, bezaubert das alte Aalborg mit romantischen Winkeln. Der Rund-

Jens Bangs Stenhus, der größte Bürgerbau des Landes aus die Renaissance, wurde 1624 vom Großkaufmann Jens Bang erbaut.

AALBORG ERLEBEN

AUSKUNFT

Østerågade 8
Tel. 99 31 75 00, Fax 99 31 75 19
www.visitaalborg.com

EVENTS

Opernfestival (März)
Karneval (Mai), das größte Narren-
treiben Nordeuropas

ÜBERNACHTEN

► Luxus

① *Scheelsminde*
Scheelsmindevej 35
Tel. 98 18 32 33, Fax 98 18 33 34
www.scheelsminde.dk
Früher war Scheelsminde einer der
schönsten Herrensitze Dänemarks.
Einen Blick werfen sollte man in die
Hausbibliothek oder in das französi-
sche Restaurant, das einen herrlichen
Blick auf den großen Park bietet.

► Komfortabel

② *Hotel Chagall*
Vesterbro 36
Tel. 98 12 69 33, Fax 98 13 13 44
www.hotel-chagall.dk
Das zentrale Stadthotel setzt auf

künstlerisches Ambiente. Zum Cha-
gall-Buffet gehören Fisch, Lamm und
knackige Salate.

③ *First Slotshotel Aalborg*
Rendsburggade 5
Tel. 98 10 14 00, Fax 98 11 65 70
www.firsthotels.com
Von der Bar des Komforthotels
schweift der Blick über den Limfjord.
Fitnesscenter, Sauna und Solarium.

ESSEN

► Fein & teuer

① *Mortens Kro*
Molleå 2–6, Tel. 98 12 48 60
www.mortenskro.dk
Morten Nielsen kocht nicht nur
fantastisch, sondern machte auch mit
seinen TV-Sendungen zu »sinnlichem
Kochen« Furore. Unbedingt rechtzeitig reservieren!

► Preiswert

② *Duus Vinkjælder*
Østerågade 9, Tel. 98 50 56
Im Jens Bangs Stenhus speist man bei
Kerzenlicht in einem rustikalen his-
torischen Weinkeller.

gang beginnt im Viertel der Kaufleute gegenüber vom Turistbureau
in der Østerågade 9. Hier steht Aalborgs Hauptattraktion: Jens Bangs
Stenhus, mit seinen fünf Stockwerken das größte und wohl **schönste
Renaissancebürgerhaus in Dänemark**.
Der Prachtbau beherbergt seit 300 Jahren die älteste Apotheke der
Stadt, der Duus Vinkjælder im Keller gehört zu den gemütlichsten
Kneipen Aalborgs. Erbauer des Hauses war 1624 der wohlhabende
Kaufmann **Jens Bang**, so prunkliebend wie begabt. Er ließ den Back-
steinbau mit Sandsteinornamenten überziehen, die den Einfluss der
niederländischen Renaissance erkennen lassen. Weil ihn die Stadt-
oberen nicht in den Rat aufnahmen, soll Bang seine Widersacher in
den Trollmasken am Haus karikiert haben – sich selbst ließ er als
Steinfigur am geschweiften Giebel porträtieren, mit herausgestreckter
Zunge in Richtung Rathaus.

Gammeltorv, Im Laufe der Zeit hat das 1759–1762 errichtete Rathaus einige bau-
Rådhus liche Veränderungen erfahren. Zum Gammeltorv hin wird der gelbe
Rokokobau von der Büste Frederiks V., dem Reichswappen und dem
Leitspruch des Königs: Prudentia et Constantia (Klugheit und Be-
ständigkeit) geschmückt. Vom Gammeltorv aus wurde Aalborg einst
regiert, denn hier standen Galgen und Pranger, waren Thing und
Richtstätte.

Aalborg Orientierung

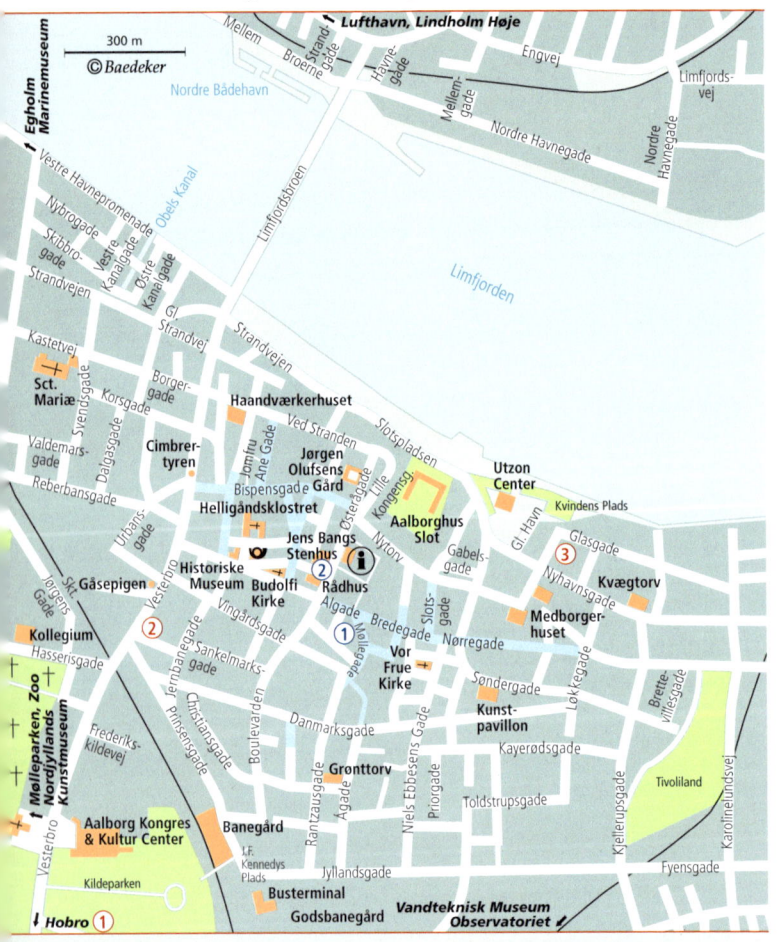

Essen
① Mortens Kro
② Duus Vinkjælder

Übernachten
① Scheelsminde
② Hotel Chagall
③ First Slotshotel
  Aalborg

Westlich an der Algade erreicht man die weiß gekalkte Sankt-Budol-fi-Kirche, benannt nach einem englischen Schutzpatron der Seefahrt, **St. Botholphus**. Der gotische Dom wurde um 1430 errichtet, wobei man die Mauerreste einer älteren romanischen Kirche einbezog. Um 1780 entstand die barocke Turmspitze, das Wahrzeichen Aalborgs. Zwischen 9.00 und 22.00 Uhr er-tönt zu jeder vollen Stunde das Spiel der 48 Glocken. Im Vorraum, einer ehemaligen katholischen Ka-pelle, prangen **herrliche Fresken**. In der Kirche sieht man die vier Evangelistensymbole und über der Bogenöffnung die Opferung Isaaks sowie die Legende vom Feigen-baum. Beeindruckend sind das Al-tarbild, die 1689–1692 von Lau-rids Jensen geschnitzte Kanzel, der Marmortaufstein (1727) und im nördlichen Seitenschiff die Renais-sanceempore mit Illustrationen zu

★
Budolfi Kirke

> ! **Baedeker** TIPP
>
> **Längste Theke Dänemarks**
>
> Gut zwei Dutzend Restaurants und witzige Musikkneipen finden Nachtschwärmer in dem nur 200 m langen Sträßchen Jomfru Ane Gade. Am Nordende lockt eines der sechs Spielkasinos Dänemarks. Aber auch kulturell Ambitioniertes wird hier geboten, jedenfalls genießt das avantgardistische Jomfru Ane Teatret (Nr. 14) über die Stadtgrenzen hinaus einen guten Ruf.

den Zehn Geboten. Das südliche Seitenschiff schmücken »Christi Leidensweg« und Inschriften für bedeutende Aalborger Persönlich-keiten aus der Zeit um 1650.

Das Historische Museum an der Algade 48 zeigt Ausstellungen zur Frühgeschichte, Ständegesellschaft und Stadtgeschichte sowie eine schöne Sammlung **nordjütischer Gläser**. Ein Muss ist das elegante »Aalborg-Zimmer« von 1602 mit seinem bürgerlichen Renaissance-Interieur (Öffnungszeiten: Di.–So. 10.00–17.00 Uhr).

★
Aalborg Historiske Museet
⏲

Nördlich am C. W. Obelsplads steht das Aalborgkloster, das 1431 von »dem ehrbaren Weibe Maren Hemmings« als Heiliggeisthaus ge-stiftet wurde. Das Doppelkloster mit Brüder- und Schwesterabtei-lung ist heute ein Pflegeheim.

Helligånds-klostret

Durch das schmale Lateinergässchen geht es weiter westlich zur be-lebten Gravensgade, der ältesten **Fußgängerzone** der Stadt. Wo frü-her der Befestigungsgraben verlief, flaniert man heute zwischen Kaufhäusern, Banken und Designerboutiquen.

Gravensgade

An der Østeråde lohnt ein Blick auf Jørgen Olufsens Gård (Nr. 6), eines der besterhaltenen dänischen Kaufmannshäuser aus der Renais-sance. Das Sandsteinportal mit männlichen und weiblichen Hermes-Figuren trägt die Jahreszahl 1616.

Jørgen Olufsens Gård

Weiter in Richtung Limfjord stößt man bald auf Schloss Aalborghus, heute Sitz von **Nordjyllands Statsamt**. Erbaut wurde das Anwesen 1539 bis 1555 im Auftrag König Christians III. und diente als Wohn-

Aalborghus Slot

Weitgehend Fachwerk zeigt auch Schloss Aalborghus am Limfjordufer.

sitz und Lagerplatz für die enormen Naturalienabgaben, die der König Nordjütland abverlangte. Schlosshof und Teile der Wallanlagen sind im Sommer zu besichtigen.

Utzon-Center Am Slotspladsen 4 erinnert seit August 2008 das 2400 m² große Utzon-Center mit Ausstellungsräumen, Architekturbibliothek, Auditorium und Archiv an den 2008 verstorbenen dänischen Architekten **Jørn Utzon**, der in Aalborg aufwuchs. Der Multifunktionsbau wurde von Jørn Utzon gemeinsam mit seinem Sohn Kim entworfen und ist in seiner klaren nordischen Formensprache innen wie außen ganz vom Stil des dänischen Designers geprägt. Integriert ist ein »Universitarium« als lebendige Werkstatt für Architektur- und Designstudenten der Universität Aalborg sowie für Symposien und Sommerkurse rund um Themen wie Formgebung, Design und Architektur (Öffnungszeiten: Di.–So. 10.00–17.00 Uhr, www.utzoncenter.org).

Vor Frue Kirke Südlich an der Niels Ebbesensgade liegt die neoromanische **Liebfrauenkirche**, die um 1100 aus Granitquadern als Klosterkirche errichtet wurde. Beim Umbau 1878 setzte man das Nordportal mit Granitreliefs an den westlichen Haupteingang. Im Giebeldreieck sitzt Christus in der Mandorla, umgeben von den Symbolen der vier Evangelisten. Unter dem Tor hält Petrus den Schlüssel zum Himmelreich. Im Innern beeindrucken v. a. die Epitaphien aus dem 17. und 18. Jh. und die Kanzel des Bürgermeisters Povl Pop.

Begehrtes Wohnviertel Im Viertel zwischen Nørregade, Øster Gravensgade, Sønder- und Bredegade sind viele Häuser restauriert worden und heute begehrte Domizile. Auch die **Klokkestøbergade** mit hübschen Häuschen aus dem 18. Jh. erzählt von der kleinstädtischen Vielfalt früherer Zeiten.

Das Bürgerhaus an der Rendsburggade 2 beherbergt Konferenzräu- **Medborgerhuset**
me, ein Internetcafé und die Nordjütische Landesbibliothek.

Spaß verspricht der Vergnügungspark **Tivoliland Karolinelund** an der
südöstlichen Peripherie, u. a. Achterbahn mit Doppellooping, Break-
dance und einen 55 m hohen Freifallturm (Öffnungszeiten: Mitte   ⊙
April – Aug. tgl. 12.00 – 21.00/23.00 Uhr; www.karolinelund.nu).

Westen und Südwesten

An der Einmündung der Bispensgade in die Vesterbro steht der   **Vesterbro**
»Zimberstier« (Cimbrertyren), 1937 von A. J. Bundgård geschaffen,
auf dem Sockel ein Gedicht des Nobelpreisträgers Johannes V. Jensen
(1873 – 1950). Weiter südlich grüßt das »Gänsemädchen« (Gåsepi-
gen) von Gerhard Henning. Gegenüber der St.-Ansgar-Kirche liegt
der Kildeparken, Aalborgs ältester Park, eröffnet 1802, u. a. mit den
»Drei Grazien« von Thorvaldsen (▶Berühmte Persönlichkeiten).

Musicals, Konzerte, Ausstellungen und Ballett werden in den 1953   **Aalborg Kongres**
eingeweihten Aalborghallen und den 1990 eröffneten Europahallen   **& Kultur Center**
am Europa Plads veranstaltet (Auskunft: Tel. 99 35 55 55).

Markanter Blickpunkt an der Kong Christians Allé 50 ist der licht-   ✱ ✱
durchflutete Bau des Nordjütischen Kunstmuseums, 1968 – 1972 von   **Nordjyllands**
den Finnen Elissa und Alvar Aalto sowie dem Dänen Jean Jacques   **Kunstmuseum**
Baruël erbaut. Zwei Privatsammlungen bilden den Grundstock der
Gemäldeausstellung **dänischer Künstler** vom Ende des 18. Jh.s bis
heute, darunter Arbeiten von J. F. Willumsen, Harald Giersing, Robert Jacobsen und Richard Mortensen, Addi Köppke und Nam June
Paik. Das Kindermuseum veranstaltet Sonderausstellungen zu erleb-
nisorientierten Ideen.

Ein Muss ist die große **CoBrA-Sammlung**. Die 1948 in Paris gegrün-   ✱ ✱
dete abstrakt-expressionistische Künstlergruppe hat durch ihre kriti-   ◀ CoBrA
sche Auseinandersetzung mit Konventionen und Formprinzipien die
Moderne nachhaltig beeinflusst. Ihr Name entstand aus den An-
fangsbuchstaben von Copenhagen, Brüssel und Amsterdam, den
Hauptstädten der drei Herkunftsländer zu den führenden Mitglie-

---

! **Baedeker** TIPP

Handgemachtes mit Pfiff

Im Gässchen Hjelmerstald (Pferdestall) lohnt ein
Besuch im Atelier Lange (Nr. 15). In den offenen
Werkstätten um einen idyllischen Hof werden originelles Steingut, geschmackvolles Porzellan und
schöne Glasvasen hergestellt (Tel. 98 13 82 68).

dern gehörten die Dänen Asger Jorn, Ejler Bille, Carl-Henning Pedersen und Egill Jacobsen, der Niederländer Karel Appel und der Belgier Joseph Noiret. Im Skulpturenpark flankieren Bjørn Nørgårds »Traumschloss« und die »Zeitkrüge« von Mogens Møllers ein »Säulenlabyrinth« von Gunnar Ågård Andersen (Öffnungszeiten: Di. bis So. 10.00 – 17.00 Uhr; Juli und Aug. auch Mo.).

Aalborgtårnet An das Museum grenzt südlich der Skovbakken, ein bewaldeter Hügel mit Freilichtbühne. Vom 55 m hohen Aalborgtårnet hat man einen herrlichen Blick auf die Stadt und den Limfjord.

Mølleparken Heiße Rhythmen unter freiem Himmel bieten im Sommer die großen Rockkonzerte im Mølleparken, 2 km südwestlich der Altstadt. Am Mølleparkvej 63 ist der Eingang zum beliebten Aalborger Zoo.

Zoo ►

Søfarts- og Marinemuseet Im Seefahrts- und Marinemuseum am Limfjord erfährt man alles über das Leben auf See und den Aalborger Hafen. Höhepunkte sind das **U-Boot »Springeren«** und das Torpedoboot »Søbjørnen«. Und im Simulator kann man sogar Kapitän auf einer Fähre sein (Öffnungszeiten: Mai – Aug. tgl. 10.00 – 18.00, Sept. – April tgl. 10.00 bis 16.00 Uhr, www.aalborgmarinemuseum.dk).

Südosten

Vandteknisk Museet Untergebracht ist das Wassertechnische Museum an der Sønderbro 53 in einer großen Maschinenhalle von 1907. Zur Ausstellung gehört auch eine Dampfmaschine von 1893.

Auf dem Gräberfeld von Lindholm Høje hinterließen die Wikinger um die Jahrtausendwende schiffsförmige Steinsetzungen.

Zwischen September und April kann man jeden Mittwochabend in der Sternwarte am Borgmester Jørgensensvej 13 den Abendhimmel durch Dänemarks zweitgrößtes Linsenfernrohr betrachten.

Urania Observatoriet

Umgebung von Aalborg

Ganzjährig besteht im Limfjord eine Fährverbindung zur Insel Egholm. Das dortige Landwirtschaftsmuseum besitzt 20 Bauernhöfe nach traditionellem Muster.

Egholm

Den Marktplatz von Nørresundby bewacht der »Steinhund« von Henrik Starcke. In der Fußgängerzone findet man auch Skulpturen von Edgar Funch, Jørgen Brynjolf und Kaj Nielsen. Die Sundby Samlingerne, eingerichtet in einem ehemaligen Pachthof am Fr. Raschs Vej 9, präsentiert eine stadtgeschichtliche Bildersammlung, Buddelschiffe und einen **Kaufmannsladen wie zu Großmutters Zeiten**. Badespaß für die ganze Familie bietet das Svømmeland am Lerumbakken 11 mit Wasserrutschen, Fitnesscenter und türkischem Bad.

Nørresundby

Ein bedeutendes prähistorisches Denkmal Dänemarks liegt nördlich von Nørresundby: die Lindholmhöhe, ein Gräberfeld mit rund 740 Gräbern und einer **Siedlung aus der jüngeren Eisenzeit und der Wikingerzeit** (►Baedeker Special, S. 38). Das Gräberfeld war von etwa 400 n. Chr. bis kurz vor der ersten Jahrtausendwende in Gebrauch. Bei 41 Gräbern handelt es sich um gewöhnliche, nicht markierte Erdgräber. Die übrigen sind Brandgräber: Die Verstorbenen wurden mit ihren Grabbeigaben vor Ort verbrannt und anschließend in einem Grab beigesetzt, das durch eine Steinsetzung markiert war. Während die älteren Steinsetzungen dreieckig sind, kennt man aus einer späteren Zeit runde und ovale, aus der Wikingerzeit schiffsförmige. In der Siedlung nördlich vom Gräberfeld hat man holzgepflasterte Wege, Pfostenlöcher von Häusern, Brunnen und Kochgruben freigelegt. Um 1100 mussten die Bewohner die Siedlung, die immer wieder vom Flugsand begraben wurde, endgültig verlassen. Wie die Menschen damals hier lebten, zeigen die Fundstücke im Lindholm Høje Museet. Unvergesslich sind die viel besuchten **Wikingerspiele** Ende Juni (Öffnungszeiten: April – Okt. tgl. 10.00 – 17.00, Nov. – März Di. – Sa. 10.00 – 16.00, So. 11.00 – 16.00 Uhr.)

★
Lindholm Høje

◄ Lindholm Høje Museet
(P)

Im Herzen von Vendsyssel, rund 20 km nördlich von Aalborg, lockt das lebhafte Handelsstädtchen Brønderslev vor allem zum Einkaufen. Die Stadtmitte ziert einer der größten Rhododendrenparks im Land – mehr als 125 Sorten blühen jedes Jahr. In der Umgebung lohnt ein Ausflug zum schönen Moor Store Vildmose.

Brønderslev, Store Vildmose

Einen Besuch wert ist auch das Renaissanceschloss Voergaard Slot ca. 30 km nordöstlich von Aalborg bei Flauenskjold mit seiner Sammlung von Porzellan und französischer Kunst.

Voergaard Slot

✶✶ Ærø

S/T 14–16

Region: Syddanmark   **Inselfläche:** 88 km²
Bewohnerzahl: 6600

Größte Attraktion der kleinen Insel südlich von Fünen sind zweifelsohne ihre Natur und die angenehme ländliche Idylle. Bequem kann man die nur 25 km lange und knapp 8 km breite Insel an einem Tag mit dem Auto oder per Fahrrad erkunden.

Idyllische Inselwelt   Wie eine Perlenschnur reihen sich hübsche Dörfer im grünen Hügelland entlang der großen Landstraße auf, die quer durch die kuppengekrönte Insel verläuft. Viele der gepflegten alten Inselhäuser haben **Fachwerk und Reetdächer**. Schon der fantastische Blick lohnt einen Ausflug zur Steilküste von Voderup: Fast 30 m hoch ragen die Klippen aus dem Meer und bilden ein 3 km langes Naturschutzgebiet. Æro besitzt einige alte Windmühlen, die zum Teil am alljährlichen »Mühlentag« geöffnet sind (Auskunft beim Touristikbüro).

Fähren   Autofähren verkehren zwischen Ærøskøbing und Svendborg (Fünen), Marstal und Rudkøbing (Langeland), Søby und Faaborg (Fünen) sowie Søby und Fynshav (Als; www.aeroe-ferry.dk).

Orte auf Ærø

✶✶ Ærøskøbing   An einem Landvorsprung der Nordküste liegt der älteste Inselort. In Ærøskøbing, das 1398 Handelsrecht erhielt, scheint die Zeit stillzustehen: **bunte Fachwerkhäuschen**, von Stockrosen umrankte alte Türen und Fenster, verträumte Gartenlokale – wen wundert der Titel »Märchenstadt«. Fast 40 Gebäude der gut erhaltenen Kaufmannsstadt des 17. und 18. Jh.s stehen unter Denkmalschutz, darun-

▶ ÆRØ ERLEBEN

AUSKUNFT
Ærøskøbing Havn 4
5970 Ærøskøbing
Tel. 62 52 13 00, Fax 62 52 14 36
www.visitaeroe.dk

ÜBERNACHTEN
▶ **Komfortabel**
Hotel Ærøhus
Vestergade 38
5970 Ærøskøbing
Tel. 62 52 10 03, Fax 63 52 31 68

www.aeroehus.dk
Ein hübscher Garten umgibt das romantische Ferienhotel, wo man auch auf der Terrasse speisen kann. Am Samstag wird im Ballsaal getanzt (nicht in den dänischen Sommerferien).

Ærøskøbing: von Rosen umrankte Fachwerkidylle

ter das älteste Postamt Dänemarks von 1749 und das Kjøbinghus aus dem Jahr 1645. Im **Hammerichs Hus** am Gyden 22, dem früheren Wohnhaus des Bildhauers Gunnar Hammerich, sind typisch dänische Möbel zu bewundern. Über **1000 Buddelschiffe** nennt das Museum in der Smedegade 22 sein Eigen, das Lebenswerk von Peter Jacobsen (1873–1977), der seine Zeit auf See im Miniaturformat rekonstruiert hat. Auch Hans Billedhuggers Schnitzereien sind hier zu sehen. Besonders fotogen ist das Dukkehuset in der Smedegade, das kleinste Häuschen der Stadt. Von Kleinstadtkultur und Seefahrt erzählt das Ǽro-Museum in der Brogade 3–5.

Marstal

Das Seefahrerstädtchen Marstal an der Ostspitze Ærøs war früher eine der bedeutendsten Hafenstädte Dänemarks. Die ortsansässige Seefahrtsschule bildet seit über 100 Jahren Navigationsoffiziere für die **dänische Handelsflotte** aus. Noch heute sind Werften und Reedereien ein wichtiger Lebensnerv des Orts. Schmale Gassen mit hübschem Fachwerk führen zur Hafenmole, die 1825 von Seeleuten und Bauern mühsam errichtet wurde. In der 1738 erbauten Kirche hängen mehrere Schiffsmodelle und die Marstaler Matrosen standen selbst für die Apostelstatuen Modell. Mehr als 200 Schiffsmodelle, Kapitänsbilder und Galionsfiguren sind im **Seefahrtmuseum** in der Prinsegade 1 ausgestellt. Mit der 18 365 m² großen Solaranlage deckt der Ort 30 Prozent seines gesamten Wärmebedarfs.

★
Søby Volde

An der Nordwestspitze der Insel ließ Herzog Hans um 1580 in einem kleinen Stausee das bäuerliche Anwesen Søby Volde errichten. Es steht auf dem Fundamenten einer mittelalterlichen Burg aus dem 12. Jh. Nach umfangreichen Renovierungen konnte das Haupthaus 1997 wieder den Betrieb aufnehmen. Der Leuchtturm kann täglich von Sonnenauf- bis Sonnenuntergang bestiegen werden.

Die dänische Südsee

Zauberhafte Inselwelt

Fast wie ein Binnenmeer wirkt die Ostsee zwischen den lang gezogenen Inseln Ærø und ►Langeland. Dutzende Eilande und Sandbänke bilden die Gipfel eines Landes, das während der letzten Eiszeit absackte. Entsprechend seicht ist hier das Wasser.

Lyø

Von Søby setzt die Fähre über nach Lyø. Um 1540 waren die ersten Inselbewohner vor die Wahl gestellt worden: Hinrichtung oder Aus-

! *Baedeker* TIPP

Tolle Strände

Die besten Badestrände der Insel sind Vester-
strand bei Ærøskøbing, Eriks Hale bei Marstal,
Søby Strand und das Gebiet Borgnæs/Vrå.

wanderung hierher. Heute haben die Höfe die stolzen Ausmaße von Herrensitzen und die 140 Einheimischen werben zu Recht mit »einem der schönsten Dörfer Dänemarks«: Lyø By. Hier sieht man fast nur **reetgedeckte Häuser**, von herrlichen Stockrosen umrankte Fachwerkfassaden mit rostrot, hellgrün oder samtblau gestrichenen Türen und Fenstern, wie Leuchtzeichen gegen das lange Grau des Winters.

Avernakø　Weiter geht die Fahrt nach Avernakø. Die rund 600 ha große Doppelinsel gilt als **Vogelparadies**, ihre 120 Bewohner leben noch vorwiegend von der Landwirtschaft – die mit Seetang gedüngten fruchtbaren Böden werden bis hart an die Küste genutzt.

★
Drejø　Fünf lang gezogene Kilometer in Ost-West-Richtung misst das 430 ha große Drejø. Um 1900 lebten auf der Insel noch etwa 400 Menschen, heute sind es nur knapp 80. Eine Rundfahrt gilt zu Recht als »smukke tur«: Felder und Weiden, die sich sanft über kleine Hügel breiten, Bauernhäuser hinter schlanken Baumreihen, reetgedeckt und fachwerkverwinkelt. Auf der winzigen Insel Skarø, wo die Höfe

Skarø ►　immer noch nach alter Sitte paarweise um den Dorfteich stehen, leben nur 20 Menschen. Die fünf Höfe auf dem pfannkuchenflachen

Hjortø ►　Inselchen Hjortø werden noch von 15 Einheimischen bewirtschaftet, die bis heute ihren »Oldermann« wählen, der zu entscheiden hat, wann der Tang auf den Feldern ausgebracht wird und das Vieh auf

Birkholm ►　die Sommerweiden kommt. Das knapp 100 ha große Birkholm zählt heute zehn Bewohner – um 1900 waren es noch rund 80.

Als

R/S 10–13

Region: Syddanmark	**Inselfläche:** 321 km²
Bewohnerzahl: 51 300	

Die lang gestreckte Insel zwischen Flensburger Förde und Kleinem Belt besticht durch ihre herrliche Natur. Während die dem Belt zugewandte Seite Steilküsten aufweist, verfügt die Westseite über viele Buchten und tiefe Fjorde, ein Paradies für Wassersportler.

Grüne　»Die Insel Als ist ein wundervolles, fruchtbares Stück Land, mit Bu-
Ferieninsel　chenwäldern, schweren Weizenfeldern und Obstgärten mit vielen Gravensteiner Äpfeln« notierte der expressionistische Maler und Grafiker Emil Nolde 1930 in seinen Tagebuchaufzeichnungen. Die besten Strände befinden sich auf der Halbinsel Kegnæs, die durch ei-

nen Damm mit Südals verbunden ist. Im Sommer wird fast jedes Wochenende irgendwo auf der Insel das traditionsreiche **Ringreiterfest** veranstaltet mit Umzügen zu Pferde und Turnieren. Auf Nordals befindet sich einer der größten Industriebetriebe Dänemarks: Danfoss, dessen Namen man auch in Deutschland fast an jeder Heizung lesen kann. Zwei Brücken gibt es zwischen Als und ► Jütland, drei Autofähren verbinden die Insel mit ►Fünen, ►Ærø und ►Jütland.

Sønderborg

Direkt am Als Sund liegt die größte Stadt der Insel. Die Burg vom Anfang des 12. Jh.s wurde Mitte des 16. Jh.s zu einem vierflügeligen Renaissanceschloss umgebaut. Die schöne **Schlosskapelle** im Nordflügel wurde 1568 – 1570 von der Königinwitwe Dorothea in Auftrag gegeben. Sie ist Skandinaviens ältteste und Dänemarks erste protestantische Kirche. Im Schlossmuseum wird die bewegte Geschichte Nordschleswigs vom Mittelalter bis zur Gegenwart erzählt. Mit Geistern, Spuk und Schauergeschichten begeistert das Ghostwalking auf Schloss Sønderborg, genau das Richtige für Kinder ab 10 Jahre. Kunst- und kulturhistorische Exponate im **Deutschen Museum**

★ **Sønderborg Slot**

> **!** *Baedeker* TIPP
>
> ### Anno dazumal
>
> Wie es in einem Kaufmannsladen der 1940er-Jahre aussah und duftete, welche Produkte zu Urgroßmutters Zeiten unentbehrlich oder der große Hit waren, kann man im Købmandsmuseet an der Kastanieallé 1A von Sønderborg erfahren.

Nordschleswig am Rønhaveplads 12 dokumentieren die Geschichte der deutschen Minderheit (Öffnungszeiten: Di. 10.00 – 16.00, Fr. 10.00 – 12.00, erster Sa. im Monat 10.00 – 13.00 Uhr, www.deutsches-museum.dk). Nur wenige Schritte weiter erhält man in der Papirmuseets butik am Rønhaveplads 4 alles für Puppenhäuser, Teddybären und originelle Karten. Herzog Hans d. J. ließ die Marienkirche Ende des 16. Jh.s auf ihre jetzige Größe erweitern. Den lichten Kirchenraum zieren Altartafeln (17. Jh.) von Niels Tagesen.

◄ Sct. Marie Kirke

Umgebung von Sønderborg

Auf dem Festland südwestlich von Sønderborg erreicht man die Düppelermühle, die während der deutsch-dänischen Kriege bis auf die Grundmauern zerstört und später als Symbol dänischer Tapferkeit wieder aufgebaut wurde. Ein Museum informiert über die **»Düppelerschanzen«** (Dybbøl Banke), einen natürlichen Höhenzug in der Nähe. Am 18. April 1864 überwältigten dort deutsche Truppen die zahlenmäßig unterlegenen Dänen; damals verlor Dänemark ganz Schleswig an Preußen. Im modernen Geschichtszentrum zeigt ein Schanzenmodell im Maßstab 1:10 die Taktik von 1864, ferner sind eine rekonstruierte Schanze, Waffen und Uniformen ausgestellt (Öffnungszeiten: April – Okt. tgl. 10.00 – 17.00 Uhr, www.1864.dk).

★ **Dybbøl Mølle**

◄ Dybbøl Banke

Weitere Orte auf Als

Augustenborg Slot Rund 7 km nordöstlich von Sønderborg steht in Augustenborg ein 1770 erbautes **Rokokoschloss**. Zu besichtigen sind der Gartensaal, das Arbeitszimmer des Herzogs und die Schlosskapelle mit schönen Stuckarbeiten Michelangelo Taddeis; der Taufstein ist ein Geschenk des Zaren Alexander I. (Öffnungszeiten: tgl. 10.00 – 18.00 Uhr)

 ALS

AUSKUNFT

Ferienregion Sønderborg
Rådhustorvet 7, www.visitals.dk
Tel. 74 42 35 55, Fax 74 42 57 47

Das **Nordborg Slot** im Norden der Insel war ursprünglich eine Burg, die Svend III. um 1150 zum Schutz gegen die Wenden errichten ließ. Während der Kriege mit Schweden wurde sie zerstört und 1665 – 1670 neu erbaut. Das Schloss ist heute Ausbildungsstätte, daher ist nur der Schlosspark zu besichtigen. In der Hjortspring-Werft kann der seetaugliche Nachbau eines Kriegsboots aus dem 4. Jh. besichtigt werden.

Der Themenpark »Danfoss Universe«, in dem über 150 Attraktionen anhand von Experimenten, interaktiven Spielen und multimedialen Herausforderungen in die faszinierende **Welt der Wissenschaft** eingeführt wird. Attraktionen sind u. a. Europas erste Skegwaybahn und »Lift a car«: Dank Archimedes' Hebelgesetz können die Besucher einen gewöhnlichen Personenwagen mit nur wenig Kraftaufwand vom Boden heben (Öffnungszeiten: tgl. 10.00 – 16.00/18.00 Uhr, je nach Saison; www.danfossuniverse.com).

Anholt

G 22

Region: Midtjylland   **Inselfläche:** 22 km²
Bewohnerzahl: 170

Mitten im Kattegat findet man Nordeuropas größte Wüste: die Sandinsel Anholt. Nur vereinzelt gibt es Bäume, im Ostteil wachsen dürre Grasmatten und flaches Heidekraut. Sand bedeckt vier Fünftel der Insel, die Sandstrände sind ausgezeichnet!

Die vergessene Insel Von Grenaa erreicht man die Insel in etwa 2½ Stunden mit dem Fährschiff. Dass Anholt zu Dänemark gehört, verdankt es angeblich einem cleveren dänischen Unterhändler, der im 17. Jh. die Rückgabe der Provinzen Schonen, Halland und Blekinge an Schweden verhandeln musste. Dabei wurde Anholt anscheinend vergessen – der Däne hatte seinen Bierkrug auf die ausgebreitete Karte gestellt, mitten ins

Meer, direkt auf Anholt – rein zufällig natürlich. An der Hafenmole drängen sich heute Boote aus Dänemark, Schweden, Norwegen und Deutschland. Gleich hinter dem Kai gibt es zwei Restaurants. Wer übernachten will, kann zwischen dem Inselgasthof im 3 km entfernten Dorf, einigen Sommerhäusern und dem Campingplatz wählen.

Wind und Wellen haben das einzigartige Dünenmeer geschaffen, **Ørkenen** heißt das 10 km lange Flugsandgebiet, nach dem dänischen Wort für Wüste. Hier gibt es nichts, was Schatten spenden könnte, abgesehen von dem weißen, schlanken Leuchtturm, der dort seit 1881 steht. Fast 90 Prozent der Insel sind Naturschutzgebiet. Dazu gehört auch Dänemarks größte Seehundkolonie an der Dünenspitze »Totten« im Osten Anholts und das Vogelschutzgebiet »Flakket« im Nordwesten, wo alljährlich im Frühjahr und Herbst die großen Vogelschwärme Rast machen. Den besten Überblick hat man vom Sønderbjerg, einer immerhin 48 m hohen Hügelkette im Westen.

✳ Seehunde und Vogelschwärme

✳ ✳ Århus

K/L 13/14

Halbinsel: Jütland
Einwohnerzahl: 242 900

Region: Midtjylland

Dänemarks zweitgrößte Stadt und größter Containerhafen gilt wirtschaftlich wie kulturell als Gegenpol zu Kopenhagen. Klein und überschaubar, aber mit einem Kulturleben auf internationalem Niveau, dieser attraktiven Mischung verdankt Århus seinen Titel »Verdens mindste storby«, »der Welt kleinste Großstadt«.

Weit über die Landesgrenzen hinaus kennt man Jütlands Metropole als lebendige Musikstadt. Im Århuser Musikhuset sind ein Sinfonieorchester und die renommierte **Jütische Oper** zu Hause, gastieren Stars von Weltniveau. Dazu kommen die vielen Spielstätten für Rock

Renommierte Kulturstadt

Highlights Århus

Sct. Clemens Kirke
Domkirche mit hochwertiger Ausstattung
► Seite 140

Latinerkvater
Freche Boutiquen, nette Kneipen und Multi-Kulti bis in die Morgenstunden
► Seite 143

Den Gamle By
In diesem Freilichtmuseum wird die Vergangenheit lebendig.
► Seite 144

Moesgård Museum
Besuch beim prähistorischen Grauballemann
► Seite 148

und Jazz, Theatersport und Stand-up-Comedy und die alljährlichen **Festwochen Anfang September**, eines der größten Kulturfestivals in Skandinavien. Bürgerliche Wohnzimmer vergangener Zeiten zeigt die einzigartige Museumsstadt »Den Gamle By«, während Kinder im »Tivoli Friheden« ihren Spaß erleben. Hier gibt es auch das einzige Frauenmuseum Nordeuropas. Århus besitzt eine Kunstakademie und ein Konservatorium. Selbst die Königin logiert im Sommer am Südrand der Stadt auf Schloss Marselisborg.

Geschichte		
	928	Århus wird als Bischofssitz erwähnt.
	1441	Verleihung der Stadtrechte
	16./17. Jh.	Blütezeit der Handelsstadt
	ab 1627	Pest und Kriege werfen die Stadt weit zurück.
	19. Jh.	Aufschwung dank Eisenbahn und Industrialisierung

Während des Mittelalters beteiligte sich das aufstrebende Handelszentrum eine Zeitlang an den großen Heringsmärkten in Falsterbo auf Schonen. Die Blütezeit im 16. und beginnenden 17. Jh. verdankte die Stadt der Ausdehnung des Handels nach Deutschland, Holland und Norwegen. Einige **gut erhaltene Renaissancebauten** zeugen vom Wohlstand dieser Zeit. Vom wirtschaftlichen Einbruch im 17./18. Jh. erholte sich Århus erst im 19. Jh. durch den Bau der transjütischen Eisenbahn und der damit verbundenen Industrialisierung. In wenigen Jahren verdoppelte sich die Einwohnerzahl und der **Hafen** wurde zum zweitgrößten des Landes; die Stadt selbst gilt als zweitwichtigste nach Kopenhagen.

> ! **Baedeker** TIPP
>
> **Frauenpower**
>
> Von Teppichklopfern und Dienstbüchern bis zu Frauenliteratur, Modetrends und Liebesbriefen – das 1984 eröffnete **Kvindemuseet** am Domkirkeplads 5 befasst sich mit allen Lebensbereichen der Frau früher und heute. Wechselausstellungen widmen sich Sonderthemen aus Kunst und Kultur. Im Hinterhaus dokumentiert das **Besættelsesmuseet** die deutsche Besatzung und den dänischen Widerstand (Öffnungszeiten: Juni – Aug. 10.00 – 17.00, Mi. 10.00 – 20.00, Sa., So. 11.00 – 17.00, Sept. – Mai Di. – Fr. 10.00 – 16.00, Sa., So. 11.00 – 16.00 Uhr).

Rundgang durch die Innenstadt

Am großen Marktplatz erzählt die farbenfrohe Fassade des Stadttheaters (**Storetorv**) vom dänischen Bühnenleben der vorigen Jahrhundertwende. Schräg gegenüber fällt der Blick auf das von bronzenen Frauenskulpturen flankierte Entree des Hotel Royal, dem ersten Haus am Platz und Standort des noblen Royal Scandinavian Casino.

★
Sct. Clemens Kirke
Dominierendes Bauwerk ist der gewaltige Dom von Århus. Die erste Kirche entstand als romanische Basilika zwischen 1200 und 1500. Romanische Elemente finden sich noch an den Außenmauern von

Lang- und Querhaus, auch die Kapellen an der Ostseite des Quer-
schiffs stammen aus dieser Zeit. Nach 1400 wurde der Dom zu einer
gotischen Kathedrale umgebaut und die Fassade durch eine Einturm-
front ersetzt. Im Inneren der spätgotischen, 1999 restaurierten Kathedrale verdient besonders der 1479 aufgestellte **Flügelaltar** des Lübecker Meisters Bernt Notke Beachtung: In seinem Hauptfeld sind
die hl. Anna Selbdritt, Johannes der Täufer und der hl. Clemens in
päpstlichem Ornat zu sehen. Zur Ausstattung gehört auch eine geschnitzte Kanzel aus dem 16. Jh., die Mikkel van Groningen geschaffen hat. Die Kalkmalereien an den Gewölben stammen aus dem 15.
Jahrhundert. In den Gewölben sind der hl. Clemens als Patron der
Kirche und der Christus als Weltenrichter zu sehen, im Chorumgang
Marterszenen des Mittelalters. Wer Lust und Zeit hat, sollte eines der
Kirchenkonzerte besuchen, die regelmäßig stattfinden.

Bei Grabungsarbeiten für die Fundamente der heutigen Nordea-
Bank am Sct. Clemens Torv 6 stieß man auf Reste eines alten **Wikin-
gerwalls**, der vor mehr als 1000 Jahren eine kleine Siedlung schützte.
Die Funde sind im Untergeschoss der Bank ausgestellt.

Vikingemuseet

Einkaufen lässt es sich gut in der Fußgängerzone **Sct. Clemens Torv**
und Søndergade. An der Südseite des Rådhuspladsen prunkt das
funktionalistische Wahrzeichen der Stadt: das 1938 – 1942 von Arne
Jacobsen und Erik Møller erbaute Rathaus, das mit norwegischem
Marmor verkleidet ist. Der erst später hinzugekommene 60 m hohe

Rådhus

*Am Storetorv erzählt die farbenfrohe Fassade des Stadttheaters
vom dänischen Bühnenleben um 1900.*

Turm gewährt einen herrlichen Blick auf die Stadt und das Meer. (Turmbesteigung: Juli – Sept. tgl. 12.00 und 14.00; im Sommer Mo. bis Fr. 11.00 Uhr, Führungen mit Turmbesteigung). Einst betitelten die Stadtväter das umstrittene Gebäude als »salonkommunistischen Pappkarton«, seit 1994 jedoch steht es als Paradebeispiel dänischer Architektur unter Denkmalschutz. Auf dem Rathausplatz steht der Schweinebrunnen (**Grisebrønden**) von Mogens Bøggild, am Fuß des Rathausturms der Springbrunnen »Agnethe und der Wassermann«.

Musikhuset Die Konzerthalle in der nahen Thomas Jensens Allé erhielt 2008 für 40 Millionen Euro einen Anbau vom renommierten dänischen Architekten C. F. Møller. Bespielt und genutzt werden der neue Sinfoniesaal, der Saal für rhythmische Musik und die Kammermusiksäle vom Århus Sinfonieorchester, dem Jütländischen Musikkonservatorium und dem Kindertheater Filuren. Auch die weit über Århus hinaus bekannte Jyske Opera ist im Musikhuset zu Hause (Programm/ Tickets: www.musikhusetaarhus.dk).

Bymuseet Im alten Hammeler Bahnhof (Carl Blochs Gade 28) und einem eindrucksvollen Neubau informiert das Stadtmuseum über Århus von der Wikingerzeit bis heute.

Kunstbygning Nördlich vom Musikhus an der J. M. Mørks Gade 13 warten Ausstellungen **moderner Kunst** und ein Plakatmuseum mit fast 70 000 Exponaten, präsentiert in kleinen Wechselausstellungen.

Kammermusik oder Kindertheater? Das Musikhaus bietet beides.

Das junge Herz von Århus schlägt im Lateinerviertel zwischen Dom und Universität, und das Café Jordan gilt dort längst als Institution.

Über Aboulevarden und Grønnegaden erreicht man kurz vor der Liebfrauenkirche den Møllestien, ein malerisches Gässchen mit mehreren stockrosenumrankten Kunsthandwerkerläden.

✳ **Møllestien**

Gegenüber an der Vestergade erhebt sich die Liebfrauenkirche. Ursprünglich Teil eines mittelalterlichen Dominikanerkloster, ist sie heute ein rein gotischer Bau – mit Fresken und einer meisterhaften **Altartafel von 1520** aus der Odenser Werkstatt von Claus Berg. 1955 fand man bei Grabungsarbeiten unterm Chor eine dreischiffige, um 1060 erbaute Tuffsteinkrypta, die Sct. Nikolai Kryptkirke.

✳ **Vor Frue Kirke**

Östlich der Liebfrauenkirche schlägt das junge Herz von Århus im Trendviertel Latinerkvater zwischen Badstuegade, Graven und Rosengade. In den kleinen Häuschen haben sich **extravagante Boutiquen, gemütliche Kneipen** und Restaurants wie das französisch inspirierte Café Jordan etabliert. In der Meļlgade stößt man auf den Kulturpalast der alternativen Szene, Kulturgygnen, mit Konzerten, Ausstellungen, vegetarischem Restaurant und Disko bis zum frühen Morgen.

✳ **Latinerkvater**

Etwa zehn Ausstellungen moderner Kunst werden pro Jahr im »Haus der Künstler« an der Saltholmsgade gezeigt.

Kunstnernes Hus

In der Nähe begrenzt die Vesterbrogade den großen **Botanischen Garten** mit Gewächshäusern für über 4000 tropische Pflanzen.

Botanisk Have

DIE ALTE STADT

Stimmungsvolle Straßen und Höfe, historische Interieurs und Werkstätten, romantische Gärten, Gaststuben und Geschäfte, »Den Gamle By« im Südteil des Botanischen Gartens von Århus gilt heute als das größte und umfassendste Freilichtmuseum für Stadtkultur in Europa.

Aus allen Teilen des Landes stammen die originalgetreu wiedererrichteten Häuser vom ausgehenden 16. Jh. bis um 1930. »Die alte Stadt« ist ein lebendiger Ort mit Pferdekutschen, Promenadenkonzerten, Krämerladen, Bäckerei und Handelshaus. Speziell für Kinder: eine Schatzsuche, die Bonbonherstellung und das größte Spielzeugmuseum des Landes.

Reise in die Vergangenheit

Die Idee zu dieser einzigartigen Museumslandschaft lieferte zu Beginn des 20. Jh.s Peter Holm, ein Mitarbeiter des Museums von Århus. Hier wurde konsequent **eine ganze Kleinstadt** rekonstruiert. Den Anfang machte 1914 der »Borgmestergården«, ein 1597 vom Ratsherrn Niels Skriver errichteter Kaufmannshof aus Århus im Zustand Ende des 18. Jh.s, während das Mobiliar den Geschmack wohlhabender Kaufleute von etwa 1600 bis um 1850 widerspiegelt. Heute zählt das Museum **75 historische Gebäude** aus ganz Dänemark, dazu 34 Werkstätten, fünf historische Gärten, ein historisches Stadtmuseum von 1927, das im Åbenråhus im Stil von einst einen heute kurios anmutenden Überblick über 10 000 Jahre dänischer Geschichte gibt. Zur 100-Jahr-Feier im Juni 2009 wurde der Møntmestergården eingeweiht – als bislang größtes Restaurierungsprojekt

Was früher der Doktor seinen Patienten verordnete, erfährt man in der historischen Apotheken der »alten Stadt«.

Dänemarks war der »Münzmeisterhof« für acht Mio. Euro detailgetreu wieder aufgebaut worden. Ebenfalls 2009 eröffnete das Dansk Plakatmuseum, dessen Plakatsammlung der Grafiker Peder Stougaard zusammengetragen hat – mit rund 400 000 Werken eine der größten der Welt (www.plakatmuseum.dk).

In der historischen Apotheke

In den Sommermonaten und in der Weihnachtszeit sind die »Stadtbewohner« in historischer Kleidung anzutreffen. Man kann dem Küchenmädchen beim Suppekochen am offenen Feuer zusehen oder dem Drehorgelspieler lauschen, Gänse laufen frei herum. In der Hochsaison bekommt man am Original-Würstchenwagen auch die berühmten dänischen roten Würstchen, Pølserne genannt.

Überall gibt es **malerische Ecken** zu entdecken, idyllische Kräutergärtchen, eine Schule, das Zollamt und eine Brauerei. Töpferei und Postamt sind noch in Betrieb. Zu besichtigen sind auch eine historische Apotheke mit Giftschrank, die **Werkstätten** von Kerzengießern, Goldschmieden und Buchbindern, Böttchern und Hutmachern, eine Tabakmanufaktur, eine Seilerei und eine Mühle. Im ehemaligen **Stadttheater** von Helsingør werden heute illustre Opernabende gegeben. Für den Besuch sollte man ca. vier Stunden einplanen (www.dengamleby.com).

Öffnungszeiten: Januar 11.00 – 15.00, Febr., März, Nov., Dez. 10.00 – 16.00, April, Mai, Sept., Okt. 10.00 – 17.00, Juni – Aug. 9.00 – 18.00 Uhr.

! *Baedeker* TIPP

Lecker:

das Smørrebrød im gemütlichen Gartenlokal »Simonsens Have«. Auch lecker, aber teuer: der Gourmettempel »Prins Ferdinand«.

Århus *Orientierung*

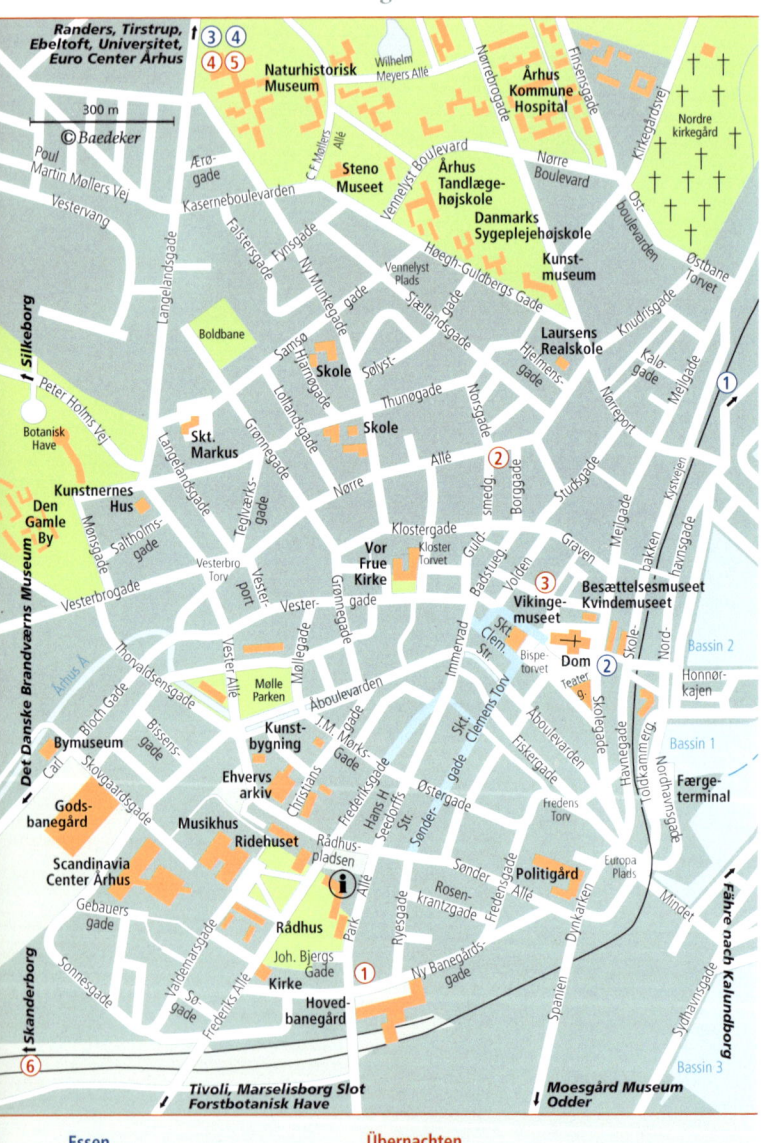

Randers, Tirstrup, Ebeltoft, Universitet, Euro Center Århus

③ ④
④ ⑤

300 m

©Baedeker

Naturhistorisk Museum

Wilhelm Meyers Allé

Århus Kommune Hospital

Nordre kirkegård

C.F. Møllers Allé

Steno Museet

Århus Tandlæge-højskole

Danmarks Sygeplejehøjskole

Kaserneboulevarden

Vennelyst Boulevard

Nørre Boulevard

Høegh-Guldbergs Gade

Kunst-museum

Østbane Torvet

Vennelyst Plads

Laursens Realskole

Boldbane

Skole

Skole

Skt. Markus

Kunstnernes Hus

Den Gamle By

Vor Frue Kirke

Klostergade

Kloster Torvet

Vikinge-museet

Besættelsesmuseet Kvindemuseet

Bassin 2

Dom

Honnør-kajen

Bassin 1

Mølle Parken

Kunst-bygning

Bymuseum

Ehvervs arkiv

Musikhus

Ridehuset

Rådhus-pladsen

Færge-terminal

Gods-banegård

Scandinavia Center Århus

Rådhus

Politigård

Europa Plads

Joh. Bjergs Gade

Kirke

Hoved-banegård

Bassin 3

Tivoli, Marselisborg Slot Forstbotanisk Have

Moesgård Museum Odder

Det Danske Brandvæns Museum

Silkeborg

Skanderborg

Fähre nach Kalundborg

Essen

① Van Koch
② Teater Bodega
③ Den Skæve Kro
④ Havmågen

Übernachten

① Hotel Ritz
② Hotel Guldsmeden
③ Hotel Royal
④ Molskroen
⑤ Gjerrild Kro
⑥ Sophiendal Gods

Nördliche Stadt

Im Norden der Stadt liegen im gleichnamigen Park die Gebäude der 1928 gegründeten Universität mit dem 1946 fertiggestellten Hauptbau und dem sog. **Buchturm** von Christian Frederik Møller.

Universitetsparken

Zum Südteil des Parks gehört das naturgeschichtliche Museum. Hier werden ausgestopfte Tiere und Mineralien aus aller Welt gezeigt sowie die Gestaltung der Kulturlandschaft in Dänemark.

Naturhistorisk Museet

Fernrohre des 19. Jh.s, medizinische Heilkräuter und die ersten dänischen Computer aus den 1950er-Jahren bietet das Museum für Wissenschafts- und Medizingeschichte an der C. F. Møllers Allé.

Steno Museet

Das Kunstmuseum ARoS (Aros Allé 2) präsentiert seine umfassende Sammlung in einem außergewöhnlichen Kubus aus Glas und Stein. Entworfen wurde der 17 700 m² große Bau vom Architekturbüro Schmidt, Hammer und Lassen, das schon mit dem Ausbau der königlichen Bibliothek in Kopenhagen Aufmerksamkeit erregte. Die lichtdurchfluteten Räume bergen **Werke vom 17. Jh. bis zur Gegenwart.** Auf dem Dach erstrahlt seit dem Sommer 2010 das für 50 Mio. DKK ganz aus Glas erbaute »Your Rainbow Panorama«, ein begehbares Kunstobjekt des dänisch-isländischen Lichtkünstlers Olafur Eliasson, als drei Meter breiter, 150 m langer Panoramaweg angelegt, mit Rundblick auf die Türme der Stadt, den Kattegat mit der Insel Samsø, der Hügelkette Mols Bjerge im Osten und dem jütländischen Seenhochland im Westen (Öffnungszeiten: Di.– So. 10.00 – 17.00, Mi. bis 22.00 Uhr; www.aros.dk).

✴ ✴
Kunstmuseum

⊙

Südliche Stadt

Wie beim Kopenhagener Vorbild wird in dem bunten Vergnügungspark alles vom Kasperletheater bis zur Achterbahn geboten (Öffnungszeiten: Mitte April – Mitte Okt. tgl. 12.00 – 22.00 Uhr).

✴
Tivoli Friheden

Durch die Marselisborger Wälder führt der Kongevejen südlich zur **königlichen Sommerresidenz**, die 1902 im klassizistischen Stil erbaut wurde. Wenn sich Ihre Hoheiten dort aufhalten, findet täglich um 12.00 Uhr ein Wachaufzug der Garde statt. Der Schlosspark mit Rosengarten ist nur in Abwesenheit der königlichen Familie zugänglich.

Marselisborg Slot

In Richtung Küste erinnert ein Gedenkpark an den Ersten Weltkrieg; ein Ehrenmal trägt die Namen von 4144 dänischen Nordschleswigern, die als deutsche Soldaten gefallen sind.

◄ Mindepark

Die Marselisborger Wälder erstrecken sich an der Küste kilometerweit nach Süden. Am Skovridervej sind in einem gesonderten Areal exotische Pflanzen und Vögel zu bewundern, während ein Teil des Waldes am Orneredevej als Wildpark ausgewiesen worden ist, in dem man Sikahirsche und Wildschweine beobachten kann.

◄ Forstbotanisk Have

◄ Dyrehaven

Der Grauballemann lebte vor über 2000 Jahren.

Umgebung von Århus

Rund 9 km südlich lernt man im ehemaligen Herrensitz Moesgård etwas über Geschichte Dänemarks von der Steinzeit bis zu den Wikingern. Größte, wenn auch etwas makabere Attraktion des **Moesgård Museet** ist der **»Mann von Grauballe«**, eine über 2000 Jahre alte, vollständig erhaltene Moorleiche. Entdeckt wurde der knapp 1,80 m große, etwa 40 Jahre alte Mann 1952 in der Nähe von ▸ Silkeborg (Öffnungszeiten: April – Sept. tgl. 10.00 bis 17.00 Uhr; Okt. – Ende März Di. – So. 10.00 – 16.00 Uhr, www.moesmus.dk). Zum Strand führt der 7 km lange »Weg der Vorzeit« (Oldtidssti), vorbei an rekonstruierten Häusern und Grabhügeln aus prähistorischer Zeit. Jedes letzte Juliwochenende wird dort beim **»Vikingetræf«** der Waffengebrauch gezeigt und wie die Wikingerschiffe von ihren sommerlichen Kriegsfahrten und Handelsexpeditionen heimkehrten (▸ Baedeker Special, S. 38). In erster Linie handelt es sich jedoch um ein fröhliches Fest mit Olafsmarkt, bei dem nach alter Sitte ausgiebig gegessen und getrunken wird.

Skanderborg   Tor zur mitteljütischen Seenlandschaft (▸ Silkeborg) bildet das knapp 20 km entfernte Skanderborg am Nordufer des gleichnamigen Sees, den man mit dem Dampfer M/S Dagmar erkunden kann. Skanderborg entstand um eine **Königsburg**, die Dänemarks Monarchen im Mittelalter als Residenz diente. Erhalten sind ein Teil des Südflügels mit der 1570 geweihten Schlosskirche und ein Rundturm (Aussicht). Im Schlosspark steht eine Büste König Frederiks VI. von Bertel Thorvaldsen (▸ Berühmte Persönlichkeiten). Hübsche Häuschen aus dem 18. Jh. findet man in der Borgergade und Skolegade. Im Skanderborg Museum an der Adelgade 5 wird Lokalgeschichte erzählt, im Frihedsmuseet am Dyrehaven 6 von der Besatzungszeit 1940–1945.

Der höchste Berg ▸   Über ihren höchsten »Berg« haben die Dänen lange gestritten: Zunächst hatte der bei Skanderborg gelegene Yding Skovhøj diesen Rang inne. Weil er den Rekord von 173 m ü. d. M. nur einem auf der Spitze errichteten Hügelgrab verdankt, gilt heute als höchste Erhebung Dänemarks der Ejer Bavnehøj, 7 km südwestlich von Skanderborg, mit stolzen 171 m ü. d. M. und einem aussichtsreichen Turm.

Japanischer Garten   Nach dem Sightseeing in der Stadt ist Dänemarks Japanischer Garten in Trige 11 km westlich von Århus Balsam für die Seele – die Oase der Ruhe verwöhnt mit Zen-Garten, ostasiatischer **Wellness** im Spa und Gourmetküche im edlen Restaurant WH von Wassim Hallal (Randersvej 395, Öffnungszeiten: Do. – So. 10.00 – 18.00 Uhr; www. danmarksjapanskehave.dk).

Das Renaissanceschloss Rosenholm ist Stammsitz derer von Rosenkrantz und seit mehr als 450 Jahren im Familienbesitz.

Ausflug nach Djursland

Von Århus führt die A 15 zur Halbinsel Djursland, die neben einer reizvollen Natur auch eine Reihe historischer Stätten zu bieten hat, so das unweit von Løgten gelegene **Renaissanceschloss** Rosenholm aus der Zeit um 1560, Dänemarks ältester Familiensitz. In den 40er-Jahren des 18. Jh.s wurden die Räume der vierflügeligen Anlage im Barockstil umgestaltet und ein 5 ha großer Park mit Lindenalleen und Buchenhecken angelegt (Öffnungszeiten: Juni, Sept. Sa./So. 10.00 – 16.00, Juli/Aug. tgl. 10.00 – 17.00 Uhr; Führungen).

★ **Rosenholm Slot**

Etwa 10 km östlich steht in Thorsager die einzige Rundkirche Jütlands. Sie wurde um das Jahr 1200 begonnen. Wie die Rundkirchen auf ▶ Bornholm diente die wehrhafte Doppelkapelle mit umlaufender Empore nicht nur als Gotteshaus, sondern auch als Schutzburg.

Thorsager Rundkirche

In und um die 100 Jahre alte Remise nördlich bei Ryomgård am Museumsvej 2 erzählen **Dampfloks** die Geschichte der Eisenbahn.

Jernbane-museum

Mit dem Liliputexpress durch die Höhle der Trolls fahren, auf einem Floß den Rio Grande bezwingen oder mehr als einen halben Kilometer Wasserrutschen ausprobieren – der **Vergnügungspark** am Randersvej 17 bei Nimtofte bietet mehr als 60 Attraktionen (Öffnungszeiten: Mitte Mai – Anfang Sept. tgl. 10.00 – 17.00 bzw. 18.00 Uhr).

★ **Djurs Sommerland**

Auf der Weiterfahrt nach Ebeltoft passiert man eine Landzunge mit der Ruine von Schloss Kalø, das 1314 von König Erik Menved erbaut wurde. **Gustav Wasa**, der spätere König von Schweden, wurde hier 1518 gefangen gehalten, konnte jedoch fliehen.

Kalø Slot

▶ ÅRHUS UND DJURSLAND ERLEBEN

AUSKUNFT

Visit Århus
Banegårdspladsen 20
8000 Århus C
Tel. 87 31 50 10, www.visitaarhus.com

Ebeltoft/Mols Turistbureau
S. A. Jensens Vej 3, 8400 Ebeltoft
Tel. 86 34 14 00, Fax 86 34 05 28
www.visitdjursland.com

ÅRHUSPASS

Mit dem Århuspass für 1 Tag, 2 Tage oder 1 Woche hat man freie Fahrt mit allen Stadtbussen sowie kostenlosen Eintritt zu den wichtigsten Museen.

EVENTS

März: Århus Festival of Independent Arts (AFIA), Low-Budget-Filmfestival, www.afiafilmfestival.dk; Juni: SPOT-Festival, neue nordische Popmusik, www.spotfestival.dk; Anf. Sept.: Århus Festuge, Nordeuropas größtes Kulturfestival, www.aarhusfestuge.dk

CITYBIKES

500 Citybikes an 57 Verleihstationen ermöglichen es vom 1. Mai bis zum 31. Oktober, die Stadt vom Badestrand bei Risskov bis zum Marselis-Wald im Süden im Sattel zu entdecken – 20 Kronen als Pfand genügen.

ESSEN

▶ Fein & teuer

① **Van Koch**
Kystpromenaden 5, Tel. 87 42 01 23
www.kocherier.dk
In der Brasserie und im Restaurant Koch gibt's dänische Spitzenküche aus Zutaten der Region.

▶ Erschwinglich

② **Teater Bodega**
Skolegade 7, Tel. 86 19 17

www.teaterbodega.dk
Alle Bühnengrößen des dänischen Theaters sind hier auf Schwarzweißfotos an den Wänden verewigt. Ein Genuss: große Bratscholle, in der Pfanne serviert, und das Smørrebrød.

③ **Den Skæve Kro**
Ebeltoft; Villadsgyde 7
Tel. 86 34 18 38
http://denskaevekro.dk
Fachwerkidylle mit zeitgenössischer Kunst aus Ebeltoft und Umgebung an den Wänden. Tipp für laue Sommerabende: der hübsche kleine Garten.

④ **Havmågen**
Ebeltoft; Stockflethsvej 12
Tel. 86 34 66 86
Direkt am Hafen von Ebeltoft, wo die Fischkutter anlegen. Fangfrische Meeresfrüchte genießt man bei Klaviermusik, umgeben von moderner Kunst. Sehr freundlicher Service.

ÜBERNACHTEN

▶ Luxus

③ **Hotel Royal**
Store Torv 4, Tel. 86 12 00 11
Fax 86 76 04 04, www.hotelroyal.dk
Das über 160 Jahre alte Haus im Zentrum besticht durch historische Atmosphäre. Abends lädt das im Hotel untergebrachte klassische Royal Scandinavian Casino, eines der schönsten Kasinos Europas, zu Amerikanischem Roulette und Black Jack ein.

① **Hotel Ritz**
Banegårdspladsen 12
Tel. 86 13 44 44, Fax 86 13 45 87
www.hotelritz.dk
Zur Hotelkette Best Western gehörendes, im Zentrum gelegenen Haus. Das Restaurant René ist eine der besten Adressen der Stadt.

▶ Komfortabel

② *Hotel Guldsmeden*
Guldsmedgade 40
Tel. 86 13 45 50, Fax 86 13 76 76
www.hotelguldsmeden.dk
1999 eröffnete Sandra Weinert das
nette Garnihotel im Herzen der Stadt.

④ *Molskroen*
Hovegaden 16
Femmøller Strand bei Ebeltoft
Tel. 86 36 22 00, Fax 86 36 23 00
www.molskroen.dk
Die meisten Zimmer des Landhauses
mit Fachwerk von 1923 verfügen über
einen offenen Kamin und Meerblick.
Auch im Restaurant hat man eine
schöne Aussicht auf Meer und Garten.

⑤ *Gjerrild Kro*
Greena; Bygaden 16, Gjerrild
Tel. 86 38 40 20, Fax 86 38 40 51
www.gjerrild-kro.dk
Dorfidylle umgibt den mit dem
»Grünen Schlüssel« ausgezeichneten
Gasthof, zehn Autominuten vom
Fährhafen Grenaa und 20 Minuten
von Djurs Sommerland entfernt.

*Domwächter König Christian X.
hoch zu Ross in Århus*

⑥ *Sophiendal Gods*
Skanderborg, Låsbavej 82
Tel. 86 94 47 88, Fax 86 94 48 10
www.royalclassic.dk
Einst stand auf dem Anwesen das
Kloster von Veng, die Kirche aus dem
Jahr 1080 ist noch erhalten. Das
heutige Gebäude im Renaissancestil
wurde 1870 errichtet und gilt als eines
der exklusivsten Schlosshotels des
Landes. Zimmer mit Himmelbetten,
ringsum liebliche Hügel und Täler –
eine Oase der Erholung.

Naturfreunden empfiehlt sich ein Abstecher in den neuen **Nationalpark Mols Bjerge** mit seinen Wäldern, Mooren, Stränden und
Strandwiesen und in die hügelige Moränenlandschaft Helgenæs, das
seine Entstehung der letzten Eiszeit verdankt.

**Mols,
Helgenæs**

»Rund um die Wölfe« heißt es im 24 ha großen Tierpark, etwa 2 km
nördlich vom Flughafen Tirstrup. Hier kann man Wölfe und Füchse,
Elche und Wildschweine aus nächster Nähe erleben.

**Skandinavisk
Dyrepark**

Das idyllische Städtchen an der Ebeltoftbucht ist für seine Glaswerk-
stätten berühmt sowie für die **liebevoll erhaltenen Häuser** in den
verwinkelten Gassen. Sehenswert sind das kleine Rathaus mit dem
Ebeltoft Museum am Torvet und der Farvergård, eine alte Färber-
werkstatt an der Adelgade 15. Wer schöne Mitbringsel sucht, sollte in
einer der sechs örtlichen Glasbläsereien vorbeischauen. Im Trockendock liegt die 1860 vom Stapel gelaufene Fregatte Jylland, die 1864
an der Schlacht vor Helgoland teilnahm und 1908 ausgemustert wur-

★ ★
Ebeltoft

de. 1970 wurde der Dreimaster als Museum eingeweiht (Öffnungszeiten: tgl. 10.00 – 17.00/19.00 Uhr). Ein Muss für Kinder ist Tante
Andantes Haus am Vibæk Strandvej 9 mit bunt verrückten Spielecken, Erzählhöhle, Singwerkstatt und dem Fantasiecafé. Zum Ebel-
tofter Zoo am Stubbe Søvej 15, der täglich geöffnet hat, gehören Tiere aus aller Welt, tropische Vögel und ein Streichelzoo.

Grenaa Grenaa besitzt einen modernen Fischerei- und einen Fährhafen nach
Schweden (Varberg und Halmstad), ▸ Seeland (Hundested) und ▸
Anholt. Von der Blütezeit im 18. Jh. zeugen zahlreiche **Fachwerkhäuser** wie der Kaufmannshof in der Søndergade. Heute zeigt hier
das **Djursland-Museum** archäologische Funde, Waffen und Keramik
aus der Region. Über die dänische Fischerei informiert das
angeschlossene **Dansk Fiskerimuseum** mit Schiffsmodellen und einer
eigenen Abteilung für Aalfischerei (Öffnungszeiten: Mitte Juni – Aug.
Mo. – Fr. 10.00 – 16.00, Sa., So. 13.00 – 16.00 Uhr).
Wer altes Handwerk mag, kann in der 1849 erbauten Schmiede noch
dem Meister bei der Arbeit zusehen (Smedestræde 2, Mai – Aug. Mi.
und Sa. Vorführungen), während die Motorsamling im Kristians-
mindevej 14 rund 200 Motoren aus den 1920er-Jahren ausstellt.

★ Schwarmfische, Meerforellen, Dorsche und Hummer aus dänischen
Kattegatcentret Küstengewässern tummeln sich in den Aquarien des Kattegatcentret

*Fragt man Dänen nach den schönsten Orten ihrer Heimat, fällt oft der Name
Ebeltoft, eine Fachwerkidylle mit alten Kopfsteinpflastergassen.*

am Færgevej 4 von Grenaa. Im **Haitunnel** sieht man tropische Raubfische aus nächster Nähe, im Streichelzoo können Kinder den Flügelschlag der Rochen spüren, an der Lagune werden die Robben gefüttert. Man kann auch im Umwelt- und Sciencecenter die Wasserqualität prüfen oder Meeresströmungen, Wellen und Tidenhub erforschen Neue Attraktion ist ein dänisches Steinriff, das interaktiv das marine Leben im Tangwald präsentiert (Öffnungszeiten: tgl. 10.00 – 17.00, im Winter bis 16.00 Uhr, www.kat tegatcentret.dk).

> ! **Baedeker** TIPP
>
> **Dänemarks einziges Glasmuseum**
>
> Wer den Zauber von Glas liebt, sollte sich unbedingt das Glasmuseum am Strandvejen 8 in Ebeltoft anschauen. Mehr als 1500 Objekte von 600 der namhaftesten Glaskünstler der Welt umfasst die Sammlung. In Galerie und Museumsshop werden herausragende Arbeiten und kleine Souvenirs zum Verkauf angeboten. Im Sommer führen junge Künstler ihr Handwerk vor (www.glasmuseet.dk, Öffnungszeiten: Juli/Aug. tgl. 10.00 – 19.00, Juni, Sept., Okt. bis 17.00, Nov. bis 16.00 Uhr).

Einige Kilometer nordöstlich der Stadt erreicht man beim 1892 erbauten Leuchtturm von **Fornæs** den östlichsten Punkt Jütlands. Von hier lohnt ein Abstecher nach Gjerrild zum Schloss Sostrup, das um 1600 entstand. Anno 1960 wurde das Anwesen von Zisterzienserinnen übernommen und grundlegend renoviert. **Sostrup Slot**

★★ Bornholm

A – C 1 – 4

Region: Hovedstaten
Bewohnerzahl: 42 150

Inselfläche: 588 km²

Gemütliche Kleinstädte und malerische Fischerdörfer reihen sich entlang einer 140 km langen Küste mit weißen Sandstränden und Badebuchten. Dänemarks waldreichster Teil ist ideal zum Wandern und Radfahren und Hochburg von Künstlern aus aller Welt.

Als Gott Skandinavien erschaffen hatte, so erzählt die Legende, blieb ihm von allen schönen Dingen des Nordens etwas übrig. Er sammelte sie und warf sie in die Ostsee, und daraus entstand dann Bornholm, rund 37 km vor der südschwedischen Küste entfernt. Hier wachsen sogar Feigenbäume und so spricht man nicht ohne Grund von Bornholm als »Perle der Ostsee«, als »Süden im Norden«. Fast mediterran muten die weiß getünchten Schornsteine der vielen **Bornholmer Heringsräuchereien** an. Das besondere Licht auf Bornholm war seit dem 19. Jh. für viele Maler Inspirationsquelle und noch immer kommen zahlreiche Künstler hierher. In mehr als 60 **offenen Werkstätten** kann man zusehen, wie mit den unterschiedlichen Materialien gearbeitet wird. Der »Kunsthandwerkerbus« fährt im Sommer jeden Freitag sieben Werkstätten an (Infos: ww.bornholm.info). **Perle der Ostsee**

Bornholm Orientierung

Christiansø (Ertholmene)

Hammeren
Sandvig
Madsebakke
Allinge
Sandkås
Vang   124 m   Tejn
Jons Kapel   Olsker   Stammershalle
Teglkås   Bornholms Kunstmuseum
Helligpeder   Rutsker   125 m   Rø   Gudhjem
Landbrugsmuseum
Melsted
Rutsker Plantage   Rø Plantage
Hasle   Klemensker   Saltuna
Tofte   Østerlars   Bølshavn
Muleby   Årsballe   Østermarie   Listed
Sorthat   Nyker   Svaneke
99 m   Travbane   Louisenlund Brændesgårdshaven
Lilleborg   Almindingen
Knudsker   104 m   Arsdale
Vestermarie   Rytterknægten   Gamleborg   Paradisbakkerne
Rønne   162 m   127 m   Gamleborg
Grisby   Pedersker Plantage
Nylars   Løbbæk   Åkirkeby   Neksø
Rønne Plantage   Vejrmøllegård   Gadeby
Lundesten   Stubmølle
Arnager   Vandværk   Vandmølle   Balka
Pedersker   Snogebæk
Boderne   18 m
Poulsker
Ø. Sømarken   Slusegaard   Dueodde

Sassnitz, København, Ystad

5 km
© Baedeker
- - - - Radweg

Verkehr Von Rønne fahren Autofähren nach Kopenhagen; außerdem besteht Schiffsverbindung zu den deutschen Häfen Sassnitz (Rügen) und Mukran (Rügen) sowie nach Schweden (Ystad). Mehrmals täglich gehen ab Rønne Flüge nach Kopenhagen; im Sommer auch Charterflüge von Berlin, Düsseldorf und Hamburg. Sehenswürdigkeiten auf der Insel sind mit dem Bus ohne große Anstrengungen zu erreichen. Im Sommer steuert der **»Kunsthandwerkerbus«** einige der Bornholmer Keramikateliers und Glasbläsereien direkt an, der »Grüne Bus« fährt zu besonderen Naturschutzgebieten. Vom Mountainbike bis zum Pedersencykel, das seit 1893 auf Bornholm produziert wird, sind Fahrräder in allen Variationen zu mieten – eine Broschüre mit den schönsten Radtouren ist bei allen Touristikbüros erhältlich.

Auf Bornholm findet man Skandinavien im Miniaturformat. Dies ist auf die Lage der Insel und ihre Entstehungsgeschichte zurückzuführen, die mit der Bildung der Bornholmer Granite vor 1500 Mio. Jahren begann und mit der Sandsteinformation Südbornholms vor etwa 550 Mio. Jahren vollendet wurde – anschaulich präsentiert im Erlebniscenter **»NaturBornholm«** am Grønningen 30 in Aakirkeby. Der mächtige, vielfach nur von einer dünnen Erdschicht überzogene Granitklotz Nordbornholms weist schöne schärenartige Klippenpassagen auf – das findet man sonst nirgends in ganz Dänemark. Im Spaltental Døndalen auf Nordbornholm rauscht einer der größten Wasserfälle Dänemarks. Der südliche Teil der Insel besitzt kilometerlange Sandstrände. Hier finden auch Surfer ideale Verhältnisse. Und die nahen Dünen versprechen ein ruhiges Plätzchen, geschützt vor Wind und fremden Blicken. Im Frühjahr und Herbst ist Bornholm Rastplatz für Millionen von Zugvögeln, in lauen Frühlingsnächten singt Bornholms Nationalvogel, die Nachtigall. Das Innere der Insel ist teils bewaldet, teils mit Heidefläche und Mooren bedeckt, die zu ausgedehnten Wanderungen einladen. Sportangler finden an der Küste Meerforellen, Hering und Hornfisch, in den idyllischen Seen Hecht, Regenbogenforelle, Barsch, Zander und Schleie.

✶ ✶

Paradies für Naturfreunde

Ihre Schönheit ist legendär: Strände auf Bornholm

! *Baedeker* TIPP

Goldene Bornholmer

Frisch geräuchert, gepökelt oder in Roggen-
mehl gewendet und gebraten – Bornholmer
Fischrezepte sind unwiderstehlich, abwechslungsreich und meist ein wohl gehütetes Geheimnis. Wer der Tradition folgen will, genießt
den berühmten Bornholmer Räucherhering als
»Sol over Gudhjem«, d. h. mit grobem Salz,
Schnittlauch, Radieschen, Schwarzbrot und der
»Sonne«, einem rohen Eigelb, das den Fisch
leichter durch die Kehle rutschen lässt!

Geschichte Steinzeitliche Hünengräber und Felszeichnungen aus der Bronzezeit
belegen die frühe Besiedlung der Insel. Mehr als 1000 Jahre alte Zu-
fluchtsburgen zeugen davon, wie Bornholm Spielball verschiedener
Machthaber im Ostseegebiet war. Denkmäler aus der Wikingerzeit
sind die vielen **Runensteine** und die Ruinen von Almindingen und
Lilleborg. Auch die bis zu 800 Jahre alten romanischen Rundkirchen,
die ursprünglich zur Verteidigung gegen die wendischen Seeräuber
dienten, erzählen vom ewigen Unfrieden. 1525 – 1575 gehörte die Insel zu Lübeck. Nach dem Friedensschluss 1658 musste Bornholm an
die Schwedische Krone abgetreten werden. Daraufhin nahmen die
Bornholmer ihr Schicksal selbst in die Hand, liquidierten kurzerhand
den schwedischen Kommandanten und gaben die Insel 1660 an den
dänischen König zurück.

Inselrundfahrt

✳ Hauptort von Bornholm ist Rønne, wo sich auch der Flugplatz und
Rønne der wichtigste Hafen befinden. Die Fachwerkhäuser aus dem 18. und
19. Jh. rund um den Storetorv – Mi. und Sa. ist dort Markttag – be-
stechen durch ihre Liebe zum Detail, so etwa das 1806 erbaute
»Erichsens Gaard« in der Laksegade 7, wo das Stadtmuseum seinen
Sitz hat, und die Hauptwache an der Søndergade 12, erbaut im Jahr
Heimatmuseum ► 1743. Von der Frühgeschichte bis zur Neuzeit reichen die Exponate
im Bornholms Museum an der Sct. Mortens Gade 29. Zu sehen sind
diverse Gegenstände der **Seefahrt**, traditionelle Stuben, Bornholmer
Uhren; besonderes Augenmerk gilt den »Guldgubber«, kunstvollen
Goldblechteilen aus der Eisenzeit um 550 v. Chr. (Öffnungszeiten:
🕐 Mitte Okt. – Mitte Mai Mo. – Sa. 13.00 – 16.00, Mitte Mai – Juni be-
reits ab 10.00, Juli/Aug. tgl. 10.00 – 17.00 Uhr).
Keramikmuseum ► Dem Museum angeschlossen ist das Keramikmuseum in der **Hjorths-**
🕐 **Fabrik** von 1859 an der Krystalgade 5 (Öffnungszeiten: Juli/Aug. tgl.
10.00 – 17.00, sonst Mo. – Sa. 10.00 – 17.00 Uhr). Im Süden von

Rønne steht seit 1650 das Kastell mit einem mächtigen Rundturm, wo heute das »Verteidigungsmuseum« eingerichtet ist.

Als bedeutender Beitrag zur mittelalterlichen Architektur des Nordens gelten die vier Rundkirchen Bornholms. Knapp 8 km nordöstlich von Rønne steht in Nyker die jüngste und **kleinste Rundkirche** der Insel. Die frühgotischen Kalkmalereien zeigen Szenen aus der Passion Christi. In Verbindung mit einer Restaurierung stieß man auf ein Runenalphabet, das in den Wandverputz eingeritzt war.

Nykirke

? WUSSTEN SIE SCHON …?

■ In der Nähe von Rønne steht ein guter Ton an, der seit dem 18. Jh. den Grundstock für zahlreiche Töpfereien in der Stadt liefert. Noch heute gibt es hier fast zwei Dutzend Keramikwerkstätten, die u. a. die »gelbe Bornholmer Fayence« herstellen.

Auf dem Weg nach Hasle liegt 9 km nördlich von Rønne der Brogårdstenen, der bedeutendste **Runenstein** Bornholms. Er wurde 1868 als Deckstein in einer Brücke über die Bagå gefunden und hier aufgestellt. Der um 1100 entstandene Stein trägt die Inschrift: »Svenger ließ diesen Stein errichten für seinen Vater Toste und für seinen Bruder Alvlak und für seine Mutter und seine Schwestern«.

Im Juli trifft man sich in Hasle zum Heringsfest und in der Museumsräucherei kann man den Wandel vom silbernen Hering zum goldenen »Bornholmer« sogar live erleben. Rund 7 km nördlich bildet die Brandung eine gewaltige Geräuschkulisse für eine steile Klippenküste mit dem 41 m hohen **Jons-Kapel-Felsen** – der Legende nach soll in seiner Grotte der Einsiedlermönch Jon gehaust haben. Wie vielseitig Bornholmer Kunsthandwerk ist, zeigt der Hof Grønbechs Gård (Grønbechs Gård 4; www.groenbechsgaard.dk) mit Ausstellungen der besten Kunsthandwerker der Insel und Gastkünstlern.

Hasle

◀ Jons Kapel

Weiter nordwärts kommt man nach Sandvig mit hübschen Fachwerkhäuschen. Auch der Nachbarort Allinge kann eine ganze Reihe ansprechender **Fachwerkhäuser** vorweisen, ein schmuckes altes Rathaus und eine Kirche, deren älteste Teile aus der Gotik stammen.

Sandvig
Allinge

Ein schöner Spaziergang führt nach Norden zum Leuchtturm von Hammeren, vorbei am Stejleberg, dem mit 84 m höchsten Felsen der Insel. Südwestlich vom Leuchtturm thront auf einem 74 m hohen Felsplateau Hammershus, **Nordeuropas größte mittelalterliche Burgruine**. Das einstige Schloss, um 1250 vom Erzbischof in Lund zum Schutz gegen die dänischen Könige erbaut, wurde im 16. Jh. in erster Linie als Aufbewahrungsort für die eingezogenen Steuern ausgebaut, als Bornholm für 50 Jahre Lübeck gehörte. 1645 wurde die Burg vom schwedischen General Wrangel erobert. Danach diente sie als Staatsgefängnis, später als Steinbruch, bis sie 1822 unter Denkmalschutz gestellt wurde. Heute ist sie v. a. Picknickziel für Familien;

Hammershus

im Sommer gibt's mittelalterliche Markttage mit Turnieren in historischen Kostümen. Zwei einstige Steinbrüche, mit Wasser vollgelaufen, bilden heute Bornholms größte Seen – über den Opalsee saust mit 55 Sachen Dänemarks längste Seilrutsche (290 m).

✳
Olskirke

Südlich von Allinge steht die im 12. Jh. erbaute Olskirke, mit 30 m die höchste Rundkirche der Insel. Da ihr Schiff einen geringen Durchmesser hat, besitzt sie den Charakter eines Festungsturms.

✳ ✳
Helligdoms-klipperne

Eine atemberaubende Klippenküste erstreckt sich südlich von Allinge. Fast jeder Stein trägt hier einen seltsamen Namen oder kommt in alten Legenden vor. Höhepunkt sind die **22 m hohen Felsnadeln** der Heiligtumsklippen (schöner Wanderweg von Gudhjem her).

✳ ✳
Gudhjem

Galleri
Kaffeslottet ▶

Melstedgård ▶

🕐

Gudhjem an den steilen Hängen des Bokulhügels ist einer der schönsten Orte Bornholms mit steilen Gassen und **romantischen Häuserzeilen**. In der Werkstatt von Baltic Sea Glass am Melstedvej 47 kann man die Arbeit mit dem glühenden Glas verfolgen. Ganz oben im Holka-Tal zeigt das Kaffeeschloss wechselnde Kunstausstellungen und das ehemalige Atelier des Malers **Oluf Høst**, der sich hier zu Beginn des 20. Jh.s niederließ. Das schmucke Gebäude wurde 1912 von einem exzentrischen Kaffeegroßhändler erbaut. Das Landwirtschaftsmuseum am Melstedvej 25 in einem charakteristischen **Fachwerkbauernhof** bewahrt das alte Klöppelhandwerk ebenso wie die traditionelle Getreideernte mit Pferd und Bindemäher (Öffnungszeiten: 15. Mai – 30. Juni So. – Fr. 10.00 – 17.00, Juli/Aug. tgl. 10.00 – 17.00, Sept. – 21. Okt. So. – Fr. 10.00 – 17.00 Uhr).

Jahrhundertelang stritten Dänen und Schweden um Hammershus, heute die größte mittelalterliche Burgruine Nordeuropas.

▶ BORNHOLM ERLEBEN

AUSKUNFT

Rønne, Ndr. Kystvej 3
Tel. 56 95 95 00, Fax 56 95 95 68
www.bornholminfo.dk

EVENT

August: »Skate Bornholm«, 100-km-Amateurrennen, www.skateborn holm.dk

ESSEN

▶ Erschwinglich

Bokulhus
Gudhjem, Bokulvej 4
Tel. 56 48 52 97, www.bokulhus.dk
Spezialität des Hauses sind Fisch-gerichte. Terrassengarten mit Rund-blick über Gudhjem bis zum Meer.

Helsekost-Pensionat
Østermarie, Myregårdsvej 10
Tel. 56 47 20 06
Vollwert vom Feinsten: selbst ge-backene Vollkornbrötchen, leckere Salate und frische vegetarische Ge-richte; Abendessen nach Absprache.

ÜBERNACHTEN

▶ Komfortabel

Siemsens Gard
Svaneke, Havnebryggen 9
Tel. 56 49 61 49, Fax 56 49 61 03
www.siemsens.dk
Ein Brüderpaar führt das Hotel in einem 350 Jahre alten Kaufmannshof direkt am Hafen. Vom Restaurant mit vorzüglicher Küche hat man einen herrlichen Blick auf Hafen und Meer.

▶ Günstig

Hotel-Restaurant Skovly
Rønne, Nyker Strandvej 40, Sorthat
Tel. 56 95 07 84, Fax 56 95 48 23
www.hotel-skovly.dk
Ein Familien-Ferienparadies am Bly-kobbeflüsschen, umgeben von ural-tem Laubwald und nur 150 m vom kilometerlangen Badestrand entfernt.

Unweit bei Rø an den Felsen der Helligdomsklippen wird seit 1993 eine hervorragende Sammlung von **Kunst und Kunsthandwerk** der Inselbewohner präsentiert. Den Schwerpunkt bildet die Bornholmer Schule mit Werken von Edvard Weie, Olaf Rude, Kræsten Iversen, Niels Lergaard und Oluf Høst. Außerdem ist dort eine der größten kunstgewerblichen Sammlungen des Landes zu bewundern (Öff-nungszeiten: Mai – Okt. Di. – So. 10.00 – 17.00, Nov. – April Di., Do. und So. 13.00 – 17.00 Uhr; www.bornholms-kunstmuseum.dk).

✳ ✳
Bornholms Kunstmuseum
⊙

Landeinwärts von Gudhjem liegt im Süden Østerlars eine der größ-ten und **ältesten Rundkirche** der Insel aus dem 11. Jahrhundert. Der figurenreich verzierte Mittelpfeiler des Rundschiffs ist als Rippen-gewölbe sogar begehbar.

✳
Østerlars Kirke

Im **Erlebniszentrum** von Rågelundsgård am Stangevej wartet das Mittelalter mit alten Häuser, Werkstätten, Bogenschießen und Reiter-turnieren (Öffnungszeiten: Mitte Juni – Mitte Aug. tgl. 10.00 – 17.00, sonst tgl. 10.00 – 16.00 Uhr; www.bornholmsmiddelaltercenter.dk).

✳
Middelalter-center
⊙

Svaneke Südöstlich von Gudhjem erreicht man die Klippenpartie Randkløveskår, bevor man nach gut 15 km in Svaneke mit seinen wunderschönen Fachwerkhäusern eintrifft. Hier findet man **Antiquitätengeschäfte und Kunsthandwerker** wie am Brænderigænget die Glasbläserei von Pernille Bülow, der nach alten Verfahren moderne Formgebung betreibt. Beliebter Treffpunkt ist der Hafenkai mit **alten Kaufmannshöfen**. Im Sommer kann man mit der Pferdestraßenbahn eine Tour unternehmen oder samstags über den Markt schlendern und sich mit Bioerzeugnissen und Kunsthandwerk eindecken. Der futuristische Wasserturm des Orts stammt übrigens vom Architekten der Oper in Sydney, Jørn Utzon.

! *Baedeker* TIPP

Luna-Loop und Joboland

Wo können Kinder sich so richtig austoben? Nur 3 km südwestlich von Svaneke im Brædesgårdshaven. Dänemarks ältestes Spielland lockt mit Hüpfburg, Kletterwand und Purzelbaummaschine, Tierpark und Joboland, dem unterirdischen Reich der Wichtelmännchen (Öffnungszeiten: Mai – Mitte Sept. tgl. 10.00 – 18.00 Uhr).

Nexø Südöstlicher Gegenpol zu Rønne ist Nexø mit 4000 Einwohnern. An den hier geborenen Schriftsteller **Martin Andersen Nexø** (►Berühmte Persönlichkeiten) erinnert ein kleines Museum im Elternhaus; im kleinen Garten wird an Sommerabenden aus Nexøs Werken vorgelesen (Ferskesøstræde 36; www.bornholmsmuseer.dk/manexo).
Die Geschichte der 1968 eingestellten Bornholmer Eisenbahn dokumentiert das **Eisenbahnmuseum** (Nordre Strandvej 8; www.dbj.dk). Im ehemaligen Gericht logiert heute ein Fischerei- und Seefahrtsmuseum, das ehemalige Rathaus wird als Heimatmuseum genutzt.
Außerhalb der Stadt flattern Tausende Falter unter der Glaskuppel des Sommervogellandes und Tropenparks zwischen den Pflanzen umher (Gl. Rønnevej 14B, Öffnungszeiten: 1. Mai – 19. Okt. tgl. 10.00 – 17.00 Uhr; www.sommerfugleparken.dk).

Snogebæk Gourmetrestaurants, Kunsthandwerksläden und eine Räucherei mit Fischspezialitäten findet man in Snogebæk. Die **Schokoladenwerkstatt**, Hovedgaden 9, offeriert dänische Pralinen nach altem Rezept.

Strand von Dueodde Die Südspitze der Insel markiert der Leuchtturm von Dueodde. Sein über **20 km langer Strand** liefert so feinen Sand, dass er früher sogar für Sanduhren verwendet wurde.

Almindinger Trabrennbahn Im 2410 ha große Waldgebiet Almindingen findet man herrliche Wanderwege, den von einem Aussichtsturm gekrönten, 162 m hohen Rytterknægten und die wohl schönste Trabrennbahn Dänemarks, wo man zwischen April und Mitte November mitfiebern kann. Die dreitägige Tierschau im Juni ist ein Muss für alle Bornholmer.

Aakirkeby Bornholms einzige Binnenstadt besitzt das größte Gotteshaus der Insel (12. Jh.). Einblick in die Entstehungsgeschichte der Felseninsel

*Größte und schönste der vier Rundkirchen von Bornholm ist die
wehrhafte Kirche von Østerlars aus dem 11. Jahrhundert.*

gibt am Grønningen 30 das **Erlebniscenter**, das Henning Larsen entworfen hat (Öffnungszeiten: Mai – Sept. tgl. 10.00 – 8.00, Do. bis
21.30, Okt. – April tgl. 10.00 – 17.00 Uhr; www.naturbornholm.dk).
70 Oldtimer, Motorräder, alte Motoren und eine Werkstatt anno
1920 präsentiert Bornholms **Automobilmuseum** (Grammegårdsvej 1;
www.bornholmsautomobilmuseum.dk). Wer ganz besondere Textilien mag: Karen Dam webt in **Damasttechnik** Plaids, Platzdecken,
Teppiche und Wohntextilien (Hegnedevejen 15; www.karendam.dk).

★
◀ NaturBornholm
🕐

Ertholmene

Gut eine Stunde dauert die Überfahrt zu Dänemarks östlichsten Inseln, den **»Erbseninseln«**, von Allinge, Gudhjem und Svaneke aus.
Die ausgedehnte Festungsanlagen auf der Hauptinsel Christiansø ließ
Christian V. anno 1684 anlegen. Eine Hängebrücke führt zur Nachbarinsel Frederiksø, einst berüchtigter Verbannungsort. Das Museum
im »Lille Tårn« (Kleiner Turm) besitzt alte Waffen und ein Modell
des Kastells auf Christiansø.

Christiansø

◀ Frederiksø

Esbjerg

Halbinsel: Jütland   **Region:** Syddanmark
Einwohnerzahl: 85 500

**Esbjerg ist Dänemarks wichtigster Nordsee- und Fischereihafen sowie Versorgungsstation der Ölplattformen in der Nordsee. Die Finanzkraft wird in Kultur und optische Aufwertung investiert. Allabendlich setzt sich die Hafenstadt in Szene: mit einer Lichtallee in
der Torvegade und einem Sternenteppich, der mit 288 Pflasterlichtern den nächtlichen Sternenhimmel nachbildet.**

Lebenslustige Kulturmetropole Das Stadtbild zeigt eine gelungene Mischung aus historischen Bauten und neuer dänischer Architektur wie Jørn und Jan Utzons Musikhaus. Hier wie in vielen anderen Kulturtreffs wird Esbjerg seinem Ruf gerecht mit einem breiten Musikrepertoire von Klassik bis Funk. Wer lieber bummeln möchte, ist in der Kongensgade genau richtig, Jütlands längster Fußgängerzone.

Das Feuerschiff »Horns Rev« am Pier 1 war bis 1984 im Dienst.

Nach dem Wiener Frieden 1864 konnten die Dänen viele Häfen im Süden ihres Landes nicht mehr anlaufen und wählten daher 1868 Esbjerg als Standort für einen **neuen Hafen**, was für einen kometenhafter Aufstieg der Stadt sorgte. Triebfeder der Entwicklung war der steigende Export nach Großbritannien. Gewaltige Silos für Getreide und Futtermittel signalisieren, dass der Großteil des dänischen Agrarexports nach wie vor über den Containerhafen von Esbjerg verschifft wird. Auf den Werften im Nordhafen werden außer Schiffen auch die großen Offshore-Konstruktionen für die Öl- und Gasindustrie in der Nordsee gebaut. Die Verkehrsanbindung ist gut: Rund 20 Minuten dauert die Überfahrt nach ▶Fanø und alle zwei Stunden fahren IC-Züge in Richtung Kopenhagen.

Sehenswertes in Esbjerg

Vandtårn Im Stadtpark ragt der im Jahr 1897 erbaute Wasserturm auf, eines der Wahrzeichen von Esbjerg. Die Aussicht von dort oben ist herrlich und man kann sich auch über europäische Wassertürme kundig machen.

Nebenan befindet sich das **Kunstmuseum** (Eingang Havnegade 20) mit Werken von ca. 1920 bis zur Gegenwart. Ausgestellt sind u. a. die CoBrA-Maler, Richard Mortensen, surreale Arbeiten der Brüder Haugen Sørensen sowie Werke von Michael Kvium und Claus Carstensen aus den 1990er-Jahren (Öffnungszeiten: tgl. 10.00 – 16.00 Uhr). Am Eingang grüßt die Besucher Robert Jacobsens **»Esbjerg«**-Skulptur aus dem Jahr 1963, die als ein Hauptwerk des Konstruktivismus gilt.

Musikhuset ▶ An das Kunstmuseum grenzt das von Jan und Jørn Utzon entworfene Musikhaus. Der 1997 eröffnete Komplex hat sich zu einer begehrten und beliebten Bühne für Theater, Konzerte und Ausstellungen gemausert (Kartenverkauf: Tel. 76 10 90 10; www.mhe.dk).

Wie eine **dänische Druckerei** ist das Buchdruckmuseum (Borgergade 6) eingerichtet, mit traditionellen Maschinen und Bleilettern, die ab 1850 verwendet wurden (Öffnungszeiten: Mitte Juni – Mitte Sept. Di. 10.00 – 12.00, Do. 12.00 – 16.00 Uhr; www.bogtrykmuseet.dk).

Bogtrykmuseet

Parallel zur Borgergade verläuft Jütlands längste **Einkaufsmeile**, die Kongensgade, an der noch mehrere Jugendstilhäuser und Gründerzeitbauten erhalten sind. Beliebter Treffpunkt ist der große Marktplatz mit gemütlichen Restaurants und Cafés.

✴
Kongensgade, Torvet

Die Torvegade führt hinauf zum Esbjerg-Museum (Nr. 45), das die Stadtgeschichte von den Anfängen bis heute illustriert, u. a. mit einem **rekonstruierten Wikingerhof**, Hafenszenarios, Läden und Wohnungen der Jahrhundertwende. Höhepunkt ist die große Bernsteinausstellung mit mehreren Hundert einzigartigen Exponaten – das älteste Schmuckstück Dänemarks aus bearbeitetem Bernstein ist rund 9000 Jahre alt (Öffnungszeiten: Juni – Aug. tgl. 10.00 – 16.00, Sept. – Mai Di. – So. 10.00 – 16.00 Uhr).

✴
Esbjerg-Museum

✴ ✴
◄ Bernsteinausstellung

Esbjerg Orientierung

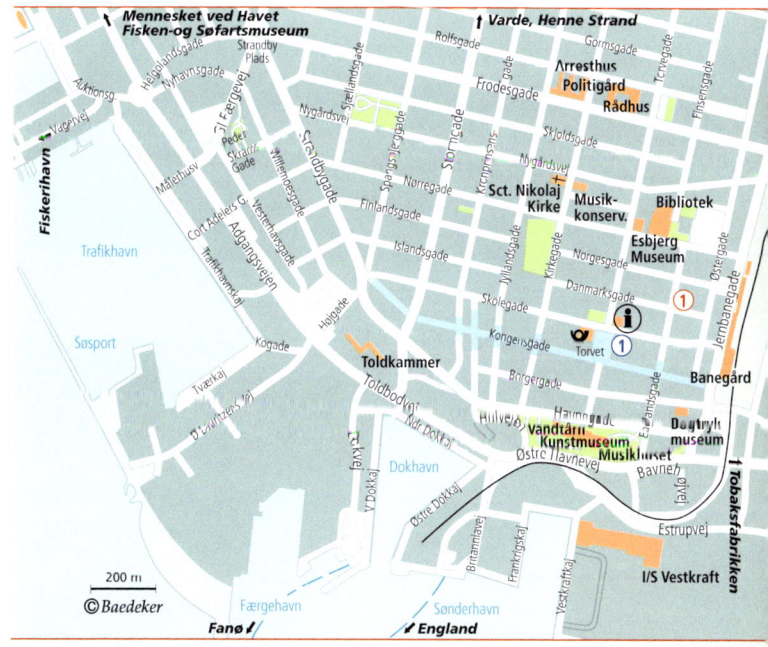

Essen
① Dronning Louise

Übernachten
① Hotel Cabinn Esbjerg

Mennesket ved Havet – die Begegnung des Menschen mit der Natur

**Musikkon-
servatorium**

Im ehemaligen Esbjerger E-Werk an der Ørstedsgade ist ein modernes Musikkonservatorium eingerichtet worden. Die Akustik im Konzertsaal, der von Hans Tyrrestrup ausgeschmückten ehemaligen Tur-
binenhalle, gilt als ausgezeichnet. Vor dem Konservatorium steht seit
1998 Thorbjørn Laustens Skulptur **»Uret«**, eine futuristische Kompo-
sition verschiedener Uhrwerke.

**Museums-
fyrskib**

Immer ein Erlebnis sind die **Hafenrundfahrten** und am Pier 1 das
Feuerschiff »Horns Rev«, das 1912–1984 vor Jütlands Westküste
Dienst tat (Abb. S. 162; Öffnungszeiten: Mo. – Fr. 10.00 – 16.00 Uhr).
Mit einem Mahnmal nördlich am Hjertingvej wird all jener Esbjerger
Fischer gedacht, die seit 1900 auf See ihr Leben ließen.

**Fiskeri- og
Søfahrts-
museum**

Nur wenige Schritte entfernt zeigt am Tarphagevej das Fischerei-
und Seefahrtsmuseum eine schöne Sammlung von Booten und Fang-
geräten. Im Salzwasseraquarium tummeln sich über 80 verschiedene
Fischarten und andere **Meerestiere der dänischen Küstengewässer**,
im Robbenhaus Seehunde und ihre Jungen (Fütterung 11.00, 14.30
Uhr). Zur Freilichtausstellung ge-
hört u. a. eine Köderhütte von
Holmsland Klit – bis zum Beginn
des 20. Jh.s siedelten Kleinbauern
im Frühjahr in solche Hütten in
den Dünen um, und zwar zur
Langleinenfischerei nach Dorsch.
Im Museumshafen ankert der Ewer
»Ane Catherine« der 1887 in Nordby vom Stapel lief (Öffnungszeiten:
Juli – Aug. tgl. 10.00 – 18.00, Sept.
bis Juni tgl. 10.00 – 17.00 Uhr).

Die romanische Jerne Kirke am Strandby Kirkevej ist um 1150 aus Granitquadern errichtet worden. Beachtung verdienen die alten Grabsteine der Jernefamilie aus dem 18. Jh., der Barockaltar und ein Epitaph von 1747 für Probst Maturin Castesen. ◄ Jerne Kirke

Esbjergs älteste Stadtkirche, die Vor Frelsers Kirke an der Kirkegade, wurde 1887 erbaut und 1896 um die Kreuzarme erweitert. Anno 1928 erfolgte dann die Ausschmückung der **Erlöserkirche** mit Bildern von Ole Søndergård sowie die Einweihung der Marcussenorgel mit Holzschnitzereien von Erik Pedersen. ◄ Vor Frelsers Kirke

Ein weiteres Wahrzeichen von Esbjerg ist die 1995 gegenüber am Hertingvej enthüllte Monumentalskulptur **»Menschen am Meer«** von Svend Wiig Hansen. Das letzte große Werk des Künstlers besteht aus vier 9 m hohen männlichen Gestalten, die ihren Blick auf die Nordsee gerichtet haben. ★ **Mennesket ved Havet**

Wer über die Autobahn anreist, passiert einen gewaltigen Erdhügel von 180 m Durchmesser mit kleinen Lichtern, die im Rhythmus des Verkehrs pulsieren – am besten bei Nacht zu sehen. Erst wenn der **»Lichthügel«** ganz mit Heidekraut bewachsen ist, wird das 1997 begonnene Werk von Eva Koch und Steen Høyer vollendet sein. **Lyshøjen**

Umgebung von Esbjerg

Weite Heideflächen und mächtige Schonungen mit Bergkiefern, Sitkafichten und Laubhölzern bestimmen das Landschaftsbild im 1300 ha großen **Naturpark** Marbæk, 12 km nordwestlich der Stadt. In dem Gelände befinden sich zwei Wohnplätze aus der älteren Eisenzeit, die bei Ausgrabungen freigelegt wurden. **Marbæk**

 ## ESBJERG ERLEBEN

AUSKUNFT
Skolegade 33
Tel. 75 55 99, Fax 75 27 87
www.visitesbjerg.dk

ESBJERGPASS
Mit dem Esbjergpass ist der Eintritt zu fast allen Museen frei.

ESSEN
► **Preiswert**
① *Dronning Louise*
Torvet 19
Tel. 75 13 13 44
www.dr-louise.dk

Tanzlokal für das reifere Publikum mit leckeren dänischen Gerichten in einem schmucken Gründerzeitbau direkt im Herzen der Stadt. Jazzmatinee jeden Samstagnachmittag.

ÜBERNACHTEN
► **Komfortabel**
① *Hotel Cabinn Esbjerg*
Skolegade 14
Tel. 75 18 16 00, Fax 75 18 16 24
www.cabinn.com
Das gemütliche Hotel bietet relativ preisgünstige Zimmer an. Kleinfamilien sind herzlich willkommen.

Sie haben Millionen Jahre überdauert: Insekteneinschlüsse im Bernstein

DAS GOLD DES NORDENS

Kein anderer Landstrich in Dänemark ist so bekannt für seine zahlreichen Bernsteinfunde wie die jütländische Nordseeküste. Fündig werden kann man bei jedem Wetter, am besten sind die Chancen aber nach einem kräftigen Sturm, der den Meeresboden aufwühlt und bei auflandigem Wind das berühmte »Gold des Nordens« an den Strand spült.

Viele Mythen und Legenden ranken sich um die Entstehung des magischen Edelsteins, dem bis heute heilende und schützende Kräfte zugeschrieben werden. Während der Römer Plinius in seiner **»Naturalis Historia«** schon die Vermutung äußerte, dass Bernstein aus dem Harz von Nadelhölzern entstanden sei, glaubte man im Mittelalter, dass er aus den Strahlen der untergehenden Sonne auf den Wogen des Meeres geboren werde – und so wurde Bernstein für Magie und Volksheilkunde unentbehrlich. Erst 1767 gelang es, die organische Herkunft des Steins nachzuweisen, der seine Bezeichnung wegen der Brennbarkeit des Harzes nach dem mittelniederdeutschen Wort »Bernen« für »Brennen« erhielt.

Fossile Harztropfen

Inzwischen weiß man, dass das fettglänzende fossile Harz von der **Bernsteinkiefer** Pinus succinifera stammt, die im Tertiär vor 65 – 70 Mio. Jahren weite Teile Nordeuropas bedeckte. Klimaveränderungen führten später

zum Anstieg des Meeresspiegels, der Waldboden wurde überflutet und das Harz weit fortgeschwemmt – bis zur polnischen Samlandküste, die heute die größten Bernsteinvorkommen besitzt. Die Gletscher der letzten Eiszeiten verteilten den Bernstein überall. Was man an der jütländischen Nordseeküste findet, haben Wasser und Eis vielleicht aus dem Baltikum oder von den schwedischen Seen hierher gebracht.

Die Farbe des undurchsichtigen bis klaren Steins variiert zwischen weiß-

kennen kann. Charakteristisch sind die häufigen **Einschlüsse von Insekten und Pflanzenteilen** die im rasch erhärteten Harz hervorragend konserviert worden sind.

Kultstein der Küste

Schon in der Altsteinzeit und bei den Wikingern wurde Bernstein für kultische Zwecke und als Grabbeigabe benutzt. Im Mittelalter verbreitete sich der Handel über die **»Bernsteinstraße«** in ganz Europa, im 17. Jh. war der Stein populärer Zimmerschmuck

Bernstein ist so leicht, dass er im Meerwasser schwimmt

lich gelb und rotbraun. Im Gegensatz zu geschliffenem Glas lässt sich Bernstein mühelos einritzen und ist so leicht, dass er sogar in Salzwasser schwimmt. Er lädt sich elektrisch auf, wenn man ihn an der Kleidung reibt, weshalb man Fälschungen rasch er-

in höfischen Kreisen. Heute findet man an Dänemarks Küsten kaum einen Badeort ohne **Bernsteinschleiferei** und entsprechende Boutiquen. Und geduldige Goldsucher können zwischen dem Strandgut mitunter einen guten Fang machen.

Ho Bugt ► Eindrucksvoll präsentiert sich die Steilküste an der Hobucht mit Pflanzen wie Stranderbse, Meerhanf und Strandhafer. An den Seen kann man Stockenten, Blässhuhn, Austernfischer und Rotschenkel beobachten. Mittelpunkt des Gebiets ist der Marbækgård mit Informationszentrum, Landwirtschaftsausstellung und Restaurant.

Varde ► Am Marktplatz der 20 km nördlich von Esbjerg gelegenen Kleinstadt steht die St.-Jacobi-Kirche aus dem 12. Jh. mit Barockkanzel und spätgotischem Taufbecken. Besonderes Augenmerk verdienen die **Bürgerhäuser aus dem 18. Jh.** wie der Kampmann'sche Hof von 1781 im Louis-XVI-Stil, der Schulzhof von 1796 und das Sillasenshaus, heute Tourismusbüro. Das kulturhistorische Vardemuseum zeigt u. a. jütländisches Steingut und Silber. In der angeschlossenen Arnbjerganlage ist **Varde um 1800 im Maßstab 1:10** nachgebildet. Uniformen, Kanonen und Handwaffen sind im Artilleriemuseum am Vesterhold 11 ausgestellt.

! ***Baedeker*** TIPP

Gartenidylle

Der Sammelleidenschaft des Naturfreunds Tambour ist ein bezaubernder Garten nordöstlich von Varde am Karlsgårde Sø zu verdanken. Fast 40 Jahre lang pflanzte der fantasievolle Schneidermeister hier seine geliebten Blumen, Büsche und Bäume aus aller Herren Länder (Öffnungszeiten: Mai – Sept. tgl. 10.00 – 18.00 Uhr).

Knapp 14 km trennen Varde von **Oksbøl**. In seiner romanischen Ål-Kirche aus dem 12. Jh. gibt es schöne Wandmalereien aus dem 13. Jahrhundert. Das Blåvandshuk Egnsmuseum an der Kirkegade erzählt die Geschichte dieser Gegend. Einen Besuch wert ist auch das neue Bernsteinmuseum mit schönen Exponaten (Vestergade 25).

Blåvands Huk ► Südwestlich überragt am Blåvandshuk, dem **westlichsten Punkt Dänemarks**, ein 39 m hoher Leuchtturm die Dünen. Das 1900 erbaute Leuchtfeuer warnte die Seeleute vor der Sandbank Horn Rev, auf der 80 Windkraftanlagen mit einer Leistung von 160 MW stehen. Der hier beginnende Wanderweg »Kyst til Kyst Stein« durchquert Jütland auf 120 km von Ost nach West (www.kyst-kyststien.dk).

Blåvand, Tirpitz Stillingen ► In den ehemaligen Rettungsstationen von Blåvand am Fyrvej 25 ist das Rettungswesen dokumentiert. Am Tane Hedevej wird in einem deutschen Bunker aus dem Zweiten Weltkrieg über die örtlichen Befestigungen und den Atlantikwall informiert.

Skallingen Von Ho führt ein kleiner Weg über die zum Nationalpark Wattenmeer gehörende Halbinsel Skallingen. Im Sommer grasen hier Schafe und Rinder, Ende August findet der **»Ho Schafsmarkt«** statt.

✶✶ Die wohl schönsten Dünen der jütländischen Westküste erreicht Henne Strand man nordwestlich von Varde bei Henne Strand – im Sommer ist die populäre Ferienhausmetropole fest in deutscher Hand. Die 67 m hohe **Wanderdüne** Blåbjerg bietet eine Traumsicht. Beliebt: noch weiter nördlich das Wald- und Heidegebiet Blåbjerg Plantage.

Faaborg

Insel: Fünen   **Region:** Syddanmark
Einwohnerzahl: 7200

Die reizende Kleinstadt im Süden von Fünen besitzt ein hervorragendes Kunstmuseum und gut erhaltene Bürgerhäuser, die von ihrer ruhmreichen Vergangenheit als Umschlagplatz einer großen Handelsflotte zeugen. In der Umgebung bietet die südfünische Inselwelt ein Paradies für Sportangler, Surfer und Segler.

Fähren verbinden Fünen mit Deutschland und Südjütland (Als), pendeln nach ► Ærø und zu den Inseln Avernakø und Lyø. Nach Bjørnø verkehrt ein Passagierboot. Im Sommer fährt ein Museumszug nach Fjellebroen und Korinth.

Sehenswertes in Faaborg

Trotz eines verheerenden Großbrands 1728 sind viele historische Gebäude und Straßenzüge erhalten geblieben. Von den mittelalterlichen Stadttoren steht noch das Westtor (15. Jh.) in der Vestergade. Während der Grafenfehde 1534–1536 wurde die Festungsanlage bis auf das Westtor zerstört.

Vesterport

Wahrzeichen der Stadt ist ein **Glockenturm** an der Lille Tårnstræde, der für die St.-Nikolai-Kirche im 12. Jh. gebaut wurde. An der Ostwand zeugen Mauerreste von der einstigen Kirche, die im 16. Jh. abgebrochen wurde. Vom jüngst restaurierten Turm blickt man auf die Stadt und die Inseln vor der Küste (Öffnungszeiten: Mitte Juni – Mitte Sept., Herbstferien (Mitte Okt.) tgl. 11.00 – 15.00 Uhr).

✱
Klokketårnet

⏲

In schönster neoklassizistischer Architektur zeigt das Faaborg Museum die Hauptwerke der fünischen Maler.

▶ FAABORG ERLEBEN

ᐥAUSKUNFT

Banegårdspladsen 2 A
Tel. 62 61 07 07, Fax 62 61 33 37
www.visitfaaborg-midtfyn.dk

ESSEN

▶ Fein & teuer

Falsled Kro
Millinge, Assensvej 513
Tel. 62 68 11 11, www.falsledkro.dk
Das Hotelrestaurant im Südwesten von
Fünen hat viele der besten dänischen
Köche ausgebildet. So verspricht die
Speisekarte des luxuriösen Anwesens,
zu dem auch 17 bezaubernde Zimmer
gehören, Gaumenfreuden erster Güte.

▶ Preiswert

Tre Kroner
Strandgade 1
Tel. 62 61 01 50
Die Räume mit Holztischen sind zwar
klein, dafür ist die Auswahl an
Smørrebrød wirklich groß. Spezialität
ist »Trekronerbræt« mit warmem
Hering, Käse und Brot.

ÜBERNACHTEN

▶ Luxus

Steensgaard Herregårdspension
Millinge,
Tel. 62 61 94 90
Fax 63 61 78 61
www.herregaardspension.dk
Um das historische Ambiente des im
14. Jh. erbauten Hauses zu wahren,
wurden die Zimmer, die vier Salons
und der Speisesaal mit kostbaren,
antiken Möbeln ausgestattet. Perfekter
Service, der Park mit seinen alten
Bäumen, ein See und das Tiergehege
vervollkommnen den harmonischen
Gesamteindruck.

▶ Komfortabel

Hotel Færgegaarden
Chr. IX's Vej 31
Tel. 62 61 11 15
Fax 62 61 11 95
Das hübsche Haus von 1857 neben
dem Hafen bietet einen herrlichen
Blick aufs Inselmeer. Im edlen Res-
taurant lässt es sich exquisit tafeln.

Marktplatz Nur wenige Schritte weiter auf dem Marktplatz steht Kai Nielsens **Ymer-Brunnen**, der 1913 von Mads Rasmussen gestiftet wurde. Ymer ist in der nordischen Sagenwelt der Urvater aller Riesen. Das alte Rathaus am Marktplatz beherbergt das Stadtarchiv und die Gefängnisausstellung **»Faaborg Arrest«**, die über das triste Leben in der ehemaligen Strafanstalt berichtet.

★ ★
Faaborg
Museum
for Fynsk
Malerkunst
Ein Muss ist der Besuch im Faaborg-Museum an der Grønnegade 75 mit der größten **Sammlung fünischer Künstler** aus der Zeit um 1900. Zum Bestand gehören Werke der Maler Peter Hansen, Fritz Syberg und Johannes Larsen, Jens Birkholm, Karl Schou und Harald Gier-sing. 1985 entwarf Niels Frithiof Truelsen den Erweiterungsbau für Arbeiten des neoklassizistischen Bildhauers Kai Nielsen (1882 bis 1924). Zu sehen ist ferner eine Studie zu Nielsens wuchtigem Ymer-Brunnen auf dem Marktplatz (Öffnungszeiten: April–Okt. tgl. 10.00 bis 16.00, Nov.–März Di.–So. 11.00–15.00 Uhr).

Feuerwehrwagen im Falckmuseum von Schloss Egeskov, das Graf Ahlefeldt-Lurvig-Bille dem Tourismus geöffnet hat.

Im »alten Hof« von 1725 an der Holkegade ist das frühere Leben in Faaborg dokumentiert, mit einem prunkvollen Rokokosaal, kostbaren Gläsern und Fayencen des 17. und 18. Jh.s. In einem Nebengebäude wird über die **Blütezeit der Seefahrt** berichtet, eine dritte Abteilung ist dem Kunsthandwerk der Insel Lyø gewidmet (Öffnungszeiten: 1. März – 15. Juni Sa./So. 11.00 – 15.00, 16. Juni – 14. Sept. tgl. 10.00 – 16.00, 15. Sept. – 26. Okt. Sa./So. 11.00 – 15.00, Adventszeit tgl. 11.00 – 15.00 Uhr).

Den gamle Gård

Umgebung von Faaborg

Aus dem 15. Jh. stammen die ältesten Teile der mittelalterlichen Wassermühle im Wald 2 km östlich von Faaborg. Besucher können hier den **Alltag einer Müllerfamilie** vor mehr als 100 Jahren erleben (Öffnungszeiten: Mai – Sept., nur bei Führungen um 15.30 Uhr).

Kaleko Mølle

Nach Westen erstreckt sich die Halbinsel Horneland mit der **einzigen Rundkirche Fünens**, die im 12. Jh. bei Horne aus Feldsteinen errichtet und mit Schießscharten versehen wurde. Das Altargemälde von C. W. Eckersberg stammt aus dem Jahre 1812.

Horne

Die A 8 fuhrt von Faaborg nordostwarts Richtung Svanninge Bakker durch die sog. Fünischen Alpen mit Hügeln, flachen Moränenlandschaften und Seen, die ihr Entstehen der letzten Eiszeit vor 15 000 Jahren verdanken.

Fünische Alpen

Nach 9 km taucht **Schloss Brahetrolleborg** auf, das im 15. Jh. begonnen und später mehrfach umgebaut wurde. Am Parkeingang liegt das Restaurant »Humlehaven«, in dem auch Kunst- und Antiquitätenausstellungen stattfinden (Zutritt zum Park tgl. 9.00 – 17.00 Uhr).

Brahetrolleborg

Korinth

Johan Ludvig Reventlow von Brahetrolleborg rief 1784 im nahen Korinth die ersten Volksschulen ins Leben – im benachbarten Gærup erzählt heute ein **Museum die dänische Schulgeschichte** (Öffnungszeiten: Sa. 14.00 – 17.00 Uhr). Schöne Radtouren führen zu den rund um Korinth liegenden Seen Arreskov, Nørresø und Brændegårdssø.

★ ★
Egeskov Slot

Öffnungszeiten:
Mai, Sept.
tgl. 10.00 – 17.00,
Juni, Mitte – Ende
Aug. bis 18.00,
Juli bis 20.00

Märchen können mitunter auch wahr werden. So erscheint es beim Anblick des **Bilderbuchschlösschens** Egeskov, das 1524 – 1554 unter Reichsmarschall Frands Brokkenhuus bei Kværndrup mitten in einem See erbaut wurde – für die Errichtung musste ein ganzer Eichenwald (egeskov) geschlagen werden. Das luxuriöse **Renaissanceschloss** galt für damalige Verhältnisse als Sensation, da alle Wohnräume über einen Kamin verfügten und selbst die obersten Etagen durch ein Aufzugsystem mit Wasser versorgt werden konnten. Seit 1784 ist das noble Anwesen im Besitz der Familie Ahlefeldt-Laurvig-Bille. Im vornehmen Rittersaal grüßt Christian IV. hoch zu Ross, die Gelbe Stube schmücken kostbare Louis-XVI-Möbel, in der Klunkestue findet man Nippes und allerlei Zierrat des Wilhelminischen Zeitalters. Die Riborgstube erzählt das Liebesdrama von der jungen Riborg Brockenhuus, die für ihre Affäre mit dem Junker Frederik Rosenkrantz zu lebenslanger Einzelhaft im Turm verurteilt wurde. Nicht nur im Jagdgang zeugen viele Trophäen von der Leidenschaft für die Großwildjagd in Afrika. Bekannt ist der herrliche Park mit **Barockgarten**, Treetop-Walk durch einen 130 Jahre alten Buchenwald, Kräutergarten und Bambuslabyrinth. In den Stallungen zeigt

Zweifelsohne eines der schönsten Wasserschlösser aus der Renaissance ist Egeskov Slot, für dessen Bau ein ganzer Eichenwald weichen musste.

das **Oldtimermuseum** noble Karossen, das Motorradmuseum Zweiräder von 1920 bis 1970 und das Kaufmannsmuseum einen Kramladen aus den Jahren 1930 – 1950. Das Falckmuseum dokumentiert die Arbeit des Rettungsdienstes, ferner gibt es noch ein Landwirtschafts-, ein Pferdewagen- und seit

2010 auch ein Spielzeugmuseum. Die ehemalige Gärtnerwohnung birgt heute ein Puppenmuseum. Auf mehr als 3000 Teilen besteht »Titanias Palast«, die neueste Attraktion im ersten Stock von Schloss Egeskov. Das Märchenschloss mit 18 Räumen für die Elfenkönigin Titania ließ Sir Neville Wilkinson für seine Tochter Gwendolyn 1907 bis 1922 von James Hicks & Sons in Irland handfertigen.

Falster

S–U 23–25

Region: Sjælland   **Inselfläche:** 514 km²
Bewohnerzahl: 43 400

Große Schonungen sichern die Ostküste der flachen Insel, die nirgendwo höher als 30 m ist. Hauptreiseziel sind die kilometerlangen kinderfreundlichen Sandstrände um Marielyst. Hier befindet sich eine der größten Ferienhausansiedlungen Dänemarks.

Eigentlich werden ► Lolland und Falster fast immer als Einheit genannt, dabei handelt es sich durchaus um zwei eigenständige Inseln, die durch zwei Brücken über den Guldborg Sund verbunden sind. Wie auf der Nachbarinsel Lolland wird die Landwirtschaft vom traditionsreichen Zuckerrübenanbau bestimmt, den Danisco Sugar in Nyköbing F. verarbeitet.

Nyköbing Falster

Größte Stadt der Insel ist **Nyköbing F.**, nicht zu verwechseln mit den beiden anderen Städten gleichen Namens auf Seeland und Mors. Da der Stadtteil Sundby auf der Westseite des Guldborg Sund liegt, greift die Stadt bereits nach Lolland hinüber. Ende des 12. Jahrhunderts wurde eine Befestigung zum Schutz gegen die Wenden angelegt, die man später zum Schloss Nyköbing

! Baedeker TIPP

Zurück ins Mittelalter

Im Middelaldercentret am Guldborg Sund im Ved Hamborgskoven finden Ritterturniere statt, präsentieren Falkner ihre Jagdvögel, zeigen Weber, Tuchfärber und Zinngießer ihr Können. Mehrmals täglich wird die riesige Wurfmaschine abgefeuert. Vom Museumshafen starten Törns mit Repliken historischer Schiffe (Öffnungszeiten: Mai – Sept./dän. Herbstferien im Okt. tgl. 10.00 – 16.00 Uhr; www.middelaldercentret.dk)

ausbaute. Nach der Reformation wurde es zum Witwensitz der dänischen Königinnen, sah man hier gekrönte Häupter Europas wie 1716 Zar Peter den Großen. 1767 wurde das Schloss verkauft und später abgerissen. Von der glorreichen Vergangenheit zeugen einige **schöne Fachwerkhäuser** wie der alte Kornspeicher in der Slotsgade und der Ritmestersgård in der Store Kirkestræde, ein schmucker Renaissancebau aus der Zeit um 1620. In der Langgade 18 steht das älteste Bürgerhaus der Stadt (1580).

✳ **Gråbrødrekirke**

Die Franziskanerkirche im Ortskern wurde um 1482 im gotischem Stil als Teil eines Klosters errichtet. Anno 1627 ließ die Königswitwe Sofie, Mutter Christians IV., hier von Antonius Clement die **größte Ahnentafel Dänemarks** anfertigen mit mehr als 30 Porträts der mecklenburgischen Verwandten.

✳ **Guldborgsund-Museum**

Im Guldborgsund-Museum wird die Inselgeschichte dokumentiert (Öffnungszeiten: Mo. – Sa. 10.00 – 16.00 Uhr; www.aabne-samlin ger. dk). Zum Museum gehört auch das Czarens Hus, dessen gleichnamige Gaststätte im Erdgeschoss noch das Originalinventar besitzt (Zugang zu Museum und Restaurant über die Langgade 2).

Nostalgie pur

Fünf Häuser weiter kann man im nostalgischen Kaufmannsladen »Den Gamle Købmandshandel« an der Langgade 9 wie anno dazu-

▶ FALSTER ERLEBEN

AUSKUNFT

Marielyst
Væggerløse
Marielyst Strandpark 3
Tel. 54 13 62 98, Fax 54 13 62 99

Nykøbing Falster
Østergågade 7
Tel. 54 85 13 03, Fax 54 85 10 05
beide: www.visitlolland-falster.com

ESSEN

▶ **Erschwinglich**
Czarens Hus
Nykøbing Falster
Langgade 2
Tel. 54 85 28 29
Hier stand schon Zar Peter der Große unvermutet vor der Tür, heute serviert man in historischem Rahmen dänische Hausmannskost.

ÜBERNACHTEN

▶ **Komfortabel**
Hotel Falster
Nykøbing Falster, Skovalleen
Tel. 54 85 93 93, Fax 54 82 21 99
www.hotel-falster.dk
Mit dem »Grünen Schlüssel« ausgezeichnetes und für Rollstuhlfahrer geeignetes Hotel. Guter Ausgangspunkt für das Mittelaltercenter, den Knuthenberg Safaripark und das Aalholm Automuseum auf Lolland.

Hotel Nørrevang
Væggerløse; Marielyst Strandvej 32
Tel. 54 13 62 62, Fax 54 13 62 72
www.norrevang.dk
In dem Fachwerkidyll gibt es ein Familienrestaurant, ein Candlelightrestaurant, eine griechische Taverne und eine Diskothek.

mal einkaufen (Mo. – Sa. 11.00 bis
17.00 Uhr). Museumsfreunde sollten sich auch den Besuch im **Feuer-
wehrmuseum** (Brandmuseum) an
der Vendersgade 6 gönnen und das
originelle **Friseurmuseum** (Friseur-
museet) an der Strandgade 2 an-
schauen. Den besten Panoramablick
auf das Geschehen ringsum hat
man vom 32 m hohen Wasserturm
mit Wechselausstellungen auf sieben
Etagen (Vandtårn, Hollands Gård). Für Kinder immer eine Attraktion: der kleine Zoo in der Østre Allé Nr. 97.

! **Baedeker** TIPP

Kilometerlange Strände von Marielyst
Auch in der Hochsaison ist an den weißen
Stränden um die Ferienhaushochburg Marielyst
jede Menge Platz zum Faulenzen und Spielen,
genau das Richtige für Sonnenanbeter, kleine
Wasserratten und passionierte Strandläufer.

Weitere sehenswerte Stätten auf Falster

Rund 12 km östlich von Nykøbing F. steht Schloss Corselitze aus **Corselitze Slot**
dem 18. Jh., umgeben von einem Park im englischen Stil mit romantischen Teichen und Kanälen (Park: April – Okt. tgl. geöffnet). ⊙

Südlich in der alten Dorfkirche von Væggerløse sind im Turmgewöl- **Væggerløse**
be spätmittelalterliche Malereien erhalten. Den berühmten Gangster-
wagen B 11 von Citroën findet man unter den blank polierten Oldti-
mern im **Sportscars Museum** am Stovby Tværvej 11.

Aquapark und Gokartbahn gehören im benachbarten Bøtø zum Ver- **Sommerland**
gnügungspark Sommerland Falster (Öffnungszeiten: Juni – Aug. tgl. **Falster**
10.00 – 18.00 Uhr). ⊙

Von Dänemarks südlichstem Ort, der »jehser« ausgesprochen wird, **Gedser**
bestehen Fährverbindungen nach Warnemünde/Rostock (1 Stunde,
45 Minuten Fahrt). Im Gamle Købmannsgaard am Gedser Landevej
79 zeigen Kunsthandwerker Bauernmalerei, Holzwaren und Keramik. Westwind bei Gedser ist übrigens auch für die besten Surfer eine Herausforderung. Nur zu Fuß zu erreichen ist der Sydstenen, der
den **südlichsten Punkt Dänemarks** markiert.

Die E 55 führt von Nykøbing F. durch fruchtbare Felder und Weiden
nordwestwärts nach **Nørre Alslev**. Seine gotische Kirche birgt ein To-
tentanzfresko des Meisters von Elmelunde (▶Møn).

Ältester Inselort ist das reizvoll am
Grønsund gelegene **Stubbekøbing**
mit dem ältesten Gotteshaus auf
Falster (um 1200). Beachtung verdienen der Renaissancealtar und
die Wandmalereien mit Szenen aus
dem Leben des hl. Rochus. Alte

*Rudge-Ulster,
Baujahr 1938,
im Motorrad-
museum*

Motorräder und Rundfunkgeräte sind im Museum am Nykøbingvej 54 ausgestellt. Das **Egnsmuseum** in der Vestergade Nr. 43 präsentiert Küchengeräte von anno dazumal. Von Mitte Mai bis Anfang September kann man mit der Fähre in 15 Minuten zum Inselchen Bogø übersetzen, wo eine Brücke zur Insel ▶Møn weiterleitet.

Hesnæs ▶   Wer noch ein Fotomotiv sucht, wird 12 km südöstlich fündig. Sogar die Wände der Reethäuser sind aus diesem Material gefertigt.

Fanø

P 3

Region: Syddanmark   **Inselfläche:** 55 km²
Bewohnerzahl: 3200

Auf der zum Nationalpark Wattenmeer gehörenden Insel Fanø südlich von ▶ Esbjerg enden die Strände erst am Horizont. Wattenmeer, Wälder, die Dünenheide und malerische Orte wie das idyllische Sønderho bieten verlockende Alternativen zum Faulenzen im Sand. Mitte Juni lockt das größte internationale Kiteflyer-Meeting der Welt Tausende Drachenflieger auf die Insel.

Insel der
Seefahrer
Entstanden ist die Nordseeinsel aus einer Sandbank im Wattenmeer. 1741 erkauften die Inselbewohner ihre Freiheit vom dänischen König auf einer Auktion in ▶ Ribe. Nun durften die ehemaligen Pachtbauern freien Handel treiben und eigene Schiffe bauen. Zwischen 1741 und 1896 liefen hier mehr als 1000 Segelschiffe vom Stapel, 1897 besaß Fanø eine der größten Handelsflotten Dänemarks. In der Saison fährt von ▶Esbjerg halbstündlich eine Fähre (20 Min.) her.

Sog des
Mondes
Zweimal täglich lassen sich **Ebbe und Flut** am Strand oder der östlichen Wattseite der Insel gut beobachten. Das Wasser steigt und fällt in Abständen von ca. 6 Stunden und 20 Minuten. Die genauen Intervalle der Hochwasserzeiten sind v. a. für die Schifffahrt wichtig und werden jährlich in einem Gezeitenkalender festgehalten. Auf Fanø und ▶Rømø beträgt der Unterschied zwischen Hoch- und Niedrigwasser ca. 1,80 m, das Wasser wagt sich meist nur etwa 1 m auf den Strand. Bei Flut füllen sich die Priele rasch, an der Nordspitze von Fanø meistens nicht mehr als bis zu einer kinderfreundlichen Höhe, an der Südspitze jedoch bis zu 1,50 m! Aufpassen muss man auch bei ablandigen Winden und Strömungen, um nicht hinauszutreiben! Auch das Auto nicht näher als 100 m an der Wasserkante parken!

 FANØ

AUSKUNFT
Færgevej 1, Nordby
Tel. 75 16 26 00, Fax 75 16 29 03
www.fanoe.dk
www.visitfanoe.dk

Festlicher Höhepunkt der Fannikertage ist ein Umzug in historischen Trachten.

Die weitläufigen, nahrungsreichen Wattflächen sind Laichplatz und Kinderstube vieler Fischarten der Nordsee sowie Speisekammer für zahlreiche Wasservögel, die sich hier vor allem in der Zugzeit von März bis Mai und von Juli bis November zu Tausenden versammeln. Dazu gehören Gänse, Enten und Seeschwalben, Austernfischer, Sandregenpfeifer und Alpenstrandläufer. Fast die ganze Saison werden **geführte Wattwanderungen** angeboten (►Special Guide, S. 3). Auf den Sandbänken südlich der Insel tummeln sich im Sommer die Seehunde, auf Søren Jessens Sand an der Nordspitze kann man stundenlang im weißen Sand herumstreifen. Achtung! Immer Wasser- und Strömungsverhältnisse abfragen und nie bei Nebel wandern, da man leicht die Orientierung verlieren kann. In der Dünenheide wachsen Leimkraut, Heidenelke und Thymian, Moos-, Krähen- und Rauschbeere, während in den Strandwiesen die sog. Pionierpflanzen gedeihen, die die Neubildung von Marschland sichern, wie Queller, Schlickgras und Strandgänsefuß.

Wattenmeer und Dünenheide

> ! **Baedeker** TIPP
>
> **Beobachtungsposten für Vogelfreunde**
> Am Deich bei der »Børsen« in Sønderho, beliebter Treff zum Klönen über Wind und Wetter, kann man in der Zugzeit bis zu 100 000 Wattvögel beobachten.

Nordby

Hauptort der Insel ist die alte Seefahrergemeinde Nordby, die vor gut 100 Jahren mit der Segelschifffahrt ihre große Zeit erlebte, bevor ► Esbjerg zur bedeutendsten Hafenstadt an der westjütischen Küste aufstieg. Noch heute ist Norby ein Zentrum für seemännische Ausbildung, findet man **romantische Gassen** mit über 200 Jahre alten Häusern wie Trappen und Mellemgaden.

Seefahrer

Von der traditionsreichen Vergangenheit erzählt das Schifffahrts- und Trachtenmuseum im 1891 erbauten **Skipperhaus** am Hovedgaden 28. Gezeigt werden nicht nur Schiffsmodelle, sondern auch Dokumente vom harten Arbeitsalltag (Öffnungszeiten: Mai – Sept. tgl. 11.00 – 16.00, Okt. – April Mo. – Sa. 11.00 – 13.00 Uhr).

★
Skibsfarts- og Dragtsamling
🕐

Über 300 Jahre alt ist das Gebäude des Fanømuseums am Skolevej 2 mit einer Sammlung von Möbeln, Werkzeug und seltenen Gegenständen, die Seeleute aus aller Welt mitgebracht haben (Öffnungszeiten: Juni, Sept. Mo. – Sa. 11.00 – 14.00 Uhr, Juli/Aug. Mo. – Fr. 11.00 bis 16.00 Uhr). An der Decke der 1786 geweihten Nordbykirche, die ein Walmdach mit glasierten Ziegeln hat, hängen neun **Schiffsmodelle**; das Taufbecken ist auf die zweite Hälfte des 15. Jh.s datiert.

Fanø-Museum
🕐

Rund 3 km südwestlich von Nordby gehört zu Fanø Vesterhavsbad ein schöner Sandstrand. Dieser erstreckt sich an der Westseite der Insel südwärts, während das Innere großenteils mit Wald bestanden ist. Der naturschöne **Staatswald** ist durch Aufforstung seit der Jahrhundertwende entstanden.

Fanø Vesterhavsbad, Klintplantage

Sønderho

Reetgedeckte Fischerhäuschen bestimmen das Ortsbild von Sønderho an der Südspitze der Insel. Wie eine Seemannsfamilie früher lebte, zeigt das um 1800 erbaute **Hannes Hus** am Øster Land 7, das mit Originalmöbeln eingerichtet ist.

Verlockende Motive und gute Lichtverhältnisse zogen seit dem 19. Jh. viele Maler nach Fanø, sodass hier eine kleine Künstlerkolonie entstand. Anno 1992 wurde in einem restaurierten Kaufmannsladen aus dem Jahre 1868 und im ehemaligen Elektrizitätswerk am Nordland 5 das **Kunstmuseum** ins

> ❗ *Baedeker* TIPP
>
> **Sønderho Kro**
> Lange Spaziergänge und endlose Sonnentage am Strand machen Appetit. Wer außer guter Küche ein historisches Ambiente zu schätzen weiß, findet beides im Gasthof am Kropladsen 11, der seit 1722 in Betrieb ist. Hier werden noch im Steinofen nach grönländischem Muster eigene Räucherwaren hergestellt. Spezialität: mit Wacholderbeeren geräucherte Wurst und hausgemachte Marmelade.

← *Dank für den Schutz auf See: das Votivschiff in der Nordbykirche*

*Das Wattenmeer sprüht vor Leben, im Frühjahr und Herbst lassen sich
Tausende von Zugvögeln beobachten.*

Leben gerufen. Dessen Bilder haben vor allem das Wattenmeer zum
Thema, darunter Arbeiten von Julius Exner, Johan Rohde, Holger
Drachmann und Jørgen Hahn (Öffnungszeiten: Apr. – Sept. Di. – So.
14.00 – 17.00 Uhr).

**Fliesen, Trachten,
Buddelschiffe**

Im Café Nanas Stue am Sønder Land 1 ist eine Sammlung der charakteristischen holländisch-friesischen Wandfliesen zu bewundern,
die von Seeleuten seit 1650 auf die Insel gebracht wurden. Aus der
Zeit von 1850 bis heute stammen die Buddelschiffe, die im **Kro-
manns Hotel** am Sønder Land 7 ausgestellt sind. Wer sich über die
gefährliche Arbeit der Rettungsboote im 19. Jh. informieren will,
sollte in der ehemaligen Rettungsstation am Sønderho Strandvej vorbeischauen. Alljährlich findet Mitte Juli in der 1895 erbauten Mühle
am Vester Land 44 der Sønderhotag statt, zu dem viele Bewohner ihre alten Trachten tragen.

Fredericia

011

Halbinsel: Jütland		**Region:** Syddanmark
Einwohnerzahl: 39 500		

**Auf drei Seiten ist Fredericia von Wasser umgeben. Daher finden
Sonnenanbeter wie Freizeitkapitäne ein herrliches Revier – die
Ausflüge auf dem Kleinen Belt versprechen Natur pur und vom
Stadtkern zum Østerstrand sind es nur zehn Gehminuten.**

Wallanlagen

Nördlich der Brückenverbindung zwischen ▶Jütland und ▶Fünen,
wurde 1650 auf Geheiß von König Frederik III. ein Festungsstädt-
chen angelegt, um das nördliche Jütland und die Überfahrt zu den
Inseln zu schützen. Innerhalb eines halbrunden Ringwalls legte Fes-

tungsbaumeister Gottfried Hoffmann ein rechtwinkeliges Straßennetz an. 1664 erhielt der Ort den Namen seines Gründers: Fredericia. Um den Ort zu bevölkern, gewährte der König besondere Rechte wie Glaubensfreiheit und Asyl für Schuldner. Ende des 17. Jh.s kamen jüdische Familien und seit dem 18. Jh. auch Reformierte, von denen viele Tabak anbauten. Im Verlauf des ersten deutsch-dänischen Krieges 1848–1850 gelang den Dänen am 6. Juli 1849 ein siegreicher Ausfall von den Wällen Fredericias, das die Deutschen belagert hatten. Jährlich wird daher am 5. und 6. Juli auf den Wallanlagen ein großes **Fest** gefeiert. Heute zählen die Wälle zu den größten Dänemarks, ein Spaziergang bietet einen weiten Rundblick. Von den ursprünglichen Stadttoren ist nur noch das **Prinzentor** (Prinsenport) von 1750 erhalten, ferner ein Kastell an der Spitze der Halbinsel.

Acht alte **Fachwerkhäuser** an der Jernbanegade 10 gehören zum städtischen Museum, das die komplette Werkstatteinrichtung der Silberwarenfabrik Cohr zeigt sowie Dokumente zu den Glaubensgemeinschaften, die einst in Fredericia Aufnahme gefunden haben (Öffnungszeiten: Mitte Juni–Mitte Aug. tgl. 11.00–17.00; sonst Di.–So, 12.00–16.00 Uhr).

✳ Fredericia Bymuseet ☉

Das Smidstrup & Omegns Museet im Præstegårdsvej 74 bietet mit mehr als 1000 Exponaten einen Einblick in das Landleben vor über 100 Jahren auf Hof und Feld (Öffnungszeiten: Mai–Sept. Do., Sa. 14.00–17.00 Uhr, sonst nach tel. Voranmeldung, Tel. 75 86 01 42).

Smidstrup & Omegns Museet ☉

Jüngste Zeitgeschichte vermittelt das Museum in einem Doppelbunker aus dem Zweiten Weltkrieg an der Nørre Voldgade, während es sich beim Museum in der Østervoldgade um die historische Sammlung des Telegrafenregiments Bülows Kaserne handelt.

Weitere Museen

FREDERICIA ERLEBEN

AUSKUNFT
Vendersgade 30 D
Tel. 72 11 35 11, Fax 72 11 35 20
www.visitfredericia.dk
www.frederciakommune.dk

ESSEN
▶ **Fein & teuer**
Kryb-I-Ly Kro
Koldinglandevej 160, Tel. 75 56 25 55
Fax 75 56 45 14, www.krybily.dk
Einer der schönsten Gasthöfe
Dänemarks ist der »Schlüpf-unter-Krug«, der bereits 1737 von König

Christian VI. seine Privilegien erhielt.
Das Restaurant ist landesweit für seine
ausgezeichnete Küche bekannt.

ÜBERNACHTEN
▶ **Komfortabel**
Hotel Postgården
Oldenborggade 4
Tel. 75 92 18 55, Fax 75 92 15 65
www.postgaarden.dk
Nahe bei den Wallanlagen können die
Gäste in diesem modernen Hotel
unter mehreren verschiedenen Zimmertypen auswählen.

Madsby Parken ✳

Bootsfahrten auf dem See, Indianerdorf, Verkehrsschule und Badeland gehören zum weitläufigen Madsby Parken nordwestlich vom Bahnhof.

Den historiske Miniby ►

Wie Fredericia 1849 mit seinen schnurgeraden Straßen und Häusern im Schutz der Wälle aussah, zeigt die **Miniaturstadt** im Maßstab 1 : 10 hinter dem Sportzentrum am Vestre Ringvej.

Umgebung von Fredericia

Naturfreunden empfiehlt sich nördlich der Stadt eine Wanderung durch die Dünenlandschaft Trelde Næs. Westlich von hier liegt an der Küste **Hvidbjerg** ein hübscher Badeort mit feinkörnigem Sandstrand und bis zu 27 m hohen weißen Dünen, denen der Ort seinen Namen verdankt: »Weißer Berg«.

Landidylle für Gourmets ✳

Ländliche Idylle verspricht ein Besuch der alten **Wassermühle** von Børkop am Vandmøllevej 4. Im Sommer wird hier noch frisch gemahlenes Mehl verkauft, wenn die Mühlräder am Wochenende in Betrieb gehen. Landesweit bekannt ist das 1583 erstmals erwähnte, heute liebevoll restaurierte Gebäude als Gourmettempelchen mit romantischer Atmosphäre (Tel. 75 86 87 88, www.borkopmolle.dk).

Frederikshavn

C 16

Halbinsel: Jütland   **Region:** Nordjylland
Einwohnerzahl: 23 300

Frederikshavn ist der größte Ort nördlich des Limfjords. Angler können direkt an der Küste Lachse fangen und jenseits der kinderfreundlichen Sandstrände finden auch Surfer und Segler ihr Dorado. Die 60 km lange »Grüne Tour« führt Rad- und Wanderfreunde zu den Mooren und Dünen, Heiden und Wäldern am Kattegat.

Musik und Fischerei

Im »kleinen Liverpool«, wie der Sänger Allan Olsen seine Geburtsstadt nannte, gibt es urgemütliche Ecken und jede Menge Musik vom Neujahrskonzert im Colosseum über Pfingstrock bei Knivholt bis hin zum klassischen Vendsysselfestival im Sommer.
In der 1818 nach Friedrich VI. benannten Hafenstadt am Kattegat sind Fischerei und Fisch verarbeitende Betriebe wichtige Wirtschaftszweige geblieben.

Sehenswertes in Frederikshavn

Hafen

Ein Erlebnis sind die Hafenmanöver im großen Fährhafen. Der Marinehafen ist **Heimathafen der königlichen »Dannebrog«**; zudem verbringen hier Eisbrecher ihre Sommerpause. Neben Fischkuttern

Im weißen Pulverturm sind 300 Jahre Militärgeschichte dokumentiert.

findet man im Fischereihafen auch viele historische Schiffe. An den dänischen Seehelden Peder Wessel, geadelt als Tordenskiold, der hier seinen Flottenstützpunkt hatte, erinnern die Tordenskiold-Tage. Unter dem Titel **»Aaret er 1717«** (Wir schreiben das Jahr 1717) erzählen sie jedes Jahr ein Kapitel aus der glorreichen Geschichte der Stadt. 1000 Laienschauspieler und Statisten in historischen Kostümen lassen mit Fechtkämpfen, Kanonenfeuer, Seeschlachten, Licht- und Toneffekten die Zeit vor 300 Jahren wieder aufleben (www.tordens kiold.dk). Ankerplätze für Segeljachten bieten der Rønnerhavnen am Nordstrand und der Søsporthavnen bei Sønderstrand.

Am Havnepladsen steht das Wahrzeichen der Stadt: Der weiße **Pulverturm** wurde Ende des 17. Jh.s nach Plänen des Festungsbaumeisters Anthon Coucheron aus Feldsteinen errichtet. Heute sind hier schwere Kanonen und Waffen aus der Zeit von 1600 bis 1900 zu sehen (Öffnungszeiten: Juni – Ende Aug. Di. – So. 10.00 – 17.00 Uhr).

Krudttårnet

Die quirlige Fußgängerzone führt hinauf zur Jernbanegade, wo man links zum Kunstmuseum abbiegt mit einer schönen Sammlung **lokaler Künstler** und internationalen Wechselausstellungen.

Kunstmuseum

Nördlich des Fischereihafens erstreckt sich der älteste Stadtteil, der im 16. Jh. angelegt wurde. Am besten erkundet man zu Fuß die verwinkelten Gassen mit gut erhaltenen Häusern des 18. und 19. Jh.s.

Fiskerklyngen

Rund 4 km südwestlich der Stadt hat man vom 58 m hohen **Cloosturm**, der sich 165 m ü. d. M. erhebt, eine herrliche Aussicht über ganz Vendsyssel von ►Skagen bis Hammer Bakker.

Cloostårnet

Umgebung von Frederikshavn

Palmcity

Ganz in der Nähe von Frederikshavn entstand Ende 2008 für 135 Millionen Euro die »Palm City« mit 700 Feriendomizilen, Badeland, einen Wellnessbereich und 18-Loch-**Golfplatz**, konzipiert und gebaut vom schottischen Golf-Star Colin Montgomerie (www.palmcity.dk).

✴ ✴
Bangsbo

Vor gut 100 Jahren war der **Herrenhof Bangsbo** ein Treffpunkt der dänischen Kulturelite, darunter die Schriftsteller Herman Bang und Gustav Wied. Erstmals 1364 erwähnt, war das Gut später Teil des Klosters Børglum. Das älteste Wirtschaftsgebäude stammt aus der Zeit um 1583, die meisten Gebäude kamen zwischen 1880 und 1909 hinzu. Heute ist das restaurierte Anwesen am südlichen Stadtrand (Buslinie 3 vom Rathausplatz bis zum Restaurant Møllehuset) ein Museum, Botanischer Garten und Tierpark mit einem etwa 50 ha großen Wald- und Parkgelände. Schmuckstück der Seefahrtsabteilung mit einer ausgezeichneten Sammlung von **Galionsfiguren** ist das im Herbst 1163 erbaute, 14 m lange Ellingå-Schiff, das 15 t Ladung aufnehmen konnte. Zur Wagensammlung gehören Pferdefuhrwerke aus den letzten 400 Jahren. Einzigartig sind die Kunstobjekte aus Haar. Weiter sind hier die Besatzungsjahre 1940–1945 dokumentiert (Öffnungszeiten: tgl. 10.30–17.00 Uhr, Nov.–Mai Mo. geschlossen). Von den Pikkerhügeln (Pikkerbakken) unweit südlich folgt der Wanderweg Dronningestien 3 km lang der Steilküste – und bietet bei gutem Wetter traumhafte Ausblicke auf die Stadt und über den Kattegat bis nach Skagen.

✴
Sæby

Das »Städtchen am Meer« liegt 12 km südlich von Frederikshavn. Schon die Wikinger wussten den Naturhafen zu schätzen. Künstler und Schriftsteller wie Herman Bang und Henrich Ibsen entdeckten vor etwa 100 Jahren die Gemeinde; heute dümpeln im Hafen Fischkutter und Segeljachten und man kann frisch geräucherten Hering

▶ **FREDERIKSHAVN ERLEBEN**

AUSKUNFT

Skandiatorv 1
Tel. 98 42 32 66, Fax 98 42 99
www.toppenafdanmark.dk

ESSEN

▶ **Erschwinglich**
Moby Dick
Boensgade 8, Tel. 98 43 40 17
Kellerlokal mit internationaler Küche.
Die Spezialität des Hauses: gebratener Aal.

ÜBERNACHTEN

▶ **Komfortabel**
Herman Bang Hotel
Tondenskjoldsgade 3
Tel. 98 42 21 66,
Fax 98 42 21 07
www.hermanbang.dk
Stadthotel in Hafennähe mit ansprechendem Mix aus Tradition und Design, 60 Z., Wellness und Whirlpool. Weiterer Vorzug: die kostenlosen Parkplätze.

Im Herrenhaus Bangsbo wird die Wikingerzeit wieder lebendig, man kann Schiffe besichtigen und darüber staunen, was sich aus Haaren alles basteln lässt.

probieren. In Strandnähe steht die weiß getünchte **St.-Marien-Kirche**, Überrest eines Karmeliterklosters von 1460. Die Kirche ist bekannt für ihre Fresken (16. Jh.); im Chorgestühl haben Lateinschüler Schiffstypen eingeritzt, die sie im 17./18. Jh. am Hafen beobachteten. Ein Klassenzimmer aus den 1920er-Jahren und eine Wohnstube im wilhelminischen Stil gehören zum Stadtmuseum in der Algade (www.saeby-museum.dk). In der benachbarten **Glaspusterie** kann man bei der Arbeit zusehen, Gläser, Vasen und Schalen kaufen.

Breite Wallgräben umgeben die schlichten Gebäude des **Herrensitzes**, der im Mittelalter dem Bischof von Børglum gehörte. Das Hauptgebäude stammt aus der Renaissance. Drei Admiräle hatten hier ihren Wohnsitz, unter ihnen Seeheld Niels Juel (1629 – 1697), Oberbefehlshaber der dänischen Flotte. Im Schlosshof ist einer der wenigen Treppentürme Dänemarks mit Quadersteinmauerung erhalten (Öffnungszeiten: Juni – Aug. Di. – So. 10.00 – 17.00 Uhr).

✳
Sæbygård

Frederikssund

Insel: Seeland   **Region:** Hovedstaden
Einwohnerzahl: 15 300

Heute ist die nach Frederik III. benannte Hafenstadt vor allem für ihre Wikingerspiele bekannt, die Mitte Juni bis Anfang Juli auf der Freilichtbühne Kalvøen südlich vom Hafen inszeniert werden. Anziehungskraft haben auch der Jachthafen und das revitalisierte Werftgelände, Kunstbeflissene zieht es ins J.-F.-Willumsen-Museum.

Da der lang gestreckte Roskildefjord bei Frederikssund am leichtesten zu überqueren ist, gab es hier bereits im Mittelalter eine Fährstelle, die 1573 Zollrechte erhielt. Wie man im 8. bis 11. Jh. lebte, wird in der rekonstruierten **Wikingersiedlung** von Frederikssund anschaulich dargestellt. Südlich im Fjord bei Skuldelev wurden die Reste von fünf Wikingerschiffen aus der Zeit um 1000 geborgen, die heute auf der Museumsinsel von ▶Roskilde ausgestellt sind.

J.-F.-Willumsen-Museum

Über 70 Jahre spielte Jens Ferdinand Willumsen (1863–1958) in der dänischen Kunstszene eine bedeutende Rolle: Der gebürtige Kopenhagener lebte lange in Frankreich, wo er u. a. mit Paul Gauguin zusammentraf. Unter der Bedingung, dass dafür ein Museum erbaut würde, vermachte Willumsen seine zahlreichen Gemälde, Skulpturen und architektonischen Entwürfe der Stadt. Der 1955 bis 1957 errichtete Bau am Jenriksvej 4 zeigt **125 Werke des Künstlers**, darunter »Badende Kinder am Strand von Skagen« und das »Große Relief«, an dem Willumsen über 30 Jahre gearbeitet hat (Öffnungszeiten: Di. bis So. 10.00–17.00 Uhr, www.jfwillumsensmuseum.dk).

Umgebung von Frederikssund

Færgegården

Das Heimatmuseum des grünen Fjordlandes neben der Kronprinz-Frederiks-Brücke in einem ehemaligen Fährhaus zeigt u. a. bronzezeitliche Felszeichnungen und ein ca. 5000 Jahre altes **Megalithgrab**.

Jægerspris Slot

Fast fremdartig wirkt das große Jagdschloss auf der sanft gewellten Halbinsel Hornsherred, 7 km westlich der Stadt. Es ist mehr als sechs Jahrhunderte alt und verwandelte sich von der mittelalterlichen Burg in eine bequeme königliche Wohnung »nach Gutsherrenart«. **Frederik VII.** machte das dreiflügelige Anwesen 1848 zur **Sommerresidenz**, wo er viel Zeit mit seiner Gemahlin Louise Rasmussen, der späteren Gräfin Danner, verbrachte. Nach dem Tod des Königs vermachte die Gräfin das Schloss 1863 einer Stiftung für hilfsbedürftige Menschen. Heute kann man die Gedenkräume mit den ursprünglichen Möbeln und der Pfeifen- und Waffensammlung des Königs besichtigen sowie ein Kinderheimmuseum (Öffnungszeiten: Mitte März–Ende Okt. Di.–So. 11.00–16.00 Uhr; www.kongfrederik.dk).

Skuldelev Dukkemuseet

Mit mehr als 2500 alten Puppen, Dampfmaschinen und Modelleisenbahnen erweckt das **Spielzeugmuseum** knapp 8 km südlich der Stadt in Skuldelev nostalgische Kinderträume zu neuem Leben.

Selsø Slot

Schloss Selsø liegt am gleichnamigen See mit einem großen Vogelreservat. Das Anwesen wurde während der Renaissance errichtet und später barockisiert. Das Hauptaugenmerk gilt dem **Rittersaal** mit Originaltäfelung und großem Deckengemälde (Öffnungszeiten: Mai bis Okt. Sa./So. 13.00–16.00, Sommer- und Herbstferien tgl. 11.00 bis 16.00 Uhr; in der Saison Konzerte im Rittersaal, www.selsoe.dk).

Die Hafenstadt Frederiksværk liegt am friedvollen Arresee, mit 40 km² der größte Binnensee Dänemarks und Lebensraum für Fischreiher, Wildgänse und stolze Seeadler. Unter der Leitung von General Classen wurde im Jahr 1761 das Gjethuset erbaut, seit 1996 das **Kulturzentrum** von Frederiksværk an der Gjethusgade 5. Classen gründete 1756 an der Krudtværksalléen 1 eine Schießpulverfabrik (heute das Krudtværksmuseum). Von Pferden und Feuerspritzen erzählt das Brandværnsmuseum in der Vognmandsgade 5; die Stadtgeschichte wird anschaulich im Bymuseum (Torvet 18–20) illustriert.

Frederiksværk, Arresø

In Liseleje gehören Straßencafés, kleine Antiquitätenhändler, Marktsamstage und Mittsommerfest ebenso zum Bild wie in Tisvildeleje mit seinem **kilometerlangen, kinderfreundlichen Sandstrand** – der wohl attraktivste Abschnitt der Kattegat-Küste mit südländischem Flair. Hier surft man, badet, sonnt sich und faulenzt. Zwischen beiden Orten erstreckt sich der Wald Tisvildeleje Hegn mit dem Naturschutzgebiet Tibirke Bakker, wo Kiefern, Wacholder und Heidekraut die vom Sandtreiben geformten Hügel bewachsen.

✱ Liseleje, Tisvildeleje

Jenseits des Isefjords liegt einer der ältesten Handelsorte Dänemarks: **Nykøbing Sjælland**, das Herz der fruchtbaren Landschaft Odsherred. Die Anneberg Samlingerne in der Anneberg Stræde zählt zu den bedeutendsten Sammlungen antiker Gläser in Nordeuropa, das Pakhuset am Vesterbro Torv 4 stellt Werke der aktiven Kunstszene vor. Dem Odsherred-Heimatmuseum in der Kirkestræde 12 mit Interieurs von Bauernhäusern und Fischerkaten ist ein ebenso nettes wie lehrreiches Bäckereimuseum angeschlossen.

> **❗ Baedeker TIPP**
>
> **Im ewigen Eis**
>
> Lange wohnte der dänische Polarforscher Knud Rasmussen (1879–1933) in Hundested am Treffpunkt von Isefjord und Kattegat. Im Arbeitszimmer seiner reetgedeckten Villa beim Leuchtturm Spodsbjerg schrieb der engagierte Ethnologe und Kartograf Berichte über seine Expeditionen zu den Eskimos und seine Durchquerung der Arktis bis zur Beringstraße. Wie er dabei den magnetischen Nordpol entdeckte und vieles mehr erzählt das spannende Museum in seinem Domizil (Öffnungszeiten: tgl. 11.00–16.00 Uhr).

Kinderfreundliche Sandstrände und **unzählige Ferienhäuser** gehören zur attraktiven Halbinsel, die westlich ins Kattegat hinausragt. Gemütlichster Fischerhafen ist Havnebyen – unter der Woche wird hier um 8.00 Uhr fangfrischer Fisch versteigert. Vom benachbarten Odden setzen die Fähren nach Ebeltoft (▶Århus, Umgebung) über. Die frühromanische Kirche von Højby ist sehr schön mit gotischen Kalkmalereien ausgeschmückt. Südlich verspricht Seelands längste Wasserrutschbahn am Gl. Nykøbingvej 169 Badespaß für die ganze Familie – der Vergnügungspark hat sogar eine eigene Bahnstation. Im Moor wenige Kilometer südwestlich wurde 1902 der berühmte bronzezeitliche **»Sonnenwagen von Trundholm«** (▶ S. 51) freigelegt,

Odsherred

◀ Havnebyen

✱ ◀ Sommerland Sjælland

► FREDERIKSSUND ERLEBEN

AUSKUNFT

Tourist-Info
Havnegade 5 A
Tel. 47 31 06 85
Fax 47 31 36 74
www.visitfrederikssund.dk

Nykøbing Sjælland
Svanestræde 9
Tel. 59 91 08 88, Fax 59 93 00 24
www.visitodsherred.dk

Frederiksværk
Gjethusgade 5
Tel. 47 72 30 01, Fax 47 72 30 22
www.frvturist.dk

Hundested
Nørregade 22
Tel. 47 93 77 88, Fax 47 93 78 67
http://visithalsnaes.dk

ÜBERNACHTEN

► Komfortabel

Hundested Kro & Hotel
Hundested; Nørregade 10
Tel. 47 93 75 38, Fax 47 93 78 61
www.hundested-kro.dk
Schon wegen seiner Fischspezialitäten
ist der Gasthof gut besucht. Zudem
gibt es ein überdachtes Schwimm-
becken, Fitnessraum und Sauna. Und
zum Strand sind es gerade mal 100 m.

Fårevejle Kirche ► der heute im ►Kopenhagener Nationalmuseum steht. In der Fårevejle Kirke hat der Earl of Bothwell 1578 seine letzte Ruhe gefunden –
der schottische Adlige heiratete 1567 Königin Maria Stuart.

Fyn · Fünen

O–R 11–17

Region: Syddanmark   **Inselfläche:** 3482 km²
Bewohnerzahl: 455 000

**Hans Christian Andersen nannte seine Heimat Fünen den »Garten
Dänemarks«, dessen intakte Natur bis heute den Besucher faszi-
niert. Dänemarks zweitgrößte Insel bezaubert auch durch verträumte Städtchen mit reetgedeckten Häusern und verwinkelten
Gassen, die flachen Sandstrände sind für Kinder ein Paradies.**

Garten
Dänemarks

Die Insel zwischen Kleinem und Großem Belt »verbindet« ►Jütland
mit ►Seeland. Sie ist flach, nur im Südwesten bildet eine waldreiche
Moränenkette die **»Fünen'schen Alpen«**. Fruchtbare Mergelböden erlauben einen intensiven Gemüseanbau – hier sitzen Dänemarks
Hauptlieferanten für Erdbeeren und Tomaten. Kulturelles Zentrum
ist ►Odense, die Geburtsstadt von Märchenerzähler H. C. Andersen
(►S. 317). Fünen gilt als das **»Land der hundert Herrenhöfe«**, von
denen es hier tatsächlich über 120 gibt. Einige davon sind zugänglich
wie Egeskov Slot (►S. 172), Valdemar Slot und Nyborg Slot.

Man erreicht Fünen von Jütland aus über den Kleinen Belt auf einer der beiden großen Brücken bei ▶Middelfart: Die ältere, 1,2 km lange Brücke wurde 1935 errichtet. Weiter nördlich wurde 1970 für die E 20 die 1,1 km lange, erste Hängebrücke Dänemarks gebaut, mit einer Spannweite von 600 m. Seit 1998 können Autofahrer auch den Großen Belt in 15 Minuten überqueren. (▶Baedeker Special, S. 30). Zahlreiche Fähren verbinden Fünen mit anderen dänischen Inseln. **Anreise**

Seit Sommer 2007 erschließt **Dänemarks längste Wanderroute** auf 220 km die schönsten Ecken des südfünenschen Inselmeers. Eine dreitägige individuelle Wochenend-Wanderung auf dem Øhavsstien mit Gepäcktransport hat der dänische Wander- und Outdoorspezialist Vagabond Tours in seinem Programm (www.vagabondtours.dk). **Øhavsstien**

Haderslev

Q 9/10

Halbinsel: Jütland　　　　　**Region:** Syddanmark
Einwohnerzahl: 23 300

Direkt an der Förde wurde im 12. Jh. Haderslev gegründet. Ein großer Teil seiner Häuser, die den verheerenden Stadtbrand im 17. Jh. überstanden hatten, sind liebevoll erhalten worden. Westlich der Stadt weitet sich der Fjord zu einem See, wo der Raddampfer »Helene« von Mai bis September zu Ausflugsfahrten einlädt.

Auf dem höchsten Hügel der Stadt thront der gotische Dom. Ein erster Sakralbau stand hier bereits im 13. Jh., mit der heutigen Hallenkirche aus Backstein wurde im 15. Jh. begonnen. Im Inneren beeindruckt der lichte Hochchor mit 16 hochstrebenden gotischen Fenstern. Das bronzene Taufbecken wurde 1485 von Peter Hansen aus Flensburg gegossen, den Altar mit einem Kruzifix aus der Zeit um 1300 zieren Apostelfiguren aus Alabaster. Die Altardecken und Messgewänder hat **Königin Margrethe II.** selbst entworfen. **Vor Frue Kirke**

Die schönsten Fachwerkhäuser stehen in der nahen Slotsgade. Eines davon, das Haus Nr. 20 aus dem Jahre 1580, zeigt eine einzigartige **Sammlung von Keramik** aus ganz Dänemark und Südschleswig – zwischen 1864 und 1920 gehörte Haderslev zur preußischen Provinz Schleswig-Holstein und kam erst nach der Teilung des Herzogtums 1920 endgültig zu Dänemark (Öffnungszeiten: Juni – Aug. Di. – Fr. 10.00 – 17.00 Uhr, Sa./So. 13.00 – 17.00, Sept. – Mai Di. – So. 13.00 bis 17.00 Uhr). ✱ **Ehlers Samlingen** ◷

Einen Besuch lohnt das Haderslev-Museum an der Dalgade 7 schon der herausragenden **archäologischen Abteilung** wegen: Ausgestellt sind u. a. neolithische Feuersteingeräte, Goldschalen aus der Bronze- ✱ **Haderslev-Museum**

Das ehemalige Witwenhaus der Herrnhuter Brüdergemeine in Christiansfeld informiert über die Missionsarbeit in aller Welt.

zeit sowie einer Kopie der bronzezeitlichen Tracht des »Skrydstrup-Mädchens«. Zum Gelände gehört außerdem ein **Freilichtmuseum** mit alten Fachwerkhöfen aus Ostschleswig und einer Bockmühle, wie sie den holländischen Windmühlen als Vorbild diente (Öffnungszeiten: Juni – Aug. Di. – So. 10.00 – 16.00 Uhr, Sept. – Mai Di. bis So. 13.00 – 16.00 Uhr, www.haderslev-museum.dk).

Umgebung von Haderslev

Vojens

Eishockey, Speedway und die Kühlschränke der Firma Gram A/S haben das 12 km westlich von Haderslev gelegene Vojens bekannt gemacht. Nicht zu vergessen die bronzezeitlichen Grabfunde im Raum Vojens, darunter das Grab des **»Skrydstrup-Mädchens«**, das vor mehr als 3500 Jahren hier gelebt hat.

Dansk Klokkemuseet

Knapp 15 km nördlich bei Sommersted gibt es seit 1998 ein Glockenmuseum in der ehemaligen Over Lerte Kirche am Farrisvej 12.

Christiansfeld

Ein ganz eigenes Kapitel der Region beschreibt knapp 12 km nördlich von Haderslev das »Honigkuchendorf« Christiansfeld. Mit Einwilligung König Christians VII., dem Namensgeber, wurde der Ort 1773 von einer Gruppe **Herrnhuter** aus dem holländischen Zeist gegründet. Die Herrnhuter Brüdergemeine (nicht »-gemeinde«!) ist eine evangelische freie Gemeinde mit der gleichen Glaubensgrundlage wie die dänische Volkskirche. In nur wenigen Jahren entstand das in seiner architektonischen Schlichtheit eindrucksvolle Städtchen mit schnurgeraden Straßen, die sich rechtwinklig kreuzen. Die 1777 eingeweihte **Kirche** im Dorfkern kann sich rühmen, Dänemarks größten Kirchensaal ohne tragende Pfeiler zu besitzen – der schmucklose, ganz in weiß gehaltene Raum bietet Platz für 1000 Besucher. Viele Häuser der Brüdergemeine stehen heute unter Denkmalschutz. Im Westflügel des Witwenhauses (Enkehuset) in der Nørregade 16 schildert ein **Museum** die Lokalgeschichte und berichtet über die weltweite Missionstätigkeit. Im Schatten mächtiger Linden ruhen auf dem Gottesacker, wie der Friedhof bei den Herrnhutern genannt wird, die Schwestern zur Rechten und die Brüder zur Linken vom Eingang.

Baedeker TIPP

Köstliche Honigkuchen

In der 1783 eingerichteten Gamle Honningkage Bageri werden in Christiansfeld nach überliefertem Rezept noch heute die köstlichen Christiansfelder Honigkuchen gebacken – ein Leckerbissen für Leckermäuler.

HADERSLEV ERLEBEN

AUSKUNFT

Haderslev Touristikbüro
Honnørkajen 1
Nørregade 52
Tel. 73 54 56 30, Fax 74 53 46 67
www.haderslev-turist.dk

Christiansfeld
Kongensgade 5
Tel. 74 56 16 30, Fax 74 56 32 18

ESSEN

► Erschwinglich

Café Kafka
Nørregade 6, Tel. 74 53 00 08
www.cafekafka.dk
Unweit des Jachthafens wird stilvolles Ambiente zu annehmbaren Preisen geboten. Sucht ihresgleichen: die frische Pasta des Hauses mit delikater Krabbensauce.

ÜBERNACHTEN

► Komfortabel

Aarosund Badehotel
Haderslev, Ved Faergegården 1
Tel. 74 58 41 73

www.aarosundbadehotel.dk
Nostalgisches Badehotel mit gemütlichen Zimmern, herrlicher Aussicht, dazu in der Kaiserstube die Gourmetküche von Tina Michaelsen.

Brødremeninghedens Hotel
Christiansfeld, Lindegade 25
Tel. 74 56 17 10, Fax 74 56 36 40
www.bmhotel.dk
Die lange Geschichte des 1773 erbauten Hotels, einst Gästehaus der Brüdergemeine wird in allen Räumen spürbar, auch im Restaurant, wo man ausgezeichnet tafeln kann. Unwiderstehlich sind die Nachspeisen!

Hotel Harmonien
Haderslev, Gåskærgade 19
Tel. 74 52 37 20
Fax 74 52 44 51
www.harmonien.dk
Jüngst restauriertes Hotel mit Atmosphäre. Im Weißen Saal, in dem schon 1863 König Frederik VII. mit Gräfin Danner tanzte, kann man auch heute vorzüglich speisen.

★★ Helsingør

L 28

Insel: Seeland
Einwohnerzahl: 46 200

Region: Hovedstaden

Weltberühmt wurde die Stadt dank Shakespeare, der seinen von Zweifeln geplagten Hamlet durch die Hallen von Schloss Kronborg irren ließ. Die Festung ist die Hauptattraktion Helsingørs, doch mit ihren schönen Fachwerkhäusern kann auch die Altstadt punkten. Wahre Schätze moderner Kunst stellt das Louisiana-Museum aus.

Geldquelle am Øresund

»Ich finde, der Øresund ist das herrlichste Gewässer der Welt. Ich kenne keine Meereslandschaft, über der die Wolken so oft wechseln und deren Küsten sich so sehr in den verschiedenen Jahreszeiten ändern«, schwärmt Louisianagründer Knud Jensen in seiner 1991 erschienenen Autobiografie. Über die 4,5 km breite Einfahrt zum Øresund wacht ►Seelands zweitgrößte Stadt und **geschäftigster Fährhafen**. In nur 20 Minuten erreicht man mit der Fähre das schwedische Helsingborg. Mittelalterliche Fachwerkbauten und schöne Renaissancegebäude im Zentrum zeugen von jener Zeit, als Helsingør eine wichtige Rolle in der dänischen Geschichte spielte: Alle Schiffe, die den Øresund passierten, mussten hier von 1422 bis 1857 den Øresundzoll zahlen. Mit den beträchtlichen Einnahmen – in den besten Jahren kamen dadurch bis zu 10 Prozent der dänischen Staatskasse zusammen – konnte um 1600 die Festung Kronborg errichtet werden. Wer noch mehr Schlösser sehen möchte, sollte eine Reise im »Lille Nord«-Zug machen: Seit 1864 verbindet die Bahn Kronborg Slot mit der königlichen Residenz Fredensborg und dem Märchenschloss Frederiksborg in ►Hillerød.

Baedeker TIPP

Markt und Möbel

Auf dem Axeltorv ist mittwochs und samstags Markttag, von Mai bis Oktober kann man hier freitags nach Antiquitäten stöbern.

Innenstadt

★★ Altstadt

Sorgsame Restaurierung und Denkmalpflege im alten Stadtkern machen einen Bummel zum Vergnügen. Haupteinkaufsmeile ist die von alten Fachwerkhäusern gesäumte **Stengade**, die zum 1855 erbauten Rathaus führt. Auch an der Strandgade, der östlich parallel verlaufenden Fußgängerzone, findet man gut erhaltene historische Bauten wie **Stephan Hansens Gård** im Rokokostil von 1760 (Nr. 95), die 1577 begonnene Alte Apotheke (Nr. 77) und den auf 1520 datierten Richterhof (Nr. 72). Das besterhaltene mittelalterliche Ensemble bietet die kleine **Gammel Færgestræde**, die von der Hafenpromenade in die Stadt führt.

Der Dom mit Resten einer romanischen Vorgängerkirche aus dem **Sct. Olai Kirke**
13. Jh. wurde 1559 vollendet. Die Taufkapelle schmücken Gemälde
von Joakim Skovgaard, der Altaraufsatz stammt aus dem Jahr 1662.

Helsingør *Orientierung*

Essen
① Anno 1880
② Søstrene Olsen

Übernachten
① Marienlyst
② Hotel Sleep2Night
③ Hotel Villa Strand
④ Sauntehus Slotshotel

▶ HELSINGØR ERLEBEN

AUSKUNFT

Visit Nordsjælland
Havnepladsen 3
Tel. 49 21 13 33, Fax 49 21 15 77
www.visitnordsjaelland.com

Gilleleje
Hovedgade 6 F
Tel. 48 30 01 74, Fax 48 30 34 74

Hornbæk
Vestre Stejlebakke 2 A
Tel. 49 70 47 47, Fax 49 70 41 42

EVENTS

Helsingør Pigegarde: Jeden Freitag von
Mai bis September marschiert die
Majorettengruppe Helsingør Pigegarde
musizierend durch die Straßen – zur
Weihnachtszeit verkleiden sich die
Spielleute als Wichtelmännchen.

ESSEN

▶ Erschwinglich

② **Søstrene Olsen**
Hornbæk, Øresundsvej 10
Tel. 49 70 05 50, www.sostreneolsen.dk
Strohdachidyll von 1897, wo man sich
den Genuss bester dänisch-französischer Küche gönnen sollte (nur
geöffnet von März bis Oktober).

▶ Preiswert

① **Anno 1880**
Helsingør, Kongensgade 6
Tel. 49 21 54 80
Gemütlicher dänischer Kro mit
traditioneller Küche.

ÜBERNACHTEN

▶ Luxus

① **Marienlyst**
Helsingør, Nordre Strandvej 2
Tel. 49 21 40 00, Fax 49 21 49 00
www.marienlyst.dk
Seit 1901 zählt das Traditionshotel am
Øresund zu den führenden Häusern
Skandinaviens. Man speist mit Blick
aufs Wasser und entspannt sich im
Erlebnisbad oder im Spielkasino.

▶ Komfortabel

② **Hotel Sleep2Night**
Helsingør, Industrivej 19
Tel. 49 27 01 00, Fax 49 27 01 91
www.sleep2night.com
57 DZ und 26 Apartments mit Drei-
sternestandard, kostenlosem Internet,
sauber, modern – und für dänische
Verhältnisse ausgesprochen günstig.

③ **Hotel Villa Strand**
Hornbæk, Kystvej 12
Tel. 49 70 00 88, Fax 49 70 00 88
Das Haus am Strand von Hornbæk
verfügt über einen ruhigen Garten mit
direktem Zugang zu den Dünen. Im
Restaurant hat man die Wahl zwischen
dänischen und koscheren Gerichten.

④ **Sauntehus Slotshotel**
Hornbæk, Saunte Bygade 50
Tel. 49 75 03 15, Fax 49 75 00 80
www.royalclassic.dk
Das reizvoll gelegene Hotel verfügt
über Tennisplatz, Hallenbad, Sauna
und Solarium, zum Badestrand und
Golfplatz ist es nicht weit.

Um 1430 entstand nördlich an der Sct. Anna Gade ein Karmeliter-kloster, das bald zu den bedeutendsten Klöstern Dänemarks zählte. Im ehemaligen Armenhaus der gotischen Klosteranlage zeigt heute das Bymuseet historische Dokumente und ein Modell der Stadt von 1801. In der spätmittelalterlichen Klosterkirche Sct. Mariæ war ab 1660 der Barockkomponist **Dietrich Buxtehude** (1637–1707) Organist, bevor er 1668 nach Lübeck ging.

★
Karmeliter-klosteret

Nördliche Stadt

Familien mit Kindern sollten das 185 m² große Aquarium an den Strandpromenaden beim Nordhafen einplanen. In zehn Becken sind verschiedene Lebensräume und **Meerestiere aus dem Øresund** zu sehen, einschließlich dem Wrack einer gesunkenen Fregatte (Öffnungszeiten: Sept.–Mai Mo.–Fr. 10.00–16.00, Sa./So. 10.00–17.00, Juni–Aug. tgl. 10.00–17.00 Uhr, www.oeresundsakvariet.ku.dk).

Øresunds-akvariet

🕐

Etwa zeitgleich mit Kronborg Slot wurde Schloss Marienlyst 1587 als Aussichtspavillon zum Sund hin gebaut und um 1760 von Nicolas-Henri Jardin für Königin Juliane Marie, die Witwe Frederiks V., umgebaut und erweitert. Heute sind hier originale **Louis-XVI.-Möbel**, Ansichten der Stadt Helsingør und Silberarbeiten zu bewundern. Im Park liegt eines der drei in Dänemark vorhandenen Gedenkgräber für **Prinz Hamlet**, ein 1926 aufgestellter Granitsarkophag von Einar Utzon-Frank.

Marienlyst Slot

Im **Technikmuseum** am Nordre Strandvej 23 wird die Entwicklung von Wissenschaft und Technik aufgezeigt; eine Sondersammlung ist dem Astronomen Ole Rømer gewidmet. Die angeschlossene Ausstellung in der Verkehrshalle südwestlich am Ole Rømersvej 15 stellt Oldtimer der Luft, der Schiene und der Straße vor, wie das dänische Auto »Hammelvognen« von 1896 (Öffnungszeiten: Di.–So. 10.00 bis 17.00 Uhr).

Danmarks Teknisk Museet

🕐

Kronborg Slot

★ ★

Auf einer sandigen Halbinsel an der schmalsten Stelle des Øresund thront weithin sichtbar Schloss Kronborg, wo William Shakespeare seinen Helden **Hamlet** den bedeutungsschweren Satz »To be or not to be« sprechen lässt. Auch das geflügelte Wort »Etwas ist faul im Staate Dänemark!«, das Hamlets Freund Marcellus im 1. Akt ausruft, stammt aus der um 1600 entstandenen Tragödie um den selbstquälerischen Dänenprinzen, der den Meuchelmord an seinem Vater rächen will und dabei schließlich selbst den Tod findet. Immer wieder gab und gibt es **Gastspiele** berühmter Hamletdarsteller, unter ihnen beispielsweise Gustav Gründgens, Sir Lawrence Olivier und Kenneth Branagh. 1420 erstand unter Erich von Pommern eine erste, »Krogen« (Haken) genannte Burg, die den vorbeifahrenden Schiffen den

Hamletschloss
🕐
Öffnungszeiten:
Mai–Sept. tgl.
10.30–17.00
sonst Di.–So.
11.00–16.00
www.kronborg
castle.com

◀ Baugeschichte

Sundzoll abverlangte. Das jetzige Schloss wurde 1574–1585 unter Frederik II. durch die Flamen Hans van Paeschen und Antonius van Opbergen zu einer vierflügeligen **Renaissanceanlage** umgebaut. Nach einem Brand 1629, bei der nur die Kirche verschont blieb, ließ Christian IV. (▶Berühmte Persönlichkeiten) durch Hans van Steenwinckel d. J. das Schloss 1635–1640 unverändert wieder aufbauen. Weitere Aus- und Umbauten folgten, 1785–1922 diente es als Kaserne. Zwischen 1924 und 1935 wurde es von J. Magdahl-Nielsen komplett restauriert und im Stil Frederiks II. und Christians IV. wieder hergerichtet. Unterstützt wird der Erhalt der Einrichtungen seit Jahren von der Ny-Carlsberg-Stiftung. Die Gemäldebestände des 16. und 17. Jh.s ergänzen laufend Leihgaben des ▶Kopenhagener Statens Museum for Kunst sowie des Nationalhistorischen Museums von Frederiksborg Slot in ▶ Hillerød. Die ehemaligen **Königsgemächer**

Berühmt wurde Schloss Kronborg durch Shakespeare, der seinen Hamlet hier den bedeutungsschweren Satz »To be or not to be« sprechen lässt.

liegen im Nordflügel. Mit 62 m Länge und 11 m Breite ist der **Rittersaal** der größte und einer der schönsten Renaissancesäle Nordeuropas. Seine Gemälde thematisieren die Macht der Planeten über das menschliche Lebens. Tapisserien des Flamen Hans Knieper aus dem Jahr 1582 zeigen die frühe dänische Monarchen. Die **Schlosskapelle** im Südflügel besitzt eine

sehr schöne Renaissanceausstattung mit kunstvollen Holzschnitzereien deutscher Meister. Das vergoldete Alabasterrelief der Kreuzigung über dem Altar ist auf 1587 datiert, die Verkleidung des Altarunterbaus lieferten 1982 die Textilkünstler Kirsten und John Becker. Das dänische Handels- und Seefahrtsmuseum im Nordflügel gibt Einblick in die dänische Kolonialgeschichte sowie die Entwicklung von Schiffsbau und Navigationsinstrumenten. 145 Stufen führen die Wendeltreppe im »Trompeterturm« hinauf. Inzwischen wieder zu besichtigen ist die Flaggenbastion mit faszinierendem Blick über den Øresund hinüber nach Schweden. Auf dem Verteidigungswerk stehen die um 1760 gegossenen Kanonen. Sie werden noch heute eingesetzt – für Salutschüsse an königlichen Festen, zuletzt bei der Hochzeit von Prinz Joachim und Marie Cavallier.

◄ Handels- og Søfartsmuseet

Bis 2012 wird Schloss Kronborg bei laufendem Betrieb für 100 Millionen Euro renoviert, u. a. die historischen Bastionen und Außenanlagen. Gleichzeitig wird im Hafen das Areal der Helsingør-Werft, auf der bis zur Schließung 1983 mehr als 100 Jahre lang Schiffe vom Stapel liefen, in eine Kulturwerft verwandelt, mit Konzert- und Theatersaal sowie Hauptbibliothek im Zentrum. Das nationale Seefahrtsmuseum soll dann in einem Trockendock zwischen Schloss Kronborg und der ehemaligen Werft eine neue Heimat finden.

◄ Kulturhafen Kronborg

Umgebung von Helsingør

Ist es die Kunst des 20. Jh.s oder ihr Arrangement an der Steilküste vor der Kulisse von Øresund und Südschweden oder beides? Am Gl. Strandvej 13 von Humlebæk, rund 10 km südlich von Helsingør, liegen zwischen alten Bäumen weiße Ausstellungspavillons, verstecken sich Wandelgänge und lichtdurchflutete Wintergärten, die das Geländegefälle einbeziehen. Initiator des Museums war der Industrielle Knud Jensen, der 1954 zunächst nur an eine Heimstatt skandinavischer Kunst dachte. Dank großzügiger Schenkungen, vor allem des Ny Carlsbergfonds, entwickelte sich das Museum aber bald zu einer internationalen Kollektion, heute weltweit **eine der besten Sammlungen der Moderne**. Den Eingang Louisianas markiert eine efeubewachsene alte Sommervilla. Ihr früherer Besitzer war mit drei Frauen verheiratet, die alle Louise hießen – daher der Name des Museums.

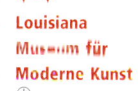

★ ★
Louisiana Museum für Moderne Kunst
⏱ Öffnungszeiten:
Di. – Fr.
11.00 – 22.00, Sa./
So. bis 18.00 Uhr
Auskunft:
Tel. 49 19 07 19,
www.louisiana.dk

Die ständige Sammlung setzt nach dem Zweiten Weltkrieg ein, als dänische Künstler wie Robert Jacobsen und Richard Mortensen nach Paris gingen und dort u. a. Josef Albers, Pablo Picasso und Alexander Calder trafen, deren Werke nun in Louisiana zu bewundern sind. Die wegweisende **CoBrA**-Gruppe ist mit Gemälden von Asger Jorn, Karel Appel und Pierre Alechinsky vertreten. Aus den 1950er-Jahren stammen Skulpturen von **Alberto Giacometti** und Germaine Richier sowie Gemälde von Saura, Sam Francis und Mark Rothko. **Jean Tinguelys** Freiluftskulptur »Skizze des Weltuntergangs« erinnert an die wilden 1960er, die farbenfrohe **Pop-Art** wird durch Roy Lichtenstein, Robert Rauschenberg und Andy Warhol präsentiert. Raumgreifend sind die gewaltigen Leinwände von Morris Louis und Frank Stella. Die 1970er und 1980er sind durch Josef Beuys, **Per Kirkeby**, Richard Serra, Georg Baselitz und Anselm Kiefer vertreten. Höhepunkte der Skulpturensammlung sind der lichte Giacomettisaal und die Bronzestatuen von **Henry Moore, Max Ernst und Alexander Calder** im weiten Parkgelände. Die Grafikausstellung zeigt schwerpunktmäßig Arbeiten von Mona Hatoum, Pipilotti Rist und Paul McCarthy der 1990er-Jahre. Louisiana veranstaltet jedes Jahr 6 – 8 Sonderausstellungen. Im Børnehus werden Aktionen für die Jüngsten geboten und in der Cafeteria kann man den Kaffee mit Meerblick genießen.

Schönstes Domizil moderner Kunst: Im Museum Louisiana sitzt man ganz ungezwungen zu Füßen der Calderskulpturen hoch über dem Øresund.

Louisiana *Museum for Moderne Kunst*

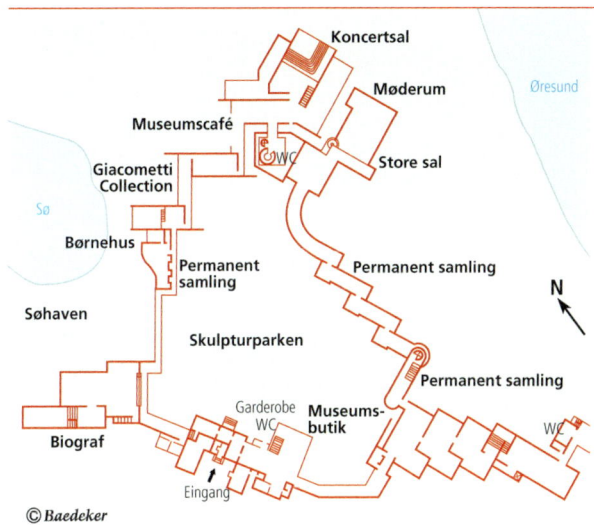

Koncertsal
Møderum
Øresund
Museumscafé
WC
Store sal
Giacometti Collection
Sø
Børnehus
Permanent samling
Permanent samling
N
Søhaven
Skulpturparken
Permanent samling
Garderobe WC
Museums-butik
WC
Biograf
Eingang
© *Baedeker*

Von Helsingør nach Gilleleje

Über fast allen der kilometerlangen weißen Sandstrände nördlich von Helsingør weht die begehrte »Blaue Fahne«, das Symbol für sauberes Badewasser. Meist grenzen meterhohe Dünen den Strand vom Hinterland ab und bieten Schutz vor dem Wind. Die besten Strände liegen bei Julebæk, Hornbæk, Dronningmølle und Gilleleje. An den aussichtsreichen Steilküsten weht jener besondere Wind, der das Gebiet zum Paradies für Surfer und Drachenflieger macht.

★ ★
Sandstrände und Surfgebiete

Um die Festung Kronborg mit Waffen zu versorgen, produzierten bei Hellebæk ab ca. 1600 die Gewehrfabrik Kronborg und ab etwa 1765 die Mühle **Hammermøllen** jährlich bis zu 6000 Gewehre.

? **WUSSTEN SIE SCHON …?**

■ Hier wurden schon große Gedanken gedacht: Westlich von Gilleleje führt ein schmaler Spazierweg oberhalb der Steilküste beim 33 m hohen Gilbjerg Hoved zu einem Gedenkstein für den Philosophen Søren Kierkegaard, der die schöne Aussicht oft genossen hat.

Das populäre **Seebad** am Übergang vom Øresund zum Kattegat besitzt neben alten Fischerhäusern und einer großen Marina gute Einkaufsmöglichkeiten – die trendigen Gummistiefel von Ilse Jacobsen sind nicht nur in Dänemark Kult.

★
Hornbæk

Etwa 2 km landeinwärts von Dronningmølle und seinen herrlichen Sandstränden kann man Gemälde und Skulpturen von Rudolph Teg-

Rudolf-Tegner-Museum

ner (1873–1950) bestaunen. Auch das wuchtige Museumsgebäude entwarf der Symbolist 1938 selbst.

★ **Gilleleje** Seelands nördlichster Ort wurde vor über 500 Jahren von Heringsfischern gegründet. Heute ist der Hafen von morgens bis abends voller Leben und eine Heringsfabrik dient im Sommer sogar für Kunstausstellungen. Erwartungsgemäß liegt auch der Schwerpunkt des Museums an der Vesterbrogade 56 auf der Fischerei.

Herning

L 6

Halbinsel: Jütland **Einwohnerzahl:** 45 900 **Region:** Midtjylland

Ende des 17. Jh.s gab es in Herning nur ein paar Höfe. Erst die Industrialisierung brachte im 19. Jh. den Aufschwung zur »Hauptstadt der Wolle«. Einen Besuch lohnt die Industriestadt wegen ihrer Museen, die vom Leben auf den Heidehöfen und in den Textilfabriken erzählen. Ein Highlight der Moderne bildet das Museum des CoBrA-Künstlers Carl-Henning Pedersen.

★ **HEART Herning Museum of Contemporary Art** Geschildert wird die Heidekultur durch nachgestellte Interieurs von Bauernhäusern. Die Strickstube erinnert an das Stricken in Heimarbeit, das traditionelle Handwerk der »Uldjyder« (Wollejütländer) als Grundstein der späteren Stoffproduktion. Eine Besonderheit ist **»Das Jahr auf Jens Nielsens Bauernhof«** von Inge Faurtoft: In 57 Puppenschachteln wird der Alltag vom Frühjahr bis zum Weihnachtsfest geschildert (Museumsgade 32; Öffnungszeiten: Di.–Fr. 10.00–16.30, Sa., So. 11.00–16.30 Uhr).

In der Museumsgade 28 wird im **Danmarks Fotomuseum** die Geschichte der Fotografie dokumentiert (Öffnungszeiten: Di.–So. 12.00–16.30 Uhr, im Juli 11.00 bis 16.30 Uhr).

Westlich vom Stadtzentrum an der Vestergade 20 informiert das Textilforum in der ehemaligen Herning Klædefabrik, die 1876 als Wollspinnerei begann, mit Ausstellungen und Werkstattvorführungen über die **Textilindustrie**.

Als wichtiger Architekturbeitrag Mitteljütlands gilt nordöstlich vom Cityring der 1579 erbaute **Herren-**

▶ **HERNING**

AUSKUNFT

VisitHerning
Torvet 8, Tel. 96 27 22 22
Fax 96 27 22 23, www.visitherning.com

ÜBERNACHTEN

▶ **Komfortabel**
Hotel Eyde
Torvet 1
Tel. 97 22 18 00, Fax 97 21 01 65
www.eyde.dk
Das Hotel am Marktplatz gilt als die beste Adresse der Stadt. Im Restaurant warten kulinarische Genüsse.

Großflächige Keramikarbeiten schmücken das Museum für Else Alfelt und Carl-Henning Pedersen.

sitz Herningsholm am Viborgvej 72. Seit der Restaurierung 1980 befindet sich hier ein Museum für den Heidedichter **Steen Steensens Blicher** (1782–1848), der volkstümliche Novellen über das Leben der Region schrieb (Öffnungszeiten: Juni bis Sept. Di.–Do. 12.00 bis 16.00, Sa., So. 13.00–17.00 Uhr).

✷ Blichermuseet

Aus leuchtend weißem Beton und Schalendach entwarf der US-amerikanische Stararchitekt Steven Holl den 20 Millionen Euro teuren Neubau des HEART Herning Museum of Contemporary Art, der seit September 2009 den funktionalen Vorgängerbau Angli, eine einstige Hemdenfabrik des Fabrikanten Åge Damgård, ersetzt. Wichtigster Künstler der neuen Sammlung für Gegenwartskunst ist Piero Manzoni, der 1960/61 in Herning arbeitete. Die italienische Sammlung des Museums enthält u. a. auch Arbeiten von Enrico Castellani, Lucio Fontana, Augusto Bonalumi, Paolo Scheggi, Mario Merz und Jannis Kounellis. Zweiter Sammlungsschwerpunkt ist dänische bzw. skandinavische Kunst, die u. a. mit Per Kirkeby, Poul Gernes, Bjørn Nørgaard, Peter Bonnen, Eva Sørensen and Svend Dalsgaard vertreten ist. Zudem besitzt das Museum die größte Sammlung von Ingvar-Cronhammar-Skulpturen in Dänemark (Öffnungszeiten: Di. bis So. 10.00–17.00, Do. bis 22.00 Uhr; www.heartmus.dk).

✷✷ Herning Kunstmuseet

Gegenüber spiegelt sich in einem Wassergraben ein weiterer, 90 m langer Keramikfries von Pedersen: die Außenwand des Museums, das 1976 den rund 4000 Werken des Künstlerehepaars Carl-Henning Pedersen und Else Alfelt gewidmet ist (Öffnungszeiten: Mai–Okt. Di. bis So. 10.00–17.00, Nov.–Apr. Di.–Fr. 10.00–17.00, Sa./So. 12.00 bis 17.00 Uhr; www.chpeamuseum.dk).

✷✷ Pedersen & Alfelts Museet

Im Sommer 2001 wurde am Birk Centervej eine **gigantische Skulptur** eingeweiht: Mit einem Durchmesser von 60 m und einer Höhe von 32 m ragt Ingvar Cronhammars »Elia« mit seinen vier Säulen wie eine irrationale Peilmarke über die flache Landschaft. Im 30 000 m² großen Resonanzraum wird das Echo von Blitz und Don-

✷ Elia

ner eingefangen. Elia ist an das Naturgasnetz angeschlossen und aktiviert alle 18 Tage einen kolossalen Flammenwerfer, der für die Dauer von 30 Sek. eine 8 m hohe Stichflamme in die Höhe schießt.

Umgebung von Herning

Søby Brunkuls-museet ⏱ Etwa 10 km südlich der Stadt wird im **Braunkohlemuseum** in Søby über das Leben im Revier von 1939 bis 1967 berichtet – hier waren bis zu 3000 Menschen in der Kohleförderung beschäftigt (Öffnungszeiten: Apr. – Okt. tgl. 10.00 – 17.00 Uhr; www.brunkulsmuseum.dk).

Jyllands Mini-Zoo Kinder können bei Havnstrup, 10 km westlich von Herning, im Minizoo Pony reiten und Tiger, Giraffen und Seelöwen beobachten.

Hillerød

M 26

Insel: Seeland   **Region:** Hovedstaden
Einwohnerzahl: 30 000

Keine Viertelstunde von der königlichen Sommerresidenz Fredensborg entfernt liegt Hillerød, eine eher mäßig aufregende Stadt zum Einkaufen. Highlight ist unmittelbar neben dem Zentrum das prachtvolle Frederiksborg Slot, das sich auf drei Inseln inmitten eines Sees erhebt.

Frederiksborg Slot *Orientierung*

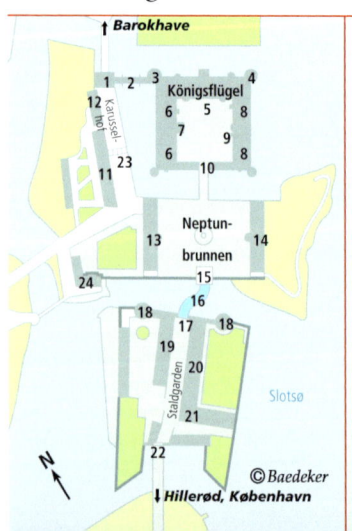

1 Audienzhaus
2 Langer Gang
3 Münzturm
4 Jägerbergturm
5 Große Galerie
6 Kirchenflügel
7 Kirchturm
8 Prinzessinnenflügel
9 Küchenbrunnen
10 Terrassengebäude
11 Vorratsflügel
12 Teestuben
13 Haus des Schlossherrn
14 Kanzleigebäude
15 Gefängnisturm
16 S-Brücke
17 Portal Christians VI.
18 Rundtürme Frederiks II.
19 Königsstall
20 Husarenstall
21 Herluf Trolles Turm
22 Stadttor
23 Karusseltor
24 Restaurant »Slotsherrens Kro«

© Baedeker

⏺ HILLERØD ERLEBEN

AUSKUNFT

Christiansgade 1
Tel. 48 24 26 26, Fax 48 24 02 62
www.c4.dk/Turist-Information.aspx
www.visitnordsjaelland.com

SHOPPING

Im Einkaufscenter Slotsarkaderne, das
an die Fußgängerzone anschließt,
kann man auch bei schlechtem Wetter
durch 50 nette Läden bummeln.

ÜBERNACHTEN

► **Luxus**
Hotel Store Kro
Fredensborg, Slotsgade 6
Tel. 48 48 01 11, Fax 48 48 45 61
www.storekro.dk
König Frederik IV. ließ das Haus
1719 – 1722 erbauen. Die Geschichte
des Hotels ist zu spüren – auch im
Restaurant, das dänische und franzö-
sische Speisen serviert.

◄ ✱ Frederiksborg Slot (Nationalhistorisk Museet)

Christian IV. (►Berühmte Persönlichkeiten) ließ an der Stelle einer
Schlossanlage Frederiks II. zwischen 1602 und 1620 von Hans van
Steenwinkel d. Ä. und dessen Sohn Dänemarks schönstes Renais-
sance-Schloss erbauen. Stilistisch erinnern die stark strukturierten
Backsteingebäude an die niederländische Renaissance: helle Sand-
steineinfassungen, geschwungene Giebel und aufgesetzte Kupfertür-
me. Bis zum Bau von Fredensborg Slot (►Umgebung von Hillerød)
lieferte Schloss Frederiksborg den dänischen Monarchen einen noblen Rahmen für ihre **Krönungszeremonien**. So traten alle Herrscher
zwischen 1671 und 1840 ihre Regierung hier in der Schlosskirche an.
Außerdem wurde in Schloss Frederiksborg der Elefantenorden neu
geregelt, 1671 der Dannebrogorden eingeführt. 1693 erhob man die
Schlosskapelle zur **Ritterordenskapelle**, eine Funktion, die sie noch
heute innehat.

Nach Vollendung von Schloss Fredensborg bekam Frederiksborg im
späteren 18. und 19. Jh. allmählich Museumscharakter, der Rittersaal
wurde zur Gemäldegalerie umgestaltet und Frederik VI. ließ 1812 eine Porträtsammlung einrichten. Frederik VII. machte das Schloss erneut zu seiner Residenz, die er nach einem Brand im Dezember 1859
unter Leitung von Ferdinand Meldahl auch weitgehend wieder res-
taurieren ließ. Als nach seinem Tod weder Staat noch Königshaus Interesse an dem Bau bekundeten, gründete J. C. Jakobsen, der Besitzer
der Brauerei Carlsberg, eine Stiftung und ließ Schloss Frederiksborg
am 5. April 1878 als »Nationalhistorisches Museum Dänemarks« er-
öffnen. Die Sammlung an **kostbaren Möbeln** und historisch bedeut-
samen Gegenständen ist so umfangreich, weil es zu jener Zeit noch
keine anderen Kunstgewerbemuseen in Dänemark gab und daher alles hier zusammengetragen wurde. Auch die **Porträtsammlung Frederiks VI.** wurde im Museum aufgenommen.

⏱ Öffnungszeiten:
Nov. – März
tgl. 11.00 – 15.00,
April – Okt.
tgl. 10.00 – 17.00
www.frederiksborg
museet.dk

**Nationalhistorisk
Museet**

Schlossanlage

Ein Ausflugsdampfer fährt zwischen Mai und September vom Torvet in Hillerød über den Schlosssee zur Anlegebrücke dicht am Eingang der Renaissanceanlage, die sich über drei Inselchen verteilt. Den äußeren Schlosshof betritt man durch einen wuchtigen **Torturm**, den Hans van Steenwinkel d. J. in den Jahren 1618 – 1623 erbaute. Zwischen der Kanzlei und dem Haus des Schlossherrn steht im Vorhof der zweiten Insel seit 1888 die Nachbildung eines **Neptunbrunnens** von Adrian de Vries aus dem Jahre 1623. Auf der dritten Insel erreicht man das eigentliche **Schloss**. Ältester Teil ist der nördliche Königsflügel, später entstanden der westliche Kirchenflügel mit dem Kirchturm und der östliche Prinzessinnenflügel. Den Abschluss zur mittleren Insel bildet ein niedrigeres Terrassengebäude. Als Verbindung zwischen Münzturm und Audienzhaus wurde 1613 aus grauem Backstein der »Lange Gang« angefügt.

> ❓ **WUSSTEN SIE SCHON …?**
>
> ■ Die originalen Bronzefiguren des Neptunbrunnens auf der zweiten Insel raubten die Schweden bei der Belagerung Kopenhagens 1660. Seither stehen sie bei Stockholm im Park von Schloss Drøttningholm.

★★
Slotskirke

Im westlichen Flügel befindet sich die beim Brand 1859 unversehrt gebliebene Schlosskirche. Das Kirchenschiff mit gotischem Sterngewölbe wird von vergoldeten Sandsteinpfeilern getragen. Marmoreinlegearbeiten, Alabasterfiguren, Intarsien aus Ebenholz und anderen seltenen Hölzern ergänzen die prächtige Ausstattung. Altar und Kanzel, gleichfalls aus Ebenholz, sind mit Silberreliefs biblischer Szenen von dem Hamburger Jakob Mores verziert. Der silberne Taufstein wurde 1920 nach einer Zeichnung von Mores aus dem 16. Jh. angefertigt. Am Ende der Kirche erblickt man die **Schilder des Elefantenordens** – u. a. das Schild des Atomphysikers Niels Bohr (▶ Berühmte Persönlichkeiten), an den Seiten hängen die Schilder der Großkreuzritter des Dannebrogordens.

★★

Compenius-Orgel ▶
🕐

Die berühmte, klanggewaltige Compenius-Orgel mit 1000 Pfeifen wurde 1617 von dem Braunschweiger Orgelbauer Esaias Compenius geschaffen – Vorführung gibt es jeden Donnerstag von 13.30 bis 14.00 Uhr. Auskunft über Kirchenkonzerte erteilt die Touristinformation in Hillerød.

★
Riddersalen

Den über der Schlosskirche gelegenen, 50 m langen und nach dem Brand von 1859 rekonstruierten Rittersaal nannte man zur Zeit Christians IV. treffenderweise den **»Tanzsaal«**. Der König hat ihn mit prachtvollen Ornamenten und Silberfiguren ausschmücken lassen, die Kassettendecke erhielt kostbare Holzschnitzereien, darunter das Königliche Wappen mit dem Wahlspruch der Monarchen »Regna firmat pietas« (Gottesfurcht stärkt die Reiche). Die Wände zieren Wandteppiche mit Szenen aus dem Kalmarkrieg und dem Krönungszug 1596 sowie Porträts von Christian IX. und seinen regierenden Nachkommen.

Das Deckengemälde im **Engelsaal** ist die verkleinerte Ausgabe einer Decke im Dogenpalast von Venedig. Ihr von Franz Schwartz 1883 gefertigtes Bildwerk zeigt Frederik III., umgeben von den vier Reichsständen sowie »Krieg« und »Frieden«. Die 1879–1883 ausgeführten großen Wandgemälde handeln vom Schwedenkrieg und der Einführung des Absolutismus. Ein eindrucksvolles Beispiel für die pompöse Prachtentfaltung der absolutistischen Monarchen liefern die **Möbel in Raum 42**. Seine Mitte beherrscht ein aus Eichenholz geschnitztes Paradebett, das für die Hochzeit des Grafen Danneskiold-Samsøe mit Christine Catharine von Holstein 1724 in Paris angefertigt wurde. Bekannte Größen des 19. Jh.s sind auf den **Gemälden in Raum 55** zu sehen, darunter der Bildhauer Bertel Thorvaldsen (►Berühmte Persönlichkeiten), der Dichter Adam Oehlenschläger, der Physiker H C. Ørsted, Entdecker des Elektromagnetismus, und der Volkshochschulgründer Nicolai Frederik Severin Grundtvig (►Berühmte Persönlichkeiten). Das Gemälde von der Eröffnungssitzung der verfassunggebenden **Reichsversammlung** am 23. Oktober 1848 füllt in Raum 61

Nur die Schlosskirche von Frederiksborg Slot mit der klanggewaltigen Compenius-Orgel ist noch im Original erhalten.

eine ganze Wand – mit dieser Versammlung hatte der König die absolute Macht abgegeben. **Raum 62** ist Mynster, Søren Kierkegaard und Nicolai F. S. Grundtvig (beide ▶Berühmte Persönlichkeiten) gewidmet, den drei Männern, die das kirchliche Leben Dänemarks im 19. Jh. entscheidend geprägt haben.

✱ ✱
Schlosspark

Etwa 100 Jahre nach dem Bau des Schlosses ließ Frederik IV. vom königlichen Architekten Johan Cornelius Krieger bis 1725 den **Barockgarten** anlegen, der heute zu den schönsten Gärten seiner Art in Nordeuropa zählt. Ganz der damaligen Mode entsprechend gruppierte sich die Anlage am Ufer des Slotssø symmetrisch um eine zentrale Längsachse, die Haus, Garten und Landschaft miteinander verband. Gut 40 Jahre später begann der Verfall, da der Garten als nicht mehr zeitgemäß empfunden wurde und Unsummen für die Wartung verschlang. Erst 1993 – 1996 gelang es, den Schlosspark zu rekonstruieren. Unweit westlich ließ Frederik VII. in der zweiten

Streng symmetrische Alleen, Boskette und das Parterre mit den königlichen Monogrammen schmücken den Barockgarten von Frederiksborg Slot.

Nach mehreren Umbauten präsentiert sich die königliche Residenz Fredensborg Slot heute im klassizistischen Kleid.

Hälfte des 19. Jh.s das Lustschlösschen **Badstueslottet** mit einem romantischen Landschaftsgarten umgeben, wo auch heute noch verschlungene Wege, idyllische Teiche und kleine Kanäle verzaubern.

Umgebung von Hillerød

Ein kleines Museum in den Ruinen des 1175 gegründeten Augustinerklosters, 6 km westlich der Stadt, belegt durch seine Skelettfunde aus dem Mittelalter die **Heilmethoden der Mönche** zu jener Zeit (Öffnungszeiten: Mai – Okt. Di. – So. 11.00 – 16.00 Uhr).

Æbelholt Klostermuseet

🕐

Nur wenige Schritte nördlich der Klosterruine brüten über 100 verschiedene Vogelarten in den Flussauen Alsønderup Enge.

Alsønderup Enge

Joggen, Radfahren und Reiten kann man auf den herrlichen Wander- und Radwegen, die den gut 50 km² größten Laubwald Seelands nördlich von Hillerød erschließen.

Gribskov

Im Osten grenzt der Gribskov an den großen Esrumsø, den man im Sommer mit kleinen Ausflugsbooten erkunden kann. Dazu gehört natürlich auch Schloss Fredensborg, wo **Königin Margrethe II.** und Prinz Hendrik einen Großteil des Jahres verbringen – ist die Königin anwesend, so findet jeden Mittag um 12.00 Uhr die Wachablösung statt; die Innenräume sind nur im Juli zu besichtigen (Führungen tgl. 13.00 – 16.30 Uhr).

★ ★ Fredensborg Slot

◀ Wachablösung
🕐

Fredensborg heißt deshalb Friedensburg, weil es nur zwei Jahre nach dem Ende des zweiten Nordischen Krieges (1700 – 1720) fertiggestellt wurde. Dass sich das schmucke Ensemble irgendwie nicht recht zwischen **Barock, Rokoko und Klassizismus** entscheiden kann, ist den königlichen Bauherren Frederik IV., Christian VI. und Frederik V. zuzuschreiben, die im 18. und 19. Jh. immer wieder an- und umbauen ließen. Ende des 19. Jh.s gingen hier neben der russischen Zarenfamilie die englischen, griechischen und norwegischen Herrscher ein und aus, da der damalige König Christian IX. dank familiärer Bande »Europas Schwiegervater« war. Die herrliche Grünanlage am Seeufer mit Orangerie und Kräutergarten kann das ganze Jahr über besichtigt werden. Ein Geschenk der Dänen zur Silberhochzeit von Königin Margrethe II. war 1992 die nach alten Plänen restaurierte Schlossstraße. Das faszinierende Zusammenspiel von Falkner und Greifvogel kann man im **Falkonergaard** des Schlosses erleben.

Himmerland

F / G 8–14

Halbinsel: Jütland   **Region:** Nordjylland

Südlich von Aalborg erstreckt sich zwischen den Badestränden am Kattegat, dem Mariagerfjord und dem Limfjord das Himmerland. Sanfte Hügel, weite Wälder, dörfliche Fachwerkidyllen und interessante Museen zeichnen dieses Fleckchen Erde aus. Besonders spannend: das Salzcenter in Mariager.

★ ★
Rebild Bakker
Nationalpark

Knapp 30 km trennen Aalborg und die Heidelandschaft mit den anmutigen Hügeln von Rebild. Nach Amerika ausgewanderte Dänen kauften 1919 das Gebiet und ließen es zum Nationalpark erklären, den Naturfreunde heute auf herrlichen Wegen zu Fuß oder per Fahr-

Im Nationalpark Rebild Bakker wird alljährlich am 4. Juli Amerikas Unabhängigkeitstag gefeiert, dazu reist Top-Prominenz aus dem In- und Ausland an.

▶ HIMMERLAND ERLEBEN

AUSKUNFT

Mariager
Torvet 1 B
Tel. 98 54 13 77, Fax 98 54 16 14
www.visitmariagerfjord.dk

Hobro
Adelgade 30
Tel. 96 57 66 13, Internet: wie oben

ÜBERNACHTEN

► **Komfortabel**
Hotel Rebild Park
Skørping; Jyllandsgade 4
Tel. 98 39 14 00, Fax 98 39 14 64
www.rebildpark.com
Ehemaliges Herrenhaus nahe dem
Rebild-Nationalpark. Schwimmbad,
Sauna und zwei gute Restaurants.

rad erkunden können. Jedes Jahr am 4. Juli treffen sich hier Dänen und Amerikaner dänischer Herkunft, um den Unabhängigkeitstag der USA zu feiern. Auf dänische Traditionen verweist das Spielmannsmuseum (Spillemands- og Hjemstavnsmuseum) am Eingang. Das **Lincolnblockhaus** im Park wurde nach dem Vorbild von Lincolns Geburtshaus erbaut. Hier informiert ein Museum über europäische Siedler in Nordamerika und natürlich über Abraham Lincoln (1809–1865), den Präsidenten der Vereinigten Staaten. Nordöstlich auf einem Hügel thront der »Cimbrerstenen«, ein Steinblock mit dem Relief eines Stiers und der Inschrift »Von dieser Gegend zogen die Zimbern aus«. Vermutlich stammte der germanische Stamm der Zimbern, die um 120 v. Chr. auf der Suche nach Ackerland mehrere erfolgreiche Feldzüge gegen die Römer unternahmen, aus dem Himmerland.

Kalkmine Tinbæk
Kunstfreunde finden unweit westlich vom Ort Rebild in den großen unterirdischen Gewölben der Kalkmine Tinbæk ein Museum mit Skulpturen der dänischen Bildhauer Bundgård und Bonnesen.

★ Rold Skov
Südlich von Rebild erstreckt sich **eines der größten Waldgebiete Dänemarks,** der fast 6400 ha große Rold Skov, der vorwiegend aus Nadelbäumen besteht. Naturfreunden empfiehlt sich ein Spaziergang durch den »jütischen Waldgarten« (Den Jydske Skovhave), der über die Flora der Region informiert.

Rold
In der Ortschaft Rold wurde in der früheren Reithalle der Zirkusfamilie Miehe ein **Zirkusmuseum** eingerichtet. Artistenrequisiten, Bilder und Dokumente erinnern an die große Zeit des fahrenden Volks in der ersten Hälfte des 20. Jahrhunderts.

Hobro
Inmitten von Wäldern und hügeligem Heideland markiert das Städtchen Hobro das Westende des Mariagerfjords. Die Stadtkirche wurde 1852 nach Plänen des Architekten Gottlieb Bindesbøll, dem Erbauer

des Thorvaldsenmuseums in ▶ Kopenhagen, aus roten und gelben Backsteinen im neugotischen Stil errichtet. Das Christusmosaik an der Altarwand stammt von Joakim Skovgaard. Bekannter als Hobro selbst sind die frühgeschichtlichen Funde aus der nahen Wikingerstätte Fyrkat, die zum Teil im kulturhistorischen Hobro-Museum in der Vestergade 21 ausgestellt sind. Am Hafen informiert das Gasmuseum am Gasværksvej 2 über **Geschichte und Bedeutung von Gas** für Haushalte und Industrie. Einen Besuch lohnt ferner die private Ibsenkunstsammlung am Sdr. Kajgade 18a mit über 700 Werken der Moderne, darunter Gemälde von Sven Dalsgaard, Hans Henrik Lerfeldt und Poul Pedersen.

Danske Bo-Miljøer ▶ Wer sich für zukunftsorientierte Wohnideen interessiert, sollte im experimentierfreudigen Danske Bo-Miljøer an der Ågade 52 im nahen Rørbæk vorbeischauen.

★★
Vikingecenter Fyrkat

Aus der Wikingerzeit (▶Baedeker Special, S. 38) sind in Dänemark vier kreisförmige Lager bekannt, die vermutlich von König Harald Blauzahn errichtet wurden. Fyrkat, 3 km südwestlich von Hobro, ist das kleinste. Der Lagerplatz hatte einen Durchmesser von 120 m und wurde von einem 4 m hohen und 8 m breiten Erdwall gesichert, der außen mit Palisaden und Brustwehr verkleidet war. Der Wall besaß vier überbaute Toröffnungen, verbunden durch zwei holzbelegte Hauptstraßen. Das Wikingerzentrum umfasst den unter Denkmalschutz stehenden Wall sowie die Rekonstruktionen einer Ringburg und eines Wikingerhofs aus neun größeren und kleineren Häusern. Das auf die Zeit um 980 datierte Fyrkat diente dem Wikingerheer wohl als Übungslager und Winterquartier. Archäologische Ausgrabungen wiesen nach, dass innerhalb der Ringwälle auch Frauen und Kinder lebten (Öffnungszeiten: März–Okt. tgl. 10.00–17.00 Uhr, www.fyrkat.dk).

Rekonstruiertes Wikingerhaus vom Lager Fyrkat

★
Mariager

Mitte des 15. Jh.s entstand am Südufer des Mariagerfjords um ein Birgittenkloster die Kleinstadt »Marias Acker« – heute eine Dorfidylle mit Kopfsteinpflaster und stockrosenumrankten Fachwerkhäusern des 18. Jh.s. Die gotische Kreuzkirche am Birgittenkloster birgt zwei spätgotische Christusfiguren, die einst bei Passionsspielen Verwendung fanden. Das Museum von Mariager in der Kirkegade 2–6 erzählt über Lokalgeschichte und Grabungsfunde. Im traumhaft am Fjord gelegenen Danmarks Saltcenter der Stadt wird die Geschichte des Salzes erläutert und seine Gewinnung und Produktion demonstriert. Wer mag, kann im Salzwasserpool baden wie im Toten Meer (Öffnungszeiten: Mitte Juni – 1. Aug.woche tgl. 10.00 – 18.00, sonst Mo. – Fr. 10.00 – 16.00, Sa., So. bis 17.00 Uhr; www.saltcenter.com). Jeden Sonntag verkehrt von Mariager aus ein Oldtimerzug (Veteranenbanen) zum knapp 20 km entfernten Handest.

◄ Danmarks Saltcenter

🕐

Per Kirkeby entwarf das 1999 eröffnete Museumscenter an der Søndergade 44, in dem die Kulturgeschichte des Himmerlandes anschaulich dargestellt ist (Öffnungszeiten: Mai – Aug. Di. – So. 11.00 – 17.00, sonst Di. – So. 13.00 – 17.00 Uhr).

Års

🕐

Hjørring

C 12/13

Halbinsel: Jütland
Einwohnerzahl: 35 000

Region: Nordjylland

Auf dem Hügel, der noch immer das Herzstück von Hjørring ist, fand vom Mittelalter bis ins 16. Jh. das Thing von Vendsyssel statt. Heute ist Hjørring die Einkaufs- und Kulturstadt der Region.

Bürger und Politiker haben viel für den Erhalt der Altstadt getan, wo über 150 Skulpturen skandinavischer Bildhauer dem Einkaufsbummel etwas Besonderes verleihen. Beliebtester Treffpunkt ist das 1989 von Bjørn Nørgård gestaltete Wasserspiel am **P. Nørskjærs Plads**, dessen Hauptbrunnen die nordische Sagenwelt zum Thema hat.

Altstadt

Sehenswertes in Hjørring

Von den drei sorgsam restaurierten mittelalterlichen Kirchen in Gammel Hjørring verdient die um 1250 geweihte St.-Katharinen Kirche in der Kirkestræde besondere Beachtung. Die ursprünglichen Giebel wurden im 18. Jh. durch geschwungene nordjütländische Barockhauben ersetzt. Die geschnitzte Altartafel im Stil des sogenannten Knorpelbarocks ist auf 1651 datiert.

Sct. Catharinæ

Im Provestegården an der Museumsgade 3, der alten Probstei aus dem Jahr 1770, informiert das **Historische Museum** über vorgeschichtliche Funde und das Kunsthandwerk der Region.

Vendsyssels Historiske Museet

Was die moderne Kunst in Nordjütland hervorgebracht hat, zeigt das Vendsyssels Kunstmuseum in Becks alter Tuchfabrik am P. Nørkjaers Plads 15. Zu sehen sind u. a. Werke von Poul Winther, Agnete Bjerre und Poul Ekelund sowie Arbeiten der Bildweberin Berit Hjelholt, der

★

Vendsyssels Kunstmuseet

⊙ Keramikerin Tove Anderberg und des Goldschmieds Bent Exner (Öffnungszeiten: Sept. – Mai Di. – So. 11. 00 – 16.00, Juni – Sept. tgl. 11.00 – 16.00 Uhr).

Umgebung von Hjørring

✳ **Lønstrup**

Eindrucksvolle Klippen, schöne Sandstrände und eine entspannte Atmosphäre machten das alte Fischerdorf in den hohen Dünen westlich von Hjørring schon im 19. Jh. zu einem bevorzugten Badeort von Malern, Schauspielern und Schriftstellern. Heute kann man hier Töpfern, Glasbläsern und Goldschmieden bei der Arbeit zusehen und ein Mitbringsel direkt ab Werkstatt erstehen. Am Südrand des Dorfes thront die kleine romanische **Mårup-Kirche** aus dem 12. Jh. – seit Jahren ist das Gotteshaus wegen Absturzgefahr geräumt und wird abgetragen. Beim Westgiebel kann man den großen Anker der 1808 gestrandeten englischen Fregatte »The Crescent« bewundern. Eine Gedenktafel erinnert an die mehr als 200 Seeleute, die bei dem Unglück ums Leben kamen.

! Baedeker TIPP

Keramoda

Am Strandvejen 56 im ehemaligen Gehöft des Strandvogts von Lønstrup verkauft Morgens Frankenberg handgedrehte Schalen, Lampen und Geschirre, die mit ihren klaren Linien, ihrer Farbe und Struktur an Meer, Sand und Dünen erinnern. www.keramoda.dk

✳ **Rubjerg Knude**

In Sichtweite der Kirche versinkt ein Leuchtturm im Sand, der vom stetig wehenden Westwind aufgetürmt wird. Seit 1900 diente Rubjerg Fyr als Wegweiser für Schiffe in der Jammerbucht. Doch die **Treibsanddüne** wuchs, bis der Leuchtturm 1968 den Betrieb einstellen musste. Die Nebengebäude sind bereits verschüttet mitsamt dem darin untergebrachten Flugsand-Museum.

✳ **Løkken, Blokhus**

Hochbetrieb herrscht im Sommer an den weißen Stränden der Jammerbucht zwischen Løkken und Blokhus. **Unzählige Ferienhäuser**, Campingplätze, Kneipen, Restaurants und Diskotheken wetteifern

 HJØRRING ERLEBEN

AUSKUNFT

Hjørring Turistservice
Østergade 30 (Bibliothek)
Tel. 72 33 48 78
www.visithjoerring.dk

Hirtshals
Nørregade 40, Tel. 98 94 22 20
www.visithirtshals.com

ÜBERNACHTEN

► **Fein & teuer**
Bryghuset Vendia
Markedsgade 9, Tel. 98 92 22 29
www.bryghusetvendia.dk
Das Restaurant im Brauhaus gehört zu den besten Gourmettempeln des Landes. Ebenso köstlich wie teuer: das Menü »Impressionisme«.

Die Riesendüne Rubjerg Knude hat den Leuchtturm eingeholt und das Museum unter seinen Sandmassen begraben.

hier um die Gunst des jungen Publikums. Das örtliche Museum informiert über das mühsame Geschäft der Strandfischerei – die Kutter werden mit Stahlseilen ins Meer bzw. auf Land gehievt.

In Dänemarks größtem **Aquapark** bei Saltrum kommen Wasserratten voll auf ihre Kosten – das Spaßbad hat gigantische Rutschbahnen (Öffnungszeiten: Mai – Aug. tgl. 10.00 – 10.00 bzw. 20.00 Uhr).

✶ Färup Sommerland

Etwa 6 km landeinwärts ragen die weißen Gebäude des ehemaligen **Prämonstratenserklosters** Børglum auf, das bis ins 12. Jh. Königshof war. Mitte des 18. Jh.s wurde es von Laurids de Thura zum Barockschloss umgebaut. Zu besichtigen sind der Burghof und die frühgotische Klosterkirche mit Rokokoinventar.

Børglum Kloster

Nördlich am Skagerrak verkehren von Hirtshals aus die Fährschiffe nach Norwegen (Kristiansand). Der Hafen der Stadt zählt bis heute zu den wichtigsten Fischereihäfen des Landes. Vom harten Alltag der Fischer im 19. Jh. erzählt das **Hirtshals Museum** in der S. Thomsensgade 6. Die großen Heringsschwärme, Robben und heimische Haiarten sind Thema des **größten Aquariums Nordeuropas** am Willemoesvej 2, das 2010 nach umfangreicher Umgestaltung als Nordsee-Unterwasser-Erlebniswelt neu eröffnete – mit sieben Lern- und Erlebnis-Destinationen rund um ein 4,5 Mio. l großes Aquarium (Öffnungszeiten: Nov. – März Mo. – Fr 9.00 – 16.00, Sa., So. 9.00 – 17.00, April – Juni, Sept., Okt. tgl. 9.00 – 17.00, Juli/Aug. tgl. 9.00 – 18.00 Uhr; www.ekspeditionnordsoen.dk).

✶ Hirtshals

◄ **Nordsøen Oceanarium**

☉

✴ Holstebro

J 4

Halbinsel: Jütland **Region:** Midtjylland
Einwohnerzahl: 41 000

Kunst spielt eine große Rolle in Holstebro: Fast an jeder Ecke bietet das Handelszentrum Westjütlands außergewöhnliche Skulpturen. Zum reizvollen Eindruck trägt im Sommer das Flüsschen Storåen bei, wo man sich gemütlich ans Ufer setzen, Kanu fahren oder angeln kann. Außerdem sind in der Stadt das renommierte Peter-Schaufuss-Ballett und das experimentelle Odintheater beheimatet.

Stadt der Straßenkunst
»Warum die Kunst in Museen verstecken, wo nur Leute in feiner Sonntagskleidung Freude daran haben?«, überlegte der langjährige Bürgermeister von Holstebro, Kaj K. Nielsen, und wies der Stadt Ende der 1960er-Jahre den Weg zur populären **Straßenkunst**. Kostenlos kann man Alberto Giacomettis 1966 aufgestellte »Frau auf dem Karren« vor dem alten Rathaus oder den »Traum des Tabakarbeiters« (1993) der Künstlergruppe Krukako beim Musiktheater bestaunen und Kinder können beim Foerchhaus den bizarren »Zauberfelsen« sogar besteigen. Ein besonderer Spaß ist auch das Malehuset am Lystanlógget 3 mit Malatelier und großem Spielplatz.

 HOLSTEBRO

AUSKUNFT
Den Røde Plads 16
Tel. 97 42 57 00, Fax 97 42 57 07
www.visitholstebro.dk

✴ Kunstmuseum, Holstebro-Museum
Bereits im Mittelalter gehörte der Viehmarkt Holstebros zu den größten in Jütland, im 19. Jh. übernahm der Schlachthof eine führende Rolle beim Schinken-Export nach England. Auch Rasmus Færchs Tabakfabrik sicherte der Stadt bis 1960 landesweit einen der ersten Plätze in dieser Branche. 1969 wurde am Museumsvej 2 in der Gründerzeitvilla des Tabakbarons Søren Fórch das Kunstmuseum eröffnet und 1981 erweitert. Schwerpunkte der Sammlung **dänischer Kunst seit den 1930er-Jahren** bis heute sind die Arbeiten von Henry Herrup, Ejler Bille, Erik Tommesen und Astrid Noack. Weiter werden Keramik aus Peru, afrikanische Arbeiten und europäische Grafik des 20. Jh.s ausgestellt. Im selben Komplex zeigt das Holstebroer Museum Stadtgeschichte und Marius Larsenes Sammlung von nahezu 1000 Pfeifen aus aller Welt (Öffnungszeiten beider Museen: Sept. bis Juni Di. – Fr. 12.00 – 16.00, Sa., So. 11.00 – 17.00, Juli, Aug. Di. – So. 11.00 – 17.00 Uhr; www.holstebrokunstmuseum.dk).

✴ Bomhuset
Das mit nur 32 m² kleinste Haus Holstebros, wo einst am Grenzdeich der Stadt Mautgebühren erhoben wurden, enthält heute 1200

Werke, die maximal 8 x 5 cm groß sind (Sønderlandsgade 46; Öffnungszeiten: Di. – Fr. 13.00 – 17.00 Uhr; www.kleinkunstmuseet.dk).

Das 1998 erheblich erweiterte Museum an der Nørrebrogade 1 nordwestlich der City ist den beiden Malern **Jens Nielsen und Olivia Holm-Møller** gewidmet. Außerdem sind hier Arbeiten der Malerin Kirsten Lundsgaardvig und des Bildhauers Niels Helledie zu sehen.

Nielsen og Holm-Møller Museet

Beim Vandkraftsøen am östlichen Stadtrand erstrahlt bei Einbruch der Dunkelheit am Sendemast des regionalen Fernsehsenders Midt-Vest die Lasersculptur »**Kaos Tempel**« von Frithioff Johansen.

Laser Lys

Umgebung von Holstebro

Knapp 20 km südwestlich liegt der 1550 befestigte Herrensitz Nørre Vosborg mit Rittersaal und strohgedeckten Wirtschaftsgebäuden von 1785. Gartenfreunde finden im Wallgrabengarten eine wahre Rhododendrenpracht. Im Tagebuch von H. C. Andersen (► Baedeker Spe-

✶ Nørre Vosborg

Moderne Kunst in Westjütlands Kulturmetropole

Seit 1877 leuchtet der Bovbjerg Fyr den Schiffen.

cial, S. 317) liest man die Beschreibung seines Besuchs beim Staatsrat Evald Meinert Tang, dessen Familie übrigens noch heute das Anwesen bewohnt. Nach umfangreicher Restaurierung präsentiert sich der **historische Herrensitz** seit 2008 als Hotel mit Café, Restaurant, 59 Doppelzimmern und Tagungstrakt (Vembvej 35, Tel. 97 48 48 97, Fax 97 48 48 96, www.nrvosborg.dk).

Den flachen Nissum Fjord trennt der Bøvling Klit, ein 14 km langer schmaler Dünenstreifen, von der Nordsee. Im Sommer können auch Urlauber an einigen Samstagen auf der Fischauktion von Thorsminde Fische ersteigern. Das **Strandingsmuseet St. Georg** nördlich des Hafens erzählt von der Schiffskatastrophe der britischen Schiffe »St. George« und »Defence«, die an Weihnachten 1811 bei einem Orkan auf den vorgelagerten Sandbänken aufliefen – fast 1400 Seeleute kamen damals ums Leben.

Gewaltige Buhnen sichern seit 1909 den 45 m hohen Dünenstreifen bei Ferring, nachdem sich das Meer im 19. Jh. nahezu 160 m Land einverleibt hatte. An seiner höchsten Stelle thront seit 1877 der rote **Leuchtturm Bovbjerg Fyr**. Nahe dem Klippenrand erinnert ein Museum an Jens Søndergaard (1895 bis 1957), der die raue Nordseeküste in seinen Bildern sehr eindrucksvoll festgehalten hat.

★

Bøvling Klit, Thorsminde ►

Horsens

Halbinsel: Jütland		**Region:** Midtjylland
Einwohnerzahl: 53 000		

Jährlich im August wird in Horsens Europas größtes Mittelalterfestival gefeiert. Ansonsten punktet die lebendige Kleinstadt mit schmucken Kaufmannshöfen und Barockbauten. Nur einen Kilometer von der Fußgängerzone entfernt liegt der Nørrestrandsee, ein Wildreservat mit reichem Vogelleben.

Händler und Eisengießer

Prähistorische Hünengräber in der Gegend von Horsens belegen eine frühe Besiedlung des Gebiets. Zeugen des Mittelalters sind die Erlöserkirche und Überreste von König Erik Menveds Burganlage im Bygholm Park. Im 18. Jh. blühte der Handel, überall entstanden

schmucke Fachwerkhöfe, die zum Teil noch erhalten sind, und die Klosterkirche, Grabkirche der Kaufleute, erhielt ihr reiches Inventar. Anno 1830 wurde in Horsens die erste Eisengießerei Jütlands errichtet, bald folgten Textilbetriebe, Tabak- und Seifenfabriken, 1868 nahm ein neuer Hafen den Betrieb auf.

Berühmtester Sohn der Stadt ist der Entdeckungsreisende Vitus Jonassen Bering (1681 – 1741). Zu Beginn des 18. Jh.s ernannte ihn der russische Zar zum Leiter der beiden größten wissenschaftlichen Expeditionen jener Zeit. Bering entdeckte dabei die nach ihm benannte Meerenge zwischen Alaska und Sibirien. 1957 überreichte der sowjetische Staat der Stadt zwei Kanonen von Berings Schiff »Skt. Peter«, die nun neben einer Gedenktafel im Vitus-Bering-Park stehen. Details seiner Lebensgeschichte erfährt man in der Abteilung Flensburgs Enkebolig im Horsens Museum. **Vitus Bering**

Sehenswertes in Horsens

Am Mittwoch und Samstag ist **Wochenmarkt** vor der Erlöserkirche, die Ende des 12. Jh.s errichtet und 1936 restauriert wurde. Den Altar krönt ein Christus von Einar Utzon-Frank aus dem Jahr 1950. **Vor Frelsers Kirke**

Glaubt man dem Mittelalterfestival, so war jene Epoche der Ritter, edlen Burgfrauen und Gaukler eine Zeit allgemeinen Vergnügens ...

✳
Lichtenbergske Palæ

In der Søndergade, deren Bild einst große Handelshöfe prägten, gibt es noch einige bemerkenswerte Gebäude: Den **barocken Lichtenbergpalast** (Nr. 17–19) versah der deutsche Baumeister Nicolaus Hinrich Riemann mit einer stattlichen steinernen Fassade – Vorbilder dafür finden sich in Schleswig. Eine breite Freitreppe führt zum Portal hinauf; im Inneren sind kunstvolle Stuckdecken erhalten. Zwischen 1810 und 1829 bewohnte Königin Charlotte Friederike, Mutter Frederiks VII., das Haus, das heute als Hotel dient.

Klosterkirken

Die Klosterkirche weiter östlich in der Borgergade ist der einzige Überrest eines **Franziskanerklosters** aus dem 13. Jahrhundert. Bei der Restaurierung 1892 versuchte man, die spätgotische Form des Gebäudes wiederherzustellen. Der geschnitzte Altar stammt aus der Zeit um 1500, ebenso das Chorgestühl und das Triumphkreuz.

Horsens-Museum

Am Sundvej 1A im Park Caroline Amalie Lunden dokumentiert das Horsens-Museum die historische Entwicklung der Region; besonders interessant sind die Funde aus dem **Ganggrab Grønhøj** und die jütländische Silbersammlung. Die Abteilung Flensburgs Enkebolig (Nørregade 31) erzählt vom 18. Jh., als das Gebäude für verarmte Bürgerwitwen eingerichtet wurde. Das Museum ist **Vitus Bering** gewidmet, ►S. 217 (Öffnungszeiten: Juli/Aug. tgl. 10.00 – 16.00, sonst Di. – So. 11.00 – 16.00 Uhr; www.horsensmuseum.dk).

✳
Kunstmuseet

Beachtliche dänische Kunst erwartet den Besucher im Kunstmuseum am Carolinelundsvej 2, darunter eine umfassende Mogens-Zieler-Sammlung, Arbeiten des dänischen Malers Michael Kvium sowie Werke des **Goldenen Zeitalters um 1850** (Öffnungszeiten: Sept. bis Juni Di. – Fr. 11.00 – 16.00, Sa., So. 11.00 – 17.00, Juli, Aug. tgl. 10.00 bis 16.00 bzw. 17.00 Uhr; www.horsenskunstmuseum.dk).

✳
Industrimuseet

In zeittypischen Wohnungen von 1880 bis 2000 werden am Gasvej 17–19 beim Hafen die Lebensbedingungen **dänischer Arbeiterfamilien** aufgezeigt. So erfährt man, wie früher eine Druckerei und die Telefonzentrale funktionierten, wie Holzschuhe hergestellt und Tabakwaren verarbeitet wurden, wie es beim Metzger oder beim Friseur aussah. Im Wagenmuseum dreht sich alles um Pferd und Wagen; dazu gehört auch ein Gideon-Feuerwehrauto, das 1916 in Horsens gebaut wurde. Eine Attraktion ist außerdem das ehemalige Gaswerkgelän-

---

! *Baedeker* TIPP

Nach Gutsherrenart

Durch Stil und Atmosphäre bezaubert der privat geführte Serridslevgård, 1777 im klassizistischen Stil erbaut und inmitten eines englischen Gartens gelegen. Nur 6 km östlich von Horsens kann man bei Dorthe Nissen für rund 500 DKK in neun liebevoll eingerichteten Herrenhauszimmern übernachten – die ausgezeichnete Küche verwöhnt mit Gerichten der Saison (nur mit Voranmeldung, Tel. 75 66 73 75, Fax 75 66 72 57).

HORSENS ERLEBEN

AUSKUNFT

Horsens
Søndergade 26
Tel. 75 60 21 20, Fax 75 60 21 90
www.visithorsens.dk

Juelsminde
Odelsgade 1, Tel. 75 69 33 13
www.visitjuelsminde.dk

ÜBERNACHTEN
► **Luxus**
Scandic Hotel Bygholm Park
Schüttesvej 6
Tel. 75 62 23 33, Fax 75 61 31 05
In einem schönen Park liegt Schloss
Bygholm, Anfang des 14. Jh.s errichtet
und seit 1775 ein Herrensitz, inzwi-
schen eine noble Herberge.

► **Komfortabel**
Lichtenbergske Palae
Tel. 75 62 16 00, Fax 75 62 85 85

www.jorgensens-hotel.dk
Heute bietet das Jørgensens Hotel im
prächtigen Lichtenbergpalast ausgesuchte Kost und Logis.

Opus Horsens
Egebjergvej
Tel. 76 25 72 00, Fax 76 25 72 01
www.hotelopushorsens.dk
12 m hohe Lobby, 129 Zimmer mit
dänischen Designermöbeln,
Panorama-Restaurant mit offener
Schauküche und Wellnessbereich.

ESSEN
► **Fein & teuer**
Fugholm
Fugholm 12
Tel. 75 62 09 19, www.fugholm.dk
Meeräsche mit Tiger Prawns auf
Lauchbett, Rindermedaillons mit
Trüffelsoße, Hummerbiskuit und
Schollensoufflé ...

de mit Ausstellungen über Strom-, Gas- und Wasserversorgung (Öffnungszeiten: Sept. – Juni Di. – So. 11.00 – 16.00, Juli, Aug. tgl. 10.00
bis 16.00 Uhr; www.industrimuseet.dk).

Nordwestlich vom Rathausplatz steht eine ehemalige Tabakfabrik. **Tobaksgården**
Hier sollte man sich die Ausstellungen über modernes **dänisches Industriedesign** ansehen.

Sonntags von 14.00 bis 17.00 Uhr vermittelt das **Schulmuseum** an **Skolemuseet**
der Allégade 4 einen Eindruck vom **Unterricht in den 1930er Jahren.**

Am westlichen Stadtrand sind der Wald Åbjergskoven, Bygholm See **Wandern am**
und Bygholm Park ein herrliches Ziel für Radler und Wanderer. **Stadtrand**

Umgebung von Horsens

Naturfreunde zieht es in die sanfte Hügellandschaft der Grünen La- **Grønne Lagune**
gune, der naturschönen Halbinsel südöstlich der Stadt mit dem
Fährhafen Snaptun an der Einfahrt zum Horsensfjord – Fähren nach
Hjarnø und Endelave.

Im Industriemuseum sind alte Feuerwagen von Horsens ausgestellt.

Glud-Museum
✱ Zehn mit Originalinventar ausgestattete Häuser veranschaulichen am Museumsvej 44 in **Glud** die Wohn- und Lebensverhältnisse des 18. und 19. Jh.s, etwa in Jensgårds Schmiede und auf dem Bauernhof »Badensminde« von 1811; es wird gesponnen, geklöppelt und gewebt, Holzschuhe und Buddelschiffe werden angefertigt (Öffnungszeiten: Mitte Juni – Ende Aug. tgl. 10.00 – 17.00, Sept., Okt., April bis Mitte Juni Di. – So. 10.00 – 17.00 Uhr; www.gludmuseum.dk).

Palsgård
Auf der Weiterfahrt passiert die Küstenstraße das Gut Palsgård mit seinem herrlichen Park, der jedes Jahr im August als Freilichtbühne für die vergnügliche Operette »Landsmansliv« dient.

Juelsminde ▶
Schließlich erreicht man den gemütlichen Ferienort Juelsminde mit **kleinen Cafés und Kunsthandwerksläden**, kinderfreundlichem Badestrand, modernem Jachthafen und 18-Loch-Golfplatz.

Endelave ▶
Die vier kleinen Inseln der Grünen Lagune – Endelave, Hjarnø, Vorsø und Alrø – bieten eine herrliche Natur. Größte Attraktion von Endelave (von Horsens wie von Snaptun mit der Fähre erreichbar) sind das **Inselmuseum** in einem der alten Höfe und der Heilpflanzengarten mit über 300 verschiedenen Kräutern. Auf Hjarnø, in sieben Minuten von Snaptun mit der Fähre zu erreichen, sind Schiffsgräber der Wikingerzeit erhalten. Das unter Naturschutz stehende Vorsø besitzt eine der größten Kormorankolonien des Landes.

Hjarnø ▶

Vorsø ▶

Tørring
Gokarts, Kletterwände, Indianerdorf und Megasandkästen bietet der **Actionpark** 20 km westlich von Horsens (Egholmvej 2; Öffnungszeiten: Mitte Juni – Anf. Aug. tgl. 10.00 – 18.00 Uhr, www.playland.dk).

Autofreies Idyll
Kaum bekannt: die autofreie Kattegat-Insel Tunø. Fähren schippern von Hou auf die 3,5 km² große Insel, wo Inselführerin Hanne Tromborg Thaysen Tunøs Geschichte und Kultur beim Besuch von Kirche, Leuchtturm und Inselmuseum präsentiert (www.visitodder.dk).

Jylland · Jütland

A–T 1–18

Region: Nordjylland, Midtjylland,
Syddanmark

Überraschend vielfältig sind Landschaft und Kultur der knapp 30 000 km² großen Halbinsel Jütland. Die langen Sandstrände der Nord- und Ostseeküste locken zum Baden, dichte Wälder, geheimnisvolle Moore und weite Heideflächen sind ideal zum Wandern und Radfahren. Das Sahnehäubchen bilden die idyllischen Kleinstädte, Schlösser, Museen und Freizeitparks.

Weite Felder und flaches Marschland prägen den südlichen Teil von Jütland, der direkt an Schleswig-Holstein grenzt. Besonders attraktiv sind die **bezaubernden Kleinstädte** wie ► Ribe und ► Tønder und, für die Kleinsten, das weltberühmte ► LEGOLAND. An der Nordseeküste mit ihren Stränden und atemberaubenden Steilküsten kann man optimal Energie tanken. Nicht nur Insider kennen den Ringkøbing Fjord als hervorragendes **Surfrevier**, passionierte Sportangler lieben die Küste, Auen und Forellenseen. Naturfreunde finden ausgeschilderte **Wanderwege und Fahrradtouren** durch lilafarbenes Heidekraut und schneeweiße Margeritenfelder, Paddler kommen auf der Gudenå auf ihre Kosten (► Special Guide, S. 4). Dazu kommen museale Highlights vom Bernsteinmuseum in ► Esbjerg über das Pedersen-Museum in ► Herning bis zum Kunstmuseum in ► Skagen, der Stadt an zwei Meeren, die zu Beginn des 20. Jh.s künstlerischer Kontrapunkt zur dänischen Hauptstadt war.

Das dänische Festland

◄ Wilde Nordsee

Den Besucher erwarten sagenumwobene Burgen und **Märchenschlösser** wie Nørre Wosborg, Rosenholm Slot und die königlichen Residenzen Gråsten und Schakkenborg Slot. Durch das Landesinnere schlängelt sich der reizvolle ► Limfjord von Küste zu Küste. An seinem Ufer erreicht man ► Aalborg, Dänemarks drittgrößte Stadt, mit einem der schönsten Renaissancebauten Skandinaviens. Wer ausgiebig bummeln will, findet beste Voraussetzungen in ► Århus, dessen Freilichtmuseum »Den Gamle By« die Entwicklung dänischer Kleinstädte in den letzten 400 Jahren veranschaulicht.

◄ Burgen und Schlösser

An den **kinderfreundlichen Stränden** der Ostsee laufen die Wellen sanft und flach aus. Schöne Erlebnisse versprechen in Ostjütland das Kattegatcenter, Djurs Sommerland und der Rebild-Bakker-National-

? WUSSTEN SIE SCHON …?

■ Seit dem ausgehenden Mittelalter wurden viele der alten Heerwege zu Hauptverkehrsadern für den Viehtransport. Von Jütland aus brachte man Ochsen, Schafe und Schweine bis nach Hamburg und Lübeck. So werden die historischen Handelsstraßen zum Teil auch als Ochsenwege (Oksevejen) bezeichnet. Im 15. und 16. Jh. entstanden die ersten als »Krug« (Kro) bezeichneten Gasthöfe zur Versorgung von Viehtreibern und Herden. Mit dem Aufkommen der Eisenbahn im 19. Jh. verlagerte sich der Viehtransport dann auf die Schiene.

Wikingerburg ▶

park. Sensationell sind die Moorleichen in ▶ Silkeborg und Moesgård, als absolutes Muss gelten Harald Blauzahns **Wikingerburg Fyrkat** und das Bilderbuchstädtchen Ebeltoft mit seiner Fregatte »Jylland«, einem der größten Holzschiffe der Welt.

Das von der Landwirtschaft geprägte Jütland ist mit seinen 2 Mio. Einwohnern wesentlich schwächer besiedelt als die meisten anderen Landesteile. Die Entfernung von ▶ Skagen im Norden bis zur dänisch-deutschen Grenze bei ▶ Tønder im Süden beträgt 310 km, die Ost-West-Ausdehnung erreicht auf der Höhe von Grenaa 170 km.

Historische Heer- und Ochsenwege

Die Heerwege (Hærvejen) führen entlang des jütischen Höhenrückens nach Schleswig-Holstein, wobei sich der Ursprung dieser alten **Marsch- und Handelsrouten** in grauer Vorzeit verliert. Der moderne Straßenbau folgte einigen Trassen der alten Wege, die bis heute in verschiedenen Abschnitten erhalten blieben. Zum Teil stehen sie unter Landschaftsschutz, manche wurden zu Rad- und Wanderrouten ausgebaut (▶Special Guide, S. 9).

Schöne Wanderungen bietet zum Beispiel der alte, von ▶Viborg nach Norddeutschland führende Heerweg im Gebiet um Nørre Snede und ▶Haderslev. Der östliche Ochsenweg führte von Hobro über ▶Vejle nach ▶Haderslev, der mittlere begann am Limfjord in Skive und verlief, anfangs einem alten Heerweg folgend, über Pårup nach ▶Tønder. Dort mündete er in den westlichen Ochsenweg, der von ▶Holstebro über Varde und Tønder nach Husum führte. Erst später kam ein Triftweg nach Itzehoe hinzu.

»Spiel der Fantasie um das Rad des Lebens« heißt C.-H. Pedersens gewaltiger Keramikfries, Bestandteil des HEART Herning Museum of Contemporary Art.

Kalundborg

N 19

Insel: Seeland **Region:** Sjælland
Einwohnerzahl: 20 000

Wahrzeichen der Stadt ist die fünftürmige Liebfrauenkirche, ihren Lebensnerv hingegen bildet der Fjord an der Westküste Seelands. Im Hafen sammelten schon die Wikinger ihre Flotte, bezogen berüchtigte Seeräuber Quartier, bevor Esbern Snare um 1168 das befestigte Kalundborg errichten ließ, heute ein Knotenpunkt für den Verkehr zwischen Seeland, Jütland und Samsø.

Prägendes Element der Stadtsilhouette ist die fünftürmige Liebfrauenkirche in der Adelgade, die um 1170 im Auftrag Esbern Snares als Burgkirche entstand. Ein griechisches Kreuz mit vier gleich langen Armen bildet den Grundriss der Anlage, die in Dänemark einzigartig ist. Die Wandpfeiler im Inneren mit versenkten Halbsäulen wie auch die Ausführung der Bögen über den Fenstern am Außenbau lassen auf einen Baumeister aus der Lombardei schließen. Lorents Jørgensen schuf um das Jahr 1650 die barocke Altartafel, der Granit-Taufstein stammt aus der Bauzeit der Kirche.

★
Vor Frue Kirke

> **!** *Baedeker* TIPP
>
> ### Wie die alten Rittersleut
>
> Einen amüsanten Abend wie vor 700 Jahren bietet die »Middelalder-Taffel«, die jeden Mittwoch vom 7. Juli bis 4. August mit einer historischen Wanderung durch die Oberstadt von Kalundborg beginnt. Danach wird im mittelalterlichen Stenhuset Met ausgeschenkt und im Stadtratskeller zünftig getafelt mit Heringen, Wildschweinkeule, Blaubeertorte und hausgebackenem Steinofenbrot. Karten gibt es beim Touristenbüro am Volden 12 (Tel. 09 51 22 15).

Im Viertel um die Liebfrauenkirche, vor allem zwischen Vor Frue Kirke und dem Marktplatz, findet man **schöne Fachwerkbauten** aus dem späten Mittelalter. Der über 600 Jahre alte »Bischofshof« an der breiten Adelgade, der 1539–1854 Rathaus war und noch heute den Sitzungssaal beherbergt, dient nun für Kunstausstellungen.

Bispegården

Am 20. Mai 1882 wurde im benachbarten Gythe Gård am Torvet die norwegische Schriftstellerin **Sigrid Undset** (1882–1949) geboren, die 1928 den Literaturnobelpreis erhielt.

Geburtshaus von Sigrid Undset

Der sechsflügelige Fachwerkhof Lindegården an der Adelgade 23 stellt archäologische Funde vom Großen Belt aus sowie **Trachten, Handwerkszeug und Bauernstuben** des 18. und 19. Jahrhunderts. Zum Garten gehören ein Stadtmodell von Kalundborg anno 1660, mittelalterliche Pflanzen und eine Traumsicht über die Förde (Öffnungszeiten: Mai–Aug. Di.–So. 11.00.–16.00, Sept.–April Sa., So. 11.00–16.00 Uhr, www.kalmus.dk).

★
Kalundborg og Omegns Museet

☉

Wahrzeichen von Kalundborg ist die fünftürmige Liebfrauenkirche.

Folen Überreste der Burg aus dem 12. Jh. findet man an der Skolegade: Der gewaltige Turm **»Folen«** blieb erhalten, als die Schweden anno 1659 Schloss Kalundborg zerstörten.

Umgebung von Kalundborg

Ulstrup Mølle Unweit nördlich auf der Landzunge Rosnæs thront auf einem Hügel beim Dorf Ulstrup eine holländische **Galeriemühle**, d. h., dass die Haube von der Galerie aus gedreht wurde. Die Mühle kann von Mai bis August samstags besichtigt werden; Korn wird nur noch gelegentlich gemahlen.

Lerchenborg Ein gut erhaltensn Barockensemble liegt 5 km südlich der Stadt auf der Halbinsel Asnæs: Lerchenborg, das heute als **Konferenzzentrum** neben Tagungsräumen und gemütlichem Schlosscafé »Business Bed & Breakfast« in den renovierten Schlosszimmern und im Gästehaus bietet (www.lerchenborg.dk). Den Auftrag für das dreiflügelige Schloss mit majestätischen Lindenalleen und herrlichem Barockgarten – umwerfend allein die über 20 000 Rosen – gab 1745 der wohlhabende General Christian Lerche.

 KALUNDBORG

AUSKUNFT
Kalundborg
Volden 12
Tel. 59 51 09 15, Fax 59 51 22 15
www.visitkalundborg.dk

Wenige Kilometer weiter südlich wartet Gørlev in seiner Dorfkirche mit zwei gut erhaltenen Runensteinen und Kalkmalereien aus dem 13. Jh. auf. Im Landwirtschaftsmuseum Fløjgården am Dalbyvej 66 werden im Sommer Arbeitspferde vor die alten Geräte gespannt und beim Weihnachtsmarkt Krapfen über offener Feuerstelle gebacken. Das **Comicmuseum** am Kirkevangen 22 schenkt dänischen Serien besondere Beachtung.

Gørlev

?   **WUSSTEN SIE SCHON …?**

■ In Reersø kommen auch die berühmten schwanzlosen Katzen vor, die man sonst nur auf der englischen Isle of Man kennt.

Von der Zeit vor Auflösung der Erbuntertänigkeit 1788 erzählen die alten **Fachwerkgehöfte** und ein Museum in Reersø.

Reersø

Echte **Gutshofidylle** inmitten eines Sees zeigt knapp 30 km landeinwärts der im Mittelalter erbaute Herrenhof Torbenfeldt bei Mørkov. Das Gut selbst ist nicht zugänglich, in der angeschlossenen Schmiede auf der anderen Straßenseite kann man jedoch erfahrenen Schmieden bei der Arbeit zusehen und die Wechselausstellung von Schmiedearbeiten aus verschiedenen Epochen bewundern.

Mørkov, Torbenfeldt

◀ ✶ Køge

P 25/26

Insel: Seeland   **Region:** Sjælland
Einwohnerzahl: 40 500

Køge ist eine der besterhaltenen Mittelalterstädte Dänemarks und besitzt dank weitsichtiger Bürger eine wunderschöne Altstadt. Und Køge hat mehr als Fachwerk zu bieten: In der Umgebung erheben sich die herrlichen Kreideklippen des Stevns Klint.

Gegründet wurde Køge auf königlichen Befehl in Küstennähe wohl wegen der ergiebigen Heringszüge im Øresund. 1288 erhielt der Ort die ersten Privilegien und wurde mit Wall, Graben und großen Stadttoren befestigt. Bis zum Ende des 16. Jh.s trieb man vorwiegend mit den norddeutschen Städten Handel, dann mit den Holländern. Bildschnitzer, Handschuhmacher, Goldschmiede und Bier aus Køge waren berühmt. Durch die Kriege des 17. Jh.s erlitt die Stadt einen massiven wirtschaftlichen Rückschlag, der erst mit der Industrialisierung in der zweiten Hälfte des 19. Jh.s überwunden wurde. Heute floriert die schmucke Hafenstadt wieder.

Geschichte

!   *Baedeker* **TIPP**

Anreise gratis
Besitzer der »Copenhagen Card« fahren kostenlos mit der S-Bahn die 38 km von der Hauptstadt nach Køge.

Sehenswertes in Køge

Sct. Nikolai
Dem Schutzheiligen der Seefahrer ist das 1324 begonnene Gotteshaus in der Kirkestræde geweiht, das seit gotischer Zeit auch als Seemarke fungierte. Vom Erker des Turms aus verfolgte Christian V. anno 1677 die Seeschlacht in der Køgebucht, in der Niels Juel die
Schweden besiegte. Beachtung verdienen die Altartafel von Lorents
Jørgensen und die Grabsteine betuchter Kaufleute aus Køge.

★ ★
Fachwerk-
häuser
Wer Fachwerk liebt, dürfte beim Bummel um den weitläufigen **Torvet**, wo mittwochs und samstags Wochenmarkt ist, seine Freude haben. Brogade 1, 16 und 23 wurden in der ersten Hälfte des 17. Jh.s
erbaut. Oluf Jensens Gård in der Brogade 7 vermittelt mit seinen beiden Speichern einen guten Eindruck von den **Kaufmannshöfen früherer Zeiten**; im nördlichen Speicher von 1855 zeigt die Køger Galerie Wechselausstellungen. Die Gerberei in der Vestergade 7 entstand
um 1580, im Richters Gård an der Vestergade 16 hat man auch im
Innern die Atmosphäre um 1600 erhalten. Oluf Sandersen und die
Jahreszahl 1638 stehen über dem Tor der Kirkestræde 3, fünf Häuser
weiter konnte das Fachwerk ans Ende des 16. Jh.s datiert werden.
1527 ist schließlich am Türbalken der Kirkestræde 20 zu lesen, dem
ältesten genau datierten Fachwerkhaus des Landes.

Køge Museum: Wohlhabende Bauerntöchter erhielten im 19. Jh. als Mitgift
eine Bettausstattung mit kostbaren Stickereien.

KØGE ERLEBEN

Schmuckstück ist der **Renaissance-Kaufmannshof**, Nørregade 1, seit 1909 das kulturgeschichtliche Museum der Region. Es präsentiert u. a. eine Textilsammlung, zwei Silberschätze des 17. Jh.s und das Grab von Strøby Egede mit sieben steinzeitlichen Skeletten (Öffnungszeiten: Juni – Aug. tgl. 11.00 – 17.00, Sept. – Mai Mo. – Fr., So. 13.00 – 17.00, Sa. 11.00 – 15.00 Uhr; www.skitsesamlingen.dk). ★ **Køge-Museum** ☉

Das Museum in der Nørregade 29 hat sich auf Zeichnungen, Skulpturen und Modelle dänischer Künstler des 20. Jh.s spezialisiert (Öffnungszeiten: Di. – So. 11.00 – 17.00 Uhr). ★ **Kunstmuseet**

Womit Kinder zwischen 1830 und 1950 gespielt haben, zeigt das liebevoll zusammengestellte Privatmuseum im Hinterhaus der Vestergade 29 (Öffnungszeiten: Fr. – So. 11.00 – 14.00, Schulferien Di. – Fr. 11.00 – 15.00, Sa. bis 14.00 Uhr; www.koegelegetoejsmuseum.dk). **Legetøjsmuseet** ☉

Am Hafen erinnert ein 9 m hoher **Granitobelisk** an die Seehelden Niels Juel und Ivar Huitfeldt. Niels Juel verhalf 1677 der dänischen Flotte zum entscheidenden Sieg über die Schweden. Ivar Huitfeldt befehligte 1710 das Schiff »Dannebrog«. **Monument »Slaget i Køge Bugt«**

Umgebung von Køge

Schloss Vallø, rund 7 km südlich der Stadt, ziert ein wunderschöner **Schlosspark**, der ebenso wie die Stallungen mit dem Vallømuseum für die Öffentlichkeit zugänglich ist. Mit Blick auf die Køgebucht thront im Park das 1586 errichtete Renaissanceschloss, das seit 1738 bewohnt wird und nicht zu besichtigen ist. **Vallø Slot**

Die Wellen der Ostsee umspülen die Halbinsel Stevns, das »Land des Elfenkönigs«. Er soll in der um 1200 erbauten St.-Katharina-Kirche **Store Heddinge** von Store Heddinge und in einer Höhle südlich der alten Højerup Kirche wohnen, stets bereit, das Steilufer gegen Feinde von auswärts zu verteidigen. Store Heddinge ist eine gemütliche Kleinstadt mit guten Einkaufsmöglichkeiten in und um die Algade.

★ ★
Stevns Klint

Auf 15 km Breite endet die flache Halbinsel Stevns abrupt an den bis zu **41 m hohen Kreideklippen** des Stevns Klint. Geologisch ist das Steilufer weltberühmt, da im Abhang die sogenannte Fischlehmschicht sichtbar ist, die vor rund 65 Mio. Jahren während einer Klimakatastrophe abgelagert wurde. Bis heute ist nicht genau geklärt, warum das Klima sich damals innerhalb von gut 5000 Jahren von tropisch auf fast polar änderte, wodurch fast 60 Prozent aller Pflanzen und nahezu drei Viertel aller Tiere ausstarben, unter ihnen die Dinosaurier. Der Fischlehm tritt als eine 3 bis 12 cm dicke Schicht zwischen der weißen Schreibkreide und dem grauen Byozokalkstein auf. Bei der alten Kirche von Højerup, wo der Fischlehm an der Mitte des Abhangs zu sehen ist, zeigt sich das knapp 30 m hohe Steilufer besonders eindrucksvoll. Laut Legende bewegt sich die 1357 erbaute Kirche in jeder Neujahrsnacht um einen Hahnenschritt weiter land-

Nur die Natur kann solche Highlights setzen wie die Kreideklippen des Stevns Klint, die zur selben Zeit entstanden wie jene auf Møn.

einwärts. Trotzdem verlor sie ihren Chor, als 1928 ein Teil des Steilufers ins Meer stürzte – der Rest ragt stolz am Gipfel empor.

Leichter Wellenschlag und der Duft von Teer und Fisch gehören zum **idyllischen Hafen** von Rødvig, wo man im Schiffsmotormuseum am Havnevej 7 nostalgische Bootsmotoren, Gebläselampen und Blöcke aus Segelschiffen bestaunen kann.

Rødvig

Kolding

O/P 9/10

Insel: Jütland　　　　　　　　　　**Region:** Syddanmark
Einwohnerzahl: 59 000

Hauptattraktion sind heute das Schloss und die Kunstsammlungen im Trapholtmuseum. Die Seen, Wasserläufe und Fjorde der Umgebung bieten gute Möglichkeiten zum Angeln, Segeln und Baden. Ein Tipp für Regentage: Im Storcenter am Stadtrand kann man trockenen Fußes in mehr als 60 kleinen Läden bummeln gehen.

Von der über 700-jährigen Geschichte der ehemaligen **Grenzfestung** ist im Stadtbild nur wenig erhalten, abgesehen von einigen Häusern aus der Blütezeit des Ochsenhandels im 16. Jh. und natürlich Schloss Koldinghus. Bis zum Wiener Frieden 1864 spielte die kleine Kolding-Å am Südrand der Hafenstadt die Rolle des Grenzflusses zwischen dem Königreich Dänemark und dem Herzogtum Schleswig. Zollstation war die Brücke Sønderbro.

Geschichte

Sehenswertes in Kolding

Auf einem Hügel über dem Schlosssee erhebt sich die 1268 von Erik IV. errichtete Burg, seit dem 16. Jh. eine bevorzugte Residenz der dänischen Könige. Um 1600 kam der sogenannte **Heroenturm** dazu, der einen großartigen Rundblick gewährt. Als 1808 napoleonische Truppen einquartiert waren, wurde das Schloss durch einen Brand zerstört und erst ab 1890 wieder aufgebaut. Heute beherbergen die alten Gemäuer eine beachtliche kulturhistorische Sammlung vom 16. Jh. bis zur Gegenwart mit Möbeln, Porzellan, Fayencen, Silber und Klöppelarbeiten aus ganz Dänemark. Eine Sehenswürdigkeit für sich sind die vor Kurzem restaurierten Gebäudeflügel (Öffnungszeiten: tgl. 10.00 – 17.00 Uhr; www. koldinghus.dk).

★
Koldinghus Slot

> ! **Baedeker TIPP**
>
> **Garten der Blumen**
> Freunde von Farben und Düften sollten sich den Geografischen Garten am Christian IV. Vej am südlichen Stadtrand nicht entgehen lassen. Auf 12 ha sind über 2000 Pflanzen aus aller Welt zu bewundern, die nach ihrer geografischen Heimat angeordnet sind.

▶ KOLDING

AUSKUNFT
Akseltorv 8
Tel. 76 33 21 00, Fax 76 33 21 20
www.visitkolding.dk

ESSEN

▶ **Fein & teuer**
Den Gyldne Hane
Christian IV's Vej 23, Tel. 75 52 97 20
www.restdengyldnehane.dk

Gefragte Gourmetadresse mit
dänisch-französischer Speisekarte
am Südrand der Stadt.

▶ **Erschwinglich**
Admiralen
Toldbodgade 14
Tel. 75 52 04 21
Fisch und Wild zählen hier zu
den besten Spezialitäten.

Spanische Treppe Lin Utzon übernahm 1995 die Neugestaltung der sog. Spanischen Treppe, die vom Schloss in die Innenstadt führt. Feine Skulpturen zieren die Hauptfassade der St.-Nikolai-Kirche (13. Jh.). Kulturerlebnisse für die ganze Familie vereint auf 6000 m² das Nicolai Centrum mit einem Kreativbereich für Kinder von 2 bis 12, Kino, Ausstellungen sowie Theater open air und drinnen (www.kolding.dk/nicolai).

Kunstsammlung Trapholt Am Æblehaven 23, am Nordufer des Koldingfjords, thront die Kunstsammlung Trapholt. Zu sehen sind Porträts von Anna Anchers, Skizzen von Franziska Clausen sowie abstrakte Kunst von Richard Mortensen und Egill Jacobsen. Die jüngere Generation ist u. a. mit Per Kirkeby, Lars Ravn und Peter Bonde vertreten. Zur Ausstellung über dänisches Kunsthandwerk gehören die größte Keramiksammlung des Landes sowie das unterirdische Möbelmuseum (Öffnungszeiten: tgl. 10.00 – 17.00 Uhr; www.trapholt.dk).

Umgebung von Kolding

Skamlingsbanken Nationales Symbol und Aussichtspunkt ist südöstlich der Skamlingsbanken (113 m). Um 1850 wurden hier Versammlungen zur Förderung des dänischen Nationalbewusstseins abgehalten – ein Obelisk erinnert an den Kampf für ein geeintes Dänemark. Im Glockenturm wird der Widerstandskämpfer des Zweiten Weltkriegs gedacht.

Vejen Ca. 23 km westlich von Kolding passiert man Vejen, wo seit 2008 die 543 km lange, markierte Route **»Heerweg«** Wanderer und Radfahrer einlädt, bis nach Rendsburg zu wandern (www.haervej.de). Vejens Kunstmuseum, Østergade 4, widmet sich v. a. Niels Hansen Jacobsen (1861 – 1941), dem bedeutendsten dänischen Symbolisten der vorigen Jahrhundertwende. Vor dem Museum steht die Skulptur »Troll, der Christenblut wittert« (Öffnungszeiten: Di. – Fr. 10.00 – 16.00, Sa., So. 11.00 – 17.00 Uhr; www.vejenkunstmuseum.dk).

★ ★ Kopenhagen · København

N/O 26–28

Insel: Seeland
Einwohnerzahl: 510 000,
Region Hovedstaden 1,6 Mio.

Region: Hovestaden

Weltoffen, liebenswürdig, lebhaft, aber ohne Hektik, so präsentiert sich die Hauptstadt der ältesten Monarchie Europas, eine moderne Metropole mit Charme, die beweist, das Weltstadtflair nichts mit der Größe einer Stadt zu tun hat. Keine andere Stadt des Landes ermöglicht einen so guten Zugang zum dänischen Kulturleben.

Die Beschreibung Kopenhagens musste im Rahmen dieses Bandes kurz gehalten werden. In der Reihe »Baedekers Allianz Reiseführer« liegt ein ausführlicher Stadtband »Kopenhagen« vor.

Schon heute lebt mehr als ein Viertel aller Dänen in der Hauptstadt oder ihrer unmittelbaren Umgebung. Kopenhagen liegt an der Ostküste ►Seelands und auf der Insel Amager, wo seit Juli 2000 die gigantische Øresundbrücke die Verbindung zum Nachbarn Schweden herstellt (►Baedeker Special, S. 30). Zukunftsplaner sehen hier eine Supermetropole zu beiden Seiten der Meerenge entstehen, die rund 3 Mio. Einwohner haben wird. In Kopenhagen sitzen Parlament, Regierung und Oberster Gerichtshof, hier residiert seit 1417

Hauptstadt und Kulturmetropole

Traumverloren sitzt die Kleine Meerjungfrau an Kopenhagens Gestaden.

> ## ! Baedeker TIPP
>
> ### Royal Shopping
>
> In Kopenhagen wird ein Einkaufsbummel zum entspannenden Vergnügen. Alles, was das Herz begehrt, lässt sich zu Fuß erreichen. Avantgarde in der Larsbjørnstræde, Designeroutfit in der Grønnegade, Bücher in der Fiolstræde, Kaufhäuser und exklusive Geschäfte auf der Flaniermeile Strøget. Und natürlich Nyhaven, Kompagnistræde, Favergade und Ravnsborggade, unbestritten das dänische Mekka, wenn es um Antiquitäten aller Preisklassen geht.

die königliche Familie. Die Stadt bietet berühmte Museen, Bilderbuchschlösser, trendige Bars, Szenekneipen und erstklassigen Jazz, stimmungsvolle Sommertage in den grünen Oasen der Parks oder am hyggeligen Nyhavn.

Allein in der Innenstadt informieren rund **50 größere und kleinere Museen** über Weltklassekunst und altes Spielzeug, Erotik und ungebrochene Rekorde, die Kronjuwelen und vieles mehr. Als Kopenhagen 1996 »Kulturhauptstadt Europas« war, erweiterte man zu diesem Anlass die Ny Carlsberg Glyptothek und baute das Kunstmuseum ARKEN. 1998 folgte der Umbau am Statens Museum for Kunst, 2000 die Eröffnung das Dänischen Design Centers. Bis zum Sommer 2006 wurden die Ny Carlsberg Glyptothek und das Statens Museum for Kunst erweitert und neu gestaltet.

Eldorado für Museumsfreunde

Ballettlegenden und heißer Jazz Internationalen Ruf genießt das Königliche Theater mit Schauspiel, Opern und Ballettaufführungen. Ein Augenschmaus ist das **Bournonvilleballett »Et Folkesagn«** – heute mit dem Bühnenbild von Margrethe II. Höhepunkte im Jahresreigen sind der **Karneval** zu Pfingsten im Fælled Parken mit Sambarhythmen, Afrosound und Techno, das Sommerfestival mit buntem Veranstaltungsprogramm und zahllosen Open-Air-Aktivitäten sowie das **Jazzfestival**, das jeden Juli zehn Tage Jamsessions von internationalem Rang präsentiert.

Zentrum der Wirtschaft Auch wirtschaftlich laufen in Kopenhagen die Fäden zusammen. Hier haben alle wichtigen Wirtschaftsorganisationen ihren Sitz. Zukunftsweisend wird in den kommenden Jahren der neue Stadtteil Ørestad auf der Insel Amager sein, wo Wirtschaftsexperten **Skandinaviens Finanz- und Hightechzentrum** von morgen sehen (▶S. 267). Auch zwei der bekanntesten dänischen Aushängeschilder gehören zu Kopenhagen: die Brauereien Tuborg und Carlsberg, die weltweit exportieren. Funktionales Dansk Design ist längst international ein Markenzeichen. Dies gilt für Arbeiten der Königlichen Porzellanmanufaktur wie für Trip-Trap-Möbel oder Hi-Fi-Geräte der Luxusklasse aus dem Hause Bang & Olufsen (▶Baedeker Special, S. 56).

Anreise Seit 1998 können Autofahrer von Flensburg bis nach Kopenhagen durchfahren und den Großen Belt zwischen Fünen und Seeland auf einer Brücke (Mautgebühr) überqueren. Zugfahrten sind durch die neue Brücken-Tunnel-Verbindung eine Stunde kürzer als früher. Die Autofähre von Puttgarden/Fehmarn braucht nach Rødbyhavn/Lolland eine Stunde. Von dort sind es noch ca. 150 km Autobahn (E 45) bis nach Kopenhagen. Von Rostock nach Gedser/Falster benötigen Fähren zwei Stunden, Schnellfähren 70 Minuten; Weiterfahrt über die E 55 nach Kopenhagen. Kastrup, 10 km südöstlich der City, wird täglich von allen größeren Städten Europas angeflogen. Für Kreuzfahrer, die bislang im Frihavnen ankommen, entsteht bis 2016 im Nordhafen in zwei Bauschritten ein zweites Großterminal, zu dem der 800 m langer Kronløbskaj gehört.

Stadtgeschichte

1043	København wird urkundlich erstmals erwähnt.
1167	Bischof Absalon erhält die Fischersiedlung geschenkt, was als offizielles Gründungsjahr gilt.
1254	Kopenhagen werden Stadtrechte verliehen.
1416	Erich von Pommern ernennt die Stadt zur Hauptstadt, die seit dem 15. Jh. auch Sitz der dänischen Monarchen ist.
1728, 1795	Stadtbrände richten verheerende Schäden an.
1801/1807	Die britische Flotte nimmt die Stadt unter Beschuss.
19. Jh.	Der unhygienischen Verhältnisse wegen werden Wälle und Bastionen geschleift, die Stadt dehnt sich aus.
1971	Aussteiger gründen den Freistaat Christiania, der 1991 legalisiert wird.
1998/2000	Brücke über den Großen Belt und den Øresund
2005	Eröffnung der neuen Oper
2008	Eröffnung des neuen Schauspielhauses

Zum Dank für die Unterstützung im Kampf um die Krone erhielt **Bischof Absalon** (1128–1201) 1167 die Fischersiedlung København von Waldemar I. als Geschenk. Zehn Jahre später ließ Absalon die Festung Slotsholmen errichten, Keimzelle von Schloss Christiansborg. Strategisch günstig gelegen, war der »Kaufmannshafen« schon zu Hanse-Zeiten eine Drehscheibe im Ostseehandel. Seit dem 15. Jh. residieren alle dänischen Monarchen in Kopenhagen, das Anfang des 17. Jh.s unter **Christian IV.** (▶ Berühmte Persönlichkeiten) vor allem nach Norden erweitert und mit stattlichen **Renaissancebauten** versehen wurde. Im Zeitalter des Absolutismus hielt der barocke Baustil Einzug, wurden Christiansborg und der Nyhavn angelegt, während das Rokokoschloss Amalienborg und der Stadtteil Frederiksstad in der zweiten Hälfte des 18. Jh.s unter Frederik V. entstanden.

Vom Fischerdorf zur Metropole

Nachdem im 19. Jh. aufgrund einer Cholera-Epidemie die alten Wälle und Bastionen geschleift wurden, um neuen Wohnraum zu schaffen, sollten die sogenannten Brückenviertel Vesterbro, Nørrebro und Østerbro Platz für das Proletariat der frühen Industrialisierung liefern. So entwickelte sich die heutige Metropole aus mehreren Klein-

◄ Platz für eine moderne Stadt

städten, zu denen København K, das feine Zentrum, gehört, wie København V, das volkstümliche Vesterbro.

Die Hochachtung der Dänen für ihr Königshaus hängt nicht zuletzt mit der sperrigen Haltung zusammen, die Christian X. gegenüber der Besetzung des neutralen Dänemark durch deutsche Truppen im April 1940 zeigte. 1943 wurde die Regierung abgesetzt und der König auf **Schloss Amalienborg** unter Hausarrest gestellt.

In den 1960er-Jahren fand das neue Lebensgefühl der jungen Generation im swingenden »Wonderful Copenhagen« eine Heimat. 1996 wurde Kopenhagen zur **»Kulturhauptstadt Europas«** ernannt.

Sehenswertes im Stadtzentrum

Kopenhagen für Eilige

Wer nur ein oder zwei Tage in Kopenhagen ist, sollte dem Tivoli, der Strøget und der königlichen Residenz Amalienborg Slot Priorität einräumen. Wichtige Stationen wie der Rathausplatz, Schloss Christiansborg, der bezaubernde Nyhavn und eine Schifffahrt zur Kleinen Seejungfrau liegen bei dieser Tour auf dem Weg.

Hingucker Metro

Das Auto kann man in Kopenhagen getrost stehen lassen. Die Stadt will bis 2025 ihren Kohlendioxidausstoß neutralisieren und hofft auf die Teilnahme der Touristen – www.visitkopenhagen.com liefert einige Tipps unter »How to be a green tourist in Copenhaben«. Dazu gehört, dass die Innenstadt bequem zu Fuß zu erkunden ist und die öffentlichen Verkehrsmittel gut ausgebaut sind. Die hochmodernen Metrozüge fahren computergesteuert ohne Fahrer, die Linien M 1 und M 2 verbinden den Westrand der City via Zentrum mit Ørestad.

Frederik V. wacht über die königliche Residenz Amalienborg.

Highlights Kopenhagen

Strøget
Shoppingfreuden auf Europas längster und Dänemarks berühmtester Fußgängerzone, die eigentlich aus fünf Straßenzügen besteht.
▶ Seite 240

Nyhavn
Quicklebendiges Vergnügungsviertel auf nur 300 m Länge
▶ Seite 243

Tivoli
Märchenhafte Stunden im wohl berühmtesten Vergnügungspark der Welt
▶ Seite 244

Ny Carlsberg Glyptotek
Ägyptische Sarkophage, römische Skulpturen und Meisterwerke der Malerei des 19. und 20. Jahrhunderts
▶ Selte 248

Nationalmuseum
Highlights der Archäologie: der Sonnenwagen von Trundholm, der Gundestrup-Kessel und die Runen der Wikinger
▶ Seite 250

Schloss Amalienborg
Die vier fast baugleichen Rokoko-Palais von Schloss Amalienborg sind seit 1794 Residenz der dänischen Königsfamilie.
▶ Seite 257

Statens Museum for Kunst
Tizian, Rubens, Emil Nolde – 700 Jahre Kunstgeschichte unter einem Dach
▶ Seite 262

Arken –
Museum des 21. Jahrhunderts
Installationen und moderne Kunst in einem außergewöhnlichen Bauwerk
▶ Selte 268

Neun der 22 Stationen liegen unter der Erde, bekommen aber über ein ausgeklügeltes System aus Glaspyramiden an der Straßenoberfläche und Reflektoren Tageslicht zugeleitet. Fahrpläne und Linienführung der Metro findet man unter www.m.dk.

City-Cirkel-E-Busse verkehren im 7-Minuten-Takt auf einer Ringlinie durch die Innenstadt. Sie binden die Gassen der historischen City an das Nahverkehrsnetz der dänischen Hauptstadt an, mithilfe eines Ringverkehrs zwischen dem Kopenhagener Hauptbahnhof, den S-Bahnhöfen Vesterport und Nørreport sowie den Touristenzielen Nyhavn und Kongens Nytorv. Auch die Hafenbusse werden erreicht, die als Linie 901, 902 und 903 zwischen Nordre Toldbod und der Königliche Bibliothek pendeln und als Linie 904 ab Nyhavn in 30 Min. bis zum südlichen Hafenende bei Teglholmen fahren.

Sparen kann man mit der **CPHCard**, wie die Copenhagen Card inzwischen heißt, die 24 oder 72 Stunden freien Eintritt in über 60 Museen der Hauptstadt und Umgebung gewährt. Außerdem können mit der Karte Busse, S-Bahnen und die Metro in der gesamten Hauptstadtregion kostenlos genutzt werden. Zudem werden bis zu 50 Prozent Ermäßigung auf Überfahrten nach Südschweden gewährt. Erhältlich ist die Karte in Hotels und Reisebüros, bei der Touristeninformation, am Flughafen und am Hauptbahnhof.

København *Essen und Übernachten*

Hillerød
Zoologisk Museum

Lyngby, Helsingør
Grundtvig Kirke

**Panum
Instituttet**

500 m

©*Baedeker*

NØRREBRO

Mosaik
Kirkegård

**Skt. Hans
Torv**

**St.
Johannes**

Assistens
Kirkegård

**Kommune-
hospitalet**

**Geologisk
Museum**

**Palme-
hus**

Observatoriet

St. Daniel

Dronning
Louises Bro

Botanisk
Have

Botanisk
Museum

**Arbejder-
museet**

**Livgardens
Hist. Samling**

Blågårds
Plads

**Musikhistorisk
Museum**

Ågade Åboulevard

**Reform.
Kirke**

**Betlehems-
kirke**

Herm.
Triers
Plads

Kul-
torvet

Rundetårn

Radiohuset

Søpavillonen

**FREDERIKS-
BERG**

Forum

Ørsteds
Parken

St. Petri

Universitet

Frue
Plads

Gråbrødretorv

**Helligånds-
kirken**

St. Immanuel

Jarmers
Plads

**Vor Frue
Kirke**

Gammel-
torv

Amagertorv
Strøget

Nytorv

**H. C. Andersen
Eventyrhuset**

**Cirkus-
bygningen**

Axeltorv

Rådhus-
Pladsen

Rådhus

**Teater-
museet**

**Tycho Brahe
Planetarium**

**Ny
Teater**

Vesterbrogade

Nationalmuseet

Tivoli

**Dansk
Design
Centre**

Central Station
**Københavns
H**

**Københavns
Bymuseum**

St. Maria

VESTERBRO

Saxoparken

Skydebanehaven

**Ny Carlsberg
Glyptotek**

Mattæusgade

Ringsted, Køge

Essen

① Cap Horn
② Krogs Fiskerestaurant
③ A/O/C Aarø & Co.
④ Kong Hans Kælder
⑤ Reef'n Beef
⑥ Noma

Übernachten

① Hotel Selandia
② Absalon Hotel Copenhagen
③ Hotel Alexandra
④ Ibsens Hotel
⑤ Hotel D' Angleterre
⑥ Hotel Opera
⑦ 71 Nyhavn Hotel
⑧ The Square Hotel
⑨ Danhostel Copenhagen
⑩ Downtown CADINN Metro
⑪ Wake Up Copenhagen

—— Wasserbus
🚲 CityBikes

► KOPENHAGEN ERLEBEN

AUSKUNFT

Copenhagen
Visitor Centre
Vesterbrogade 4A
Tel. 70 22 24 42
www.visitcopenhagen.com

KOSTENLOSE CITYBIKES

Zwischen April und November
an mehr als 110 Plätzen im City-
ereich rund 2000 Fahrräder kostenlos
zur Verfügung. Ähnlich wie beim
Einkaufswagen muss man die Fahrräder mit einem 20-Kronen-Stück aus
dem Ständer lösen. Bei Abgabe an
einem der Parkplätze erhält man
entsprechend das Geld zurück.

ESSEN

► Fein & teuer

② *Krogs Fiskerestaurant*
Gammel Strand 38
Tel. 33 15 89 15
www.krogs.dk
Das Patrizierhaus (1798) gilt als
Topadresse für Fischliebhaber. Sehr
lecker: Hummer und Scholle. Im
Sommer kann man draußen tafeln.

③ *Restaurant A/O/C Aarø & Co.*
Dronningens Tværgade 2
Tel. 33 11 11 45, www.premisse.dk
Langusten mit grünen Apfelstiften
und Basilikum oder Ochsenschwanz
aus Seeland mit ausgelöstem Kno-
chenmark, Petersilienessenz und
Meerrettich-Kartoffelpüree? 2010 ein
Michelinstern wert.

④ *Kong Hans Kælder*
Vingårdstræde 6, Tel. 33 11 68 68
www.konghans.dk
Steinbutt mit Kaisergranat in
Bärlauchsauce u. a. Delikatessen werden im gotischen Kellergewölbe serviert. Erster Michelinstern des Landes.

⑥ *Noma*
Strandgade 93
Tel. 32 96 32 97
www.noma.dk
2005 erhielt das Noma den ersten, seit
2007 hat es zwei Michelinsterne, 2010
wurde es zum besten Restaurant der
Welt gekürt. Kreiert werden interessante Gerichte: Tang aus Island, Tief-
seekrabben von den Färöer-Inseln,
Moschusfleisch aus Grönland und
Farn aus dänischen Buchenwäldern.

► Erschwinglich

⑤ *Reef'n Beef*
Jernbanegade 4, Tel. 33 33 00 30
www.reefnbeef.dk
Seit Kronprinzessin Mary ist die
australische Küche auf dem Vormarsch, z. B. tasmanisches
Teufelskänguru mit Artischocken
und Süßkartoffeln!

► Preiswert

① *Cap Horn*
Nyhavn 21, Tel. 33 12 85 04
www.caphorn.dk
Direkt am stets belebten, »hyggeligen«
Nyhavn mit Blick auf betagte Oldtimerschiffe. Ein Muss: die Fischsuppe
des Hauses und Entenbrust.

ÜBERNACHTEN

► Luxus

③ *Hotel Alexandra*
H. C. Andersens Boulevard 8
Tel. 33 74 44 44, Fax 33 74 44 88
www.hotel-alexandra.dk
Ausgesuchte Stücke der dänischen
Designerlegenden Hans J. Wegner,
Ole Wanscher und Arne Jacobsen
in 61 eleganten Zimmern.

⑤ *Hotel D'Angleterre*
Kongens Nytorv 34
Tel. 33 12 00 95, Fax 33 12 11 18

www.remmen.dk
Eine der berühmtesten Nobelherbergen der Welt und über 250 Jahre alt. Hier legten sich schon Winston Churchill, Roald Amundsen, U 2 und Michael Jackson aufs Ohr. »Leading Hotels of the World«, edles Arndal-Spa, französisch inspirierte Küche.

⑥ *Hotel Opera*
Tordenskjoldsgade 15
Tel. 33 47 83 00, Fax 33 47 83 01
www.hotelopera.dk
Neun Zimmer des charmanten Drei-Sterne-Hotel sind nach berühmten Opern benannt. Das Haus liegt ganz in der Nähe des Königlichen Theaters.

⑦ *71 Nyhavn Hotel*
Nyhavn 71
Tel. 33 43 62 00, Fax 33 43 62 01
www.71nyhavnhotel.dk
Die nostalgische Vier-Sterne-Herberge diente bis 1804 als Speicherhaus. Für Feinschmecker: das rustikale Restaurant Pakhuskælderen.

▶ **Komfortabel**
④ *Ibsens Hotel*
Vendersgade 23
Tel. 33 13 19 13, Fax 33 13 19 16
www.ibsenshotel.dk
Drei Frauen führen das charmante Haus im Herzen der Stadt mit gutem Preis-Leistungs-Verhältnis in dieser Kategorie und tollem Frühstück.

③ *Hotel Selandia*
Helgolandsgade 12
Tel. 33 31 46 10, Fax 33 31 46 09
www.hotel-selandia.dk
Kleineres Hotel nahe dem Hauptbahnhof, das besonders wegen seines freundlichen Services beliebt ist; Parkplatz 100 m vom Hotel.

⑧ *The Square Hotel*
Rådhuspladsen 14

Tel. 33 38 12 00
Fax 33 38 12 01
www.thesquare.dk
Im Frühjahr 2003 eröffnetes, zentral gelegenes Hotel mit modernem Design. Alle 268 Zimmer haben Internetzugang. Frühstück im sechsten Stock mit Blick auf das Rathaus.

▶ **Günstig**
② *Absalon Annex*
Helgolandsgade 19
Tel. 33 24 55 11
Fax 33 31 62 48
http://absalonhotel.dk
Der Anbau des Hotels Absalon, unweit des Tivoli, verfügt über komfortable Zimmer mit Bad und Toilette auf jedem Stockwerk.

⑨ *Danhostel Copenhagen Downtown*
Vandkunsten 5, Tel. 70 23 21 10
www.copenhagendowntown.com.
Das 260-Betten-Haus ist Hostel und Kunst- und Kulturzentrum; Bis zu fünf junge Künstler wohnen und arbeiten im Hostel (Ausstellungen)

⑩ *CABINN Metro*
Arne Jacobsens Allé
Tel. 32 46 57 00, Fax 32 46 57 01
http://www.cabinn.com
Nach Entwürfen von Daniel Liebeskind eröffnete 2009 Dänemarks größtes Hotel im Stadtteil Ørestad mit 709 schlicht-praktischen Zimmern. Die Innenstadt ist zehn Metrominuten entfernt, der Flughafen fünf.

⑪ *Wake Up Copenhagen*
Carsten Niebuhrs Gade 11
Tel. 44 80 00 00, Fax 44 80 00 01
www.wakeupcopenhagen.com
510 durchgestylte Budget-Zimmer in drei Kategorien zwischen Hafen und Bahnhof in einem schwarzen Kubus von Kim Utzon.

Spitzname »Klein-Amsterdam« – das Viertel Christianshavn erinnert mit seinen vielen kleinen Kanälen an holländische Grachten.

Sechsspurig umtost der Autoverkehr den **Rådhuspladsen**, der 1996 zum Kulturjahr u. a. den umstrittenen schwarzen Terminal der Touristeninformation erhielt. Der 1905 fertiggestellte gewaltige Klinkerbau des Rathauses zeigt Anleihen bei italienischen Renaissancepalästen. Über dem Hauptportal wacht die vergoldete Statue von Stadtgründer Bischof Absalon (um 1128 bis 1201). Einen Blick lohnt im Innern Jens Olsens Verdensuhr. Fast 27 Jahre baute der geniale Mechaniker an dem astronomischen Wunderwerk. Der Drachenspringbrunnen (1923) auf dem Rathausplatz stammt von Joakim Skovgaard, wenige Schritte weiter blickt die Bronzefigur von H. C. Andersen (Abb. S. 319) zum Tivoli. Auf der anderen Rathausseite richten zwei Lurenbläser ihre bronzezeitlichen Hörner gen Himmel.

★★
Strøget   Berühmteste Shoppingmeile Dänemarks und längste Fußgängerzone Europas ist der 1,8 km lange »Strich«, eigentlich **fünf Straßenzüge** – Frederiksberggade, Nygade, Vimmelskaftet, Amagertorv und Østergade –, die den Rathausplatz mit dem Königlichen Neumarkt verbinden. Zur Strøget gehören elegante Modeboutiquen und Juweliere, bunte Souvenirläden und Delikatessengeschäfte, die Kaufhäuser Illum und Magasin du Nord, die noblen Verkaufsräume der Königlichen Porzellanfabrik, der Holmegaard-Glaswerke und von Georg Jensens Silberschmiede. Hier ist der Treffpunkt für Einheimische

und Gäste und die Bühne für Straßenkünstler, hier findet man Restaurants und Cafés mit Blick auf den Strom der Flanierenden.

Attraktiver Endpunkt der Frederiksberggade ist der »Alte Markt« mit ehrwürdigen **Patrizierhäusern** und dem verspielten Caritasbrunnen aus der Zeit der Renaissance.

Gammeltorv

Ein Abstecher führt nördlich in das alte **Universitätsviertel**, wo sich in und um Skindergade, Fiolstræde und Peder Hvitfeldsstræde trendige Modeboutiquen, Antiquariate, Secondhandläden und witzige Szenecafés etabliert haben.

✱ ✱
Latinerkvarter

Die 1829 geweihte, neoklassizistische Liebfrauenkirche gilt als Hauptwerk von Christian Frederik Hansen. Kopenhagens Domkirche ist die sechste an gleicher Stelle. Ein weiß gekalktes Tonnengewölbe überspannt den Innenraum, mit Arbeiten von **Bertel Thorvaldsen** (► Berühmte Persönlichkeiten) wie der segnende Christus hinter dem Altar und das von einem Engel gehaltene Taufbecken. Der Kirchplatz wird im Sommer für Theater und Konzerte genutzt.

✱
Vor Frue Kerk

Drei Tage im August summt der Frue Plads vor Leben, wenn **Kunsthandwerker aus ganz Dänemark** ihre Produktion vorstellen und verkaufen. Etablierte Werkstätten stellen hier Seite an Seite mit jungen Kunsthandwerkern aus, die zum ersten Mal dabei sind.

✱
Kunsthand-werkermarkt

Den Einfluss englischer Universitätsbauten lässt hinter dem Bispetorv die 1479 von Christian I. gestiftete Universität erkennen, deren Hauptgebäude zu Beginn des 19. Jh.s von Peter Malling errichtet wurde. Davor erinnert eine Reihe von Büsten an **bedeutende Absolventen** der Hochschule, darunter Niels Bohr (► Berühmte Persönlichkeiten). Die meisten Institute sind jedoch in das neue Unicenter auf Amager umgezogen.

Universität

Jenseits der Nørregade steht die älteste Kirche der Stadt, deren Anfänge auf das Jahr 1304 zurückgehen. Nach der Reformation diente der gotische Bau als Kanonengießerei, bis er 1585 der **deutschen Gemeinde** überlassen wurde, die ihn heute noch nutzt.

> **!** *Baedeker* TIPP
>
> **Sømods Bolcher**
> Naschkatzen können in der 1891 eröffneten Bonbonfabrik an der Nørregade 24 und 36 dem königlichen Hoflieferanten bei der Herstellung der hochwertigen Süßigkeiten (nur bis 15.00 Uhr) zusehen und eine Riesentüte ausgewählter Bonbons mit nach Hause nehmen (Öffnungszeiten: Mo.–Do. 9.15–17.30, Sa. 10.00–14.30 Uhr; www.soemods-bolcher.dk).

Auf dem Rückweg zum Strøget liegt einer der charmantesten Plätze der Stadt, umringt von schön renovierten Bürgerhäusern des 18. und 19. Jh.s mit kleinen Straßencafés und gefragten Musikkneipen. Hier bauten die Franziskaner, wegen ihrer Kutten »Graue Brüder« ge-

✱
Grabrødretorv

nannt, im 13. Jh. ihr erstes Kloster, daher der Name des Platzes. Zwischen Mitte Juli und Mitte September nimmt hier um 21.00 Uhr der **Nachtwächter** von Kopenhagen Besucher mit auf seine Runde; donnerstags und samstags auf Englisch, freitags auf Deutsch.

✶ ✶
Amagertorv

Etwa die Hälfte der **Flaniermeile** markiert der lang gestreckte Amagertorv, wo man sich im »Norden« oder »Europa« auf einen Kaffee verabreden kann, nachdem man die unwiderstehlichen Auslagen bei Royal Copenhagen und Illums bewundert hat. Erzeugnisse der Königlichen Porzellanmanufaktur werden im Mathias Hansens Gaard (Nr. 6) verkauft, einem der ältesten Stadthäuser im niederländischen Barock von 1616 mit schönem Stufengiebel – und im Café von Royal Copenhagen wird der Kuchen sogar auf Königlichem Porzellan mit Georg-Jensen-Besteck serviert (www.theroyalcafe.dk). Über 400 Jahre Tabakgeschichte nebst exquisiten Rauchwaren und einem Pfeifenmuseum bietet W. Ø. Larsens in einem schönen Patrizierhaus des 19. Jahrhunderts (Nr. 9).

? WUSSTEN SIE SCHON …?

■ Wahrzeichen des populären Amagertorv ist der Storchenbrunnen. Vogelkenner werden es sofort merken: Auf dem Brunnen breiten Reiher, nicht Störche, ihre Flügel aus.

✶
Købmagergade

Lebhaft ist auch die nach Norden abzweigende Købmagergade mit **jungen Boutiquen** von dänischen Design-Stars wie Isabell Kristensen, deren Kreationen u. a. Shania Twain, Nicole Kidman, Liza Minelli, Sarah Fergusson und die Spice Girls getragen haben. Hier logiert das Post- und Telemuseum (Nr. 37, www.ptt-museum.dk) und im Erotica-Museum (Nr. 24) findet man alles zum Thema Sexualität. Um die Ecke in der Kronprinsensgade 5 liegt Perch's Thehandel, dessen Laden sich seit 1835 kaum verändert hat; die exquisiten Tees werden im angeschlossenen Teesalon stilvoll serviert.

✶
Rundetårn

Renaissancekönig Christian IV. (▶ Berühmte Persönlichkeiten) ließ 1637 – 1643 den 35 m hohen **Runden Turm** der Studentenkirche Trinitatis als Observatorium errichten. Ein gut 200 m langer Wendelgang, der den Transport der schweren astronomischen Geräte erleichtern sollte, führt zur Turmspitze mit weitem Rundblick.

✶
Højbroplads

Am Südende des Amagertorv stellt der offene Hochbrückenplatz die Verbindung zum Schlosskanal her. Axtbewehrt und hoch zu Ross zeigt hier ein Standbild den Stadtgründer **Bischof Absalon**.

✶
Østergade

Die **feinsten Shoppingadressen** sind im letzten Teil des Strøget angesiedelt, der zum Kongens Nytorv führt. Holmegaard Glas, Hifi-Gigant Bang & Olufsen oder die Kaufhauslegende Illum sind hier vertreten. Wer im Guinnessbuch der Rekorde steht, erfährt man im Museum an der Østergade 16 und an der Ny Østergade 9 verkauft die Konditorei Kransekagehuset geradezu unwiderstehliches Gebäck.

Ein Dutzend Straßen münden in Kopenhagens größten Platz, den aufwendig sanierten Königlichen Neuen Markt (trotzdem schon wieder oder immer noch Baustelle), angelegt um 1680 von **Christian V.**, dessen Reiterstandbild die Platzmitte ziert. Markante Fassaden liefern das Magasin du Nord, Dänemarks größtes Kaufhaus, und das **Hotel d'Angleterre**. Die Südostseite beherrscht das **Kongelige Teater** (Kartenvorbestellung: Tel. 33 69 69 69). Die Bronze-Denkmäler am Eingang erinnern an Ludwig Holberg (▶ Berühmte Persönlichkeiten) und den Tragödiendichter Adam Oehlenschläger (1779 – 1850). Das benachbarte **Charlottenborg Slot** beherbergt seit 1754 die dänische Kunstakademie (gute Wechselausstellungen). Bernstein-Fans sollten im Museum des **Ravhuset** (Nr. 2) vorbeischauen, wo man das »Gold des Nordens« (▶Baedeker Special, S. 166) auch kaufen kann. In dem 1685 – 1686 im holländischen Palladianismus erbauten **Thotts Palais** (Nr. 4) residiert heute die Französische Botschaft.

★
Kongens Nytorv

Ein Muss ist der »hyggelige« Nyhavn, den Christian V. zwischen 1671 und 1673 anlegen ließ. Die Nordseite des **Stichkanals**, wo H. C. Andersen (▶ S. 317) einst die Häuser Nr. 18, 20 und 67 bewohnte, galt früher als Gegenstück zur Hamburger Reeperbahn, it jedoch längst bürgerlich geworden. In den **alten Giebelhäusern** reiht sich heute ein schickes Restaurant an das andere. Fisch dominiert die Speisekarten, aber man findet auch das traditionelle »Kolde Bord«. An lauen Sommerabenden treffen sich die Kopenhagener gerne auf ein Glas

★ ★
Nyhavn

Der Strom der Flanierenden teilt sich den weiten Amagertorv mit Straßenmusikern, Pantomimen und Jongleuren aus aller Welt.

Nyhavn – hyggeliger Treffpunkt im Herzen der dänischen Hauptstadt.

Bier, um den Anblick der hier ankernden Segelschiffe und Oldtimer des Nationalmuseet zu genießen. Von 9.30 bis 19.30 Uhr starten am Nyhavn **Hafen- und Kanalrundfahrten**. Günstiger als die Touren von DFDS (www.canaltours.com) sind die Törns mit Netto-Bådene (www.netto-baadene.dk)

✳ Skuelspilhuset

An der Kvæsthusbro beim Nyhavn wurde 2008 das von Lundgaard & Tranberg entworfene **neue Schauspielhaus** eröffnet – das dritte Haus des Königlichen Theaters. Von Hand gemauert aus flachen, dunklen Ziegeln, erhebt sich der schlichte, noble Bau direkt an der Hafenfront. Das offene Foyer bietet einen Platz mit Panoramablick, innen sorgen Hunderte dünner Stableuchten für elegantes Licht. Der Große Saal fasst 650 Gäste, zwei kleinere Bühnen haben 100 bzw. 200 Plätze (Sankt Annæ Plads 36, www.skuespilhus.dk).

✳ ✳ Tivoli

🕐 Öffnungszeiten:
12. April – 24. Sept.
So. – Do.
11.00 – 23.00,
Fr. 11.00 – 00.30,
Sa. 11.00 – 24.00,
16. Juni – 20. Aug.
So. – Do. bis 24.00,
Sa. bis 00.30,
Weihnachtssaison:
10. November bis
31. Dezember

Rummelplatz und Kulturzentrum, das ist der Tivoli seit seiner ersten Saison. Riesenrad, Achterbahn, Spiegelkabinett und der fliegende Koffer aus Andersens Märchenwelt schlagen Kinder in ihren Bann und die Oldtimerautos ziehen ihre Runden mit stolzen Knirpsen am Steuer. Internationale Stars sind im Konzertsaal und der großen Freilichtbühne Plænen zu Gast. Abend verwandeln 120 000 Glühlämpchen den Tivoli in einen Lichtertraum. Seinen Namen verdankt der Park übrigens der italienischen Stadt in der Nähe von Rom. Höhepunkt ist das gigantische Feuerwerk, das viermal im Jahr die Gäste verzaubert. Für Adrenalinkicks sorgen 23 Fahrgeschäfte, darunter der Flugsimulator »Flight Control«, der bodenlose »Dæmonen« als größte Achterbahn Dänemarks und der 80 m hohe »Star Flyer« – das größte Kettenkarussell der Welt dreht sich bis zu 70 km/h schnell!

Spannende Unterwasserwelten präsentiert das riesige Aquarium, dazu kommen Petzi und seine Freunde Pelle, Pingo, Seebär und das Schiff Mary, seit 2010 Petzis Welt, die den alten Spielplatz am Tivoli-See ersetzte. Für das leibliche Wohl sorgen 37 Restaurants von Fast Food bis Gourmet, für eine geruhsame Nacht das Hotel Nimb.

Neben der Konzerthalle grüßt die **Bronzefigur** von Georg Carstensen, dem Gründer des Tivoli. Schon früh hatte er als Zeitungsverleger ein kleines Vermögen erwirtschaftet. Um seine Abonnenten bei Laune zu halten, gab Carstensen rauschende Feste im Kongens Have. Da diese begeisterten Anklang fanden, bat er Seine Majestät schließ-

Georg Carstensen

Tivoli *Orientierung*

© Baedeker

VERGNÜGUNGSSTÄTTEN

1 Monsunen
2 Kamelkarawane
3 Kinderriesenrad
4 Drachenkarussell
5 Goldener Turm
6 Tempelturm
7 Drachenboote

8 Panda
9 Dämonen-Achterbahn
10 Oldtimer-Autos
11 Fliegender Koffer
12 Straßenbahn Linie 8
13 Autoskooter
14 Kleiner Flieger
15 Odin-Expressbahn

16 Star Flyer
17 Galeere
18 Bottichbahn
19 Ballonschaukel
20 Walhalla
21 Rutschbahn
22 Fegefeuer

✔ NICHT VERSÄUMEN

■ Da im Dänemark des 19. Jh.s das politische Sprechtheater untersagt war, gab Parkgründer Carstensen der Pantomime eine eigene Heimstatt. Im Pantomimentheater wird – weltweit einzigartig – jeden Abend eine Vorstellung im Stil der italienischen Commedia dell'Arte gegeben.

lich um die Erlaubnis für einen ständigen Rummelplatz. Mit dem Argument »Wenn sich das Volk amüsiert, dann politisiert es nicht« soll König Christian VIII. 1843 zum Bau der Anlage überredet worden sein. Ob Legende oder nicht, Carstensen erhielt für 472 Reichstaler und drei Mark Jahresmiete das 8 ha große Grundstück auf dem Kopenhagener Glacis. In Kürze entwickelte sich der Vergnügungspark, in dem sich – damals ungewöhnlich – alle Gesellschaftsklassen vermischen konnten, zu einer Weltattraktion. Carstensen indes war Künstler, kein Geschäftsmann. Schon bald zerstritt er sich mit dem Aufsichtsrat, der seine immer wilderen Pläne nicht billigen wollte. Enttäuscht ging Carstensen nach Westindien und New York. Der Versuch, mit einem zweiten Lustgarten namens Alhambra die eigene Schöpfung zu übertrumpfen, scheiterte. Verbittert und bankrott starb Carstensen 1857 in Kopenhagen, nur 45 Jahre alt. Das Tivoli aber lebt und blüht.

★
Tivoligarde

Das lebendige Wahrzeichen des Gartens ist die 1844 gegründete Tivoligarde. Sie setzt sich aus **110 Jungen** zwischen 9 und 16 Jahren zusammen, die wie die königliche Leibgarde uniformiert sind. Sie verfügen über ein eigenes Musikkorps, Fahnenwache, Marineartillerie und eine goldene Kutsche mit dem Prinzenpaar. Samstags, sonntags und feiertags marschiert die Tivoligarde von 17.20 bis 18.00 Uhr durch den Park – außer vom 7. bis 25. Juli, da macht sie Urlaub.

Tivoli Kanten

Der traditionelle Tivoli öffnet sich bald der modernen Kopenhagener City: Schon in wenigen Jahren soll die lichtdurchflutete, futuristische Glaskonstruktion »Tivoli Kanten« die Mauer an der Bernstorffsgade zwischen Tivoli und Hauptbahnhof ersetzen. Den Entwurf der Glaskonstruktion mit Restaurants und Geschäften, einem Wasserfall und einem unterirdischen Zugang zur **Konzerthalle** liefert der amerikanische Architekt I. M. Pei. Bis heute steht, so die Pressestelle, die Zustimmung der Kopenhagener Baubehörde noch aus, am Projekt werde aber festgehalten, heißt es.

Südliche City – vom Tivoli zur Schlossinsel

Dansk Design Centre

Schräg gegenüber vom Tivoli liegt am Andersens Boulevard 27 das von Henning Larsen entworfene **dänische Designzentrum** mit jährlich drei bis fünf wechselnden Ausstellungen über innovative Ideen heimischer und internationaler Künstler (Öffnungszeiten: tgl. 10.00 bis 16.00 bzw. 17.00 Uhr).

Wie aus einer anderen Welt: die Nobelherberge Nimb →

✱ ✱ Ny Carlsberg Glyptotek

🕑 Öffnungszeiten: Di. – So. 11.00 – 17.00, So. Eintritt frei

Eine der bedeutendsten Sammlungen **antiker Skulpturen** nördlich der Alpen sowie eine der besten Sammlungen französischer Meister des 19. Jh.s bietet die Ny Carlsberg Glyptotek. Initiatoren waren Carl Jacobsen aus der Bierbrauerdynastie Carlsberg und seine Frau Ottilia, die 1888 beschlossen, ihre Kunstschätze der Öffentlichkeit zugänglich zu machen. Nach Entwürfen von Vilhelm Dahlerup wurde bis 1897 der älteste Trakt errichtet, 1906 schuf Hack Kampmann einen Erweiterungsbau. Für den 1996 eröffneten Glasflügel, in dem die französischen Impressionisten ausgestellt sind, zeichnete Stararchitekt Henning Larsen verantwortlich. Zum 100. Geburtstag von Wintergarten und Antikensammlung finanzierte die Carlsberg-Stiftung den im Juni 2006 vollendeten **Umbau** des Museums, dessen Sammlungen jetzt nicht nur besser präsentiert und leichter für Behinderte zugänglich sind, sondern auch erweitert wurden – mit der ständigen Schau »Antikes Mittelmeer«. Bindeglied zwischen den Museumstrakten und Kleinod für eine Kunstpause ist der mediterrane **Wintergarten** mit dem **Café Glyptoteket** und der anmutigen Brunnengruppe **Wassermutter** des Dänen Kai Nielsen.

✔ NICHT VERSÄUMEN

- Kopf von König Amenemhat III., um 1842 – 1795 v. Chr.
- Rayet-Kopf aus dem 6. Jh. v. Chr.
- Römische Porträtbüsten des 1. – 5. Jh.s
- C. W. Eckersbergs Doppelporträt des Grafen Bille-Brahe und seiner Frau Johanne Caroline Wilhelmine, geb. Falbe
- Bronzen von Degas
- Skulpturen von Rodin
- Gemälde und Keramikarbeiten von Gauguin

Ägypten
Saal 1 – 4 ▶

Die Ägyptische Abteilung mit Exponaten von 3000 v. Chr. bis 400 n. Chr. konzentriert sich auf die **Kunst aus Gräbern und Tempeln**.

Palmyra
Saal 5 ▶

Die Glyptothek besitzt eine der größten Sammlungen von **Grabporträts** aus Palmyra außerhalb Syriens.

Griechenland
Saal 6 – 10 ▶

Die Sammlung griechischer Kunst der archaischen, klassischen und hellenistischen Periode des 6. bis 1. Jh.s v. Chr. gilt als beste nördlich der Alpen. Die Sammlung **römischer Ideal-Plastiken** in Saal 8 birgt berühmte Werke wie die Amazone Sciarra und Hera Borghese. Saal 9 zeigt Skulpturen, die in den »Gärten von Sallust« gefunden wurden.

Römisches Reich
Saal 11 – 18 ▶

Die römischen Porträts aus dem 1. Jh. v. Chr. bis 5. Jh. n. Chr., mit **Büsten von Pompejus, Augustus, Caligula und Livia** in Saal 12, wurden fast alle von griechischen Bildhauern in römischen Werkstätten ausgeführt. Bewundern Sie in Saal 14 den herrlichen **Casali-Sarkophag**, den Porträts aus dem 2. Jh. n. Chr. umgeben.

Antikes Mittelmeer

Die neue Dauerausstellung präsentiert die **Archäologie und Kulturgeschichte** von den frühesten Zivilisationen im Nahen Osten um

Ny Carlsberg Glyptotek Orientierung

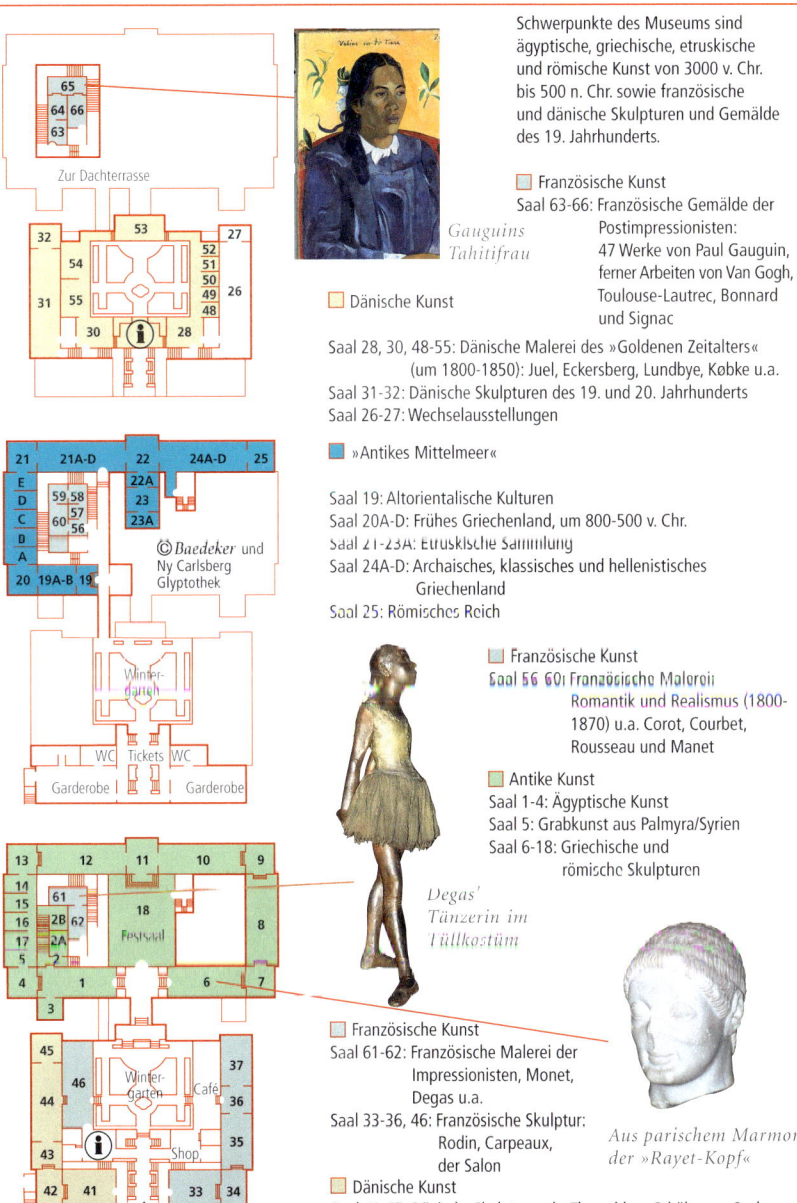

Schwerpunkte des Museums sind ägyptische, griechische, etruskische und römische Kunst von 3000 v. Chr. bis 500 n. Chr. sowie französische und dänische Skulpturen und Gemälde des 19. Jahrhunderts.

Gauguins Tahitifrau

Französische Kunst
Saal 63-66: Französische Gemälde der Postimpressionisten: 47 Werke von Paul Gauguin, ferner Arbeiten von Van Gogh, Toulouse-Lautrec, Bonnard und Signac

Dänische Kunst

Saal 28, 30, 48-55: Dänische Malerei des »Goldenen Zeitalters« (um 1800-1850): Juel, Eckersberg, Lundbye, Købke u.a.
Saal 31-32: Dänische Skulpturen des 19. und 20. Jahrhunderts
Saal 26-27: Wechselausstellungen

»Antikes Mittelmeer«

Saal 19: Altorientalische Kulturen
Saal 20A-D: Frühes Griechenland, um 800-500 v. Chr.
Saal 21-23A: Etruskische Sammlung
Saal 24A-D: Archaisches, klassisches und hellenistisches Griechenland
Saal 25: Römisches Reich

© *Baedeker* und
Ny Carlsberg
Glyptothek

Französische Kunst
Saal 56-60: Französische Malerei: Romantik und Realismus (1800-1870) u.a. Corot, Courbet, Rousseau und Manet

Antike Kunst
Saal 1-4: Ägyptische Kunst
Saal 5: Grabkunst aus Palmyra/Syrien
Saal 6-18: Griechische und römische Skulpturen

Degas' Tänzerin im Tüllkostüm

Französische Kunst
Saal 61-62: Französische Malerei der Impressionisten, Monet, Degas u.a.
Saal 33-36, 46: Französische Skulptur: Rodin, Carpeaux, der Salon

Dänische Kunst
Saal 41-45: Dänische Skulpturen der Thorvaldsen-Schüler, u.a. Saabye, Stein, V. Bissen, Kai Nielsen und Gerhard Henning

Aus parischem Marmor: der »Rayet-Kopf«

Saal 19 – 25 ▶ 6000 v. Chr. bis zum Fall des Römischen Reichs um 400 n. Chr. Das Entstehen des griechischen Stadtstaats, des griechischen Handelsnetzes und der ersten Kolonien um 800 bis 500 v. Chr. dokumentieren Exponate in Saal 20 A – D. Der Entstehung, Blütezeit und dem Niedergang der **etruskischen Kultur** in Mittelitalien widmen sich die Säle 20 – 23, ihre allmähliche Verschmelzung mit der expandierenden römischen Republik zwischen 400 und 100 v. Chr. zeigen die Säle 22 – 23 A. Die Säle 24 und 25 erzählen vom Stadtstaat Athen sowie dem **Aufstieg Roms** zur ersten Macht über das Mittelmeer.

Dänische Malerei
Saal 26, 28, 30,
48 – 55 ▶ Das »Goldene Zeitalter« Dänemarks zwischen 1800 und 1850 ist mit Gemälden von C. W. Eckersberg, Jens Juel, Købke, Constantin Hansen, Lundbye und Skovgaard vertreten.

**Dänische
Skulptur**
Saal 28, 31, 32,
41 – 45, 52, 53 ▶ Die Glyptothek ist das **Hauptmuseum für dänische Skulptur** nach Bertel Thorvaldsen, dessen klassizistische Linie seine Schüler H. W. Bissen, H. E. Freund und J. A. Jerichau fortsetzten (Saal 31, 41, 42, 52, 53). Stärker naturalistisch zeigt sich die nächste Künstlergeneration mit Saabye, Stein und V. Bissen.

**Französische
Skulptur**
Saal 33 – 38,
43, 44 ▶ Während die Bronzefiguren von Degas im Larsen-Neubau ausgestellt sind, birgt das Dahlerup-Gebäude eine in dieser Vollständigkeit ansonsten nur in Frankreich zu findende Sammlung französischer Skulpturen mit Werken von **Auguste Rodin** (Saal 33, 34) sowie **Salonskulpturen** von Carpeaux, Dubois und Barrias.

**Französische
Malerei**
Neubau,
Saal 56 – 66 ▶ Vorläufer, Hauptvertreter und Erben der Impressionisten birgt der **Larsen-Neubau** im Innenhof des Kampmann's chen Trakts. Zu den 72 **Bronzen von Degas**, die im Wechsel gezeigt werden, gehört die bezaubernde Figur einer vierzehnjährigen Tänzerin mit echtem Tüllkostüm (▶ Abb. S. 249). Dank einer Schenkung des Gründersohns Helge Jacobsen aus dem Jahr 1927 besitzt das Museum **47 Arbeiten von Paul Gauguin**, die im Saal 65 des Obergeschosses zu sehen sind. Im Larsen-Neubau werden auch **Wechselausstellungen** gezeigt.

✴ ✴ Nationalmuseet

⏱
Öffnungszeiten:
Di. – So.
10.00 – 17.00
www.natmus.dk Zwischen Ny Vestergade und Frederiksholms Kanal liegt **Dänemarks wichtigstes Museum für Kulturgeschichte**, dessen umfangreiche Sammlungen das Leben in Dänemark von der Steinzeit bis heute nachvollziehen. Kern des 1807 eröffneten Museums ist das historische Kronprinzenpalais, das 1743 – 1744 von Nicolai Eigtved im Rokokostil erbaut wurde, wobei sich der Hofbaumeister an Pariser Vorbildern orientierte. Später folgten mehrere Erweiterungen bis zum letzten Neubau von 1992, in dessen Zuge die Sammlungen vollständig neu gestaltet wurden.
Schmuckstücke der 2008 neu gestalteten Ausstellung **»Dänemarks Vorzeit«** (Danmarks Oldtid) sind Silber- und Goldarbeiten der Wi-

kinger, der rund 3400 Jahre alte **Sonnenwagen von Trundholm** (▶ S. 51) oder das sogenannte Egtved-Mädchen aus der Bronzezeit. Die zweite Abteilung stellt Dänemark im Mittelalter und in der Renaissance vor. Zu sehen sind u. a. der **Goldaltar von Lisbjerg** und sieben Wandteppiche, die um 1582 für die Ausschmückung des Rittersaals auf Kronborg Slot entworfen wurden. Zur Epoche von 1660 bis 1830 gehören eine Ålborger Bürgerstube aus der Mitte des 17. Jh.s und Räume, die direkt für das Prinzenpalais geschaffen wurden. Die **Antikensammlung** präsentiert Exponate des klassischen Altertums aus Griechenland, Italien und dem Nahen Osten, während sich die Königliche Münz- und Medaillensammlung vor allem auf Arbeiten aus Dänemark und Skandinavien konzentriert. Sehenswert ist auch die Sammlung, die über die Lebensformen der Inuit auf Grönland informiert. Im Kindermuseum können die Junioren sich nach Herzenslust verkleiden, Wikingerschiffe erkunden oder den Tuaregs in die Sahara folgen.

◀ Goldaltar von Lisbjerg

✔ **NICHT VERSÄUMEN**

- Sonnenwagen von Trundholm (Raum 9)
- Keltischer Gundestrup-Kessel (Raum 13)
- Grönland-Sammlung

◀ Inuit

Hochherrschaftlich ist die Einrichtung im **viktorianischen Haus** des wohlhabenden Kaufmanns Rudolph Christensen aus der Zeit um 1890 (Öffnungszeiten: Mitte Juni – Mitte Sept. Do. – So. 12.00 bis 15.00, Mitte Sept. – Mitte Juni Sa., So. 12.00 – 15.00 Uhr).

Klunkehjemmet

⏱

✳ Christiansborg Slot

Gegenüber auf der Insel Slotsholmen tagt seit 1918 das **Dänische Parlament** auf Schloss Christiansborg. Außerdem sind dort das Außenministerium und der Oberste Gerichtshof untergebracht. Ferner befinden sich im Schloss die königlichen **Audienzräume**, die ebenso wie das Parlament nur im Rahmen von Führungen besichtigt werden können.
Im Frühjahr 1167 ließ Bischof Absalon an dieser Stelle eine erste Burg bauen. Ruinen der **Bischofsburg**, die 1249 durch die Wenden und 1369 durch die Lübecker zerstört wurde, und der spätmittelalterlichen Burg, die unter Erich von Pommern an die Krone überging, konnten beim Bau des jetzigen Schlosses freigelegt werden und sind zu besichtigen.
Den Anforderungen barocker Prachtentfaltung genügte die Burganlage im 18. Jh. nicht mehr: Nachdem Frederik IV. noch 1720 den Auftrag erteilt hatte, alle Flügel des Schlosses auf die gleiche Höhe aufzustocken, legte Christian IV. (▶ Berühmte Persönlichkeiten) im April 1733 den Grundstein zum Neubau eines dreistöckigen Prunkschlosses. Im November 1740 zog die königliche Familie ein, wenngleich der prachtvolle Rittersaal erst 1766 seiner Vollendung entgegensah. Die gesamte Königsetage sowie die anderen 348 Räume er-

Barockes Prunkschloss

⏱
Öffnungszeiten:
Mai – Sept. tgl.
10.00 – 16.00,
Okt. – April Di. – So.
10.00 – 16.00 Uhr

Schmuckstücke Kopenhagens: die alte Börse und Schloss Christiansborg

hielten eine pompöse Ausstattung. Das noch unvollendete Schloss brannte 1794 ab. Erhalten blieb von dem Vierflügelbau im Stil des Wiener Barocks nur die **Reitbahnanlage**.

Klassizistischer Nachfolgebau ▶

In den ersten Jahren des 19. Jh.s entstand nach Entwürfen des klassizistischen Meisters C. F. Hansen das zweite Schloss. Anno 1849 zog der neue **Reichstag** ein. Doch auch dieser Bau fiel 1884 einem Brand zum Opfer. Zu den erhaltenen Teilen zählt die 1846 geweihte **Schlosskirche**, deren Kuppel Engelfiguren von Bertel Thorvaldsen (▶ Berühmte Persönlichkeiten) schmücken. Den Entwurf für das dritte, 1928 vollendete Christiansborg lieferte Thorvald Jørgensen. Das große vierflügelige Schloss ist geprägt vm 90 m hohen Turm und der massiven Verkleidung aus Bornholmer Granit.

Reiterstandbild Frederiks VII.

Zur Erinnerung an das erste Grundgesetz von 1849 wurde auf dem Schlossplatz ein Reiterstandbild Frederiks VII. aufgestellt, das der Thorvaldsenschüler H. V. Bissen schuf.

Folketing

In der Wandelhalle des Folketing sollte man den silbernen Schrein beachten, in dem die **Verfassungsurkunde** aufbewahrt wird. Von der Mittelloge aus hat man einen guten Überblick über den Raum, dessen Dimensionen denen des britischen Unterhauses entsprechen. Im

Gegensatz zum Londoner Unterhaus, wo die Parlamentarier auf Bankreihen in Längsrichtung des Saals sitzen, gruppieren sich die 179 Folketingabgeordneten hier hufeisenförmig um den Mitteltisch und den Sitz des Vorsitzenden.

In den Königlichen Stallungen sind **Kutschen** und schmucke Livreen aus der Zeit ab 1778 zu bewundern (Öffnungszeiten: Okt. – April Sa., So. 14.00 – 16.00, Mai – Sept. Fr. – So. 14.00 – 16.00 Uhr).

Stallungen
⏱

Über den Reitställen im Südflügel richtete N. H. Jardin 1766 das Königliche Hoftheater ein. 1842 modernisierte Jørgen Hansen Koch den Theatersaal, der Zuschauerraum blieb unverändert. Seit 1922 erzählt ein Museum die **Geschichte dänischer Bühnen** seit Ludvig Holbergs (► Berühmte Persönlichkeiten) Zeiten (Öffnungszeiten: Di., Do. 11.00 – 15.00, Mi. bis 17.00, Sa., So. 13.00 – 16.00 Uhr).

◄ Teatermuseet
⏱

Südlich an der Tøjhusgade 3 sind im 1598 – 1604 erbauten Königlichen **Zeughaus** Waffen, Rüstungen und Uniformen ausgestellt.

Für ihre weit mehr als 4 Mio. Bücher hat Skandinaviens größte Bibliothek 1997 – 1999 einen modernen Erweiterungsbau an der Christians Brygge erhalten: Der »Black Diamond«, ein imposanter Gigant aus Stahl, Glas und pechschwarzem Granit, gibt der Hafenseite ein völlig neues Gepräge. Die **Nationalbibliothek** ist auch ein Buchmuseum mit einem wunderschönen alten Lesesaal.

Um eine architektonische und kulturelle Attraktion reicher ist Kopenhagen seit 2004. **Daniel Libeskind**, der auch das jüdische Museum in Berlin plante und als Architekt am Bau des neuen World Trade Center in New York mitwirkt, zeichnet für das jüdische Museum Kopenhagen verantwortlich. Über den Garten der Königlichen Bibliothek erreichen die Besucher eine Tresortür mit der Aufschrift »Mitzwah«, hinter der sich eine ganz eigene Welt eröffnet. Die Wände aus hellem Birkenholz sind in alle Himmelsrichtungen abge-

Seit 1999 strahlt der »Black Diamond« in Kopenhagen.

winkelt, die Vitrinen eindrucksvoll beleuchtet. Hier wird die Geschichte der dänischen Juden dokumentiert, beginnend im Jahr 1622, als Christian IV. die ersten Juden ansiedelte. Als Dänemark 1943 von den Deutschen besetzt wurde, konnten sich die meisten der ca. 8000 dänischen Juden nach Schweden retten – diese helle Komponente der Geschichte bringt Libeskind auch in der Architektur zum Ausdruck (Öffnungszeiten: Sept. – Mai Di. – Fr. 13.00 bis 16.00, Sa., So. 10.00 – 17.00, Juni – Aug. Di. – So. 10.00 – 17.00 Uhr).

Thorvaldsen-Museum

Der begnadete Bildhauer **Bertel Thorvaldsen** (▶ Berühmte Persönlichkeiten) begründete 1837 selbst das ihm gewidmete Museum, das allerdings erst nach seinem Tod 1848 eröffnet werden konnte. Architekt des Museums war Gottlieb Bindesbøll, der den Bau im historisierenden Stil errichtete. Der bunte Bilderfries an der Kanalseite stellt Thorvaldsens triumphale Heimkehr 1838 aus Rom dar. Das Museum enthält neben Thorvaldsens zahlreichen Skulpturen auch seine private Kunstsammlung (Öffnungszeiten: Di. – So. 10.00 – 17.00 Uhr).

Gammel Strand

Die steinerne »**Fiskerkone**« erinnert auf der gegenüberliegenden Seite des Kanals daran, dass dort einst lange Reihen von Fischersfrauen die Fangergebnisse ihrer Männer aus der vergangenen Nacht anbo-

Daniel Libeskind entwarf das jüdische Museum.

ten. Heute legen hier die Boote der Hafen- und Kanalrundfahrten zur Kleinen Meerjungfrau und nach Christianshavn ab.

Unbestritten eines der schönsten **Wahrzeichen** der Stadt ist der 1640 vollendete Renaissancebau an der Ostseite der Schlossinsel. Auf Wunsch König Christians IV. versah man die ehemalige Börse mit dekorativen Quergiebeln und einem 54 m hohen Turm, den vier ineinander verschlungene Drachenschwänze krönen. Heute hat die Handelskammer hier ihren Sitz.

Børsen

> **!** *Baedeker* TIPP
>
> **Fisch und Antiquitäten**
> Am Gammel Strand kann man in Krogs Fiskerestaurant erstklassig Meeresfrüchte speisen. Antiquitätenfreunde sollten samstags über den Flohmarkt bummeln.

Und wieder war es Christian IV., der 1619 einen Bauauftrag erteilte, diesmal für den Umbau einer Ankerschmiede zum Gotteshaus **Holmenskirke**. Das schmucke Hauptportal aus dem 17. Jh. stammte ursprünglich vom Dom in ►Roskilde. Die Kirche der Seeleute ist auch die Kirche des Königshauses. Am 10. Juni 1967 gaben sich hier Margrethe II. und Prinz Hendrik das Jawort. Ein Meisterwerk sind der Barockaltar und die bis zur Decke reichende Eichenkanzel von Abel Schröder d. J., beide von ca. 1660. Zu den Grabmälern prominenter Künstler und Marinestrategen zählt auch das des Seehelden Niels Juel († 1697).

Christianshavn

Über die Knippelsbro, eine Klappbrücke von 1937, fahren die Autos hinüber nach Christianshavn auf der Insel Amager. Ein Kanal durchschneidet und verbindet zugleich das beschauliche Quartier, das sich derzeit vom alten Arbeiterquartier am Inneren Hafen zum Szenequartier wandelt. Im Westen birgt Christianshavn über Jahrhunderte gewachsene Viertel, östlich neue, nachhaltig gebaute Wohnblocks und markante Büroriegel von Nordea mit Blick auf die Altstadt.

An der Strandgade erhebt sich Kopenhagens einzige Renaissancekirche, die 1759 geweihte **Christianskirke**, bis 1886 Gotteshaus der deutschen lutherischen Gemeinde. Am Nordende der Strandgade zeigt das **Dansk Arkitektur Center** beachtliche Wechselausstellungen (Öffnungszeiten: Do. – Di. 10.00 – 17.00, Mi. 17.00 – 21.00 Uhr).

Strandgade

🕐

Die beste Sicht auf Christianshavn gewährt der barocke Spiralturm der 1696 vollendeten **Erlöserkirche**. Der obere Turmteil mit außen liegender Wendeltreppe und einer vergoldeten Christusfigur auf einem Globus kam erst 1752 hinzu. Zwei stattliche Stuckelefanten tragen die Kirchenempore mit der klangvollen, 1698 von Christian Neger ausgeführten Orgel neben dem prachtvollen barocken Hochaltar.

✶
Vor Frelsers Kirke

*

**Fristaden
Christiania**

Woran selbst die, die damals den »Freistaat« verkündeten, nie geglaubt hätten: 2006 feierte Christiania sein 35-jähriges Bestehen. Doch inzwischen hat sich die Situation dramatisch geändert.

Da von Christianshavn aus ursprünglich die Flotte des Königs geschützt werden sollte, entstanden hier zunächst militärische Einrichtungen. 1971 wurde das 34 ha große Kasernengelände geräumt, und da die Stadt keine Sanierungspläne vorsah, verfielen die Baracken und Hallen. Bald zogen die ersten »Slumstormer« ein, wie man die Hausbesetzer damals nannte, und gründeten hier am 13. November 1971 den illegalen **»Freistaat Christiania«**, eine unabhängige Gesellschaft, die nach eigenen Vorstellungen leben wollte. Alle Räumungsversuche, die von der Öffentlichkeit mit Leidenschaft verfolgt wurden, misslangen. So wurde das soziale Experiment 1991 schließlich legalisiert. Die Abgesandten der basisdemokratischen Vollversammlung Christianias unterschrieben ein Abkommen, in dem sich die Freistaat-Bewohner verpflichteten, für Miete und Wohnnebenkosten aufzukommen und rund 150 Gebäude sowie die Grünanlagen instand zu halten. Als Gegenleistung garantierten die Behörden das Nutzungsrecht.

Christiania und die Regierung schienen sich arrangiert zu haben. Doch seit der Rechtsliberale Anders Fogh Rasmussen bzw. nun sein Parteifreund Lars Løkke Rasmussen zusammen mit den Konservativen regiert, heißt es, Christiania muss weg. Auf dem heute attraktiven Areal sollen kommunale Miet- und Eigentumswohnungen errichtet werden. 2004 wurde daher die Verantwortung für Christiania vom Verteidigungs- zum Finanzministerium übertragen, 2006 hat man die Gebäude in eine kommunale Gesellschaft überführt und im April 2008 ein Rahmenkonzept für die geplante Neubebauung vorgelegt. Während die Regierung und Vertreter der Aussteiger-Republik noch heiß diskutierten, wurde versucht, durch Zwangsabrisse Tatsachen zu schaffen – das im Mai 2008 zerstörte Holzhaus »Zigarrenkiste« war jedoch flugs wieder aufgebaut.

Im Mai 2009 sprach ein dänisches Gericht den 900 Bewohnern der Hippie-Siedlung Christiania das Bleiberecht ab. Ein halbes Jahr später, am 14./15. Dezember 2009, wurde Christiania im Zuge der Proteste gegen den UN-Klimagipfel in einer Nacht- und Nebelaktion von der Polizei geräumt. Die Antwort der Szene: brennende Autos in der City. Im 39. Jahr seines Bestehens kämpft der Freistaat mehr denn je ums Überleben. Unterstützung erhalten die Christianiter im Übrigen nicht nur aus der Bevölkerung, sondern auch vom Tourismusverband: Mit jährlich rund 500 000 Besuchern ist der Freistaat nach dem Tivoli die zweitgrößte **Touristenattraktion** Kopenhagens.

Orlogsmuseet

Historische Schiffsmodelle, nautische Instrumente und Marineuniformen sind an der Overgaden oven Vandet 58A zu besichtigen.

★★

Operaen

Gegenüber von Schloss Amalienborg erhebt sich seit 2005 das Kopenhagener Opernhaus mit seinem gewaltigen Flugdach (www.opera

*Geschenk eines Multimilliardärs: das Opernhaus
in fürstlicher Lage direkt am Ausgang zum Øresund*

hus.dk). Gestiftet wurde der 335-Mio.-Euro-Bau von dem Groß
reeder **Mærsk Mc-Kinney Møller**, den Entwurf lieferte Stararchitekt
Henning Larsen. Den Bühnenraum gibt es gleich sechsmal, der welt
größte Orchestergraben ist stufenlos verstellbar, über den 1500 Sitz-
plätzen im holzgetäfelten Zuschauerraum ziert Blattgold die Decke
(Ticketservice: www.kglteater.dk).

Führungen:
Sa., So. 9.30
und 16.30

Von Schloss Amalienborg
zur Kleinen Seejungfrau

Mit den Prachtbauten im Viertel nördlich vom Nyhavn hat sich König Frederik V. selbst ein Denkmal gesetzt. Federführend für die Ro-
kokofassaden, Schloss Amalienborg und die Marmorkirche war der
damalige Hofarchitekt Nicolai Egtved (1701 – 1754). Sein Hauptwerk
sind die vier fast baugleichen Rokokopalais von Schloss Amalienborg, seit 1794 königliche Residenz. Königin Margrethe II. wohnt im
Palais Schack, die ehemalige Wohnung ihre verstorbenen Mutter
Ingrid im **Palais Brockhoff** bewohnen seit ihrer Heirat Kronprinz
Frederik und Kronprinzessin Mary. In dem **Palais Christians VIII.** genannten Teil sind Privatgemächer und Kunstschätze der königlichen
Familie zu bewundern – 1999 wurde das Arbeitszimmer von Frederik IX. in die Sammlung integriert (Öffnungszeiten: Mai – Okt. tgl.
10.00 – 16.00, Nov. – April Di. – So. 11.00 – 16.00 Uhr).

★★
**Amalienborg
Slot**

Ist Margrethe II. zu Hause, wird die dänische Flagge des Dannebrog
über ihrem Domizil gehisst. Ihr zu Ehren findet dann **jeden Tag um
12.00 Uhr** auf dem Schlossplatz die große Wachablösung statt. Ist die
Königin abwesend, gibt es nur das kleine Zeremoniell. In jedem Fall
startet die neue Wache um 11.30 Uhr bei der Rosenborgkaserne und
marschiert dann durch die Innenstadt zum Schloss. Hoch zu Ross

★★
◄ Wachablösung

grüßt in der Mitte des Platzes die **Bronzestatue von Frederik V.**, ein Geschenk der Ostindischen Kompanie zum Dank für die Unterstützung ihrer kolonialen Eroberungen.

Marmorkirken (Frederikskirken)

Eigentlich sollte die von den Kopenhagenern **»Marmorkirche«** genannte Frederikskirken sogar den Petersdom in Rom überragen. Doch das Geld für den 1740 begonnenen Kuppelbau reichte nicht aus und das Gotteshaus verfiel. Erst durch Unterstützung des Großindustriellen C. F. Tietgen gelang 1894 die Fertigstellung – mit dänischem Kalkstein statt mit teurem norwegischem Marmor. Auch wenn die Kirchenkuppel im Stil des römischen Barock nun wesentlich kleiner ausfiel als geplant, gehört sie mit 46 m Deckenhöhe und einem Durchmesser von 33 m zu den größten in Europa. Beachtung verdienen das Elfenbeinkruzifix im Chor, Grundtvigs siebenarmiger Goldleuchter und ein von Niels Skovgård gefertigtes Relief, das an C. F. Tietgen und seine Frau erinnert. **Statuen berühmter Männer der dänischen Kirchengeschichte** umgeben die Kirche, darunter der hl. Ansgar, der Apostel des Nordens, Søren Kierkegaard und Nikolai Frederik Severin Grundtvig (▶Berühmte Persönlichkeiten).

Alexander Newski Kirke

Drei **vergoldete Zwiebeltürme** schmücken daneben die 1883 geweihte russisch-orthodoxe Kirche, die den Moskauer Architekturstil des 17. Jh.s widerspiegelt.

Kunstindustrimuseet

Im ehemaligen Frederikhospital, einem **Rokokobau** an der Bredgade 68, wurde 1890 von der Ny-Carlsberg-Stiftung das Kunstgewerbemuseum gegründet. Es zeigt europäisches und fernöstliches Kunsthandwerk vom Mittelalter bis zur Neuzeit. Ein Schwerpunkt liegt bei modernen Wohnideen wie Trip-Trap-Kinderstühle, Lampen von Poul

Ist die Königin zu Hause, findet um 12 Uhr mittags vor Schloss Amalienborg der große Wachwechsel der königlichen Leibgarde statt.

Henningsen, Gläsernes von Holmegaard und Highend-Unterhaltungselektronik aus dem Haus Bang & Olufsen. Ein Ohrenschmaus: die **Sommerkonzerte** im Grønnegården, dem lauschigen Innenhof des Museums (Öffnungszeiten: Di.–So. 11.00–17.00 Uhr). ⏲

Die ersten **Nyboderreihenhäuser** für Matrosen der königlichen Flotte waren 1632 bezugsfertig. Im 18. Jh. wurden die Wohnungen aufgestockt, bis 1787 kamen neue Reihen hinzu. Die ältesten Häuser aus der Zeit Christians IV. stehen in der Skt. Paulsgade 20–40.

Nyboder

Bei den Esplanaden liegt der Eingang zum Churchillparken und zum Freiheitsmuseum, das dem **dänischen Widerstand** während der deutschen Besatzungszeit im Zweiten Weltkrieg gewidmet ist.

Frihedsmuseet

Gegenüber fällt der Blick auf die anglikanische **Skt. Albans Kirke** neben dem 1908 enthüllten gewaltigen **Gefionsbrunnen**. Der Sage nach versprach Schwedenkönig Gylfe der Göttin Gefion so viel Land, wie sie an einem Tage pflügen könne. Sie verwandelte ihre vier Söhne in Stiere und pflügte in der vereinbarten Zeit die Insel Seeland aus dem schwedischen Boden heraus – zurück blieb der Binnensee Mälaren.

✱
Gefion Springvandet

Die ehemaligen **Zitadelle** Frederikshavn, deren älteste Teile von 1625 stammen, ist grundlegend restauriert. Die barocke Festung stellt die Verbindung zum Langelinie Kaj her, wo die riesigen Kreuzfahrtschiffe vor Anker gehen. Nahebei trifft man auf die Kleine Meerjungfrau, die 2010 zur EXPO nach Shanghai reiste und zum ersten Mal überhaupt eine Stellvertreterin hatte: eine Skulptur von Ai Weiwei – bekannt als Gestalter des »Vogelnest«-Nationalstadions der Olympischen Spiele in Peking 2008 (►Baedeker Special, S. 260).

✱
Kastellet

✱ ✱
◄ **Den Lille Havfrue**

Von Rosenborg Slot
zum Staatlichen Kunstmuseum

Wie ein **Bilderbuchschloss** aus Andersens Märchenwelt erscheint Schloss Rosenborg inmitten herrlicher Parkanlagen. Erbaut wurde das 2008 restaurierte Lustschlösschen unter Christian IV. (►Berühmte Persönlichkeiten), bis Mitte des 18. Jh.s diente es als königliche Frühjahrs- und Herbstresidenz. Heute werden hier die **Kronjuwelen** und Schätze aus vier Jahrhunderten gezeigt, erinnern Gedenkräume an alle dänischen Regenten vom Bauherrn bis Frederik VII. (Öffnungszeiten: Ostern–Okt. 10.00–16.00 Juni–Aug. bis 17.00, Nov., Jan.–März Di.–So. 11.00–16.00 Uhr; Schloss Di.–So. 11.00 bis 14.00, Schatzkammer und Sonderausstellung 11.00–16.00 Uhr). ⏲

✱ ✱
Rosenborg Slot
► **3-D S. 264**

Beliebter Pausenplatz im Kopenhagner Zentrum sind die herrlichen Grünanlagen des Kongens Have, der 1606 unter Christian IV. angelegt wurde. Kurz vor 11.30 Uhr rückt von hier die neue Wache zur Wachablösung nach Amalienborg Slot aus.

✱
Kongens Have

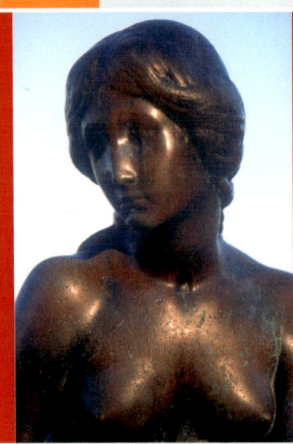

SEHNSUCHT IN BRONZE UND STEIN

Auf einem vom Meer umspülten Stein am Kopenhagener Hafenufer von Langelinie blickt die zierliche Bronzefigur einer kleinen Meerjungfrau sehnsuchtsvoll hinaus auf den Øresund – die sicherlich bekannteste Dänin der Welt.

Vielleicht wird der eine oder andere Betrachter trotz des steten Besucherstroms hier in stille Märchenstunden seiner eigenen Kindheit zurückversetzt, als er der Geschichte von der jüngsten und schönsten Tochter des Meereskönigs lauschte, die sich vergeblich für ihren geliebten Menschenprinzen opferte. Die **überraschend kleine Skulptur** von »Den Lille Havfrue« entstand 1913 nach dem gleichnamigen, 1837 erschienenen Märchen von Hans Christian Andersen, das auf der Undinensage beruht.

Vorhang auf!

Den Anstoß gab 1909 die Premiere des Andersenballetts von der kleinen Nixe, die einst aus den Tiefen des Meeres stieg, weil sie sich in einen schiffbrüchigen Prinzen verliebt hatte, und die, wie der dänische Dichter erzählte, die Welt der Menschen wieder verlassen musste, weil der Prinz ihre Liebe nicht erwiderte. Während der Vorstellung im Königlichen Theater kam dem kunstinteressierten Brauereibesitzer Carl Jakobsen die Idee, Kopenhagen eine Statue des lieblichen Fabelwesens zu schenken. Vorbild sollte die gefeierte **Primaballerina Ellen Price** (1878–1968) werden, die die Titelrolle tanzte. Da sie jedoch wenig gewillt war, dem **Bildhauer Edvard Eriksen** nackt Modell zu sitzen, gestaltete dieser nur den Kopf der Bronzeskulptur nach Ellen Price, den Körper indes nach seiner Ehefrau Eline (1881–1965). **Kunstmäzen Jacobsen** wollte die Nixe mit einem Fischschwanz versehen lassen, Eriksen aber hatte Andersens Märchen genau gelesen und wusste, dass die Kleine Meerjungfrau der alten Seehexe ihr goldenes Haar und ihre süße Stimme gegeben hatte, um wie die Menschen zwei Beine zu erhalten. Als Kompromiss entwarf Eriksen da-

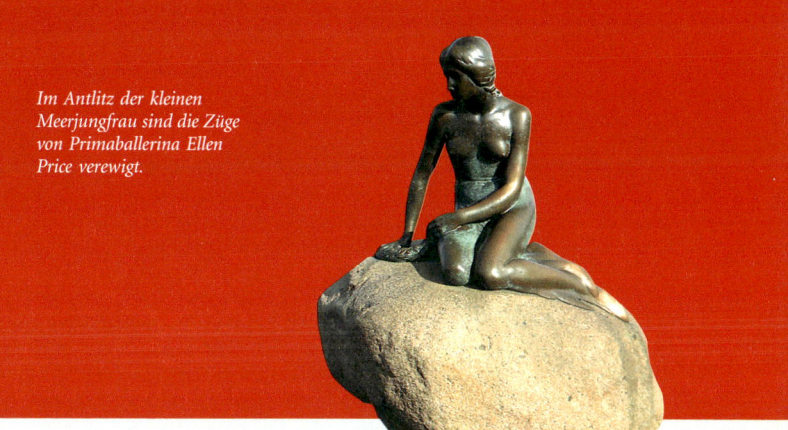

Im Antlitz der kleinen Meerjungfrau sind die Züge von Primaballerina Ellen Price verewigt.

raufhin einen schleierähnlichen Schwanz, der die Beine gut erkennen lässt. Am 24. August 1913 wurde die 175 kg schwere und 125 cm große Figur feierlich enthüllt – allerdings nur als Kopie, das Original wird von Eriksens Nachfahren an einem geheimen Ort aufbewahrt.

Wahrzeichen der Stadt

Dass sich die zuerst wenig beachtete Skulptur der Kleinen Meerjungfrau zum **meistbesuchten Wahrzeichen** der Stadt entwickelte, nachdem eine amerikanische Zeitung einen gelungenen Schnappschuss von der verträumten Nixe abgedruckt hatte, gehört wohl zu den Märchen unserer Tage. Doch nicht alle haben die weltberühmte Nixe am Uferrand in ihrer fast 100-jährigen Geschichte geliebt. Mehr als einmal wurde sie **grausam behandelt**. 1963 und 1976 bestrichen Unbekannte die Bronzefigur komplett mit Farbe; 1964 und 1990 wurde sie brutal enthauptet, 1998 nach einem **Sägeanschlag** ihr Kopf zum dritten Mal wieder angeschweißt. 2005 verschwand sie unter einer Burka. Besonders hart war das Jahr 2003: Erst

wurde die Meerjungfrau mit weißer Farbe übergossen, wenige Monate später gezielt **vom Sitzstein gesprengt**. Zu ihrer aufwendigen Restaurierung wurde eine der zwei noch vorhandenen Original-Gipsfiguren verwendet. Die bislang letzte Schändung erfolgte am 2. Mai 2006: Unbekannte bemalten sie mit dem Datum und versahen sie mit einem Dildo. Doch das **beliebteste Nationalsymbol** der Dänen ist stärker als alle Anfechtungen: Immer wieder kehrt »Den Lille Havfrue« nach kurzer Zeit auf ihren angestammten Platz zurück, glatt und glänzend wie am ersten Tag. Kurz vor ihrem 100. Geburtstag verließ die berühmteste dänische Statue ihren Stammplatz: Auf der World EXPO 2010 in Schanghai bildete sie den Mittelpunkt des dänischen Pavillons. Diese »Leihgabe« war lange umstritten. Als Ersatz im EXPO-Jahr schuf der chinesische Künstler Ai Weiwei eine Installation für den verwaisten Findling. Danach kehrte die kleine Meerjungfrau an ihren angestammten Platz zurück. Nun sitzt sie wieder malerisch am Ufer und schaut verloren in die Ferne …

✳ Davids Samling ⏱

Skandinaviens größte **Sammlung islamischer Kunst** und europäisches Kunstgewerbe des 18./19. Jh.s findet man im Patrizierhaus an der östlich angrenzenden Kronprinzessegade 30 (Öffnungszeiten: Di., Fr. bis So. 13.00 – 17.00, Mi., Do. 10.00 – 17.00 Uhr; www.davidmus.dk).

Botanisk Have und Botanisches Museum

Westlich von Schloss Rosenborg erstreckt sich der 1871 – 1874 angelegte Botanische Garten mit einer **Blütenpracht** aus alten Rosensorten, üppigen Rhododendren, seltenen Orchideen und einem großen tropischen Palmenhaus. Vorbild für die Gewächshäuser aus Glas und Gusseisen war wohl der Londoner Kew Garden (Öffnungszeiten: Mai – Sept. tgl. 8.30 – 18.00, Okt. – April tgl. 8.30 – 16.00 Uhr). Schwerpunkt im Botanischen Museum an der Gothersgade 130 ist die Pflanzenwelt von Dänemark, den Färöern und Grönland.

Im benachbarten **Arbejdermuseet** an der Rømersgade 22 erzählen vier Dauerausstellungen vom Alltagsleben der letzten 100 Jahre.

> ! **Baedeker** TIPP
>
> **Lene Stevns Jensen**
> verarbeitet Mammut- und Narwalzähne zu Schmuckstücken und kleinen Skulpturen (Rørholmsgade 13; Di. – Fr. 12.00 – 17.00, 1. So. im Monat 13.00 – 16.00 Uhr). Achtung: Die Werke dürfen nicht nach Deutschland eingeführt werden, Begründung: Verstoß gegen das Washingtoner Artenschutzabkommen (für Grönland und damit Dänemark gelten Ausnahmen).

✳ ✳ Statens Museum for Kunst

⏱ Öffnungszeiten: Di. – So. 10.00 – 17.00, Mi. bis 20.00 (Mi. Eintritt frei) www.smk.dk

Dänemarks größtes Kunstmuseum, 1896 eröffnet, 1998 durch einen modernen Anbau erweitert und 2006 renoviert und umgestaltet, zeigt nordische und europäische Meister vom 14. Jh. bis zur Gegenwart: Dazu gehören herausragende dänische Künstler des 18. Jh.s wie Nicolai A. Abildgaard und Jens Juel, Prominente des Goldenen Zeitalters um 1850 wie Eckersberg und seine Schüler Købke und Hansen, den **Fünenmaler** Peter Hansen und die **Skagenmaler** Michael und Anna Ancher. Zeitgenössische Strömungen zeigen u. a. die Arbeiten von Egill Jacobsen, Richard Mortensen und Gerhard Henning. Weitere Schwerpunkte bilden die niederländische Malerei des 17. Jh.s (Rubens, Bruegel d. Ä., Frans Hals, Rembrandt) sowie eine beachtliche Matissesammlung. Italien ist durch Tizian, Tintoretto und Tiepolo vertreten; bei den Gemälden von **Lucas Cranach d. Ä.** handelt es sich um die größte Werksammlung außerhalb Deutschlands. Die Gemälde von Emil Nolde vermachte der Künstler selbst dem Museum.

Kupferstich- kabinett ▶

Das 1835 aus der Königlichen Bibliothek ausgegliederte Kupferstichkabinett der Nationalgalerie umfasst rund 300 000 europäische Zeichnungen und grafische Arbeiten von der Mitte des 16. Jh.s bis heute, darunter Arbeiten von **Dürer**, Piranesi, Degas, Toulouse-Lautrec, **Picasso** und Giacometti. Mit Sonderausstellungen, einem Kino und Workshops will das Kindermuseum im Neubau den Jüngsten unterschiedliche Materialien und Techniken verständlich machen.

Dänische Maler und Bildhauer des 19. Jh.s sind auch an der Stockholmsgade 20 ausgestellt. Schwerpunkte bilden das Goldene Zeitalter, die Skagenmaler und die 1890er-Jahre mit Bildern von Eckersberg, Købke, Lundbye, Ancher und Krøyer (Öffnungszeiten: Mi. – Mo. 11.00 – 16.00 Uhr).

Hirschsprungske Samling

Vesterbro und Frederiksberg

Auf der Rückseite des Hauptbahnhofs beginnt das ehemalige Fleischerviertel Vesterbro, wo vom 16. bis 20. Jh. die Schlachthöfe zu Hause waren. Wie vor hundert Jahren, als das Proletariat vom Land hier bezahlbaren Wohnraum fand, haben heute viele **Einwanderer** in Vesterbro erschwingliche Wohnungen bezogen, Geschäfte und Restaurants eröffnet und eine eigene Art von Kultur gegründet. Seit den 1970er-Jahren entwickelte sich das Viertel zu einer Mischung aus Kiez und Kreuzberg mit allen Etablissements des Lustkommerz, Straßenstrich und Drogenproblemen. Längst haben aber auch Besserverdienende das Viertel dicht beim Zentrum für sich entdeckt und wandeln zunehmend Altbauten in schicke Wohnungen um. Noch sind die **kleinen Geschäfte und Kneipen** nicht verdrängt, doch schon mehren sich die Szenetreffs, Nobellokale und Diskotheken. Zentraler Platz des neues Vesterbro ist der Halmtorvet. Junge Musikbands und Theatergruppen, Videokünstler und Alternativgalerien haben sich um die Istedgade etabliert, und in den 1910 erbauten Øksnehallen, dem über 5000 m² großen ehemaligen Viehmarkt am Halmtorvet, werden heute Konzerte, Ausstellungen und Messen veranstaltet. Ausdruck des multikulturellen Lebens sind auch farbenfrohe Fassadenbilder wie Manuel Garcia Moias »Dorf aus Nicaragua« (1987) in der

Multikulturelles Viertel Vesterbro

◄ Øksnehallen

Zu einem spannenden Streifzug durch die Geschichte lädt das Bymuseum an der Vesterbrogade ein.

SCHLOSS ROSENBORG

✳ ✳ Verspielte Türmchen und Erker machen das zwischen 1606 und 1634 als Lustschloss für König Christian IV. erbaute Renaissancegebäude zu einem wahren Märchenschloss. Seit 1838 dient Schloss Rosenborg als Museum und beherbergt neben den Porträts sämtlicher Herrscher 24 prunkvolle Gemächer. Im Untergeschoss werden die schwer bewachten Kronjuwelen des dänischen Königshauses aufbewahrt.

Öffnungszeiten:
Ostern – Okt. tgl. 10.00 – 16.00, Juni – Aug. bis 17.00, Nov., Jan. – März Di. – So. 11.00 – 16.00 Uhr; Schloss Di. – So. 11.00 – 14.00, Schatzkammer und Sonderausstellung 11.00 – 16.00 Uhr

① Königsgemach
Einst gehörte das Königsgemach der Ehefrau Christians IV., Kirsten Munk. Frederik III. nutzte es als Vorzimmer des Marmorsaals. Zwei Porträts von J. d'Agar erinnern an König Christian V. und seine Frau Charlotte Amalie. Die Wände zieren kostbare niederländische Wandteppiche von M. Wauters.

② Schatzkammer
In der Schatzkammer ist die 1671 von Poul Kurtz in Kopenhagen gefertigte goldene Krone der dänischen Herrscher zu bewundern. 170 Jahre lang schmückte sie die Königshäupter und wird bis heute jedem aufgebahrten Monarchen auf den Sarg gelegt.

③ Spiegelkabinett
Das Spiegelkabinett für Frederik IV. entstand um 1700 nach dem Vorbild von Versailles.

④ Langer Saal/Rittersaal
Christian V. gab 1685 bei Berent van der Eichen die berühmten flämischen Rosenborgtapeten in Auftrag, die im Rittersaal von Dänemarks Siegen im Schonischen Krieg gegen Schweden (1675 – 1679) erzählen.

⑤ Schreibstube Christians IV.
Kunstvolle Paneele und Deckengemälde schmücken die Schreibstube Christians IV., der in dieser luxuriösen Umgebung seine umfangreiche Korrespondenz bewältigte. Ein Porträt zeigt den siebenjährigen Prinzen im Silberbrokatgewand.

So wurde der 1660 konstituierte Absolutismus verherrlicht: mit dem pompösen Marmorsaal.

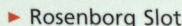

...nke
...der
...iten
...vals.
...der
...1731
...rtigt.

*Der Kabinetttisch
in der Schreibstube
Christians IV.
wurde 1580 in
einer Augsburger
Werkstatt gefertigt.*

⑤

© Baedeker

*Von den üppig geschmück-
ten Wänden des Königs-
gemachs blicken König
Christian V. (1646–1699)
und seine Frau Charlotte
Amalie (1650–1714) herab.*

1671–1840 diente
Thron als Krönungs
dänischen Könige. Sei
zieren Stoßzähne des
Rechts der Krönungst
dänischen Königinne
aus Silber g

Zu den Kronjuwelen
zählt der Reichsapfel,
der 1648 in Hamburg
für Frederik III. an-
gefertigt wurde.

Die beiden deut-
schen Künstler
Lorenz Spengler
und Marcus
Tuscher schufen
1743 – 1753 für
Frederik V. den
24-armigen
Bronzeleuchter.

Dannebrogsgade, »Der Verführer« (1995) von Jørgen Nash an der Vesterbrogade und die exotischen »Tiger aus Tansania« (1991) von H. B. Mruta in der Sankelmarksgade.

✱
Københavns Bymuseet
☉

Das Stadtmuseum an der Vesterbrogade 59 spannt den Bogen über 800 Jahre Geschichte vom mittelalterlichen Kopenhagen bis zur modernen Metropole. Eine Sonderausstellung ist dem Leben und Werk des Philosophen Søren Kierkegaard (▶Berühmte Persönlichkeiten) gewidmet (▶Abb. S. 263; Öffnungszeiten: tgl. 10.00 – 16.00, Mi. bis 21.00 Uhr).

✱
Tycho-Brahe-Planetarium
☉

Seinen Namen verdankt das zylinderförmige Planetarium nordöstlich am Gl. Kongevej 10 dem großen dänischen Astronom Tycho Brahe (▶ Berühmte Persönlichkeiten). Entspannt zurückgelehnt kann der Besucher hier den faszinierenden Nachthimmel mit seinen Planeten, Galaxien und Kometen bestaunen (Öffnungszeiten: tgl. 10.30 – 21.00, in Ferienzeiten bereits ab 9.30 Uhr).

✱
Frederiksberg Have

Westlich vom Planetarium erreicht man die eigenständige Gemeinde Frederiksberg. Beliebtes Ausflugsziel sind die Wasserläufe und Gartenlokale in den Grünanlagen des Frederiksberg Have. Das barocke Lustschloss auf dem Valbyhügel dient als Militärakademie.

✱
Zoologisk Have
☉

Der 1859 gegründete Zoo Kopenhagens ist einer der ältesten und größten zoologischen Gärten Europas. Im Tropenhaus kann man exotische Tiere bestaunen, im Affendschungel Gorillas und Schimpansen beobachten und im Elefantenhaus Dickhäuter hinter dicken Betonsäulen erspähen. Neubauten für die Flamingos und die arktischen Tiere sind in Planung. Schön für Kinder sind der Streichelzoo und die Vogelvorführungen im Freilufttheater (Öffnungszeiten: Nov. – Febr. 9.00 – 16.00, März, Okt. bis 17.00, April – Juni, Mitte Aug. – Sept. bis 18.00, Juli – Mitte Aug. bis 21.00 Uhr).

Storm P. Museet

Dem Kopenhagener Original Robert Storm Petersen (1882 – 1949), der durch seine humoristischen Zeichnungen bekannt geworden ist, widmet sich das Museum am Frederiksberg Runddel.

✱
Carlsberg Besøgscenter
☉

Wieder auf Kopenhagener Gebiet liegt an der Valby Langgade die traditionsreiche Carlsbergbrauerei, heute eine der weltgrößten Brauereien, die in über 130 Länder exportiert. 1847 ließ J. C. Jacobsen (1811 – 1887) hier das erste Bier in Dänemark nach bayerischem Rezept herstellen. Die Brauerei benannte er nach seinem Sohn Carl. 1970 fusionierte Carlsberg mit Tuborg. Das Besucherzentrum mit dem **Jacobsen-Brauhaus**, einschließlich Biermuseum und Kostprobe, ist Di. – So. 10.00 – 16.00 Uhr zu besichtigen.
Schon der von vier indischen Granitelefanten bewachte Eingang signalisiert ein Gespür der Carlsbergdynastie für schöne Dinge. Seit Langem unterstützt die Brauerei aus ihren Gewinnen das dänische

Kulturleben. Brauereigründer J. C. Jacobsen rief 1876 eine Stiftung für Forschungszwecke ins Leben, zu deren Aufgaben auch die Unterhaltung des Nationalhistorischen Museums von Frederiksborg Slot gehörte. Sein Sohn Carl teilte das Interesse für die Kunst und ließ u. a. die Turmspitze der Nikolaikirche und den schmalen Kampanile der Jesuskirche errichten, zudem gründete er die berühmte Ny Carlsberg Glyptotek.

Nørrebro und Bispebjerg

Der größte Friedhof Kopenhagens **Assistens Kirkegård** wurde 1757 nach einer Pestepidemie als »Hilfsfriedhof« angelegt und später einige Male erweitert. Hier haben viele Prominente ihre letzte Ruhe gefunden, wie Hans Christian Andersen (►Baedeker Special, S. 317), Søren Kierkegaard, Niels Bohr und Martin Andersen Nexø (►Berühmte Persönlichkeiten).

Wer mit Kindern unterwegs ist, sollte unbedingt einen Besuch im Zoologischen Museum am Universitetsparken 15 einplanen, das mit Filmen und Dioramen sehr spannend die **Wunder der Tierwelt** erläutert. Ein Höhepunkt ist das 14 m lange Skelett eines Grönlandwals (Öffnungszeiten: Di. – So. 10.00 bis 17.00 Uhr).

★ **Zoologisk Museet**

Im Stadtteil Bispebjerg steht die 1921 – 1940 von Peter W. Jensen Klint erbaute **Grundtvigkirche**, die den Gründer der Volkshochschulbewegung ehrt (► Berühmte Persönlichkeiten). Das monumentale Gotteshaus aus gelbem Backstein ist im Stil mittelalterlicher dänischer Landkirchen erbaut und bietet 1800 Personen Platz. Die klanggewaltige Marcussenorgel ertönt bei zahlreichen Kirchenkonzerten.

! **Baedeker TIPP**

Designer Zoo

An der Vesterbrogade 137 finden Besucher Vasen, Schmuck und experimentelle Möbel der Künstlerinnen Bettina Schori und Mette Saabye sowie ein gutes Sortiment anderer dänischer Kunsthandwerker (Öffnungszeiten: Di. – Do. 10.00 – 17.30, Fr. bis 19.00, Sa. bis 15.00 Uhr).

? **WUSSTEN SIE SCHON …?**

■ In Deutschland kaum vorstellbar: Der Assistens Kirkegård Friedhof ist zugleich Parkanlage, in der man auf den Rasenflächen zwischen den Gräbern immer wieder Leute antreffen kann, die sich bei einem Picknick entspannen oder ein Sonnenbad nehmen.

Südliche Umgebung von Kopenhagen

Eine große Hebebrücke verbindet die City Kopenhagens mit der östlich vorgelagerten Insel Amager. Durch Eröffnung der 16 km langen Øresundverbindung von hier nach Südschweden (► Special, S. 30) braucht man nach Malmö nur noch knapp 30 Minuten. Am Strandpark 9 im Jachthafen von Kastrup informiert die Øresund Udstilling über den Brückenbau und die geplante Entwicklung der Region. Unmittelbar am Øresund entsteht bis 2012 mit rund 10 000 m² Fläche

Amager
★
◄ Øresundbrücke

die Ausstellung **»Der Blaue Planet«** zu den Unterwasser-Welten aller Kontinente – als Nachfolgerin von Danmarks Akvarium in Charlottenlund, das 2009 sein 70-jähriges Bestehen feierte und wegen des hohen Besucherandrangs seine Kapazitätsgrenzen erreicht hat.

New Town
Ørestad

Zukunftsweisend ist die neue **Satellitenstadt** »Ørestad«, ein 310 ha großes Gelände, das sich südlich der Hochschule für Informationstechnik und dem Rundfunk- und Fernsehzentrum quer über die Insel Amager erstreckt. Mehr als 50 000 Arbeitsplätze und 20 000 Einwohner soll es in den nächsten Jahren im neuen Finanz- und Hightechzentrum Dänemarks geben, dazu jede Menge kulturelle Angebote, die auch die übrigen Kopenhagener hierher locken sollen. Im Bella Center, Skandinaviens größtem Kongresszentrum (1965), fand im Dezember 2009 der UN-Klimagipfel statt. 2004 wurde mit Field's Skandinaviens größtes Shoppingcenter eröffnet, 2009 das DR Koncerthuset nach Plänen von Jean Nouvel mit vier Konzertsälen für bis zu 1800 Zuschauer (Programm in englischer Sprache: www.dr.dk). Ebenfalls 2009 eingeweiht wurde mit dem CABINN Metro das größte Hotel Dänemarks (►S. 239). Spektakulär ist auch der 8tallet, der als 1 km lange Acht 476 Wohnungen unter einem Grasdach verbindet. Touren durch Kopenhagens »New Town« veranstaltet CPH City & Port Development (www.orestad.dk).

✳
Dragør

An der Ostseite von Amager repräsentiert Dragør den **Charme alter Fischerdörfer** des 18. Jh.s – ein Großteil der Häuser steht heute unter Denkmalschutz. Durch die Heringsfischerei im Sund war Dragør im Mittelalter ein wirtschaftlich wichtiger Standort, dem 1370 Handelsprivilegien und das Recht zum Einsalzen der Heringe verliehen wurden. Nach dem Niedergang der Heringsfischerei versprach ab Mitte des 16. Jh.s der Lotsendienst im Sund eine neue Einnahmequelle. Das 19. Jh. brachte die Blütezeit für die Schiffsflotte von Dragør. Im **Dragør Museet**, dem ältesten, auf 1682 datierten Fischerhaus am Havnepladsen, wird die Tradition und Entwicklung der einheimischen Seefahrt dokumentiert (Öffnungszeiten: Juni – Sept. Mi., Do., Sa., So. 12.00 – 16.00 Uhr).

Reetgedeckte Fischerhäuschen in den verwinkelten Gassen von Dragør

Nur 10 km südlich von Dragør illustrieren im **Amagermuseet** im Dorf Store Magleby am Hovedgaden 4 und 12 zwei Fachwerkhöfe des 18. Jh.s die bäuerlichen Traditionen der holländischen Einwanderer, die sich im frühen 16. Jh. hier ansiedelten, die Insel trockenlegten und kultivierten (Öffnungszeiten: Mai – Aug. Mi., Do., Sa., So. 12.00 – 16.00 Uhr).

Das **Museum für zeitgenössische Kunst** am Skovvej 100 in der Vorstadt Ishøj erhielt 2008 einen Anbau: Wie ein riesiger Schiffsrumpf recken sich weiß getünchte Mauern und drei Flugdächer gen Himmel, eine bemerkenswerte Collage aus Beton und Stahl, Dünenlandschaft und Meer. Vom 150 m langen Hauptschiff betritt der Besucher separate Kunstkabinette und lichte Außengehege, raumgreifende Hallen für tragende Installationen und Galerien für Grafik. Das Museum besitzt auch einen großen Saal für Konzerte, Theater und Ballettworkshops, ein Kino und ein Café mit Meerblick (Öffnungszeiten: Di. – So. 10.00 – 17.00, Mi. bis 21.00 Uhr).

Nördliche Umgebung von Kopenhagen

Bei Lyngby wurde im 18. Jh. **Schloss Sorgenfri** erbaut, das seit 1789 im Besitz des Königshauses ist. Frei zugänglich ist der romantische Schlosspark im englischen Stil. Am Ufer des Mühlbachs kommt man zur Königinnenquelle, der Kanincheninsel und zum Schweizerhaus. Im Norwegerwald traf sich das romantische Bürgertum auf dem Tanzberg, die Norwegerhütte war Atelier von **Nicolai Abildgaard.**

Lyngby

Das dem Kopenhagener Nationalmuseet angeschlossene **Freilichtmuseum** am Kongevejen 100 zeigt ländliche Gebäude aus der Zeit des 17. bis 19. Jh.s, die aus ganz Dänemark und den früheren dänischen Provinzen in Südschweden und Südschleswig hierher gebracht wurden. Das Innere der großen Vierkanthöfe und kleinen Bauernkaten, Mühlen, Schmieden, Seemannshäuser usw. ist mit altem Mobiliar und Arbeitsgerät ausgestattet. Um die Häuser wachsen heimische Wildpflanzen, die Gärten zieren Blumen und Gemüsebeete wie anno dazumal, auf einigen Höfen sieht man noch traditionelle Haustierrassen. Im Sommer werden Volkstänze, Handwerksvorführungen und Rundfahrten im Pferdewagen veranstaltet (Öffnungszeiten: Mitte März – Mitte Oktober Di. – So. 10.00 – 17.00 Uhr).

> ! *Baedeker* TIPP

Damhuset

Eine Gründerzeitvilla am alten Mühlenteich in der Lyngby Hovegade 1C bildet den stilvollen Rahmen für eine vielseitige Auswahl an Glas, Keramik, Textilien, Schmuck und anderem Kunsthandwerk aus mehr als 50 dänischen Werkstätten (Öffnungszeiten: Mo. – Fr. 10.00 – 17.00, Sa. bis 14 Uhr).

Unweit nördlich bietet die ehemalige Textilfabrik am Modewegsvej von Brede eine Ausstellung über **Mode und Textilindustrie** seit dem 18. Jh. (Öffnungszeiten: Mitte April – Sept. Di. – So. 10.00 – 17.00, Okt. – Dez. Di. – So. 10.00 – 16.00 Uhr). Die Werkskantine ist jetzt das Nobelrestaurant »Brede Spisehus« (Tel. 33 13 44 11).

✱
Brede Vaerk

✳ **Experimentarium**

Die alte Abfüllhalle der Tuborgbrauerei am Tuborg Havnevej 7 wurde 1991 in ein Museum für **moderne Technologien** umgewandelt. Rund 300 Experimente sollen Prozesse und Gesetzmäßigkeiten von Energiequellen, Anatomie und Umwelt, Aerodynamik und Astronomie spielerisch begreifbar machen (Öffnungszeiten: Mo.–Fr. 9.30 bis 17.00, Di.–21.00, Sa., So. 11.00–17.00 Uhr).

✳ **Danmarks Aquarium**

Eines der größten und schönsten Aquarien Europas besitzt weiter nördlich **Charlottenlund**. Exotische Fische und andere Meeresbewohner aus aller Welt, Landschaftsaquarien mit Piratenfischen und Schildkröten, Wassertiere der Mangrovensümpfe und Leuchtfische in Nachtaquarien gibt es am Kavalergården 1 zu bestaunen (Öffnungszeiten: Mai–Aug. tgl. 10.00–18.00, Mi. bis 20.00, Sept., Okt., Feb. bis April 10.00–17.00, Nov.–Jan. 10.00–16.00 Uhr, ▶ S. 268 oben).

✳ **Dyrehavsbakken**

Im Naturpark Dyrehaven, knapp 10 km nördlich von Kopenhagen, leben **Rehe, Kron- und Sikawild** – Jagdrecht besitzt allein die Königin. Christian V. ließ in dem herrlichen Buchenwald 1736 das Rokokoschlösschen Eremitage erbauen, das nur bei Anwesenheit der königlichen Familie aus seinem Dornröschenschlaf erwacht. Am Südrand des Parks liegt der älteste Vergnügungspark der Welt: der **(Dyrehavs) Bakken**. Wo zunächst fahrende Händler und Gaukler ihre Buden aufbauten, wurde 1746 die volkstümliche Variante des Tivoli zur festen Einrichtung, locken heute mehr als 100 Attraktionen wie Kasperltheater und Pierrot, Riesenachterbahn, Bierhallen und Tanzrestaurants (Öffnungszeiten: April–Aug. tgl. 12.00–24.00 Uhr).

Zu den Gebäuden im Freilichtmuseum von Lyngby gehört ein reetgedecktes Landarbeiterhaus des 19. Jh.s, das aus Eglerup auf Seeland stammt.

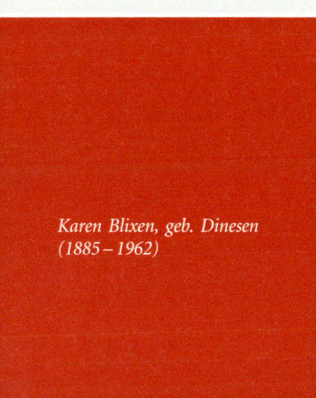

*Karen Blixen, geb. Dinesen
(1885 – 1962)*

»DUNKEL LOCKENDE WELT«

Karen Blixen, die wohl bekannteste Erzählerin Dänemarks, wurde 1885 auf dem Landsitz Rungstedlund im Städtchen Rungsted vor den Toren Kopenhagens geboren. Hier wuchs sie auf, wanderte nach Afrika aus, um ihre große Liebe zu finden und wieder zu verlieren, nach Rungstedlund kehrte sie schließlich zurück, um sich nur noch der Schriftstellerei zu widmen.

Als 1954 die Verleihung des Nobelpreises anstand, erfuhr Karen Blixen aus mehreren Quellen, sie werde den Preis erhalten. Doch der wurde dem amerikanischen Erzähler Ernest Hemingway zuerkannt. Dessen sofortige Erklärung, er hätte eigentlich zugunsten der dänischen Autorin auf die Auszeichnung verzichten müssen, fand Karen Blixen »erfreulicher, als den Preis selbst zu bekommen«.

Bürgerliche Enge

Als glücklich empfand Karen Dinesen, wie ihr Mädchenname lautete, ihren ersten Lebensabschnitt auf **Rungstedlund** nicht. Zwar konnte ihr die vermögende Familie materielle Geborgenheit bieten, doch führte ihre Mutter zusammen mit Großmutter und Tante ein strenges Regiment, das Karen (Kosename Tania) und ihren vier Geschwistern nahezu alle sinnlichen Freuden des Lebens untersagte. Verstanden fühlte sich das temperamentvolle und rebellische Mädchen nur von seinem **Vater Wilhelm Dinesen**, einem Aufsteiger im dänischen Parlament und politischen Außenseiter, mit dem sie auf gemeinsamen Spaziergängen zumindest zeitweise dem häuslich-bürgerlichen Reglement entfliehen konnte. Für die zehnjährige Karen war es daher ein schwerer Schlag, als sich ihr Vater, vermutlich wegen einer Syphiliserkrankung, 1895 das Leben nahm.

Flucht nach Afrika

Erst mit 28 Jahren gelang es der jungen Frau, der Enge des Elternhauses endgültig zu entfliehen. Mit ihrem adligen Vetter, dem **Baron Bror Blixen-Finecke**, mit dessen Zwillings-

bruder sie eine Liebesaffäre gehabt hatte, wanderte sie 1914 in den Teil von Britisch-Ostafrika aus, der später zur Kronkolonie Kenia werden sollte, und erwarb dort eine Kaffeeplantage. Karen Blixen liebte Afrika und sie liebte vor allem Kenia, seine Natur, seine Bewohner, die **Ngongberge**, an deren Fuß sie nun mit ihrem Mann lebte. »Im Hochland erwacht man in der Frühe und weiß, hier bin ich, wo ich sein sollte«, wie in ihrem späteren autobiografischen Roman zu lesen ist. Mit ihrem Einsatz für die menschenwürdige Behandlung der Urbevölkerung und ihrer Bewunderung der afrikanischen Kulturen stieß sie bei anderen Kolonialisten jedoch auf wenig Verständnis.

Die große Liebe

Die **Zweckehe** mit dem Baron – Karen wollte seinen Adelstitel, er ihr Vermögen – hielt nicht lange. Von ihrem Ehemann unentwegt betrogen und bereits im ersten Ehejahr mit Syphilis angesteckt, reichte sie 1925 die Scheidung ein. Nach der Trennung begann sie ein **leidenschaftliches Verhältnis** mit ihrer wahren Liebe, **Denys Finch-Hatton**, einem adligen Dandy und Sportflieger, den sie 1918 kennengelernt hatte. Er war es, der sie ermutigte, sich Geschichten auszudenken – Geschichten, die sie erst nach ihrem Afrikaaufenthalt niederschreiben und mit denen sie weltberühmt werden sollte. Doch das Glück auf dem Schwarzen Kontinent fand ein abruptes Ende. 1930 musste sie ihre Kaffeefarm wegen Unrentabilität verkaufen; vier Monate später kam ihr Geliebter (nachdem er mit ihr gebrochen hatte) bei einem **Flugzeugabsturz** in Kenia ums Leben. So kehrte Karen Blixen, die nun alles verloren hatte, was sie liebte, im Juli 1931 nach Rungstedlund zurück. Afrika sollte sie nie wieder sehen.

Neubeginn auf Rungstedlund

Auf Rungstedlund drohte ihr nun erneut ein beengtes bürgerliches Dasein. Doch geschickt wich sie einem solchen für sie unvorstellbaren Leben aus. »Ich versprach dem Teufel meine Seele, und als Gegenleistung versprach er mir, dass alles, was ich erlebte, in Geschichten verwandelt würde.«

Auf Rungstedlund wuchs die berühmte Schriftstellerin auf. Sie liegt im angrenzenden Park unter einer Buche begraben.

Unter verschiedenen Pseudonymen (u. a. Tania Blixen, Isaac Dinesen, Pierre Andrézel) schrieb sie mehrere Sammlungen mit fantastischen, oft komplizierten, bewusst unmodernen Erzählungen, die sich von der überwiegend sozialrealistisch und psychoanalytisch geprägten Literatur der 1930er-Jahre distanzierten.

Nach dem Erfolg der »Sieben fantastischen Geschichten« (1935) erschien 1937 ihr stark autobiografischer Roman »Afrika, dunkel lockende Welt«, der 1985 von Sydney Pollack im oscargekrönten Hollywoodstreifen **»Jenseits von Afrika«** mit Meryl Streep und Robert Redford in den

kapselt, sodass keine Ansteckungsgefahr mehr bestand, doch nach Denys wollte sie kein physisches Verhältnis mehr eingehen. Am 1. September 1962 starb sie im Alter von 77 Jahren im Giebelzimmer ihres Hauses auf Rungstedlund.

Blick auf den Øresund

Karen Blixens Haus wurde 1991 zu einem Museum umfunktioniert (Öffnungszeiten Mai – Sept. tgl. 10.00 bis 17.00, Okt. – April Mi. – Fr. 13.00 bis 16.00, Sa., So. 11.00 – 16.00 Uhr). Am Pult ihres Vaters in der Ewald-Stube, von der man auf den Øresund blickt, verfasste die Autorin die meisten ihrer

»Ich hatte nur den einen Ehrgeiz: Geschichten zu erfinden, sehr schöne Geschichten.«

Hauptrollen verfilmt wurde. Einen Höhepunkt erreichte Karen Blixens Erzählkunst 1942 in den **»Wintergeschichten«**. Nach dem Tod ihres Geliebten Denys in Kenia hatte sie nie mehr eine Liebesaffäre mit einem Mann. Die Syphilis, die sie sich 1915 von ihrem Ehemann geholt hatte, wurde zwar schon kurz darauf einge-

Werke. Ausgestattet sind die Räume u. a. mit **Ölbildern und Zeichnungen** der auch malerisch begabten Literatin sowie mit Fotografien und Waffen ostafrikanischer Völker, die an Karen Blixens Zeit in Kenia erinnern. Im angrenzenden Park liegt die Schriftstellerin unter einer riesigen Buche begraben.

Korsør

Insel: Seeland　　　　　　　　　　**Region:** Sjælland
Einwohnerzahl: 14 500

Schon von Weitem sieht man das eindrucksvolle Wahrzeichen der Stadt: die gigantischen Pylone der Brücke über den Großen Belt. Treffpunkt und gute Einkaufsadresse sind die Hafenarkaden. An der Hafenpromenade gehen gelegentlich sogar alte Schoner und Galeassen vor Anker.

Brückenkopf nach Westen　Seit 1998 können Autofahrer von Flensburg bis nach ► Seeland durchfahren. Korsør heißt eigentlich nur die Altstadt südlich der Mündung des Korsør Nor in den Großen Belt. Der jüngere Stadtteil nördlich des alten Hafens mit Bahnhof, einem 400 m langen Kai für Kreuzfahrtschiffe und der Zufahrt zur Storebæltsbroen dagegen heißt Halskov. Seit der Wikingerzeit wuchs die 1241 erstmals urkundlich erwähnte Handelsstadt mit der Seefahrt und mehr als 125 Jahre mit dem Fährbetrieb.

Sehenswertes in Korsør

Søbatteri Fæstning　Von der **mittelalterlichen Festung** am Hafen zeugen nur noch der 23 m hohe Burgturm aus dem 13. Jh. und ein Magazin des 17. Jh.s,

Kleinstadtcharme: ein liebevoll restaurierter Kaufmannshof in der Algade

KORSØR ERLEBEN

AUSKUNFT
Nygade 7
Tel. 58 35 02 11, Fax 58 35 02 66
www.visitsydvestsjaelland.dk

ÜBERNACHTEN
► **Komfortabel**
Grand Park
Ørnumvej 6
Tel. 58 35 01 10, Fax 58 35 01 20
www.grandpark.dk
Gepflegtes Hotel 2 km nördlich der
Stadt, Zimmer mit Terrasse, 50 m

vom örtlichen 18-Loch-Golfplatz
entfernt, Schwimmbad, Sauna, breites
Fitnessangebot.

Hotel Jens Baggensen
Batterivej 3–5
Tel. 58 35 10 00
Fax 58 35 10 01
www.hotel-jens-baggesen.dk
Zentral gelegenes Best-Western-Hotel
mit großen, 1990 eingerichteten
Zimmern in einem ehemaligen
Speichergebäude.

in dem die Geschichte der Hafenstadt erzählt wird. Der Mittelalter-
markt Anfang Juli verspricht unterhaltsame Tage auf der Festung.

Vornehmstes Bürgerhaus der Stadt ist der Königshof an der Algade
25, den der wohlhabende **Reeder Rasmus Langeland** anno 1761 im
Rokokostil ausführen ließ. Hier logierten auch die gekrönten Häupter Dänemarks, wenn sie wegen Flaute oder Sturm den Belt nicht
überqueren konnten. Seit 1992 ist der Gebäudekomplex ein Zentrum
für Kunst und Musik mit beachtenswerten Wechselausstellungen.
Die Sandsteinfiguren zu beiden Seiten des Hauptportals symbolisieren die vier Jahreszeiten.

✱ Kongegården

Gepflegte Fassaden **alter Kaufmannshöfe** begleiten den Spaziergang
die Algade hinab, wo man auf Erker, Giebel und romantische Höfe
achten sollte. Die Fußgängerzone führt zum Torvet, auf dem im
Sommer samstags Markt ist, häufig mit Musik und Straßenkunst.

◄ Algade

Beim Havnepladsen erinnert ein Denkmal an den berühmtesten
Sohn der Stadt, Jens Baggesen (1764–1826), der sich in seinem Rei-
setagebuch »Labyrinthen« für mehr Weltoffenheit einsetzte und ab
1811 an der Kieler Universität lehrte. In der Hand hält er ein Stief-
mütterchen, Symbol dafür, wie er in Dänemark behandelt wurde.

Jens Baggesen

Wie eines der größten Brückenbauprojekte der Welt von den ersten
Grabungsarbeiten 1988 bis zur Einweihung der Autobahn 1998
durchgeführt wurde (► Baedeker Special, S. 30), kann man kurz
vor der Auffahrt im **»Ausstellungszentrum Großer Belt«** am Store-
bæltsvej 88 in Halskov nachvollziehen. Mit der Brücke hat für Korsør
eine neue Zeit begonnen: Die Fähren verschwanden, dafür wurden
neue Arbeitsplätze geschaffen.

**Storebælt
Udstillingscenter**

Umgebung von Korsør

Skælskør Einer der Orte mit den meisten Sonnenscheinstunden im Land ist die gemütliche Kleinstadt südöstlich am Skælskørfjord. Die Sonnentage kann man am Kobæk-Strand verbringen oder bei einem Bummel durch die **Gammelgade**, wo das alte Hospital von 1530 zu den schönsten Fachwerkbauten zählt.

Borreby Slot Nur 2 km weiter südlich liegt eines der besterhaltenen Renaissanceschlösser, dessen Burghof und Park öffentlich zugänglich sind. Das **Wasserschloss** wurde um 1550 für Johan Friis, den Reichskanzler Christians III., erbaut. Rund 20 Jahre zuvor hatte er bereits den eigenwilligen Hesselagergård bei ▶ Svendborg errichten lassen. Im 17. Jh. kam das Anwesen in den Besitz der Familie Daae, deren tragische Geschichte den häufigen Gast H. C. Andersen (▶ Baedeker Special, S. 317) zu einer Erzählung inspirierte: »Der Wind berichtet von Valdemar Daae und seinen Töchtern«.

Ørslev Kirke, Holsteinborg Slot Die Grabkirche der Grafen von Holsteinborg in Ørslev besitzt **mittelalterliche Kalkmalereien**, darunter die Darstellung eines Reigentanzes, den es heute nur noch auf den Faröer-Inseln gibt. Erbaut wurde das vierflügelige **Renaissanceschloss** am Ufer des Holsteinborg Nor zwischen 1598 und 1640. H. C. Andersen (▶Baedeker Special, S. 317) liebte den Herrensitz, wo immer ein Zimmer für ihn bereit stand, das original erhalten ist. Besichtigt werden kann allerdings nur der 16 ha große Schlosspark.

Læsø

D 18–20

Region: Nordjylland **Inselfläche:** 116 km²
Bewohnerzahl: 2000

Auch während der Hochsaison bleibt die größte der Inseln im Kattegat eine überschaubare Welt mit kleinem Inselflughafen, Golfplatz und einigen Hotels, deren Küche fantastische Hummerkrabben serviert. Reich wurde die Insel einst mit Salz.

Garnelen und Sandstrand Nach 90 Minuten Fahrt übers Kattegat legt die Autofähre von ▶Frederikshavn im Zielhafen **Vesterø** auf Læsø an. Nahe der Mole erzählt das Fiskeri- og Søfartsmuseet in der Havnegade 5 vom maritimen Leben der Insulaner. Jomfruhummer sagen die Dänen zu den Hummerkrabben (**Hummerfestival** Mitte August; www.jomfruhummerfestival.dk). Von der Fischfabrik in Østerby Havn werden die begehrten Kaisergarnelen in alle Welt exportiert. Flache Sandstrände laden an West- und Nordküste zum Baden ein. Den populärsten Badestrand findet man auf der lang gestreckten Dünenhalbinsel **Stokken**, die

► LÆSØ ERLEBEN

AUSKUNFT

Vesterø Havnegade 17
Tel. 98 49 92 42, Fax 98 49 92 83
www.laesoe.dk

ÜBERNACHTEN

► Günstig

Hotel Strandgaarden
Strandvejen 8, Tel. 98 49 90 35
www.hotel-strandgaarden.dk
Mit Privatstrand und Fahrradvermietung. Unterschiedliche Zimmer, teils in Fachwerkhäusern von 1725. Dänisch-französische Küche.

Gammelgaard Feriecenter
Østerbyvejen 8a
Tel. 98 49 16 33, Fax 98 49 16 58
www.laesoeferie.dk
Behindertengerechte Ferienwohnungen zwischen 15 und 75 m² für bis zu acht Personen. Schwimmbad, Fitnessraum, Sauna und Solarium.

Læsø Kur & Helse
Vesterø Havnegade 28
Tel. 98 49 13 22, www.saltkur.dk
Der mittelalterliche Kirchturm von Vesterø ist in den Neubau mit Bädern, Saunen, Ton- und Algentherapieräumen integriert. Tipp: Anwendung mit Læsøs hautfreundlichem Meersalz.

ESSEN

► Preiswert

Restaurant DeliKATEn
Havnepladsen 3, Vesterø Havn
Tel. 98 49 99 01, Fax 98 49 94 52
Am Hafen gelegen, bekannt für seine Fischgerichte. Herrlicher Ausblick.

Havnebakken
Havnebakken 12
Tel. 98 49 90 09, Fax 96 65 90 09
www.havnebakken.dk
Café/Restaurant 50 m vom Fährhafen, schöne Terrasse. Fischspezialitäten.

---

man über einen schmalen Sund erreichen kann. Nicht weit davon entfernt steht einsam in der Landschaft die Vesterø Søndre Kirke, die beachtliche spätgotische Kalkmalereien besitzt.

Zwei Drittel der Insel entfallen auf unter Naturschutz stehendes Moor und Heidegelände sowie den Staatsforst. Im Norden liegt das Dünengebiet **Højsande**. Den Süden der Insel bedecken im Gebiet von Rønnerne tief liegende Strandwiesen, die von Mai bis Juli Rastplatz für Tausende Watt- und Seevögel sind. Die großartigste Uferlandschaft bietet die Ostspitze mit der Düne **Danzigmand**. Anno 1741 lief hier auf einer der vorgelagerten Sandbänke der Schoner »Danzig« auf Grund und brachte den Insulanern unverhofft Bauholz. So kam die Bucht zu ihrem Namen.

★ Landschaft

? WUSSTEN SIE SCHON …?

■ Das radikale Abholzen auf Læsø hatte Folgen für den Hausbau: Im 17. Jh. mussten die Fischer ihre Dächer mit einer dicken Schicht getrockneten Seetangs statt mit Holzschindeln decken. Einige dieser Tanghäuser sind übrig geblieben, darunter im zentralen Hauptort Byrum am Museumsvej 3 ein vierflügeliges Fachwerkgehöft, heute der heimatkundliche »Museumsgården«.

Dächer aus Seetang

Die Geschichte der Insel ist untrennbar mit Salz verbunden, das seit dem 14. Jh. hier abgebaut wurde. Salz hat Læsø reich gemacht und ist der Grund dafür, dass viele Häuser mit Tang bedeckt sind: Im Mittelalter profitierten hauptsächlich die Bischöfe ► Viborgs vom weißen Gold, Mitte des 17. Jh.s gab es mehr als 1000 Salzsiedereien. Als man mit deren Feuer den Baumbestand der Insel ohne Rücksicht auf die Folgen aufgebraucht hatte, begann man den Torf der Moore zu verbrennen, bis die Salzsiederei 1652 endlich verboten wurde. Da war die **ökologische Katastrophe** längst eingetreten, Sandflug drohte die kahle Insel zu veröden. Die Wiederaufforstung wurde zum zähen Kampf. Inzwischen arbeitet wieder eine Salzsiederei, die mit dem besonders würzigen Salz sogar den königlichen Hof in Kopenhagen beliefert (kostenlose Führungen Ostern, Mai – Okt. stdl. 10.00 – 16.00, www.sydesalt.dk).

Langeland

R–T 16–18

Region: Syddanmark
Bewohnerzahl: 14 300

Inselfläche: 185 km²

Wie der Name schon sagt: die bevölkerungsreichste Insel vor Südfünen ist lang und schmal. Sie wird von einem Ring herrlich flacher Sandstrände umschlossen, dazwischen ragen immer wieder steile Klippen auf, sodass Langeland auch optisch etwas hermacht.

Erholen in schöner Umgebung

Von der Nordspitze Frankeklint bis Dovnsklint im Süden sind es 50 km, in der Breite erreicht das lange Land maximal 9 km. Klippen sind vor allem im Süden und bei der 20 m hohen Steilwand Ristinge Klint im Südwesten der Insel zu finden, wo man am Horizont ►Ærø erahnen kann, das von Rudkøbing aus per Fähre zu erreichen ist. Von Spodsbjerg fahren stündlich Fähren in 45 Minuten hinüber nach Tårs/Lolland. Dank der Brückenanbindung kann man heute bis Jütland durchfahren.

Jedes Jahr Ende Juli wird beim Strand von Rudkøbing das **größte Gartenfest des Landes** gefeiert, mit bis zu 20 000 Gästen. Vier Bühnen präsentieren Musik für jeden Geschmack von Mike Oldfield bis Kim Larsen. Zum Megaspaß für Kids gehören Theater, Zirkus, Wasserland und viele Workshops im 10 000 m² großen Kinderland (Info: Tel. 39 68 00 87, www.langelandsfestival.dk).

★ **Havefest**

Sehenswertes auf Langeland

Stattliche **Kaufmannshöfe** und reizvolle kleine Stadthäuser entlang der Brogade und in den **winkligen Gassen** um den Marktplatz prägen den größten Inselort und Hauptverkehrsknotenpunkt. Die meisten Geschäfte befinden sich in der Østergade, die quer durch Rudkøbing verläuft. Wahrzeichen ist die 1999 restaurierte Stadtmühle von 1820 hoch über der Stadt. Im alten Apothekerhaus an der Brogade 15, in dem heute das Museum **»Det gamle Apotek«** über Medikamente des 19. Jh.s informiert, wurde 1777 der berühmte Physiker Hans Christian Ørsted geboren, der die Lehre vom Elektromagnetismus begründete – auf dem Gåsetorv grüßt eine Statue von Ørsted (H. Vilhelm Bissen). Feuersteinäxte, Bernsteinschmuck und Grabbeigaben der Wikingerzeit sind im **Langelandmuseum** am Jens Winthersvej 12 zu bewundern; im Juli wird mittwochs zwischen 13.00 und 16.00 Uhr an der Østergade 25 altes Handwerk vorgeführt. Ein paar Schritte weiter lohnt der Blick in den 300 Jahre alten Kaufmannshof »Tingstedet« (Nr. 16) mit einer großen Auswahl an Antiquitäten. Im Hafen laufen die Fähren nach ► Ærø und Strynø aus und gehen schmucke Dreimaster vor Anker – schließlich liegt hier die renommierte Oldtimerwerft »Rudkøbing Bådcbyggeri og Riggerværksted«.

★ **Rudkøbing**

> ❗ *Baedeker* TIPP
>
> ### Keramik & Væv
> Keine 50 m trennen die lebhafte Fußgängerzone Rudkøbings von der verträumten Sidsel Bagersgade 10, wo Lizzi und Leif ihren kleinen Laden neben der Werkstatt eingerichtet haben. Hier findet man einmalig schönes Kaffee- und Teegeschirr nebst ansprechenden Decken und handgewebten Sachen (Tel. 62 51 41 53).

Eine halbe Stunde braucht die Fähre zum Inselchen Strynø. Im **Øhavets Smakkecenter** am Borvej 12 werden die typischen Verkehrsmittel des südfünischen Inselmeers ausgestellt: Smakke-Jollen (Leihboote!), Prahme, Eissegelboote, Schlitten und Fischerjollen. Die angeschlossene **Bootswerft** ist ein arbeitendes Museum, in dem das alte Bootsbauerhandwerk weiterlebt und deutsche Auszubildende Praktika absolvieren können. Zur Anlage gehört auch ein großer Zeltplatz (www.smakkecenter.dk).

Strynø

Beim Melken zuschauen oder es gar selbst versuchen, Hasen, Schafe oder einen Esel streicheln – der Bauernhof am Sønderskovvej 7 bei Spodsbjerg ist genau das Richtige für Kinder.

Sønderskovgaard

✳ **Tranekær Slot** Im 13. Jh. begann man auf einer Anhöhe 12 km nördlich von Rudkøbing mit dem Bau einer Festung, die im 14. Jh. ihr 3 m dickes Mauerwerk erhielt. Seit fast 350 Jahren gehört Schloss Tranekær der **Familie Ahlefeldt-Laurvig** – die spannende Geschichte des dänischen Hochadels wird im Schlossmuseum an der Slotsgade 95 erzählt, wo es außerdem ein Museum für Andenken gibt (Öffnungszeiten: tgl. 12.00 bzw. 13.00 – 17.00 Uhr).

Die Umstände, unter denen die Grafschaft in den Besitz der Familie gelangte, waren recht abenteuerlich: Der spätere Großkanzler Frederik Ahlefeldt verliebte sich unsterblich in die 15-jährige Besitzerin Margrethe Rantzau, deren Vater jedoch wenig Verständnis zeigte. So entführte Frederik das Mädchen kurzerhand und heiratete seine Angebetete in Holstein.

✳ TICKON ▶ Um 1850 entstand der Schlosspark im englischen Stil. Fast 60 ha der Grünanlagen stehen seit 1990 dem gebürtigen Sizilianer Alfio Bonanno zur Verfügung. Dank weltweiter Kontakte konnte der Wahldäne hochkarätige Vertreter der Land-Art für seine **Freiluft-Ausstellung** TICKON (Tranekær Internationale Center for Kunst og Natur) gewinnen. Auf der freien Wiese, im Wald und am Feldrand fügen sich die Kunstwerke in die Natur ein, Wind und Wetter ganz bewusst schutzlos ausgesetzt. So kann manches nur für kurze Zeit überleben, andere Beiträge werden vermutlich noch von kommenden Generationen bewundert werden wie das 1993 aus einem Baumstamm gedrechselte »Einhorn« von Jørn Rønnau, der 1996 aus Natursteinen geschichtete »Kontemplationshügel« von Herman Prigan und die

▶ LANGELAND ERLEBEN

AUSKUNFT

Rudkøbing
Torvet 5, 5900 Rudkøbing
Tel. 62 51 35 05, Fax 62 51 43 35
http://turist.langeland.dk
www.feriehuse-langeland.dk

ESSEN

▶ Fein & teuer
Lindelse Kro
Langegade 21, Lindelse
5900 Rudkøbing
Tel. 62 57 24 03, Fax 62 22 72 67
www.lindelsekro.dk
Beste dänische Hausmannskost mit Hang zu Höherem, dazu zehn gemütlich nostalgische Zimmer: das ist dem Danske Spiseguide das vierte Jahr eine Empfehlung wert.

▶ Erschwinglich
Herskabsstalden
Slotsgade 82, 5953 Tranekær
Tel. 62 59 14 26
www.herskabsstalden.dk
Das Restaurant liegt idyllisch auf dem Gelände des Tranekær Schlosses.

ÜBERNACHTEN

▶ Komfortabel
Nedergaard Herregardspension
Nedergaardsvej 10
5953 Tranekær
Tel. 62 59 13 16, Fax 62 59 15 01
Der alte Herrensitz liegt idyllisch zwischen Wäldern und dem Langelandsbelt. 800 zum Strand, dort auch gute Angelmöglichkeit.

Unübersehbar bildet das rote Schloss von Graf Preben Ahlefeldt-Laurvig in Tranekær den Mittelpunkt der kleinen Gemeinde.

1998 aufgestellte »Tranekær Varde« des Neuseeländers Chris Booth (Öffnungszeiten des Parks: tgl. 10.00 – 18.00 Uhr).

Langeland wird auch als Mühleninsel bezeichnet. Eines der zehn alten Windräder ist die 1845 erbaute **Schlossmühle** am Lejbøllevej 3, in der ein Museum über Windmühlen unterrichtet sowie über originelle Graffiti, die Müllerburschen an die Wände gekritzelt haben. Bei genügend Wind wird auch gemahlen.

Fischkutter und Segeljachten liegen im Hafen von Lohals dicht an dicht. Wenn das Wetter nicht zum Strand lockt, sollte man sich Tom Knudsens Safarimuseum am Houvcj 49 ansehen mit einer der **größten Jagdtrophäensammlungen Europas** (Öffnungszeiten: Pfingsten bis 1. Juli Sa., So. 15.00 – 17.00, Juli – Aug. Di., Do., Sa., So. 15.00 bis 17.00, So. auch 10.00 – 12.00 Uhr).

Paradies für Kinder: Blumenwiesen, verwunschene Gärten mit Picknickplätzen, dazu einen herrlichen Blick über den Belt bietet südlich von Rudkøbing die grüne Oase am Vindebyvej 28 bei Lindelse. Pferdeliebhaber sollten noch zum **Gestüt Sofienlyst** am Gillesbjergvej 16 weiterfahren, wo auf die Jüngsten kleine Ponys warten.

Der **Ökohof** des Dänischen Naturschutzbunds an der Südostküste der Insel besitzt ein stattliches Herrenhaus aus dem späten 19. Jh., in dem die Atmosphäre alter dänischer Adelsgüter lebendig ist. Im Pfer-

◄ Slotsmølle

Lohals
★
◄ Safarimuseum

Tara,
Sofienlyst

★
Skovsgaard

destall und Gartenhaus sind ein Kutschenmuseum und eine Ausstellung über die Forstwirtschaft eingerichtet.

Kong Humbles Grav

Langeland besitzt fast 30 Fundstätten aus vorgeschichtlicher Zeit, davon im Süden der Insel zwei besonders interessante. Spekulation bleibt allerdings, ob es sich bei dem Ganggrab am Rand von Humble um das **Grab von König Humble** handelt, den der Historiker Saxo im Mittelalter beschreibt. Ein etwa 5000 Jahre altes Ganggrab, das **Hulbjergjættestuen**, liegt südwestlich von Bagenkop bei Søgård.

Während des Kalten Kriegs diente Fort Langeland am Vognsbjergvej kurz vor Bagenkop Nato-Stützpunkt der Überwachung des Ostseegebiets – im Kriegsfall sollte der Belt sofort vermint werden.

Wo früher Normalsterblichen der Zutritt verboten war, kann man heute im **Museum Langelandsfort** 150-mm-Kanonen, Haubitzen, Flakstellungen und Waffenkammern besichtigen sowie die eher verliesartigen Mannschaftsräume.

> ## ? WUSSTEN SIE SCHON …?
>
> ■ In Dänemark wurde einst sogar Tabak angepflanzt. Als es während des Zweiten Weltkriegs Probleme mit dem Import von Virginia- und anderen Tabakwaren gab, konnten die dänischen Tabakpflanzer letzte Erfolge verzeichnen, 1947 beendete man den Anbau. Aus dieser Zeit stammt die Tabakscheune am Stengadevej 24 nördlich von Spodsbjerg.

✶ ✶ LEGOLAND

N 7

Halbinsel: Jütland   **Region:** Syddanmark

Die kleine Stadt Billund steht für Dänemarks bekannteste Familienattraktion. Welches Kind hat nicht schon einmal einen LEGO-Stein in der Hand gehabt? Der Spielwarenkonzern hat das kleine Dorf längst zur Stadt gemacht, wo heute »spielend« Geld verdient wird.

🕐
Öffnungszeiten:
Mitte März – Okt.
tgl. 10.00 – 17.00,
18.00, 20.00 bzw.
21.00 Uhr (je nach
Wochentag und
Monat, Übersicht im
Internet)

Unter der Ägide von Godtfred Kirk Christiansen wurde am 7. Juni 1968 bei Billund das erste LEGOLAND (►Baedeker Special, S. 284) eröffnet, heute ein weltberühmter Vergnügungspark aus 20 Millionen Steinen und **50 Attraktionen,** der 2008 seinen 40. Geburtstag mit vielen Neuheiten feierte. Für das leibliche Wohl sorgen überall im Park kleine Cafés und Restaurants, Brasserien und Grill Houses. Und wer ein Mitbringsel sucht, kann außer dem ganzen LEGO-Sortiment alles vom Piratensäbel bis zur Ritterlanze erstehen. Direkt neben dem Parkgelände befindet sich das Hotel LEGOLAND mit einem ausgezeichneten Restaurant (Tel. 75 33 12 44, www.hotellegoland.dk).

Miniland ►

Herzstück der Anlage ist die geschäftige Liliputwelt von **Miniland**, wo man berühmte dänische und ausländische Bauwerke im Maßstab 1:20 bestaunen kann. Dazu gehören natürlich Schloss Amalienborg –

Zum Bauklötzestaunen: Schlösser und Straßenzüge aus Kopenhagen, asiatische Tempel, New Yorks Freiheitsstatue und vieles mehr steht im Maßstab 1:20 in LEGOs Liliputland.

aus über 900 000 LEGO-Steinen erbaut –, das schottische Fischerdorf Crail und die New Yorker Freiheitsstatue. Einen schönen Blick auf die Welt im Miniformat bietet der Panoramalift, der bis in 36 m Höhe fährt, während der LEGO-Zug gemütlich durch den Park tuckert. Im **Wilden Westen** tummeln sich Revolverhelden und legendäre Rothäute wie Sitting Bull, der aus 1,4 Mio. LEGO-Steinen entstand. Wer Lust hat, kann in der Präriesiedlung als Hilfssheriff anheuern. Im Indianerlager weiht Häuptling Spielender Adler neue Krieger, in der LEGOLD-Mine können Goldgräber ihr Glück versuchen.

2007 öffneten das »Kennedy Space Center« und die Unterwelt Atlantis by Sealife mit U-Boot-Fahrt, Multimediakino und Aquarium mit tropischen Fischen. Im Jubiläumsjahr 2008 kam die 8000 m² große **Pirate Lagoon** hinzu, mit der »Pirate Splash Battle«, den »Pirate Water Falls« und dem Wasserspielplatz »Pirate Mini Water Falls« für die Allerkleinsten. Kapitän im ferngesteuerten Lego-Piratenschiff sind die Kinder in der »Pirate Skipper School«. Neues Highlight für die Kleinsten ist der hüpfende Frog Hopper. Der aus Kindersicht turmhohe grüne Frosch sorgt mit einer rasanten Lufttour für Kribbeln im Bauch. Den Eingang zum 2010 eingeweihten ägyptischen Tempel bewacht ein 5 m hoher Pharao aus 295 000 Legosteinen. Neu ist auch der Express-Pass: An den acht beliebtesten Fahrattraktionen kann die Warteschlange übersprungen und sofort eingestiegen werden.

▶ **BILLUND**

AUSKUNFT
Ved LEGOLAND Parken
Tel. 76 50 00 55, Fax 75 35 31 79
www.lego.dk

Der kleine dänische Spielzeughersteller LEGO avancierte in nur wenigen Jahren mit seinem Konstruktionsspielzeug zu einem Weltkonzern. Der LEGO-Stein ist schon ein Stück Kulturgeschichte, dabei hat er erst vor gut einem halben Jahrhundert das Licht der Welt erblickt.

In Billund, einem verschlafenen Bauerndorf mitten auf der Halbinsel Jütland, hielt sich der Tischler Ole Kirk Christiansen mit dem Verkauf von selbst gefertigten Trittleitern und Bügelbrettern gerade so über Wasser. Ab 1932 begann er Holzspielzeug zu fabrizieren: Autos, Enten und Sparschweinchen. Zwei Jahre später gab er seiner Firma den Namen »LEGO«, eine Kombination aus den beiden dänischen Wörtern **leg godt** (= spiel gut). 1947 erwarb die mittlerweile florierende »Spielzeugfabrik LEGO Billund A/S« eine moderne Kunststoff-Spritzgussmaschine zur Herstellung von Spielzeug.

Berühmtester Baustein der Welt

Unter den unzähligen Kunststoffartikeln, die der Firmengründer an der Maschine erfand, waren Plastikgoldfische, die sich als Flop erwiesen, und »Automatic Binding Bricks«, Kunststoffbausteine zum Zusammenstecken, ein Vorläufer des LEGO-Maursteins. 1954 wurde der Name LEGO als Warenzeichen eingetragen. 1958 entwickelte Godtfred Kirk Christiansen, der Sohn des Firmengründers, den Baustein mit den unverkennbaren **acht Noppen**. Dieser misst 9,6 x 32 x 16 mm. Zwei Achtknopfsteine lassen sich auf 24 unterschiedliche Arten zusammensetzen, drei Steinchen dieser Größe erlauben 1060 verschiedene Kombinationen, bei sechs Achtnoppenquadern gibt es sogar 102 981 500 Möglichkeiten!

Aufstieg zum Weltkonzern

Als 1960 das Holzspielwarenlager durch einen Brand zerstört wurde, stellte man die Produktion von Holzspielzeug ein und konzentrierte sich ganz auf Kunststoff. Binnen kurzer Zeit stieg die kleine Firma zum Weltkonzern auf. Produziert wird in Dä-

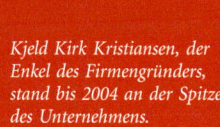

Kjeld Kirk Kristiansen, der Enkel des Firmengründers, stand bis 2004 an der Spitze des Unternehmens.

nemark, Deutschland, der Schweiz, den USA, Brasilien und Südkorea; in 130 Ländern wird LEGO verkauft. Zur **LEGO-Gruppe** gehören 50 Gesellschaften in 30 Ländern mit fast 10 000 Mitarbeitern, von denen etwa die Hälfte in Dänemark beschäftigt ist. Bis vor einigen Jahren wurde LEGO von der Familie Christiansen geleitet; Kjeld Kirk Kristiansen, der Enkel des Gründers, der von 1979 an der Spitze des Konzerns stand, gab 2004 die Geschäftsführung ab, nachdem hohe Verluste eingefahren worden waren.

Gefragt sind Ideen

Über **2000 unterschiedliche Elemente** bzw. mehr als 600 Sets hat die Firma im Sortiment – Konstruktionsspielzeug von den LEGO-Primo-Kästen für die Jüngsten bis hin zu den LEGO-TECHNIC-Profi-Sets, darunter vorgefertigte Abenteuer wie »Der Schatz des Pharaonentempels« oder »Star Wars«, die nach Anleitung zusammenmontierbar sind. Vor Kurzem kehrte LEGO aber zu seinen die Kreativität fördernden Ursprüngen zurück: mit LEGO MINDSTORMS, einem sogenannten **Roboter-Erfinder-System**. Kern des Systems ist der »RCX«, ein 9,5 x 6,3 x 4,0 cm großer **Mikrocomputer**, der mittels PC programmiert wird. Eingebaut in ein LEGO-Modell, führt dieser Mikrocomputer die vom Kind am PC ein-

gegebenen Befehle im Zusammenspiel mit Sensoren und Motor aus. So erfanden Kinder in einem Test einen lichtempfindlichen Einbrecheralarm, der über der Tür platziert wird und ungebetene Gäste mit Tischtennisbällen überschüttet.

Wieder Nummer eins

1990 rückte die LEGO-Gruppe als einzige europäische Vertreterin in die internationalen **Top Ten** der Spielwarenhersteller auf. Rund zehn Neuheiten, entworfen von der LEGO-Futura-Denkfabrik im Stammsitz Billund, bringt der Konzern monatlich auf den Weltmarkt. Seit 1968 ist LEGOLAND Billund in Betrieb, 1996 und 1999 folgten der Park in Windsor am Stadtrand von London und LEGOLAND California in den USA, 2002 wurde im schwäbischen Günzburg LEGOLAND Deutschland eröffnet. Angesichts der schwierigen Geschäftslage strich LEGO 2004 rund 1500 Stellen und verkaufte 70 Prozent seiner Anteile an den vier Freizeitparks an die Merlin-Entertainments-Gruppe. Der fünfte LEGOLAND-Park entstand jüngst in den Vereinigten Arabischen Emiraten: das 300 000 m² große LEGOLAND Dubailand mit rund 40 interaktiven Fahrgeschäften, Shows und Attraktionen.
Seit 2006 ist LEGO wieder Branchenführer vor Hauptkonkurrent Mattel.

DUPLO-Land ► Ab 3 Jahren kann man hier selbst am Steuerknüppel der Flugzeuge sitzen oder stolz in den elektrischen Autos und der Minibahn herumkutschieren.

LEGO Mindstorms ► Hier wird **am PC** die Computertechnologie mit LEGO-Bausystemen verbunden, können die größeren Kinder mit RCX arbeiten – das sind programmierbare LEGO-Steine – und eigene Roboter bauen.

Innen-ausstellungen ► Im Ausstellungsgebäude an der Südseite des Parks wird die **Geschichte des Spielzeugs** erzählt. Zur Sammlung gehören mehr als 400 antike Puppen aus der Zeit von 1580 bis 1900 und über 1400 mechanische Spielzeuge vom Anfang des 20. Jahrhunderts.

Lalandia Billund ► In unmittelbarer Nähe zum Freizeitpark eröffnete auf 40 000 m² **Lalandia Billund** mit insgesamt 761 Ferienhäusern. Daneben bietet das Erlebniscenter das tropische Badeland »Aquadome«, eine Sport- und Fitnesshalle, Bowlingbahnen, ein Spielland für Kinder und einer Minigolfanlage. Freizeitpark und Lalandia bilden zusammen das neue Legoland Billund Resort..

★ ★ Limfjorden

G 2–F 14

Halbinsel: Jütland   **Region:** Nordjylland

An den Ufern des idyllischen Limfjords liegen zwischen grünen Wiesen beschauliche Dörfer und kleine Bauernhöfe. Der Limfjord ist ein Paradies für Naturfreunde und Wassersportler, hier gibt es kinderfreundliche Strände sowie ideale Surf- und Segelreviere in einem traumhaften Labyrinth aus Land und Wasser.

Kind einer Sturmflut ► Der Limfjord durchschneidet Jütland von West nach Ost. Daher ist die 180 km lange Wasserstraße eigentlich gar kein Fjord, sondern ein durchgängiger Sund – allerdings erst seit 1825, als eine große Sturmflut die schmale Landzunge bei Agger Tange durchbrach, die bis dahin den Fjord von der Nordsee trennte. Damit entstand eine durchgehende **Wasserstraße von der Nord- zur Ostsee**, wurde Nordjütland endgültig zur Insel. Zwischen Hals und Løgster schneidet sich der Limfjord als schmaler Strom durch das Land, während der Westteil durch offene Wasserflächen gekennzeichnet ist. Viele Jahre war der Limfjord für die Austernfischerei bekannt, aber die ist längst Geschichte. Heute werden hier Miesmuscheln aus dem Wasser geholt, mehr als 100 000 t pro Jahr. Im Sommer und Herbst kann man überall entlang der Küste Wurfreusen für den Aalfang sehen.

> ! **Baedeker** TIPP
>
> **Paradies für Surfer**
>
> »Europas Hawaii« wird der Strand bei Klitmøller an der Westküste von Thy auch genannt, im Sommer der Treffpunkt von High-Speed-Fans der Surferszene.

Das ganze Sneglehuset in Thyborøn ist mit Muscheln verziert.

Zwischen den Ufern verkehren acht **»Limfjordbusse«**, wie die klei-   **Fähren**
nen Fähren auch genannt werden. Die kürzeste Überfahrt zwischen
Egholm und ▶ Aalborg dauert zwei Minuten, für die längste Über-
fahrt zwischen Ronbjerg und Livø braucht man 20 Minuten. Am
Westende des Limfjords pendelt eine Fähre zwischen Thyborøn und
Agger, im Osten verbindet eine Fähre Hals und Egense. Weitere Ver-
bindungen bestehen zwischen Hvalpsund und Sundsøre, Nederby/
Fur und Branden, zwischen Mors und Tofthuse sowie Hurup.

Nutzte früher den Wind: die holländische Klostermøllen zwischen Vestervig und Krik.

Rund um den Limfjord

★
Thyborøn

Erst in der zweiten Hälfte des 19. Jh.s wurde der Kanal bei Thyborøn für die Schifffahrt vertieft und mit Molen und Buhnen gesichert. Mit dem Bau des Hafens um 1915 entwickelte sich der Fischerort Thyborøn, dessen ehemalige Auktionshalle in der Havnsgade 5 jetzt ein Museum über Fischerei beherbergt. Aus dem unerschöpflichen Fundus der Nordsee zauberte der Fischer Alfred Pedersen für seine Frau am Klitvej 9 das kleine **Märchenschloss Sneglehus** (Abb. S. 287). 25 Jahre lang verzierte der besessene Sammler Mauern, Türmchen und Wände über und über mit Muscheln und Schnecken – als Blickfang grüßt über dem Portal eine Meerjungfrau. Über die Sicherung der Küstenlinie informiert die interaktive Erlebniswelt des **Kystcentret** an der Svanegade 12 (Öffnungszeiten: Jan. – Mitte Mai, Sept. – Nov. tgl. 10.00 – 16.00, Mitte Mai – Mitte Juni bis 17.00, Mitte Juni – Mitte Aug. bis 18.00 Uhr; www.kustcentret.dk).

Muschelhaus ▶

★ ★
Kystcentret
⏱ ▶

Vestervig

Das Dorf Vestervig war im 11. Jh. Bischofssitz für Vendsyssel, den nördlichsten Teil Jütlands. Mit dem Niedergang der Region durch die Versandung der Nordseemündung kam der Wechsel des Bischofssitzes nach Børglum. Geblieben ist die 60 m lange dreischiffige **Basilika** des Ortes, Nordeuropas größte Dorfkirche.

Thy

Auf der Halbinsel Thy schützt seit 2008 zwischen der Hafenstadt Hanstholm im Norden und der Limfjord-Landzunge Agger Tange im

Süden **Dänemarks erster Nationalpark** auf 24 370 ha eine typisch dänische Küstenlandschaft mit Stränden, Dünen, Heide, Kiefernforsten und kleinen Binnenseen. Wie in Nørre Vorupør noch die traditionelle Strandfischerei betrieben wird, erzählt das örtliche **Fiskeri- og Redningsmuseet** in der ehemaligen Rettungsstation. Das **Nordsø Akvariet** ist den Bewohnern der Nordsee gewidmet. Herrliche Dünenlandschaften, Heide und flache Strandseen gehören zu Dänemarks größtem Vogelschutzgebiet und Wildreservat. Hier gelten strenge Zugangsbestimmungen. Hanstholm ist Heimathafen einer großen Fischereiflotte und Anlaufstelle der Fähren aus Bergen/Norwegen. Ein Muss für Hochseeangler sind im Sommer die Kutterfahrten zum Gelben Riff. Überall in den Dünen um Hanstholm zeugen Bunker und Geschützstellungen vom Atlantikwall des Zweiten Weltkriegs. Ein Teil der Anlagen am Tårn- und Molevej gehören zum **Mu-**

◄ Nørre Vorupør

◄ Hanstholm
Vildreservat

 LIMFJORDEN ERLEBEN

AUSKUNFT
Lemvig
Toldbodgade 4, Tel. 97 82 00 77
Fax 97 82 30 77, www.visitlemvig.dk

Mors
Havnen 4, Tel. 97 72 04 88
Fax 97 72 55 82, www.visitmors.dk

Skive
Østerbro 7
Tel. 97 52 32 66, Fax 97 52 88 31
www.skiveet.dk/visitskive

ÜBERNACHTEN
► Komfortabel
Kokkedal Slot
Brovst, Kokkedalvej 17
Tel. 98 23 36 22, Fax 98 23 22 66
www.royalclassic.dk
Das wunderschön gelegene Dornröschenschloss strahlt Ruhe aus. Doch Vorsicht: Im Kokkedal Slot kann einen auch das Gruseln gelehrt werden, war es doch einst Schauplatz einer tragischen Liebesaffäre. Vor 400 Jahren wurde die unverheiratete Tochter von Ritter Lykke nach einem Fest schwanger. Um dies zu vertuschen, ließ der Ritter die arme Frau

lebendig einmauern. Von Zeit zu Zeit hört man sie von den Hotelzimmern aus nachts durch die Gänge wandeln.

Store Restrup Herregaard
Nibe, Restrup Kærvej 10
Tel. 98 34 18 88, Fax 98 34 10 43
www.slotshotel.dk
Der ruhig gelegene, mit romantischen Zimmern ausgestattete Herrensitz bei Nibe hatte ausgefallene Eigentümer: Der Wikinger Ref soll das Anwesen gegründet haben, Gräfin Juliane Sophie starb im Kindbett und ist nun als »Weiße Dame« unterwegs und Iver sucht noch immer im Keller nach einem Schatz.

Hotel Nørre Vinkel
Lemvig, Søgårdvejen 6
Tel. 97 82 22 11, Fax 97 81 05 41
www.golfcenter.dk
Das Hotel ist nach und nach aus einem Bauernhof von 1841 entstanden. Vorzüglich gespeist wird in der ehemaligen Scheune, in einem separaten Flügel wurden 26 Ferienwohnungen eingerichtet. Nur wenige Meter sind es bis zum Golfplatz am Limfjord.

seumscenter Hanstholm, darunter auch eine Munitionsbahn, mit der man das Gelände erkunden kann. Die Stadtgeschichte ist Thema der Ausstellung beim 30 m hohen Leuchtturm, der 1843 am Hafen errichtet wurde. Den besten Blick auf die Vigsøbucht gewährt 25 km weiter östlich der 47 m hohe Bulbjerg, dessen Steilklippe zur Nordsee als Naturschutzgebiet ausgewiesen ist.

Für einen Einkaufsbummel eignet sich **Thisted**. Bekanntester Sohn der Stadt ist Jens Peter Jacobsen (1847 bis 1885), dessen psychologische Romane »Marie Grubbe« und »Niels Lyhne« auch in Deutschland viel Anklang fanden. Im Heimatmuseum in der Jernebangade 4 ist ein Raum für den Schriftsteller eingerichtet.

★ **Mors**
Größte Insel im Limfjord ist mit 363 km² die Insel Mors bzw. Morsø. Außer mit Fähren (s. S. 287) erreicht man die Insel schnell über eine 1,7 km lange Brücke über den Salling Sund, im Norden führt eine Brücke über den Vilsund. Mors ist ein **Naturjuwel** mit sanft geschwungenen Moränenhügeln, steilen Anhöhen, Heide, Fichten- und Buchenwäldern.

Nykøbing Mors ► Informationen über Geschichte und Kultur der Insel liefert das **Morsland Historiske Museum**. Untergebracht ist es im ehemaligen Johanniterkloster Dueholm (14. Jh.) im Hauptort Nykøbing Mors am Salling Sund. Über die Blütezeit der Eisenindustrie im 19. Jh. erzählt das Støberimuseet, ein Gießereimuseum.

★★ **Jesperhus Blomsterpark**
Im Parkgelände am Ludingvej blühen Millionen Blumen. Man kann exotische Vögel und Schmetterlinge bestaunen, im Piratenland auf Schatzsuche gehen, sich stundenlang im Spaßbad amüsieren oder Freiluftkonzerten lauschen (Öffnungszeiten: Mitte Mai – Mitte Sept. ⊙ tgl. 10.00 – 17.00, Juli bis 20.00 Uhr, www.jesperhus.dk).

Højriis Slot ► Die Anfänge des **Bilderbuchschlösschens** im neugotischen Stil reichen bis ins Mittelalter zurück, die jetzigen drei Flügel sind Umbauten vom Ende des 19. Jh.s Teile des Schlosses bilden den Rahmen für eine eigenwillige Inszenierung des Märchens von Dornröschen, im ehemaligen Schweinestall werden Arbeiten der Fotografin Sissle Honoré ausgestellt.

★ **Fur**
Fünf Minuten dauert die Überfahrt von Branden zur Insel Fur östlich von Mors. Die **spektakuläre Steilküste** im Norden verspricht fantastische Aussichten über den Fjord. Bei der **Knudeklinterne** hat

das Wasser auf mehreren Hundert Metern die gefalteten Moler-schichten freigelegt, die sich mit fast 200 Schichten vulkanischer Ascheablagerungen am Strand auftürmen. Vom Leben vor über 50 Mio. Jahren zeugen die versteinerten Insekten, Fische und Pflanzen aus dem »Mo-Lehm« die im **Fur Museum** von Nederby zu bewundern sind (Öffnungszeiten: April – Juni, Sept., Okt. tgl. 12.00 – 16.00, Juli/Aug. tgl. 10.00 – 17.00 Uhr, Jan. – März nach Anmeldung, Tel. 97 59 34 11).

Wahrzeichen von Lemvig am Südufer des Haffs Nissum Bredning ist der zwiebelförmige Kupferturm seiner um 1200 geweihten Kirche. Im Stadtmuseum an der Vestergade 44 wird über Seenotrettung und den Dichter Thøger Larsen (1875 – 1928) informiert. Hauptattraktion ist jedoch der Planetstien, eine **Wanderung durch unser Sonnensystem** im Maßstab 1:1 Milliarde. Die Sonne steht am Vesterbjerg, 58 m weiter findet sich der Merkur, nach 228 m stößt man auf den Mars und nach 800 m auf den Jupiter; bis zum Zwergplaneten Pluto sind es allerdings fast 12 km Wegstrecke.

Lemvig

★
◄ Planetstien

Den größten **Jachthafen** des Limfjords besitzt Struer, in dem während der Sommersaison eines der weltweit führenden Hi-Fi-Unternehmen besichtigt werden kann: Bang & Olufsen. 1925 gründeten

Struer

◄ Bang & Olufsen

Steinerne Zeitzeugen: die Molerschichten an der Steilküste von Fur

Im Freilichtmuseum weiß man noch, wie Torf gestochen wird.

Peter Bang (1900–1957) und Svend Olufsen (1897–1949) hier eine Radiofabrik. Vier Jahre später wurde mit dem »Fünflamper« das erste Gerät produziert, das neben herausragender Technik auch auf Formschönheit setzte. Seit Herbst 2007 präsentiert das Kulturhistorische Museum Struer die Firmengeschichte: Auf 1000 m² werden **Hi-Fi- und TV-Klassiker aus 80 Jahren** vor kultur- und zeitgeschichtlichem Hintergrund gezeigt (Öffnungszeiten: Di–Fr. 12.00–16.00, Sa., So. 12.00–17.00 Uhr, Søndergade 23; www.struermuseum.dk).

Salling   Östlich von Mors schiebt sich die Halbinsel Salling in den Limfjord hinein. Hauptstadt der Halbinsel ist Skive, dessen kulturhistorisches Museum am Havnevej 4 den größten **Bernsteinfund** der Jungsteinzeit sein Eigen nennt, der aus mehr als 13 000 Perlen besteht. Im selben Gebäude präsentiert das Kunstmuseum viel Landschaftsmalerei. Oberhalb des Hafens thront der um 1560 begonnene Herrensitz Krabbesholm, heute ein Zentrum für Erwachsenenbildung.

Skive ▶

Spøttrup   16 km nordwestlich von Skive liefert Spøttrup ein gutes Beispiel für mittelalterliche Burgenbaukunst in Dänemark. Der Backsteinbau am Spøttrupsee, einem Vogelparadies, wurde für die Viborger Bischöfe erbaut. Nach der Reformation wurde das Anwesen königliches Lehen und später als Herrensitz verkauft. Heute gelangt man über eine Holzbrücke in die lange Zeit uneinnehmbare Festung, deren gotische Gewölbe für Konzerte und Ausstellungen genutzt werden. Schön ist auch der Kräuter- und Rosengarten (Öffnungszeiten: April Di., Mi., So. 11.00–17.00, Mai–Aug. tgl. 10.00–18.00, Sept., Okt. bis 16.00 bzw. 17.00, Nov. Mi. 11.00–15.00 Uhr; www.spottrupborg.dk).

Hjerl Hede
Frilandsmuseum   Eines der größten Freilichtmuseen des Landes liegt 10 km südwestlich von Skive am Flyndersee im Naturschutzgebiet Hjerl Hede. Im Sommer lassen hier fast 100 Mitarbeiter mit dem entsprechenden

Werkzeug den dörflichen **Alltag der Steinzeit und des 19. Jh.s** wieder auferstehen. Schmiede, Spritzenhaus, Mühle, Kaufmannsladen und Steinzeitdorf sind originalgetreu rekonstruiert und bewirtschaftet. Sehr stimmungsvoll sind die Adventswochen, wenn in den kleinen Häuschen die Weihnachtsbäume nach alter Tradition geschmückt werden (Öffnungszeiten: Okt.–April Sa., So. 11.00–16.00, Mai bis Sept. 10.00–17.00, Juli–15. Aug. bis 18.00 Uhr; www.hjerlhede.dk).

⊕

Ein Abstecher nach Sahl lohnt sich: Um 1220 wurde der romanische, mit Bergkristall verzierte Goldaltar in der Dorfkirche angefertigt.

◄ Sahl Kirke

Auch die östliche Küstenregion des Limfjords auf Himmerland lohnt einen Besuch: Etwas im Hinterland liegt Ålestrup. Hier stellt das **Cykelmuseet** anhand von 100 Fahrrädern die technische Entwicklung des Zweirads vor.

Östlicher Limfjord

◄ Ålestrup

Nächster Halt am Limfjord ist ein rekonstruierter steinzeitlicher Siedlungsplatz der sogenannten **Ertebøllekultur** (5000–4000 v. Chr.) am Gl. Møllevej 8 in Ertebølle. In der Nähe entdeckte man den bekannten Muschelhaufen »Køkkenmödding«, der einer Periode der späten Steinzeit ihren Namen verlieh.

◄ Stenaldercenter Ertebølle

Das ursprüngliche Kloster bei Ranum wurde von **Zisterziensern** gegründet, die das Land 1157 von Valdemar dem Großen als Geschenk erhielten. Von der Kirche existieren nur noch Ruinen. Das jetzige Kloster stammt aus dem Mittelalter. Sehenswert: der Kräutergarten, dem auch ein »snapseurtehaven« angegliedert ist, ein **Schnapsgarten**, in dem alle für das Schnapsansetzen wichtigen Kräuter wachsen.

◄ Vitskøl Kloster

Das alte Handelsstädtchen **Løgstør** schmiegt sich an das Südufer des Aggersund, den seit 1942 eine Brücke überspannt. Am Hafen beginnt der 1861 eingeweihte, 4 km lange Frederik-VII.-Kanal nach Lendrup. Die Windebrücke führt hinüber zum Limfjordmuseet, dem ehemaligen Wohnsitz des Kanalvogts, in dem über die Fjordfischer und ihre Boote berichtet wird.

In **Aggersborg**, wo alle Schiffe den recht schmalen Aggersund passieren mussten, wurde um 980 auf Geheiß von Harald Blauzahn am nördlichen Fjordufer die größte Wikingerburg des Landes errichtet, die aus 48 Langhäusern bestand und rund 5000 Menschen Platz bot. Erhalten ist der kreisrunde Wallgraben von 240 m Durchmesser (►Baedeker Special, S. 38).

In Richtung Limfjord entstand um 1860 der Aggersborggård, ein liebevoll restaurierter dreiflügeliger Fachwerkbau. Wechselausstellungen

◄ Aggersborggård

> **!** ***Baedeker* TIPP**
>
> **Schnapsroute ...**
>
> heißt das Pendant der Limfjordgegend zu Deutschlands »Weinstraße«. Duftende Kräuter wie Preiselbeere, Bibernellrose, Wacholder, Johanniskraut, Gabelstrauch und Schafgarbe wachsen zwischen Fjord und Meer und verleihen hier den Schnäpsen ihre besondere Würze. Unter www.snapseruten.dk werden zehn empfehlenswerte Esslokale vorgestellt, in denen man die verschiedenen Sorten probieren kann, zudem traditionsreiche Kleinstädte und spannende Attraktionen für die ganze Familie.

*Wie man mit Wasser, Malz und Hopfen braut, erzählt
das Biermuseum von Fjerritslev.*

beschäftigen sich mit Lokalgeschichte und Kunst; in einem kleinen Laden kann man ausgezeichnetes Lammfleisch, Käse und handgefertigte Wollsachen einkaufen.

Fjerritslev

Nördlich des Aggersunds liegt Fjerritslev. Im **Brauereimuseum** werden alte Bierfässer, Brau- und Gärbottiche ausgestellt. Es handelt sich um P. Kjeldgårds ehemalige Landbrauerei, die 1897–1968 in Betrieb war – ein hübsches Mitbringsel sind die Biergläser. Hier ist auch das Heimatmuseum untergebracht (Öffnungszeiten: Mo.–Fr. 10.00 bis 16.30 Uhr) In der nostalgischen Bonbonkocherei Pedersbæk am Udklitvej 31 können Naschkatzen zwischen 20 Sorten wählen und anschließend die Keramikwerkstatt und die Kerzengießerei aufsuchen.

Lolland

S-U 18–24

Region: Sjælland
Bewohnerzahl: 66 000

Inselfläche: 1241 km²

Markenzeichen von Lolland sind die vielen fruchtbaren Felder voller Zuckerrüben, Nordeuropas größter Ferienpark Lalandia, edle Karossen im Oldtimermuseum von Schloss Ålholm – und auf Safari gehen kann man auch noch!

Insel für Surfer und Radler

Dänemarks drittgrößte Insel Lolland ist überall flach, nur wenige Stellen erreichen eine Höhe von mehr als 30 m. Auf 70 km Länge schützen Deiche das Land vor Sturmfluten, die das größte eingedämmte Gebiet Dänemarks im 19. Jh. ständig bedrohten. Anlaufstelle für Surfer sind Nysted und die Bucht von Langø. Auch die schönsten Strände liegen im Süden zwischen Maglehoj und Hyllekrog. Beim Fahrradrennen **»Lolland Rundt«** Ende Juli über 300 und 160 km kann jeder mitmachen (www.lollandrundt.dk).

45 Minuten brauchen die Scandlines-Fähren von Puttgarden über den Fehmarnbelt nach Rødbyhavn, dem dänischen Fährhafen der Vogelfluglinie, ab 2018 soll die Ostseebrücke für Auto und Zug die Schiffspassage ersetzen. Die Fähre von Tårs nach Spodsbjerg verbindet Lolland mit ► Langeland und ► Fünen. Drei Brücken über den Guldborgsund stellen die direkte Verbindung nach ►Falster her.

Inselrundfahrt

Rødbyhavn

Westlich des Fährhafens von Rødbyhavn garantiert das Ferienzentrum Lalandia mit dem »Lalandia Aquadome«, dem größten **Indoor-Badeparadies** Skandinaviens, Badefreuden bei jedem Wetter.

Polakkasernen

Vom harten Los der polnischen Arbeiterinnen, die zu Beginn des 20. Jh.s auf den Zuckerrübenfeldern von Lolland gearbeitet haben, wird nordöstlich in den alten Mietskasernen von Tågerup erzählt (Öffnungszeiten: Juli/Aug. Di. – So. 14.00 – 16.00 Uhr).

Fuglsang

Im Park des Herrenhofs Fuglsang präsentiert seit 2008 in einem Neubau das 114 Jahre alte **Storstrøms Kunstmuseum** unter dem Namen Fuglsang Kunstmuseum Gemälde des 19. und 20. Jahrhunderts. Zudem lädt das Storstrøms Kammerensemble hier regelmäßig zu klassischen Konzerten (Nystedvej 71, Toreby L, Öffnungszeiten: Di. bis Do. 10.00 – 16.00, Fr. – So. 11.00 – 17.00 Uhr; www.fuglsangkunst museum.dk, www.fuglsangherregaard.dk).

Nakskov

Im hinteren Teil des gleichnamigen Fjords liegt der alte Werftstandort Nakskov mit der größten **Zuckerfabrik** des Landes. Vom Hafen fahren wochentags Postschiffe zu den Miniinseln im Fjord. Lollands größte Stadt besitzt einige alte Fachwerkhäuser wie die Gammel Apoteket am Axeltorv. Hauptattraktion ist das sowjetische U-Boot

▶ LOLLAND ERLEBEN

AUSKUNFT

Maribo
Torvet
Tel. 54 78 04 96, Fax 54 78 01 96

Nakskov
Axeltorv 3
Tel. 54 92 21 72, Fax 54 92 35 97

Rødby
Færgestationsvej 6
Tel. 54 60 41 12, Fax 54 60 45 47
www.visitlolland-falster.com

ÜBERNACHTEN

► Günstig
Lalandia
Rødby, Lalandiacentret 1
Tel. 54 61 05 00
Fax 54 61 05 01
www.lalandia.dk
Mehr als 600 Ferienhäuser rund um Skandinaviens größtes Badeland, nur 200 vom Ostseestrand entfernt – höchst praktisch für alle Badenixen, falls das Wetter mitmacht.

U-359 im Hafen am Skibsværftsvej. Über Schiffsbau und Seefahrt unterrichtet das Museum an der Havnegade 2. Seit 1951 feiert Nakskov im August sein Dorschfestival mit großem Volksfest am Hafen.

Kong Svends Høj

Die Margeritenroute führt nordöstlich bei Svindsbjerg zum längsten **steinzeitlichen Kammergrab** des Landes, dem Kong Svends Høj.
Auf dem klassizistischen Herrensitz Pederstrup erinnert ein Museum an den Kanzler Frederiks VI., Graf Christian Ditlev Reventlow, der 1788 die Aufhebung der Leibeigenschaft bewirkte.

Fejø und Femø

Von Kragenæs setzen Fähren über zur Obstinsel Fejø mit Töpferwerkstatt, Kerzenfabrik und einer 250 Jahre alten Dorfschmiede. Anfang August lohnt das Femø Jazzfestival auf der Nachbarinsel, die danach wieder in einen Dornröschenschlaf versinkt.

Bandholm

Im Sommer fährt ein Oldtimerzug von Maribo nach Bandholm und zum **Safaripark**. Das 660 ha große Gut Knuthenborg wurde Anfang des 19. Jh.s im englischen Stil angelegt und 1970 zum Wildgehege umgewandelt. Mit dem Auto fährt man durch ein Stück Afrika und Asien, begegnet man Zebras, Giraffen und Nashörnern, Elefanten, Affen sibirischen Tigern und seit 2010 auch arktischen Wölfen. (Öffnungszeiten: Ende April – Ende Oktober tgl. 10.00 – 17.00, Juli/Aug. bis 20.00, Kassenschluss 17.00 Uhr; www.knuthenborg.dk).

? WUSSTEN SIE SCHON ...?

■ Leonora Christina Ulfeldt, Lieblingstochter Christians IV., bezahlte die Treue zu ihrem Gatten teuer: Nachdem der Statthalter von Kopenhagen wegen Hochverrats gegen Frederik III. zum Tod verurteilt worden war, musste Christina 22 Jahre Haft auf Schloss Christiansborg absitzen und starb nach Jahren der Verbannung in Maribo.

Inmitten einer Seenlandschaft im am Sønder Sø entstand im 15. Jh. ein Doppelkloster des Birgittinenordens, das Königin Margrethe 1408 gestiftet hatte. Geblieben sind Ruinen und die Klosterkirche, seit 1924 Dom von **Maribo**, die zwischen 1413 und 1470 errichtet wurde. Das Mittelschiff der fast 60 m langen Hallenkirche ziert ein spätgotisches Sterngewölbe. Neben dem Chor ist Leonora Christina Ulfeldt beigesetzt. Ihr Grab trägt die Inschrift: »Herr, wäre dein Wort nicht mein Trost gewesen, wäre ich in meinem Elend vergangen.«

Frilandsmuseet

Im Stiftsmuseum am Jernbaneplads wird über die Vergangenheit von Lolland und ▸ Falster informiert. Das Frilandsmuseet am Meinckes Vej 5 vermittelt mit **alten Gehöften**, Schule und Werkstätten eine Vorstellung von der bäuerlichen Kultur um 1800 (Öffnungszeiten: Mai – Sept. Di. – So. 10.00 – 16.00 Uhr).

Sakskøbing

Wahrzeichen der Provinzstadt, 12 km nordöstlich, ist das lächelnde Gesicht ihres Wasserturms, Blickfang auf dem Marktplatz sind die »Rübenmädchen« von Gottfried Eickhoff. Die polnischen Saisonar-

Knuthenborg: Begegnung mit Giraffen im größten Safaripark Nordeuropas

beiterinnen wurden seit Ende des 19. Jh.s in großer Zahl zur Zucker-
rübenernte angeworben – nicht wenige fanden hier eine neue Heimat, was die Familiennamen mitunter erkennen lassen.
Ein netter Ausflug führt 4 km nördlich zum **Renaissanceschloss** Berritsgård, das 1586 errichtet wurde.

◀ Berritsgård

Schloss Ålholm, dessen Anfänge bis 1300 zurückreichen, wurde Ende
des 19. Jh.s im Stil einer Ritterburg umgebaut, ist heute aber Privatbesitz und nicht mehr zugänglich. Den Schlosspark kann man indes
mit einer Dampflok von 1850 erkunden. 10 km vor der Küste produziert der Nysted Havmøllepark mit 72 Windräder jährlich 165,6 MW
grüne Energie – der von Siemens erbaute Windpark gehört damit zu
den größten Offshore-Anlagen der Welt.

Middelfart

Insel: Fünen   **Region:** Syddanmark
Einwohnerzahl: 14 500

**Herausragendstes Merkmal von Middelfart, im äußersten Nordwes-
ten der Insel Fünen an der »mittleren Furt« über den Kleinen Belt
gelegen, sind die Brücken zum Festland. Ansonsten locken Museen
und die Highlights der Umgebung, darunter ein Wikingerschiffs-
grab und Fünens größter Freizeitpark.**

Zwei Brücken führen von ►Kolding auf dem dänischen Festland hinüber nach Middelfart. Im Jahr 1935 wurde die erste Lillebeltbro
eingeweiht, eine Stahlbrücke mit Eisenbahnlinie und Straße, 1970
nahm die Hängebrücke mit der Autobahn den Betrieb auf.

**Brückenkopf am
Kleinen Belt**

⏵ MIDDELFART ERLEBEN

AUSKUNFT

Havnegade 8a
Tel. 64 41 17 88, Fax 64 41 34 85
www.middelfartturist.dk

ESSEN

▶ **Erschwinglich**
Holms
Algade/Nygade
Tel. 64 41 01 31, www.holms.dk
Im Fachwerkbau von 1584 gibt's
Hochgenüsse: Rinderbraten auf füni-
sche Art mit dunklem Bier und
Seewolf mit Jomfruhummersauce.

ÜBERNACHTEN

▶ **Luxus**
Hotel Kongebrogaarden
Kongebrovej 63

Tel. 63 41 63 41, Fax 63 41 63 42
www.kongebrogaarden.dk
Zimmer zumeist mit Blick auf Strand
und Wald im 1990 erbauten Hotel am
Kleinen Belt. Hervorragend ist das
angeschlossenen Gour-
met-Restaurant.

▶ **Komfortabel**
Hindsgavl Slot
Hindsgavl Allé 7
Tel. 64 41 88 00
Fax 64 41 88 11
www.hindsgavl.dk
Hier kann man stilvoll
übernachten,
genussvoll speisen oder
an einem Mittelalter-
Abend teilnehmen.

Sehenswertes in Middelfart

Skt. Nikolai Kirke
Die Anfänge der Nikolaikirche am Hafen reichen bis in das 13. Jh. zurück. Den **Barockaltar** schmückt ein Gemälde, das Christoffer Wilhelm Eckersberg um 1840 geschaffen hat.

Kulturøen
Wie eine Skulptur aus Stahl und Glas ragt die spektakuläre »Kultur-insel« mit Bibliothek, Kino, Café und Touristen-Information an der Havnegade den Himmel. Alte und neue Hafenfront verbindet die Museumswerft. Für kulinarische Hochgenüsse sorgt Frøken Jensen mit einem Surprise-Menü auf dem Balkon.

✱ **Museen**
Im **Henner Friisers Hus** an der Brogade 8, einem wunderschönen Fachwerkgiebelhaus von 1575, sind 125 Damenhüte aus dem 19. und 20. Jh. zu bewundern. Daneben wird über den Walfang im gro-ßen Stil berichtet und ein Stadtmodell zeigt, wie Straßen und Plätze Anfang des 19. Jh.s aussahen. Über die 1935 eröffnete Kleine-Belt-Brücke unterrichtet das Museums in der Algade 4 (Öffnungszeiten: Juni – Aug. Mo. – Do. 9.00 – 15.00, Fr. bis 12.00 Uhr). Was techni-sches Können und Einfallsreichtum auf dem Gebiet der Keramik an ungeheurer Vielfalt hervorbringen können, wird in der **Villa Grim-merhus** am Kongebrovej 42 deutlich, wo rund 100 europäische Künstler der Moderne vertreten sind (Öffnungszeiten: Di. – So. 11.00 – 17.00 Uhr; www.grimmerhus.dk).

Damenhüte und Walfang im großen Stil sind Themen des Stadtmuseums.

Der Hauch der Geschichte weht westlich vom Zentrum auf Schloss Hindsgavl (►Middelfart erleben, Abb. S. 300), wo Dänemarks König Menved im Jahr 1295 mit dem Norweger Erik Magnusson einen Waffenstillstand aushandelte. Die Burg wurde 1658 aufgegeben, das heutige Hindsgavl ließ Rittmeister Christian Holger Adeler 1784 bauen. Am **16. April 1814** unterzeichnete König Frederik VI. dort das Friedensabkommen, das Dänemark von Norwegen trennte. Das Schloss, in dem heute ein Hotel untergebracht ist, und der Park strahlen klassizistische Ruhe aus.

★
Hindsgavl Slot

Umgebung von Middelfart

Die hübsche Kleinstadt an der Nordwestküste Fünens hat viele ihrer alten Fachwerkhäuser bewahrt, vor allem um den Torvet und in der **Øster- und Adelgade**, wo sich kleine Boutiquen und Kunsthandwerksläden in den alten Bürgerhäusern etabliert haben. Im Nordfyns Museum an der Vestergade 16 sind regionale Möbel und Trachten ausgestellt. Die Springbrunnenfigur **»Mannekin Pis«** am Ende der Adelgade hat eine besondere Geschichte: Sie ist ein Geschenk von Konsul Willum Fønns, einem Findelkind, der von dem Bogenser Metzger Levinsohn adoptiert worden war.

★
Bogense

An der Stelle einer 1231 genannten **Wikingerburg** ließ Breide Rantzau 1606 das Renaissanceschloss Harritslevgård erbauen. Rittersaal und Innenräume können besichtigt werden.

Harritslevgård

*Auf Schloss Hindsgavl unterzeichnete König Frederik VI. am 16. April 1814
das Friedensabkommen, das Dänemark von Norwegen trennte.*

**Glavendrup
Skibssætning**

Einen Abstecher für historisch Interessierte lohnt Glavendrup, 18 km südöstlich von Bogense, wo eine **Schiffssetzung** für den Wikingerhäuptling »Alle der Bleiche« entdeckt wurde. Sein 7 t schwerer Runenstein aus dem 10. Jh. besitzt mit 210 Zeichen die längste Inschrift des Landes.

**✳
Assens**

Hunderte von Segeljachten finden Platz in der großen Marina der hübschen Hafenstadt, knapp 40 km südlich von Middelfart. Berühmtester Sohn der Stadt ist der Seeheld **Peter Willemoes**, der sich 1801 in der Seeschlacht gegen England vor dem Hafen Kopenhagens auszeichnete. Er kam 1783 in dem schmucken Fachwerkhaus Nr. 36 an der Østergade zur Welt, wo heute das Stadtmuseum seine Taten würdigt und über die Seefahrt berichtet. Nur wenige Schritte weiter bewohnte der Silberwarenhersteller Ernst das aristokratische Stadthaus Nr. 57. Seiner Leidenschaft für Antiquitäten verdankt das Museum die wunderschöne Sammlung.

**✳
De syv Haver**

Ein Muss für begeisterte Gartenliebhaber liegt rund 8 km südöstlich am Strandvejen 60: Sieben bezaubernde **Kulturgärten** vermitteln einen umfassenden Eindruck von den schönsten Eigenarten in sieben europäischen Länder (Öffnungszeiten: Gründonnerstag bis Okt. tgl 10.00 – 17.00 Uhr).

In einem Wirtschaftsgebäude des neoklassizistischen Schlosses, knapp 18 km östlich von Assens, zeigt ein **Flachswebereimuseum** eine einzigartige Sammlung von Jacquard-Webstühlen. Wer will, kann hier auch nach alten Mustern gewebte Tischtücher kaufen (Öffnungszeiten: Mai, Sept. Sa./So. 13.00 – 17.00, Juni – Sept. Di. – So. 13.00 – 17.00 Uhr, www.hvm-krengerup.dk).

★
Krengerup

★ ★ Møn

R/S 25 – 28

Region: Sjælland
Bewohnerzahl: 10 000

Inselfläche: 217 km²

Dank seiner Felsen aus Kreide, die kathedralengleich aus dem Meer ragen, gehört Møn zu den populärsten Reisezielen Dänemarks. Aber auch die mittelalterlichen Fresken des Meisters von Elmelunde sind ein Nationalschatz. Unter den illustren Gästen der Insel war auch schon Günter Grass, der hier u. a. den »Butt« schrieb.

Møn schmiegt sich eng an die Nachbarinseln ►Seeland und ►Falster, mit denen sie durch eine Brücke von Kalvehave und die Farøbrücke verbunden ist. »Jedes Mal finde ich eine Kulisse vor, als sei ich noch nie hier gewesen«, schrieb 1852 der Klippenbesucher H. C. Andersen (► Baedeker Special S. 317) in seinen Reiseaufzeichnungen. Das stimmt noch heute. Denn stetig nagt die Brandung an den fast 130 m hohen **Kreidefelsen**, die fortwährend ihr Gesicht verändern. Zu Andersens Zeiten war das Wahrzeichen der Insel noch die Sommerspiret, die langst eingestürzt ist – ebenso wie große Teile im Norden

Die Insel der weißen Riesen

! *Baedeker* TIPP

Fletværk
Schöne Körbe und Skulpturen aus Weidengeflecht findet man am Südende der Insel im Grønjægervej 4 von Harbølle bei Klaus Titze. Der gelernte Korbflechter mit eigener Weidenplantage experimentiert mit Design, verschiedenen Techniken und Farbkombinationen (Öffnungszeiten: Mo. – Sa. 11.00 – 15.00 Uhr).

des Dronningestuhls (Königinnenstuhls), mit 128 m heute die höchste Erhebung der weißen Klippen. Der kalkige Boden Møns ist auch ein idealer Nährstofflieferant. Mehr als 20 Orchideenarten wachsen hier, und im Frühjahr explodiert die Insel geradezu, wenn überall Leberblümchen, Aronstab und Schlüsselblumen blühen.

Fahrt durch Møn

Von Seeland führt die Dronning Alexandrines Bro über den Ulvsund nach Møn. Den Westteil der Insel bildet ein sanft gewelltes Hügelland mit kleinen Weilern und Einzelgehöften. Nur eine Straße durchquert der Länge nach die Insel. Nach 2 km zweigt rechts eine Neben-

Kong Askers Høj, Klekkende Høj

▶ MØN ERLEBEN

AUSKUNFT

Stege, Storegade 2
Tel. 55 86 04 00, Fax 55 81 48 46
www.visitvordingborg.dk

ÜBERNACHTEN

▶ **Komfortabel**
Liselund Ny Slot
Borre, Langebjergvej 6

Tel. 55 81 20 81, Fax 55 81 21 91
www.liselundslot.dk
Das 1887 erbaute Herrenhaus liegt
nur wenige Schritte vom königlichen
Puppenschloss Liselund entfernt. Im
Hotel setzt man auf hohen Standard,
ohne steif zu wirken. Die ausgezeichnete dänische Küche ist von internationaler Gastronomie inspiriert.

straße nach Sprove ab. Hier begegnet man den ersten Zeugnissen der
Jungsteinzeit: **Kong Askers Høj** hat eine 10 m lange Grabkammer,
Klekkende Høj, weiter südlich Richtung Tostenæs ist ein Doppelkam-
mergrab von 9 m Länge, die Kammern sind 4,5 m tief. Insgesamt
gibt es auf Møn rund 200 Hünengräber.

★ ★
Fanefjord
Kirke

An der Südspitze erreicht man eine der drei Kirchen auf Møn mit
Kalkmalereien des **Elmelundemeisters** (15. Jh., s. rechts). Die Motive
der kunstvollen Bilderbibel vermischen sich mit Alltagsszenen wie
der Tratsch zweier Frauen, eifrig vom Teufel protokolliert. Die hoch-
gotischen Fresken am Chorbogen aus der Zeit um 1350 zeigen Chris-
tophorus, den hl. Martin und Medaillons mit den Symbolen der vier
Evanglisten – als aufstrebender Handelsplatz der Heringsflotte konnte sich Fanefjord damals solch eine reiche Ausstattung leisten.

Bogø

Über einen Damm gelangt man zur Nachbarinsel Bogø und stößt
dort auf **dänische Dorfidylle** in Gestalt einer holländischen Windmühle von 1852 sowie einer Dorfkirche, die aus dem 13. Jh. stammt,
später mehrfach umgebaut wurde und die einen Blick wert ist.

Dänemarks größtes Dolmengrab, bestehend aus 145 wuchtigen
Randsteinen, ist der ca. 5500 Jahre alte sogenannte »Hügel des grünen Jägers«. Dieser unbekannte Jä-
ger soll hier mit seiner Frau Fane
begraben sein. Das auch Grønsalen
genannte Grab besitzt drei Kammern und ist 100 m x 10 m groß.

❗ *Baedeker* TIPP

Traumstrand auf Ulvshale

Der schönste Strand der Insel liegt nordwestlich
von Stege auf der Halbinsel »Wolfsschwanz«.
Der kinderfreundlichen Sandstrand fällt so breit
und flach ins Meer ab, als sei er extra für den
Familienurlaub gemacht.

Stege, der Hauptort Møns an der
Stegebucht entwickelte sich um eine nicht mehr erhaltene Burg, die
Valdemar I. anno 1175 errichten
ließ. Nur der alte Mølleporten, das

Mühlentor, erinnert noch an die mittelalterliche Burgmauer. Schöne Fresken schmücken den dreischiffigen Chor und das Langhaus der St.-Hans-Kirche (1250). Im Mønsmuseum an der Storegade 75 sind archäologische Funde und Volkskunst ausgestellt. In Steges grüner Umgebung erstreckt sich ein 18-Loch-Golfplatz.

Nyord

Ein einspuriger Damm führt von Ulvshale zum Mini-Eiland Nyord, wo die Höfe nicht wie andernorts im Zuge der Landreform zu den Feldern verlegt wurden. So ist das kleine Fischerdorf im Inselinneren ein perfektes Beispiel, wie vor 200 Jahren alle dänischen Dörfer aussahen: **Reetgedeckte Katen** ducken sich hinter hohen Apfelbäumen. Am Fahnenmast flattert rotweiß der Danebrog in der steten Brise. Hier und da steht ein Tisch am Straßenrand mit Äpfeln, Honig oder aussortiertem Nippes neben einer Kaffeetasse als Kasse. In der Gaststube von Lolles Gaard dampfen Salzkartoffeln und »Stegt Aal«, gebratener Aal, auf Tellern mit Zwiebelmuster. Gänse schnattern im Garten und schauen neugierig durch die geöffneten Fenster. Hinter dem Nostalgie-Dorf rasten Kiebitze und Krickenten, Uferschnepfen und Rauchschwalben, Austernfischer und Fischreiher auf den Strandwiesen, die auf 135 Hektar unter Naturschutz stehen.

Mittelalter-Erbe in der Kirche von Elmelunde: Die Kalkmalereien wurden auf noch feuchtem Putz ausgeführt.

Ægholm

Ornithologisch interessant ist auch das vorgelagerte Inselchen Ægholm mit einer Kolonie von rund 3000 **Kormoranen,** die die ausgezeichneten Fischgründe zu schätzen wissen.

★
Keldby Kirke

Nächster Halt östlich von Stege ist die kleine Keldbykirche (um 1250). Auch sie trägt die Handschrift des **Elmelundemeisters** (s. unten). Seine Malereien enthalten häufig weltliche Motive wie etwa bei der Darstellung von Heiligabend, wenn Josef für das Jesuskind Grütze kocht. Die Fresken im Chor stammen aus dem 13. Jahrhundert.

Elmelunde

Weithin sichtbar ist die Dorfkirche von Elmelunde. Das älteste Gotteshaus der Insel ist mit **bunten Fresken** ausgemalt. Ein unbekannter Künstler hat im 15. Jh. mitunter schaurige Bibelszenen in der haltbaren »Al-Fresco-Technik« auf den noch feuchten Putz der Kirchenwand gebracht, und da die Farben so strahlen, als hätte er sie gerade erst aufgetragen, erhielt er den Titel **»Meister von Elmelunde«**. Mehr als ein Dutzend Kirchen auf ►Lolland, ►Fünen und ►Seeland hat er

ausgeschmückt. Da viele Kirchgänger einst weder lesen noch schreiben konnten, waren die Fresken eine Art Bibelersatz. Renaissance-Altar und -Kanzel wurden von Corfitz Ulfeldt, Lehnsherr auf Møn, und seiner Frau Leonora Christina (►Maribo, S. 296), gestiftet.

An der rauen Südküste träumt Klintholm Have vor sich hin, ein idyllisches Fischerdorf mit farbenfrohem dänischem Fachwerk und einer **Räucherei,** die frisch geräucherte Delikatessen anbietet.

Klintholm Have

Bis zu knapp 130 m hoch und über 12 km lang ziehen sich die Kreidefelsen vom Leuchtturm Møns Fyr im Süden bis Brunhoved an der Nordküste hin. Die ersten Sonnenstrahlen am Morgen tauchen nur die höchsten Spitzen der **Kreideklippen** in warme Rottöne, dann wandert das Licht schnell die Felswände hinab, bis die Felsen in grellem Weiß erstrahlen. Hier und dort rieselt es den Abhang hinab und tief unten lauert die Brandung.

Møns Klint

Gebildet wurde die Tafelkreide vor 75 Mio. Jahren aus den Überresten von Pflanzen und Tieren am Grund eines Urmeeres. Mächtige Gletschermassen schoben die Kreideschichten während der letzten Eiszeit an die Oberfläche und schliffen sie zurecht. Stück für Stück gibt die Ostsee Versteinerungen von Seeigeln, Muscheln und Tintenfischen preis – eine **Fundgrube für Fossiliensammler**. Mehrere Holztreppenwege verbinden Strand und Steilklippe. Dass die Erosion dramatisch sein kann, zeigte sich 1988, als das Wahrzeichen »Sommerspiret« wegbrach, 1998 wurde der Aussichtspunkt »Freuchens Pynt« aus über 100 m in die Tiefe

> **!** *Baedeker* **TIPP**
>
> ### Geocenter Møns Klint
>
> Das 2007 eröffnete Naturzentrum nahe der Kreideküste erlaubt spannende Einblicke in die Entstehung und den Wandel von Møns Wahrzeichen (www.moensklint.dk).

gerissen, im Januar 2007 stürzten rund 500 000 Tonnen Kreide rund um den Store Taler ab – Warnungen also unbedingt beachten!
Das einstige Beobachtungshaus neben dem Leuchtturm von Møns Klint, von wo aus man alle Bewegungen von Schiffen und Flugzeugen aus Ostblockstaaten überwachte, ist heute ein Urlaubsdomizil mit Aussicht auf die »Kadet-Rinne« – diese hat für die Seefahrt und die Nato zentrale Bedeutung (www.derskerikkeenskid.dk/totehose).

Dem unweit vom Hotel Store Klint gelegenen, 128 m hohen Dronningestolen gilt heute die größte Aufmerksamkeit. Der **»Königinnenstuhl«** hat sein Pendant auf Rügen, den Königsstuhl – an klaren Tagen kann man am Horizont die 60 km entfernte Insel erahnen.

Dronningestolen

In der »Schweizerhütte« im Park des **reetgedeckten Schlösschens** Liselund fand H. C. Andersen Inspiration zu seinem Märchen »Das

★
Liselund Slot

Feuerzeug«. Der französische Kammerherr und Inselvogt Antoine Bosc de la Calmette ließ das Bilderbuchschloss 1795 für seine Frau Lise errichten. Im Schlosspark gibt es auch einen chinesischen Teepavillon, ein Norwegerhaus, schöne Teiche und seltene Pflanzen.

Næstved

Q 23

Insel: Seeland   **Region:** Sjælland
Einwohnerzahl: 42 000

Königliche Gardehusaren, das älteste Rathaus und das letzte mittelalterliche Gildehaus Dänemarks sind Markenzeichen der Hauptstadt Südseelands. Herrlich ist auch eine Kanufahrt auf der weitgehend im Urzustand belassenen Susǻ, Seelands längstem Wasserlauf.

Hauptstadt Südseelands Wer gerne bummelt, findet in Næstved gemütliche Gassen mit einladenden Geschäften – in den vielen **Antiquitätenläden** lässt sich nicht selten ein Schnäppchen machen. Hafenstadt wurde das offiziell 1135 gegründete Næstved übrigens erst 1938 nach Eröffnung des Kanals zum Karrebæksminde Fjord, wo an den schönen Sandstränden die »Blaue Flagge« beste Wasserqualität und ungetrübten Badespaß signalisiert.

▶ **NÆSTVED**

AUSKUNFT
Havnen 1
Tel. 55 72 11 22, Fax 55 72 16 67
www.visitnaestved.com

Sehenswertes in Næstved

Skt. Peders Kirke Der gotische Ziegelsteinbau aus dem 13. Jh. wurde 1883–1885 grundlegend restauriert. Dabei fand man im Chor Wandmalereien aus der Zeit um 1375, darunter eine Darstellung von **König Waldemar Atterdag** und seiner Frau Hedwig.

Apostelhuset Seinen Namen verdankt das schmucke Fachwerkhaus in der Riddergade den um 1510 geschnitzten Fassadenfiguren, die Jesus und seine zwölf Jünger darstellen.

✳ **Skt. Mortens Kirke** Aus den Quadern der romanischen Vorgängerin wurde im 13. Jh. die spätromanische St-Mortens-Kirche erbaut, ihr Chorbogen-Kruzifix datiert von 1510. Die **Renaissancekanzel** schnitzte Abel Schrøder d. Ä., sein Sohn schuf das schöne Altarbild aus dem frühen Barock.

✳ **Stenboderne** In den benachbarten mittelalterlichen »Steinbuden« mit gemauerten Bogenfenstern zeigt das **Næstved Museum** Arbeiten der 1839 gegründeten Keramikwerkstatt Kähler (s. rechts) und der Holmegård-

Glashütte (s. Umgebung). Die im 15. Jh. erbauten Back-
steinhäuser werden auch gern als erste Reihensiedlung
Dänemarks bezeichnet (Öffnungszeiten: Di., Mi., Fr., Sa.
10.00 – 14.00, Do. 10.00 – 18.00, So. 13.00 – 16.00 Uhr).

Fachwerk und Kopfsteinpflaster zieren den idyllischen Innenhof der **Löwenapotheke**, die seit 1640 am Axeltorv zu
finden ist – heute der beliebteste Treffpunkt der Stadt. Die
jetzige Apotheke im Stil der holländischen Renaissance stammt von
1853, das Wohngebäude wurde 1696 erbaut.

Kompagnihuset

Leider nur von außen zu bewundern ist das 1493 errichtete Gildehaus an der Kompagnistræde. Seit 1621 war es Sitz der von König
Christian IV. ins Leben gerufenen spanischen Handelskompanie.

Næstved Museet

Urkundlich erwähnt wurde das Heiliggeisthaus (Helligåndshuset) in
der Ringstedgade 4 erstmals 1398. Das ehemalige Hospital und Armenhaus ist heute **Stadtmuseum** (Öffnungszeiten: Di., Mi., Fr., Sa.
10.00 – 14.00, Do. 10.00 – 18.00, So. 13.00 – 16.00 Uhr).

🕐

Munkebakken

Von der Teatergade führt ein **schöner Spazierweg** auf den »Mönchs-
hügel«. Mit Schnitzeisen hat der Gärtner Jens Andersen hier aus einer Ulmenallee sieben fromme Mönche erstehen lassen.

★ **Kählers Keramik**

Die 1839 gegründete »Kähler Keramik« am Kählersbakken 5, **Dänemarks älteste Keramikwerkstatt**, gehört seit 2007 zur Firmengruppe
Holmegaard und fertigt heute moderne, puristische Schüsseln, Schalen, Teller und Vasen nach Entwürfen von Designerstars wie z. B.
Louise Campbell oder Björn Poul-
sen (www.kahler design. com).

Einen eindrucksvollen Anblick bietet am nördlichen Stadtrand das
um 1135 gegründete ehemalige Be-
nediktinerkloster. 1565 eröffneten
Admiral Herluf Trolle und seine
Frau Brigitte Gøye hier eine
Schule, das heutige Internat. In der

? WUSSTEN SIE SCHON …?

■ Das einzige in Dänemark erhaltene Rathaus
aus dem Mittelalter steht in Næstved am Sct.
Peders Kirkeplads. Begonnen wurde der Bau
Anfang des 15. Jh.s, bis 1856 trat hier der
Stadtrat zusammen.

◄ Herlufsholm

spätmittelalterlichen Klosterkirche, wo die Schulgründer beigesetzt
sind, hängt ein gotisches Kruzifix aus einem grönländischen Walross-
zahn.

Umgebung von Næstved

★ **Gavnø Slot**

Zwischen Mai und September verkehrt eine Fähre zur Insel mit
Schloss Gavnø und weiter nach Karrebæksminde. Der um 1755 von
Otto Thott zu einem **Rokokoschloss** ausgebaute Herrensitz nennt ei-
ne der größten privaten Gemäldesammlungen Dänemarks sein Eigen

sowie kostbare Möbel und eine Bibliothek. Altar und Kanzel der um 1400 erbauten Kirche im Südflügel wurden von Abel Schrøder d. Ä. geschnitzt. Im Frühling verwandeln Hunderttausende von Tulpen den Park in ein Blütenmeer, im Sommer folgen duftende Rosen.

Das angrenzende **Sommerfugleland** zeigt exotische Schmetterlinge und seltene Tropenpflanzen (Öffnungszeiten: Mitte März – April, Mitte Aug. – Sept. 10.00 – 16.00, Mai/Juni bis 17.00, Juli – Mitte Aug. bis 18.00 Uhr; www. gavnoe.dk).

> ! **Baedeker TIPP**
>
> **Natur pur**
> Vom Bahnhof in Næstved ist eine 23 km lange Wander- und Fahrradroute entlang der Lagunenküste über Karrebæksminde nach Bisserup ausgeschildert. Urzeitliche Eismassen und die Kraft der See haben eine herrliche Küste mit Inseln, Wäldchen und Landzungen geschaffen.

Außerhalb von Holme-Olstrup findet man im **BonBon-Land** rund 60 Attraktionen für die ganze Familie – Karussells, Hüpfkissen, Klettertürme, Seelöwenshows, Kindertheater – und Dänemarks größte rotierende Achterbahn: Bei Tempo 55 drehen sich die Wagen auf der ca. 390 m langen Bahn um sich selbst (Öffnungszeiten: Mai – Okt. 9.30 – 17.00 bzw. 20.00 Uhr; www.bonbonland.dk). Und damit der Spaß auch bei Regen weitergeht, eröffnete gleich gegenüber die Indoor-Freizeitwelt **Fantasy World** mit Fahrgeschäften, einem Mondkletterturm und der Lokomotive Fantasy-Express, die durch eine Kuchenlandschaft in XXL rattert (Öffnungszeiten: tgl. 10.00 – 16.00 Uhr, www.fantasy-world.dk).

★ ★
Holmegård
Glasværk
Seit über 175 Jahren produzieren in der **Glashütte** am Glasværksvej in Fensmark ganze Glasdesigner-Familien ihre weltberühmten Werke. Nach einer Führung durch die bekannteste Glashütte Dänemarks und eigenen Versuchen im Glasblasen und -schleifen kann man sich nach einem Mitbringsel umsehen oder im »Gläsernen Krug« eine Pause einlegen (Öffnungszeiten: tgl. 10.00 – 16.00, Juli/Aug. bis 18.00 Uhr, Jan./Feb. Sa., So. geschlossen, www.holmegaard.dk).

Sparresholm
Begonnen wurde mit dem Bau des Herrensitzes für Jens Sparre im frühen 17. Jahrhundert. Heute gehört zu dem Anwesen, knapp 14 km östlich von Næstved, ein sehenswertes **Kutschenmuseum**.

Gisselfeld-
Kloster
Die 1547 von Peder Oxe erbaute Renaissanceburg, 15 km nordöstlich von Næstved, ist zwar nicht zu besichtigen, aber der 1870 angelegte Park im englischen Stil und das Klostercafé lohnen einen Besuch (Öffnungszeiten: tgl. 10.00 – 16.00 Uhr, www.gisselfeld-kloster.dk).

Bregentved Slot
Nur 4 km nordöstlich steht das größte Gut Seelands; seit 1746 gehört es dem Grafengeschlecht Moltke. Der Park ist teilweise zugänglich.

Fakse
Neben Kalk wurde die Kleinstadt 25 km östlich von Næstved auch für sein Bier bekannt: Das **Faxe Fad-Pilsner** wird in der Brauerei an

der Torregade 35 hergestellt. Bekannter ist der Badeort indes für seine kilometerlangen Sandstände.

Etwa 8 km östlich entstand zwischen dem 16. und 18. Jh. das adlige Frauenstift **Vemmetofte Kloster** mit idyllischem Klostergarten.

Am nördlichen Stadtrand von Præstø trafen sich Anfang des 19. Jh.s auf dem Herrensitz Nysø illustre Größen aus Kunst und Kultur. Dort ließ Baronin Stampfe für **Bertel Thorvaldsen** (►Berühmte Persönlichkeiten) im Garten ein Atelier bauen. Ein kleines Museum zeigt Werke des Bildhauers.

◄ Præstø, Nysø

? WUSSTEN SIE SCHON …?

■ Seit dem Mittelalter wurde in Fakse Kalk abgebaut. Fakse Kalkbrud, 2 km außerhalb der Stadt, ist heute der größte Tagebau Dänemarks. Versteinerte Zeitzeugen wie Seeigel und Schnecken, die im Korallenriff der Kreidezeit gefunden wurden, sind im Fakse-Museum an der Torvegade 29 zu bewundern.

Nyborg

Q 17

Insel: Fünen
Einwohnerzahl: 16 800

Region: Syddanmark

Bis vor wenigen Jahren war das Städtchen ein wichtiger Fährhafen, heute lohnt Schloss Nyborg, lange Zeit Wohnsitz der dänischen Könige, einen Besuch. Mit Wikinger-Grabschiff und einem eindrucksvollen Unterwasserzentrum trumpft die Umgebung auf.

Mit Eröffnung der Brücke über den Großen Belt zwischen ►Fünen und ►Seeland (►Baedeker Special, S. 30) endete 1998 die Epoche der Fährschifffahrt, die Nyborg nachhaltig geprägt hat. Die Storebæltsbroen ist gebührenpflichtig, bezahlt wird an der Mautstation auf Seeland. Atmosphäre von anno dazumal kann man zwischen Mai und September noch täglich auf der **Museumsfähre** »M/F Kong Frederik IX.« nacherleben, wo zum Rundgang der Privatsalon des Königs ebenso gehört wie ein Abstieg in den Maschinenraum.

Fähre ade

Sehenswertes in Nyborg

König Valdemar ließ um 1170 eine erste Burg als Glied einer Festungskette zur Überwachung des Großen Belts bauen, die Schutz vor wendischen Piraten bieten sollte. Die Königsfamilie wohnte bis ins 16. Jh. in der Burg. 1282 unterzeichnete König Erik Klipping hier die **erste Verfassung Dänemarks**. Der Krieg gegen Schweden führte im 17. Jh. zu starken Zerstörungen, 1869 wurde die Festung geschleift. Erst 1917 begann die Restaurierung des Westflügels. Das jetzige »neue« Schloss ist der alte Königsflügel, der zwischen 1200 und 1549 entstand; bei den Besichtigungen wandelt man durch mittelalterliche

★ Nyborg Slot (Danehofslottet)

Auf Schloss Nyborg unterzeichnete König Erik Klipping 1282 die erste Verfassung Dänemarks, traten bis 1413 die Großen des Reiches zusammen.

🕐 Rittersäle und Königsgemächer (Öffnungszeiten: Apr., Mai, Sept. Okt. tgl. 10.00 – 15.00. Juni, Aug. bis 16.00, Juli bis 17.00 Uhr).

Landporten In der zweiten Hälfte des 17. Jh.s ließ Frederik III. die Festung verstärken und die Wallanlagen ausbauen. Bis 1871 blieb das mit 40 m längste Festungstor des Landes, Landporten, der einzige Zugang von der Landseite her. Auf den Festungswällen gibt das Freilichttheater **»Nyborg Voldspil«** alljährlich Ende Juli ein buntes Spektakel.

✴ Sicher der schönste Fachwerkbau ist der 1601 von Bürgermeister
Mads Lerches Mads Lerche errichtete Kaufmannshof an der Slotsgade 11. Heute
Gård zeigt hier das **Nyborg og Omegns Museum** Exponate zur Stadt-
🕐 geschichte (Öffnungszeiten: Mai, Juni, Sept., Okt. Di. – So. 10.00 bis 15.00, Juli, Aug. tgl. 10.00 – 16.00, April So. 13.00 – 16.00 Uhr).

Nyborg Kirke Margrethe I. legte 1388 den Grundstein zur »Liebfrauenkirche« an
Korsbrødregård der Adelgade, der 67 m hohe Turm stammt aus dem Jahr 1581. Nur wenige Schritte südlich steht der **Kreuzbrüderhof**, ein 1396 erbautes Steinhaus mit einem Renaissancegiebel von 1614.

Umgebung von Nyborg

Holckenhavn Slot Etwa 2 km südlich vom Stadtzentrum liegt das zwischen 1584 und 1631 erbaute Renaissanceschloss Holckenhavn. Zwar ist das Schloss nicht zu besichtigen, doch ein Spaziergang durch den herrlichen Park lohnt (Öffnungszeiten: im Sommer tgl. 14.00 – 15.30 Uhr).

Eine gemütliche Atmosphäre, wie sie der Maler Johannes Larsen in seinen Bildern festgehalten hat, herrscht noch heute rund 40 km nördlich von Nyborg in den schmalen Gassen von **Kerteminde** mit kleinen bunten Häuschen und alten Kaufmannsläden. Fünens wichtigster Fischereiort besitzt schöne Fachwerkbauten wie den Farvergården von 1630 in der Langegade 8, heute das Stadt- und Heimatmuseum. Am Møllebakken schuf sich der Landschaftsmaler **Johannes Larsen** (1867 – 1961) ein idyllisches Plätzchen, wo ihm heute ein Museum gewidmet ist.

> **!** *Baedeker* TIPP
>
> **Meereswelt**
>
> Den Gang durch die Unterwasserwelt des Fjord & Bæltcentret am Margrethes Plads 1 beim Hafen von Kerteminde begleiten die Gesänge von Blauwalen. Im 50 m langen Tunnel unter dem Fjord kann man in aller Ruhe Quallen, Seesterne, Schollen und Krebse beobachten. Blickfang der Cafeteria ist das 2 t schwere Skelett eines 1996 gestrandeten, 13 m langen Pottwals. (Öffnungszeiten: tgl. 10.00 – 18.00, im Juli 9.00 – 19.00 Uhr).

Südwestlich am Kertemindefjord findet man bei Ladby Dänemarks einziges **Grabschiff der Wikingerzeit** (►Baedeker Special, S. 38). Er-  **Ladbyskibet**

 # NYBORG ERLEBEN

AUSKUNFT

Nyborg
Torvet 9
Tel. 65 31 02 80, Fax 65 31 03 80
www.visitnyborg.dk

Kerteminde
Hans Schacksvej 5
Tel. 65 32 11 21, Fax 65 32 18 17
www.visitkerteminde.dk

ESSEN

► Fein & teuer
Rudolf Mathis
Dosseringen 13, Tel. 65 32 32 33
Wer etwas Besonderes sucht, reserviert am besten Plätze im exquisiten Fischrestaurant am Kerteminde-Hafen. Unwiderstehlich: die Canneloni mit Jomfruhummer und das Himbeerparfait; beeindruckend: die Weinkarte.

► Erschwinglich
Østervemb
Mellemgade 18,
Tel. 65 30 10 70
Frische, ökologisch erzeugte Zutaten werden hier nach traditioneller Küchenkunst verarbeitet. Unbedingt probieren: den Fjordlachs mit Spargel.

ÜBERNACHTEN

► Komfortabel
Hotel Nyborg Strand
Østerøvej 2
Tel. 65 31 31 31, Fax 65 31 37 01
www.nyborgstrand.dk
Umgeben von Buchenwald, an einem der schönsten Strände am Großen Belt gelegen. Geboten werden in diesem Hotel Schwimmbad, Solarium und eine Petanquebahn; auf der Speisekarte steht dänisches Essen zu familienfreundlichen Preisen.

halten sind der Erdabdruck, Anker und Planken des 22 m langen Boots für 32 Ruderer Besatzung. Der Vordersteven hatte die Form eines Drachenkopfs, der Hecksteven die eines Drachenschwanzes. Ein Museum informiert über die 1935 begonnenen Ausgrabungen, eine Nachbildung des Wikingerschiffs ist geplant (Öffnungszeiten: März bis Okt. Di.–So. 10.00–16.00, Juni–Aug. bis 17.00, Nov.–Feb. 11.00–15.00 Uhr; www.ostfynsmuseer.dk).

Hindsholm Die Spitze Fünens auf der Halbinsel Hindsholm kennzeichnen große Getreidehöfe und schöne Strände, mit Måle und Viby gibt es zwei wahre Dorfidyllen. Sehenswert ist auch das gewaltige Hünengrab **Mårhoj** bei Snave.

✶✶ Odense

P 14/15

Insel: Fünen **Region:** Syddanmark
Einwohnerzahl: 166 300

Auf Schritt und Tritt begegnet man in Odense den Erinnerungen an Dänemarks weltberühmten Märchendichter H. C. Andersen. Doch auch die Fachwerkbauten im Møntergården sind eine Augenweide, das Kunstmuseum birgt Schätze der dänischen Kunst seit 1750. Und unter dem Dach von Brandts Klædefabrik finden sich erstklassige Museen, Trendcafés und Designerboutiquen.

Märchenhafte Großstadt Der berühmte Sohn der Stadt, **Hans Christian Andersen** (▶Baedeker Special, S. 317) steht in Bronze gegossen im Stadtpark, der nach ihm benannt ist, sein Geburtshaus ist samt den umliegenden Gebäuden durch den Namen Andersen geadelt worden, im Museum wird sein Lebensweg beschrieben und im Kulturhaus »Das Feuerzeug« an der Hans Jensens Stræde 21 können Kinder seine Fantasiewelt durch Erzählung, Musik und Theater erleben. Mitten durch die Stadt schlängelt sich das Flüsschen Odense Å. An warmen Sommertagen nimmt man am besten das Schiff, um zum Zoo hinauszuschippern, oder man radelt am Ufer entlang zum »Fünischen Dorf«. Mit dem einen Tag gültigen **Odense Oplevelsespas** (129 DKK) hat man Zutritt zu 14 Museen, Rathaus, zu den Bädern und fährt kostenlos mit Bus und Bahn.

? WUSSTEN SIE SCHON …?

■ Vermutlich war Odense, was übersetzt »Odins Heiligtum« bedeutet, eine eisenzeitliche Kultstätte für den nordischen Kriegsgott Odin bzw. Wotan.

Geschichte und Wirtschaft Urkundlich wird die Stadt erstmals 988 erwähnt in einem Schutzbrief des späteren deutschen Kaisers Otto III., der u. a. den Kirchen Steuerfreiheit gewährte. 1020 wird Odense Bischofssitz, 1335 werden die Stadtrechte verliehen. Die Ermordung des später heilig gesprochenen **Königs Knud** 1086 auf den Stufen der St.-Albani-Kirche machte Odense im Mittelalter zu einem bedeutenden Wallfahrtsort. Wirtschaftlichen Aufschwung brachte Anfang des 18. Jh.s der

Odense Orientierung

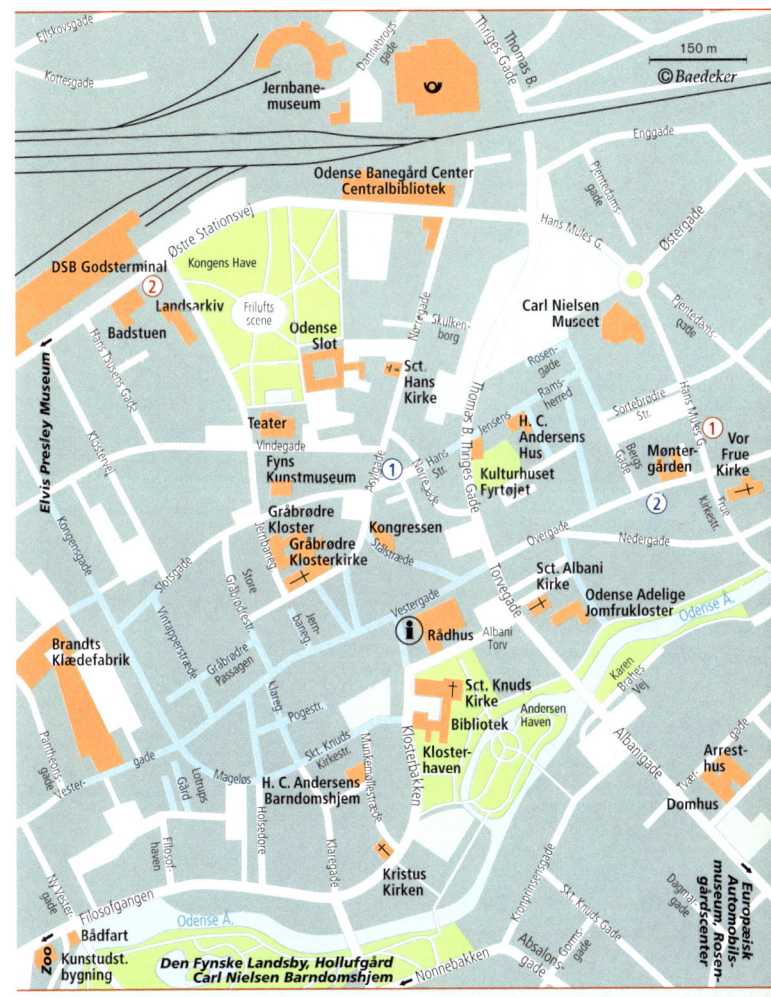

Essen
① Brasseriet Klitgaard
② Den Gamle Kro

Übernachten
① City Hotel Odense
② Clarion Hotel Plaza

⏵ ODENSE ERLEBEN

AUSKUNFT

Rådhuset
Tel. 66 12 75 20, Fax 66 12 75 86
www.visitodense.com

SHOPPING

Mit 145 Läden und Lokalen ist das
Rosengårdscenter eines der größten
Einkaufszentren Dänemarks (www.
rosengaardcentret.dk).

ESSEN

▶ Fein & teuer

① *Brasseriet Klitgaard*
Gravene 2
Tel. 66 13 14 55
http://klitgaarden-odense.dk
Küchenchef Jacob Klitgaard bereitet
aus besten regionalen Zutaten Hochgenüsse der dänischen Küche in
seinem Restaurant für 25 Gäste.

▶ Erschwinglich

② *Den Gamle Kro*
Overgade 23
Tel. 66 12 14 33
Scholle mit Lachsmousse oder lieber
Perlhuhnbrust mit Entenleber? Wer
gerne in historischem Ambiente

schlemmt, sollte im Gamle Kro gegenüber dem Museum Møntergården
einkehren. Glasüberdachter Innenhof.

ÜBERNACHTEN

Baedeker-Empfehlung

▶ Luxus

② *Clarion Hotel Plaza*
Østre Stationsvej 24
Tel. 66 11 77 45, Fax 66 14 41 45
www.choicehotels.dk
Luxushotel mit modernen Zimmern
und gutem Ruf; am Bahnhof, unweit
der Innenstadt und direkt am Park
des Schlosses gelegen.

▶ Komfortabel

① *City Hotel Odense*
Hans Mulesgade 5
Tel. 66 12 12 58, Fax 66 12 93 64
www.cityhotelodense.eu
Moderner Komfort zu vernünftigen
Preisen. Das Hotel liegt wenige
Minuten vom Zentrum und dem
H.-C.-Andersen-Viertel entfernt.

Bau eines Hafens, der 1804 durch einen Kanal direkten Zugang zur
Ostsee erhielt. Heute ist Fünens größte Stadt das Verwaltungszent-
rum der grünen Insel mit einer Universität.

Südliche Stadt

Rådhus Der Rundgang beginnt am Flakhavn mit Blick auf Wiig Hansens
Skulptur »Oceania«. Wer bummeln möchte, findet in den Fußgängerzonen rund um den Dom und in der **Vestergade** attraktive Geschäfte und gemütliche Restaurants. Der Westflügel des Rathauses
am Flakhavn wurde 1883 im Stil norditalienischer Gotik ausgeführt.

Wie Odense im Mittelalter aussah, zeigt der Møntergården. →

🕐 1955 kam der Erweiterungsbau aus Stahlbeton hinzu. Zur Rathausführung gehören der Trausaal mit dem dekorativen Wandschmuck »Junges Glück« (Ung lykke) und die Gedenkwand für berühmte Söhne Fünens vom Mittelalter bis zur Neuzeit. (Führungen: Juni bis Aug. Mo.–Do. 14.00 Uhr). Auf dem angrenzenden Albani Torv grüßt die Statue des hl. Knud von Einar Utzon-Frank.

✳ **Sct. Knuds Kirke**

Begonnen wurde der hochgotische Dom im 11. Jh. von **König Knud dem Heiligen**, dessen sterbliche Überreste in der Krypta beigesetzt sind, wo auch andere gekrönte Häupter Dänemarks ihre letzte Ruhe gefunden haben. Die Kirche brannte im 12. Jh. nieder und wurde durch eine dreischiffige Backsteinkirche ersetzt. Herrliche Schnitzereien zieren den großen Flügelaltar (1515–1534) von Claus Berg.

Sct. Albani

Den Schauplatz der Ermordung König Knuds markiert wenige Schritte entfernt ein Denkmal, da die historische St.-Albani-Kirche nicht mit der heutigen, 1908 geweihten Pfarrkirche identisch ist.

H. C. Andersens Barndomshjem

In der Munkemøllestræde 3–5 bewohnte die Familie Andersen 1807–1819 eine Wohnung des Häuschens, heute ist hier eine Ausstellung der **Kindheit des Dichters** gewidmet (Öffnungszeiten: Sept. bis Juni Di.–So. 11.00–15.00, Juli/Aug. 10.00–16.00 Uhr).
🕐 Allabendlich außer sonntags macht der Nachtwärter vom 25. Juni bis 31. August seinen Rundgang, singt dabei alte Nachtwärterlieder und erzählt Wissenswertes über das im H.-C.-Andersen-Viertel. Der kostenlose Rundgang startet um 21.00 Uhr am Lokal »Den Gamle Kro« in der Overgade 23.

Östliche Stadt

✳✳ **H. C. Andersens Hus**

Das bescheidene Fachwerkhaus Ecke Hans Jensens Stræde/Bangs Boder gilt als **Geburtshaus des dänischen Märchenkönigs** (2. April 1805). Mitten im Armenviertel lag damals die Werkstätte des jungen Schuhmachers Andersen und seiner Frau. Das sorgsam restaurierte Kleine-Leute-Viertel bildet heute einen recht romantischen Rahmen für das seit 1930 mehrfach erweiterte Museum. Mit Bildern, Manuskripten, Briefen und Büchern illustriert die Sammlung chronologisch Andersens Leben und Werk. Den Kuppelsaal schmücken acht Fresken von Niels Larsen Stevns zur Autobiografie »Das Märchen meines Lebens« (Öffnungszeiten: Sept.–Juni Di.–So. 10.00–16.00, Juli/Aug. 9.00 bis 18.00 Uhr).

! **Baedeker TIPP**

Den Marineblå

Gleich neben dem Geburtshaus von H. C. Andersen hat man in der Overstræde 8 eine reiche Auswahl an dänischem Kunsthandwerk: allerlei Steinzeug, mundgeblasene Gläser, Porzellan mit leuchtenden Glasuren, Goldschmiedearbeiten und ausgewählte Werke dänischer Modedesigner (Öffnungszeiten: Mo.–Fr. 10.00–17.00, Sa. 9.00–13.00 Uhr).

*Däumelinchen.
Farbdruck nach einem
Aquarell von Eugen Siegert,
erschienen als Frontispiz in
einer Berliner Ausgabe der
Andersen-Märchen, um 1900*

FAST WIE EIN MÄRCHEN

Neben den Gebrüdern Grimm ist Hans Christian Andersen wohl der berühmteste Märchenerzähler der Welt. Aber nicht nur auf diesem Gebiet zeigte er großes Talent. Als geachteter Mann war er an Königs- und Fürstenhöfen ein gern gesehener Gast, sein Leben bezeichnete er als »ein schönes Märchen, so reich und glücklich«. Doch hatte er mit diesem Leben auch seine Probleme.

Andersen (1805 – 1875) ist zweifelsohne Dänemarks größter literarischer »Exportschlager«. Selbst im hintersten Teil der Welt werden seine Märchen gelesen, beglücken Erzählungen wie die vom marschierenden standhaften Zinnsoldaten oder vom hässlichen jungen Entlein, das sich in einen stolzen Schwan verwandelt, nicht nur Kinderherzen.

Geschichten für Kinder

Seine Märchen sind mehr als nur blühende Fantasie und ein Spiel mit dem Unwirklichen. In seinen Geschichten greift Andersen auf die Tradition der **dänischen Volksmärchen** zurück, verarbeitet Motive aus Märchensammlungen anderer Völker, aber auch eigene Dichtungen mit biografischen Zügen. So gedachte er seiner armen Mutter in »Das kleine Mädchen mit den Schwefelhölzern«, das Märchen von der chinesischen Nachtigall erinnert an seine unglückliche Liebe zur Sängerin Jenny Lind. Andersen schreibt über Dinge des Alltags, spottet über **menschliche Schwächen** und prangert soziales Unrecht an. Mitunter verzichtete er auf einen versöhnlichen Ausgang, was nicht immer Anklang fand. Das Ende vom »Kleinen Mädchen mit den Schwefelhölzern« empfand man in vielen Ländern als zu traurig, um es Kindern zu erzählen, weshalb das Mädchen schließlich von einem wohlhabenden Ehepaar aufgenommen wird – im Original erfriert das junge Ding. »Ich habe jetzt einige Märchen für Kinder erzählt«, notiert Andersen in seinen Lebenserinnerungen, »ich habe sie ganz so niedergeschrieben, wie ich sie einem Kinde erzählen würde ...«

Andersens Geburtshaus in Odense

Tatsächlich sind seine Märchen vom Aufbau und Stil her Geschichten zum Vorlesen. Die **Nähe von Kindern** allerdings konnte der große Märchendichter, wie seinen Tagebüchern zu entnehmen ist, nicht ertragen. Dem Entwurf einer ihn darstellenden Bronzeskulptur inmitten junger Zuhörer

Auch wenn Andersens Name heute in erster Linie mit Märchen in Verbindung gebracht wird – zwischen 1835 und 1872 schrieb er rund 190 Märchen und Geschichten –, so war doch seine literarische Produktion weitaus vielfältiger. Er verfasste Romane, Reisebücher und Gedichte sowie Libretti

»Reisen heißt leben. Das Reiseleben ist mir die beste Schule der Bildung geworden.«

stimmte er nicht zu. Die Plastik im Park von Schloss Rosenborg in Kopenhagen zeigt ihn daher zwar mit einem Buch auf den Knien, aber allein.

Der Vielgereiste

Im Lauf seines Lebens unternahm Andersen 30 ausgedehnte Europareisen. Besonders oft führte ihn sein Weg nach Deutschland, wo er Freunde und Wohltäter hatte. In Berlin traf er Adalbert von Chamisso. Dieser »war der Erste, der mich übersetzte, der Erste, der mich in Deutschland einführte«. Erfahrungen seiner Reisen verarbeitete er in vielen seiner Bücher und in drei Autobiografien.

für Opern und Singspiele. Sein **immenses Werk** verhalf ihm schon zu Lebzeiten zu großem Ansehen. In vielen Königs- und Fürstenhäusern, vor allem in Dänemark und Deutschland, war er ein willkommener Gast. Nur einer mochte ihn nicht: der Philosoph Søren Kierkegaard, den Andersens Biederkeit anwiderte. Andersen war ein Emporkömmling, hinter ihm lag »ein wahrer Dornenweg zu Ruhm und Ehre«. Er stammte aus einer armen **Odenser Schusterfamilie**. Als er 11 Jahre alt war, starb sein Vater, seine Mutter verfiel dem Alkohol. So ging er mit 14 Jahren auf eigene Faust nach Kopenhagen, »um dort berühmt zu werden«, was ihm

Über 150 Märchen und Geschichten verfasste H. C. Andersen – erhalten sind allerdings nur rund ein Dutzend.

ein »unerklärliches Verlangen« war. Am **Königlichen Theater** wollte er Schauspieler oder Sänger werden. Erfolgreich war er jedoch nur als Troll in einer Statistenrolle. Doch hatte der aufgeweckte Junge, der sich bald schon an schriftstellerischen Aufgaben versuchte, großes Glück: Die Familie Collins, eine der vornehmsten Beamtenfamilien des Landes, wurde auf ihn aufmerksam und ermöglichte ihm Schulbildung, ein Studium und Auslandsreisen. Schnell avancierte er zum gefeierten Star und seine Werke wurden in viele Sprachen übersetzt. Als Andersen vier Monate vor seinem Tod seinen 70. Geburtstag beging, feierte halb Dänemark auf den Straßen mit.

Unglücklicher Märchenerzähler?

»Mein Leben ist ein schönes Märchen, so reich und glücklich!« So beginnt Andersens Autobiografie **»Das Märchen meines Lebens«**. Richtig glücklich aber war der große Dichter nicht. Er schämte sich seiner Herkunft, litt unter seiner langen Nase und der hoch aufgeschossenen, schlacksigen Gestalt. Heinrich Heine beschrieb

ihn nicht gerade sehr schmeichelhaft: «Er ist ein hagerer Mann mit einem hohlen, eingefallenen Gesichte und verrät in seinem äußeren Anstande ein ängstliches devotes Benehmen, so wie die Fürsten es gern haben. Daher hat Andersen auch bei allen Fürsten eine so glänzende Aufnahme gefunden.« Andersen erwies sich zudem auch als **»Hypochonder und sozialer Neurotiker«** (Bernd Henningsen). Krank zu sein war eine fixe Idee von ihm, und zu seinem Reisegepäck gehörte immer ein Seil, um sich im Falle eines Feuers damit retten zu können. Große Probleme hatte er auch mit **Frauen**. Insgesamt verliebte er sich dreimal, doch nicht eine der Angebeteten erwiderte seine Zuneigung. Sein ganzes Leben lang hatte er keinen sexuellen Kontakt. »Es ist ein Widerwillen gegen diese Sache, die mir nun einmal gegen das Gefühl geht.« Trotz seiner Probleme mangelte es Andersen, der sich gern mit dem »hässlichen Entlein« verglich, aber nicht an Selbstbewusstsein: »Es schadet nichts, in einem Entenhof geboren zu sein, wenn man nur in einem Schwanenei gelegen hat!«

Zweiter illustrer Sohn der Stadt ist **Carl Nielsen** (1865 – 1931), dessen Opern, Sinfonien und Streichquartette bis heute nicht nur auf dänischen Bühnen zu hören sind. Begleitet von seiner Musik kann man sich im lichten Museumsbau an der Claus Bergs Gade 11 über das Werk des begnadeten Komponisten informieren. Ausgestellt sind ferner Arbeiten seiner Frau, der Bildhauerin Anna Marie Carl-Nielsen (Öffnungszeiten: Sept. – Mai Mo. – Mi. 12.00 – 16.00, Juni bis Aug. Fr. – So. 14.00 – 17.00 Uhr). Auch Nielsens Geburtshaus in Nørre Lyndelse, rund 12 km südlich der Stadt, ist jetzt als Museum eingerichtet (s. S. 323).

Møntergården

Unbedingt ansehen sollte man sich den alten Münzhof südöstlich an der Overgade 48–50 (Abb. S. 315). Zu dem 1999 restaurierten Gebäudekomplex des **Stadtmuseums** gehören weitere Häuser vom 16. Jh. bis heute. Die Ausstellungen erzählen vom Odense der Wikingerzeit, im Mittelalter und Barock, zeittypische Interieurs vermitteln ein Stück Alltag vom 17. Jh. bis zur Gegenwart (Öffnungszeiten: Di. bis So. 10.00 – 16.00 Uhr).

Nördliche Stadt

Fyns Kunstmuseum

Das Museum an der Jernbanegade 13 zeigt dänische Kunst ab etwa 1750. Schwerpunkte sind die **Fünenmaler** wie Peter Hansen, Johannes Larsen und Jens Birkholm sowie die konkrete und konstruktivistische Kunst der Moderne, darunter Arbeiten von Asger Jorn, Richard Mortensen und Carl-Henning Pedersen (Öffnungszeiten: Di. bis So. 10.00 – 16.00 Uhr).

Sct. Hans Kirke

Die ältesten Teile der St.-Johannis-Kirche stammen aus dem 13. Jh. Hier wurde H. C. Andersen am Ostermontag 1805 getauft. Die mittelalterliche Kanzel an der Südwestwand ist Dänemarks einzige Außenkanzel.

Danmarks Jernbanemuseet

Im **Eisenbahnmuseum** nördlich vom Bahnhof, in der Dannebrogsgade 24, kann man einen Lok-Führerstand einsehen und den Unterschied zwischen den königlichen Privatwaggons und den harten Holzpritschen in der 3. Klasse bestaunen (Öffnungszeiten: tgl. 10.00 bis 16.00 Uhr; www.jernbanemuseet.dk).

Westliche Stadt

Brandts Klædefabrik

Zweiter Besuchermagnet von Odense ist die ehemalige Textilfabrik an der Brandts Passage 37–43. Wo über 100 Jahre Spinn- und Webmaschinen ratterten, trifft sich heute die Kunst- und Kulturszene der Stadt in Restaurants und Cafés, im Konzertsaal **Magasinet** und auf der Freilichtbühne **Amphiscenen** bis spät in die Nacht. In vier großen Räumen der ersten und zweiten Etage veranstaltet die Kunsthalle Wechselausstellungen und Performances moderner Kunst, Architek-

Kunsthalle ▸

In Brandts Klædefabrik trifft sich die Kunst- und Kulturszene der Stadt.

tur, Design und Videokunst. Das 1987 gegründete Museum für Foto- ◀ Museet for Fotokunst
kunst zeigt in der ersten Etage eine Sammlung nationaler und internationaler Fotografen, während die Räume im zweiten Stock
wechselnden Ausstellungen über Fotografie vorbehalten sind. Die ◀ Danmarks Grafiske Museet
Entwicklung der Medien von den ersten Runen zum Radio und von ◀ Medienmuseum
Büchern zu Blogs dokumentiert das Medienmuseum mit Exponaten
der letzten 200 Jahre. Noch in Planung ist ein Media Center (Öffnungszeiten der drei Museen: Di. – So. 10.00 – 17.00, Do. bis 21.00 ⊙
Uhr; www.brandts.dk).

Südlich neben der Bootsanlegestelle für Flussfahrten auf der Odense **Filosofgangen**
Å vermitteln die Sonderausstellungen am Filosofgangen 30 innovati-
ve Ideen junger Künstler und Designer.

Wie auf dem Schwarzen Kontinent fühlt man sich im Odenser Zoo ★
am Sdr. Boulevard 306, wo im Okavangogehege und im **Afrikahaus** **Zoo**
Löwen, Zebras und Strauße zu beobachten sind. Das Ocearium lockt
mit einer Reise durch Südamerika: 800 kg schwere Seekühe baden
im Fluss, Affen und Tapire laufen durch den Regenwald, bis am Ausgang des Oceariums Pinguine, Tintenfische und Schwertwale die eis-
kalte Südspitze des Kontinents markieren. 2009 eröffnete im Zoo
Nordeuropas größtes Freifluggehege für Flamingos, Pelikane und andere afrikanische Vögel (Öffnungszeiten: tgl. 9.00 – 16.00, 17.00 oder ⊙
18.00 Uhr; www.odensezoo.dk).

Umgebung von Odense

Den Fynske Landsby

Etwa 4 km südlich vom Stadtzentrum am Sejerskovvej 20 liegt »Das Fünische Dorf«, ein **Freilichtmuseum** mit 20 rekonstruierten ländlichen Höfen, Wassermühle, Pfarrhof, Schule, Schmiede und Armenhaus. Im Sommer kann man in den Werkstätten weben und töpfern. Wer mit Kindern unterwegs ist, sollte sich im Juli die Andersenmärchen auf der Freilichtbühne ansehen, auch wenn sie auf Dänisch inszeniert sind (Öffnungszeiten: April – Mitte Juni, Mitte Aug. – Okt. Di. – So. 10.00 – 17.00, Mitte Juni – Mitte Aug. tgl. 10.00 – 19.00, Nov. bis März So. 11.00 – 15.00 Uhr).

Hollufgård

Am besten benutzt man die Ausfahrt Odense C (Nr. 50), um das Museums- und Kulturzentrum Hollufgård, 8 km südöstlich der City am Hestehaven 201, anzusteuern. 1577 ließ Reichsrat Jørgen Marsvin das Hauptgebäude errichten. Der Südflügel beherbergt heute das humanistische Forschungszentrum »Mensch und Natur«, während der ehemalige Stall, die Scheune und eine Wassermühle aus dem 19. Jh. für wechselnde Sonderausstellungen zur **Vor- und Frühgeschichte Fünens** genutzt werden. Wie Land und Häuser in der Steinzeit, der Bronzezeit und bei den Wikingern aussahen, soll das prähistorische Szenario westlich der Wirtschaftsgebäude vermitteln. Steinmetzwerkstatt, Schmiede, Bronzegießerei und Modellierwerkstatt gehören zum Gästeatelier, das dänischen und ausländischen Bildhauern offen steht – im Park werden jeden Sommer die fertigen Arbeiten vorgestellt (Öffnungszeiten: April – Okt. Di. – So. 10.00 – 16.00, Nov. bis März So., Fei. 10.00 – 16.00 Uhr).

*Wie die Menschen in der Steinzeit und wie die Wikinger lebten,
wie Steinmetzwerkstatt und Schmiede funktionieren, erfährt man in Hollufgård.*

Der Bus 960 oder 961/962 fährt nach Nørre Lyndelse, 12 km südlich **Nørre Lyndelse**
von Odense, wo der Komponist **Carl Nielsen** (1865 – 1931) am
Odensevej 2A einige Kindheitsjahre verbrachte und seine Eltern bis
1891 wohnten. So ist das Museum vor allem der Jugend des Musikers
gewidmet (Öffnungszeiten: Mai – Sept. Di. – So. 11.00 – 15.00 Uhr). ⊘

Autofans sollten sich das **Europäische Automobilmuseum** am Fraugde Kærbyvej 203, knapp 7 km östlich von Odense, ansehen. Restaurierte Oldtimer verkörpern die Zeit des Automobils in den 1950er-Jahren (Öffnungszeiten: Anfang Juli – Mitte Aug. tgl. 10.00 – 17.00, Ende April – Ende Juni u. Mitte Aug. – Ende Sept. So. 10.00 – 17.00 Uhr, www.automuseum.dk).

❓ WUSSTEN SIE SCHON …?

■ Als elektrische Kühlschränke noch ein Fremdwort waren, schützte das tief heruntergezogene Strohdach vom »Eishaus« vor der Sonne, sodass die Eisblöcke, die man im Winter aus dem Mühlenteich holte, bis in den Sommer ihre Kühlwirkung behielten. Dies und anderes mehr erfährt man im Museums- und Kulturzentrum Hollufgård.

Randers

J 12/13

Halbinsel: Jütland **Region:** Midtjylland
Einwohnerzahl: 60 300

Hauptattraktion von Randers sind heute das Handwerksmuseum und Randers Mini-Regenwald. In Kronjütland lässt es sich wunderbar wandern und radeln, der Ausflugsdampfer »Das hässliche Entlein« bringt Besucher ab Tørvebryggen auf der Gudenå, dem längsten Fluss Dänemarks, nach Fladbro.

Funde belegen, dass sich in Randers schon 1080 eine königliche **Marktplatz von**
Münzstätte befand. Seit 1302 ist die Stadt der Marktplatz von Kron **Kronjütland**
jütland, ein wichtiger Verkehrsknotenpunkt an der Mündung der
Gudenå in den Randersfjord, wo sich 13 Landstraßen treffen.

Sehenswertes in Randers

Von den Altstadthäusern in der Nähe der St. Mortens Kirke (15. Jh.) **Helligåndshus**
verdient das um 1500 erbaute **Heiliggeisthaus** besondere Beachtung.
Sein Erdgeschoss weist noch Wanddekorationen aus dem 15. Jh. auf.
Vermutlich gehörte das Haus zu einem 1550 aufgehobenen Kloster.

Durch die Torvegade kommt man zum barocken Rathaus, das 1778 **Rådhus**
nach Plänen von Christian Mørup entstand. Davor wacht die Figur
von **Niels Ebbesen** – er erschlug 1340 einen holsteinischen Grafen,
der über Dänemark herrschen wollte. Schräg gegenüber ziert ein
Treppengiebel das 1468 vollendete, älteste Steinhaus der Stadt, den

▶ RANDERS ERLEBEN

AUSKUNFT

VisitRanders
Rådhustorvet 4, Tel. 86 42 44 77
www.visitranders.com

ESSEN

▶ Fein & teuer
Fladbro Kro
Randersvej 75, Tel. 86 42 02 10
www.fladbrokro.dk
In Gasthof von 1737 wird französische und dänische Küche serviert.

▶ Erschwinglich
Restaurant Mad & Vin
Storegade 9, Tel. 87 10 00 98
www.restaurantmadogvin.dk
Mittags lockt ein abwechslungsreiches Büffet, abends Menüs.

▶ Preiswert
Dalbyover Kro
Kronborgvej 41, 8970 Havndal
Tel. 86 47 30 01, Fax 86 47 30 67
Alter Gasthof mit gemütlicher Gaststube nahe bei Wald und Fjord.

ÜBERNACHTEN

▶ Luxus
Hotel Randers
Torvegade 11, Tel. 86 42 34 22
www.hotel-randers.dk

Dieses luxuriöse Hotel im Zentrum von Randers wurde 1865 erbaut. Es bietet komfortable Standardzimmer, Nichtraucherzimmer und Suiten.

Scandic Kongens Ege Randers
Gl. Hadsundvej 2
Tel. 86 43 03 00, Fax 86 43 22 73
www.scandic-hotels.dk
Das Hotel mit Aussicht über die Stadt und den Fjord ist von einem 6 ha großen Wald umgeben. Scandic Kongens Ege ist ein erstklassiges Hotel mit topmodernen Zimmern.

▶ Komfortabel
**Clarion Collection
Hotel Kronjylland**
Vestergade 51
Tel. 86 41 43 33, Fax 86 41 43 95
Zentral gelegenes City-Hotel. Große, helle Zimmer.

▶ Günstig
Hvidsten Kro
Mariagervej 450, 8981 Spentrup
Tel. 86 47 70 22
www.hvidstenkro.dk
Königlich privilegierter Gasthof, seit vier Generationen im Besitz des Geschlechts Fiil.

Påskesønnernes Gård. Wer einkaufen möchte, kann nun dem Houmeden folgen oder durch die Brødgade bummeln, in der mehrere Fachwerkhäuser aus dem 16. und 17. Jh. erhalten sind.

Stjerneruten ▶ Zu 15 sehenswerten Sehenswürdigkeiten im Stadtzentrum führt Randers Walk of Fame: eine 2,5 km lange, GPS-verlinkte Rundroute aus im Pflaster eingelassenen Sternen. Start ist am Rathausplatz.

✱ **Kulturhuset** Im Kulturhaus an der Stemannsgade 2 sind außer Bibliothek, lokalgeschichtlichem Archiv und einem Café zwei Museen eingerichtet: Zum **Kulturhistorischen Museum** gehören eine holzvertäfelte Stube aus dem frühen 19. Jh. und das Wohnzimmer von Rechtsanwalt Buhl mit Gemälden von Rembrandt und Ostade. Das **Kunstmuseum** stellt dänische Maler des 20. Jh.s vor, u. a. die CoBrA-Mitglieder Ejler Bille und Asger Jorn (Öffnungszeiten: Di.–So. 10.00–17.00 Uhr; www.kulturhusetranders.dk).

Feucht-tropisches Klima, exotische Pflanzen, Tukane und Krokodile geben dem Besucher von **Randers Regnskov** am Tørvebryggen das Gefühl, plötzlich im Regenwald zu sein. Höhepunkte sind die Schlangenhalle und das wie eine gesunkene Fregatte gestaltete Aquarium mit Meerestieren der Karibik (Öffnungszeiten: Mitte Juni–Mitte Aug. tgl. 10.00–18.00, Mitte Aug.–Mitte Juni Mo.–Fr. 10.00–16.00, Sa., So. 10.00–17.00 Uhr; www.regnskoven.dk).

> **! Baedeker TIPP**
>
> **Das Runde Eck**
>
> Anerkannte Namen und neue Talente des dänischen Kunsthandwerks wie die Keramiker Karina Skibby und Aase Kvorning oder die Glasbläser Pernille Bülow, Peter Svarrer und Skak Snitker findet man im Det Runde Hjørne an der Rådhusstræde 15 (Öffnungszeiten: Mo.–Fr. 10.00–17.30, Sa. 10.00–13.00 Uhr).

Was macht eigentlich ein Gerber, was ein Böttcher oder ein Stukkateur? In den **25 Werkstätten** des Handwerksmuseums von Randers kann man bei der Arbeit zusehen und sich ein Bild von den abwechslungsreichen Tätigkeiten machen (Lille Rosengård 16 (Öffnungszeiten: Di., Do., Sa. 13.00–17.00 Uhr).

★ Håndværksmuseet Kejsergården ⏱

Umgebung von Randers

Südlich der Stadt am Brusgårdsvej 25 haben Künstler aus aller Welt in einem 27 ha großen **Skulpturenpark** aus Erde, Holz und Stein bizarre Kunstwerke geschaffen.

Krakamarken

Kurz vor Auning taucht inmitten von Wald und Wiesen das **Bilderbuchschloss** Gammel Estrup auf, dessen Westflügel noch aus dem 15. Jh. stammt. Um 1600 kamen Südflügel und Treppenturm im Renaissancestil dazu. Der Nordflügel erhielt Mitte des 19. Jh.s seine heutige Form. Schon 1889 wurde in den Wirtschaftsgebäuden von Gammel Estrup das **Dansk Landbrugsmuseum** eingerichtet, das heute mit Landwirtschaftsgeräten, nachgebauten Arbeitsszenen und stilechten Innenausstattungen einen Eindruck vom Bauernalltag damals und heute vermittelt. Von April bis Okt. demonstrieren Schmiede ihr Handwerk in einer Werkstatt von 1761.
Im Schloss gründete Graf Uttental 1930 das **Jyllands Herregårdsmuseum**, das mit Möbeln aus verschiedenen Epochen ein Bild vergangener Generationen nachzeichnet (Öffnungszeiten: Mitte März–Juni, Mitte Aug.–Okt. tgl. 10.00–17.00, Juli–Mitte Aug. 10.00–18.00, Nov. bis Mitte März. Di.–So. 10.00–15.00 Uhr; www.gammel estrup.dk).

★ ★ Gammel Estrup ⏱

Um 1600 erhielt Gammel Estrup Südflügel und Treppenturm im Renaissancestil.

★★
Clausholm Slot

Gartenliebhaber sollten sich die sechs Gärten von Schloss Clausholm, 13 km südöstlich, nicht entgehen lassen, darunter ein Wassergarten, ein Kräuterhain und ein Skulpturengarten. Die **fünfflügelige Barockanlage** wurde zwischen 1699 und 1723 für den Großkanzler Conrad Reventlow erbaut, dessen Büste über dem Hauptportal zu sehen ist. 1712 verliebte sich König Frederik IV. in Anne Sophie, die jüngste Reventlowtochter, die er kurzerhand entführte. Erst neun Jahre später folgte die offizielle Hochzeit und Krönung von Anne Sophie, die nach dem Tod des Königs hier ihre Witwenjahre verlebte. Wesentliche Teile des Anwesens blieben unverändert, u. a. die Stuckdecken im Speisesaal und die Schlosskapelle mit einer der ältesten Orgeln des Landes. Im Sommer werden Konzerte und »märchenhafte Nächte« veranstaltet – wer will, kann auch ein Galadiner buchen (Tel. 86 49 12 00; Öffnungszeiten: Garten Mai – Sept. 11.00 – 16.00 Uhr, Schloss nur Juli 11.00 – 16.00 Uhr; www.clausholm.dk).

? WUSSTEN SIE SCHON …?

■ Eine der längsten computergesteuerten Modelleisenbahnen fährt ca. 20 km südlich von Randers in Hadsten in der Østergade 9.

★
Tange Sø,
Elmuseet

Die Gudenå wurde 1921 etwa 35 km südwestlich von Randers zum Tange Sø aufgestaut. Heute läuft hier in Bjerringbro das größte **Wasserkraftwerk** des Landes auf vollen Touren, die Gudenåcentralen. Im alten Kraftwerksbau aus den frühen 1920er-Jahren können Neugierige sich darüber informieren, wie die Elektrizität die moderne Welt verändert hat, und sogar selbst experimentieren (Öffnungszeiten: April – Okt. tgl. 10.00 – 17.00 Uhr; www.elmus.dk).

Die Landkirche in Råsted, 8 km nordwestlich, liefert mit ihren auf 1175 datierten, groß angelegten Fresken ein ausgezeichnetes Beispiel für die jütische Kirchendekoration in romanischer Zeit. **Råsted Kirke**

★ ★ Ribe

P/Q 5

Halbinsel: Jütland
Einwohnerzahl: 8200

Region: Syddanmark

Wohl keine andere Stadt Dänemarks hat ihr historisches Erbe so gut bewahrt wie Ribe, das 2010 sein 1300. Stadtjubiläum feierte. Seit ihrer Gründung ist die Handelsstadt in den Marschen der Fanøbucht ein Besuchermagnet. Damals kam man, um Geschäfte mit den Wikingern zu machen, heute, um das einzigartige Stadtmilieu zu erleben – über 100 Häuser stehen unter Denkmalschutz.

Nach ihrer Gründung baute Erzbischof Ansgar 860 eine der ersten Kirchen des Nordens, 948 wurde Ribe **Bischofssitz** – zur Blütezeit gab es neun Klöster und 13 Kirchen. Im 12. Jh. entstanden Wallgraben und Burg, die um 1200 zur **königlichen Residenz** erhoben wurde. Im Mittelalter trieb Ribe regen Handel mit England und Deutschland. Der Niedergang kam im frühen 16. Jh.: Der königliche Hof zog nach Kopenhagen, die Reformation sanktionierte die Aktivitäten der katholischen Kirche, die Versandung des Flusses Ribe Å brachte schwere Einbußen für den Handel. Nach langem Dornröschenschlaf kam erst im 20. Jh. ein neuer Aufschwung und zwar nicht zuletzt dank des Denkmalschutzes. Darauf wurde nämlich großer Wert gelegt – und heute verleihen die kopfsteingepflasterten Straßen mit den charakteristischen **Fachwerkhäuschen** aus dem 16. und 17. Jh. dem Stadtbild einen einmaligen Reiz. **Dänemarks älteste Stadt**

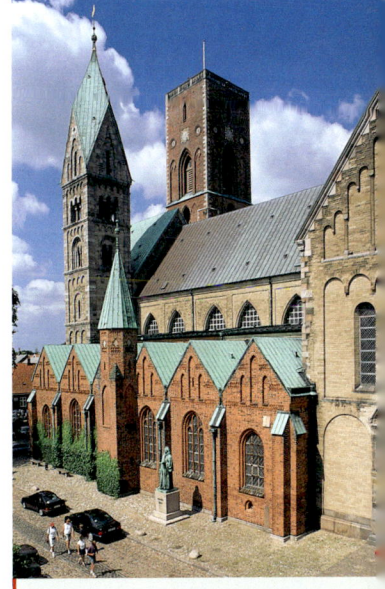

Im Sommer kann man kostenlos dem **Nachtwächter** abends bei seiner traditionellen Runde folgen. Er singt dabei das Wächterlied des Psalmendichters Thomas Kingo, das die dramatische Geschichte der Stadt erzählt. Der Rundgang beginnt zwischen dem 1. Mai und dem 15. Sept. tgl. um 22.00 Uhr auf dem Marktplatz, von Juni bis Aug. auch um 20.00 Uhr.

Aus Wesersandstein und jütischem Granit erbaut: der Dom von Ribe

Sehenswertes in Ribe

★ Dom Schon von Weitem sieht man die ungleichen Türme des romanischen Doms aus dem flachen Marschland aufragen. Die Kirche (Baubeginn um 1150) ist heute das einzige **fünfschiffige Gotteshaus** in Dänemark. Baumaterialien waren rheinischer Tuff, Wesersandstein und jütlandischer Granit. In der Weihnachtsnacht 1283 brach der Vorgängerbau des heutigen **»Bürgerturms«** zusammen und wurde erst 1333 durch den jetzigen 52 m hohen Backsteinturm ersetzt. Seine Plattform bietet die beste Aussicht über Ribes Dächer und die Marsch. Das Bronzeportal am südlichen Querschiff ziert ein mittelalterlicher Löwenkopf – wer die sogenannte Katzenkopftür erreichte, dem wurde Asyl gewährt. Über der Tür stellt eine romanische Granitskulptur die Kreuzabnahme dar. Im Giebeldreieck darüber, einer Arbeit aus dem 13. Jh., ist das Himmlische Jerusalem zu sehen. Im Innern befinden sich Grabdenkmäler und Epitaphien, darunter eines, das Waldemar der Sieger für seinen 1231 verstorbenen Sohn errichten ließ. Die farbenfrohen Mosaiken und Fresken der Apsis sowie der neue Altar wurden 1982 – 1987 von **Carl-Henning Pedersen** ausgeführt. Am Domplatz erinnern Statuen an Hans Adolph Brorson, der 1741 Bischof von Ribe wurde, und an Hans Tausen, den Protagonisten der dänischen Reformation und Bischof in Ribe ab 1541.

Ribe Orientierung

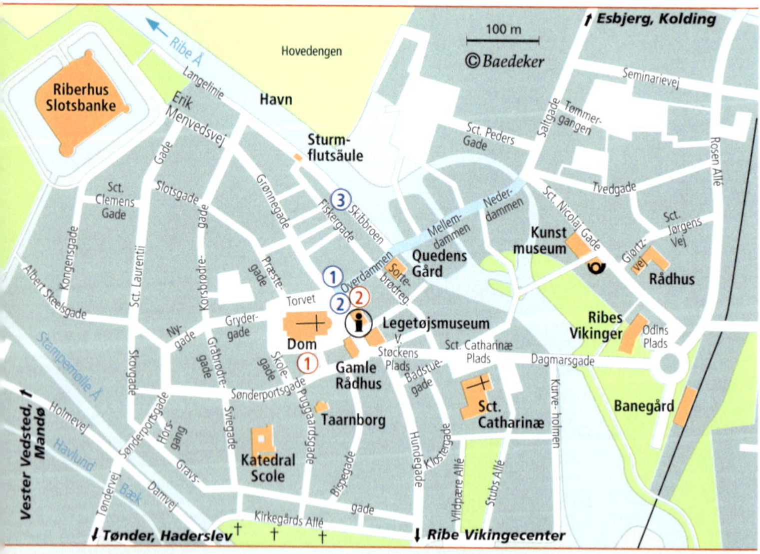
Esbjerg, Kolding
100 m
© Baedeker
Ribe Å
Hovedengen
Riberhus Slotsbanke
Havn
Langelinie
Erik Menvedsvej
Sturm-flutsäule
Seminarievej
Tømmer-gangen
Saltgade
Sct. Peders Gade
Rosen Allé
Tvedgade
Sct. Clemens Gade
Slotsgade
Grønnegade
Skibbroen
Fiskergade
Mellem-dammen
Neder-dammen
Sct. Nicolaj Gade
Kunst museum
Sct. Jørgens Vej
Gløtz-vej
Rådhus
Kongensgade
Sct. Laurentii
Korsbrødre-gade
Præste-gade
Overdammen
Sorte-brødreg.
Quedens Gård
Albert Skeelsgade
Torvet
Dom
Legetøjsmuseum
Ribes Vikinger
Odins Plads
Gryder-gade
Ny-gade
Gråbrødre-gade
Skole-gade
V. Støckens Plads
Sct. Catharinæ Plads
Dagmarsgade
Stampemølle Å
Skovgade
Gamle Rådhus
Badstue-gade
Sønderportsgade
Puggaardsgade
Taarnborg
Sct. Catharinæ
Kurve-holmen
Banegård
Vester Vedsted, Mandø
Holmevej
Havlund Bæk
Sønderportsgade
Hors-gang
Grays.
Sviegade
Katedral Scole
Bispegade
Hundegade
Klostergade
Vildpære Allé
Stubs Allé
Tøndervej
Damvej
Kirkegårds Allé
gade
Tønder, Haderslev
Ribe Vikingecenter

Essen

① Weis Stue
② Dagmar
③ Sælhunden

Übernachten

① Den Gamle Arrest
② Hotel Dagmar

RIBE ERLEBEN

AUSKUNFT

VisitRibe, Torvet 3
Tel. 75 42 15 00, Fax 75 42 40 78
www.visitribe.dk

ESSEN

► Erschwinglich

② *Dagmar*
Torvet 1
Tel. 75 42 00 33
Im ältesten Hotel Dänemarks wird
fürstlich getafelt.

► Preiswert

① *Weis Stue*
Torvet 2
Tel. 75 42 07 00, www.weis-stue.dk
Den Hauch der Geschichte spürt man
im 1704 erbauten Fachwerkhaus mit
stilvollen Stuben, windschiefen Balken
und einem kleinen Garten.

③ *Sælhunden*
Skibbroen 13
Tel. 75 42 09 46, www.saelhunden.dk
Scholle oder Straußensteak? Beides
wird draußen an Tischen mit Blick
auf den Ribe-Vesterå-Kanal serviert.

ÜBERNACHTEN

► Komfortabel

① *Den Gamle Arrest*
Torvet 11
Tel. 75 42 37 00, Fax 75 42 37 22
www.dengamlearrest.dk
Modern und einfach eingerichtete
Zimmer im ehemaligen Stadtgefäng-
nis. Im angeschlossenen Restaurant
leckere regionale Spezialitäten, u. a.
Fisch.

Baedeker-Empfehlung

② *Hotel Dagmar*
Torvet 1
Tel. 75 42 00 33
Fax 75 42 36 52
www.hoteldagmar.dk
Im »ältesten Hotel des Landes in der
ältesten Stadt Dänemarks«, wie sich
die Unterkunft von anno 1581 nennt,
fühlt man sich tatsächlich in eine andere
Zeit versetzt. Wunderschöne Zimmer mit
authentischer Atmosphäre, erstklassiges
Restaurant, gleich gegenüber dem 900
Jahre alten Dom.

Einige der schönsten Fachwerkhäuser Ribes, die den verheerenden **★ ★**
Stadtbrand von 1580 überstanden haben, findet man nördlich in der **Fachwerk-**
Skolegade und Grønnegade sowie südlich in der Sønderportsgade **häuser**
und Puggårdsgade. In der Letztgenannten wurde um 1550 für den
Adligen Oluf Munk die **Tårnborg** erbaut, der spätere Bischofssitz bis
1868. Gegenüber erhebt sich die 1145 gegründete Kathedralschule
mit dem 1500 errichteten Steinhaus Puggård.
In dem 1496 erbauten Bürgerhaus wurde 1619 Anders Bording gebo- ◄ Gamle Rådhus
ren, der 1666 in Kopenhagen die erste dänische Zeitung herausgab,
und zwar in Versform! Seit 1709 tagt hier der Stadtrat. Das frühere
Schuldgefängnis ist als Museum eingerichtet.

Kinderträume vermittelt das **Spielzeugmuseum** am Von Støckens **Legetøjsmuseet**
Plads 2 mit über 500 Puppen, alten Teddybären und Modellautos.

Die im 15. Jh. geweihte St.-Katharinen-Kirche ist Teil eines mittel-alterlichen Klosters, das 1228 von Dominikanern gegründet wurde. Nach der Reformation diente das Kloster als Spital, seit 1864 ist es ein Stift für Alleinstehende (www.ribesvikinger.dk).

Skt. Catharinæ Kirke og Kloster

Im Museum am Odins Plads wird das Ribe der **Wikingerzeit** und des Mittelalters wieder lebendig. Hier kann man an Bord eines Wikin-gerschiffs gehen oder Ribe an einem Septembertag des Jahres 1500 miterleben (Öffnungszeiten: Juli/Aug. tgl. 10.00 – 16.00, April – Juni, Sept./Okt. tgl. bis 16.00 Uhr, Nov. – März Mo. geschlossen).

★ **Ribes Vikinger**

Zur Sammlung des frisch renovierten Kunstmuseums in der Skt. Ni-colajgade 10 gehören Meisterwerke des Goldenen Zeitalters und der **Skagener Schule** sowie eine Auswahl von Gemälden mit Ribe-motiven (Öffnungszeiten: Jan. – Apr., Okt. – Dez. Di. – So. 11.00 bis 16.00, Mai – Sept. Mo. – Fr. 10.00 – 17.00, Sa., So. 11.00 – 17.00 Uhr; www.ribe-kunstmuseum.dk).

★ **Kunstmuseum**

Im vierflügeligen Hof an der Ecke Overdammen und Sortebrødrega-de zeigt die »Antiquariske Samling« Handel und Handwerk. Der äl-teste Fachwerkteil stammt von 1583, das Hauptgebäude von 1789.

Quedens Gård

Am gemütlichen Skibbroen, einst der Hafen von Ribe, gehen heute nur noch Sportboote vor Anker. Vor dem **Fischrestaurant Sælhun-den** hat der Ewer »Johanne Dan« festgemacht, ein spezieller Schiffs-typ für das Wattenmeer. In den Sommermonaten findet immer mitt-wochs auf Skibbroen ein Markt statt.

★ **Skibbroen**

Seit jeher wird das flache Marschland von Sturmfluten bedroht. Die schlimmsten Überschwemmungen sind an der Sturmflutsäule abzu-lesen, deren höchste Markierung (gut 6 m über dem normalen Was-serstand) die Sturmflut von 1634 anzeigt. Damals wurden zahlreiche Höfe vernichtet, Tausende Menschen kamen ums Leben.

Sturmflutsäule

Den Rückweg ins Zentrum sollte man unbedingt durch die idyllische Fiskergade nehmen, gesäumt von **farbenfrohen Fischerhäuschen**, die nach dem großen Stadtbrand 1580 gebaut wurden.

★ **Fiskergade**

Nordwestlich der Stadt thronen auf einem Hügel die Überreste des früheren Schlosses. Nur eine Burgruine mit Wassergraben zeugt noch von der im 12. Jh. erbauten königlichen Residenz. Ein Stand-bild erinnert an **Königin Dagmar**, die Gemahlin Waldemars des Sie-gers, der 1202 – 1241 über Dänemark regierte.

Riberhus Slotsbanke

Etwa 2 km südlich von Ribe sind verschiedene Anlagen aus der Wi-kingerzeit rekonstruiert worden: Auf dem Marktplatz von anno 720

★ **Vikingecenter**

← *Blick zum Domaltar, den Carl-Henning Pedersen ausführte*

Aus dem 17. Jh. stammen die hübschen Fischerhäuschen an der Fiskergade.

trifft man Schmied, Drechsler und Weber, der aus 160 Eichenstämmen errichtete Gutshof ist auf 980 datiert. Außerdem kann man Ribes Stadtambiente im Jahr 825 bestaunen. Seit 2004 ist das Museum auch in Besitz eines rekonstruierten **Wikingerschiffes** vom Typ Gislinge. Diese Boote waren 8 m lang und eigneten sich mit nur 40 cm Tiefgang perfekt fürs Segeln im Wattenmeer. Jährlich am ersten Maiwochenende treffen sich Anhänger des Seefahrervolks und spielen auf dem weitläufigen Gelände Mittelalter (Öffnungszeiten: Mai/Juni, Sept., 42. Woche (Herbstferien) Mo.–Fr. 10.00–15.30, Juni–Aug. tgl. 11.00–17.00 Uhr, http://ribevc.net.dynamicweb.dk).

Umgebung von Ribe

Vadehavscentret

Das 1998 am Okholmsvej 5 in Vester Vedsted eröffnete Vadehavscentret ist dem **Wattenmeer** und der Marsch gewidmet (Öffnungszeiten: März, Okt. tgl. 10.00–16.00, Apr.–Okt. tgl. 10.00–17.00, Juli/ Aug. Do. bis 21.00 Uhr, www.vadehavscentret.dk).

Wattinsel Mandø

Von Mai bis September fährt mehrmals täglich von Vester Vedsted der **Mandøbus** zur 7,5 km² großen Insel Mandø – nur bei Ebbe erreichbar und seit Oktober 2010 zum Nationalpark Wattenmeer gehörig. Unterwegs sieht man, wie Landgewinnung funktioniert. Unweit der Haltestelle im Ort Mandø wird in einem Kapitänshaus von 1831 die Geschichte der Insel erzählt, während das Mandø Centret über Meer und Watt informiert. Man kann zu Fuß oder per Fahrrad die herrliche Natur erkunden – sechs verschiedene **Fahrradrouten** sind farbig ausgeschildert. Auf der Insel brüten Tausende von Seeschwalben, Austernfischer, Strandläufer, Stelzvögel und Eiderenten. Im

Sommer werden Treckerfahrten zum Hochsand Koresand südwestlich im Wattenmeer angeboten – Dauer ca. 3 Stunden. Dabei kommt man am Robbenschutzgebiet vorbei. Man kann Schlickwürmer und Muscheln suchen, Krabben fangen und vielleicht Bernstein finden.

✳ Ringkøbing

L 2

Halbinsel: Jütland   **Region:** Midtjylland
Einwohnerzahl: 10 000

Niedrige Backsteinhäuschen mit roten Ziegeldächern und kopfsteingepflasterte Gassen verleihen der Kreishauptstadt ein stimmungsvolles Ambiente. Rund um den Marktplatz liegen gemütliche Kneipen und Cafés, wo sich im Sommer die Jazzliebhaber treffen. Und wenn die Nachtwächter abends nach alter Sitte singend durch die Straßen ziehen, spürt man den Flügelschlag der Geschichte.

Archäologische Funde datieren die Entstehung der alten Hauptstadt Westjütlands auf die Mitte des 13. Jh.s. Damals war der ►Limfjord gen Westen hin geschlossen und Ringkøbing der einzige schiffbare Nordseehafen nördlich des Wattenmeers. Im 17. Jh. begann die Einfahrt zum Fjord südwärts zu wandern und zu versanden. Erst mit der Eröffnung der Schleuse in Hvide Sande wurden die Probleme der Hafenstadt gelöst. Heute liegen Sportsegler und Fjordfischer im Hafen dicht an dicht. Die gesamte Küstenlinie des **Ringkøbing-Fjords** ist ein durchgehender breiter Sandstrand, der Fjord selbst eines der besten Surfreviere Dänemarks. Während sich an der rauen Nordsee die High-Speed-Fans tummeln, finden Anfänger hinter den Dünen ein ruhiges Binnengewässer – kein Wunder, dass hier eines der größten Surfzentren des Landes liegt.

Glänzendes Surfrevier

▶ RINGKØBING ERLEBEN

AUSKUNFT

Ringkøbing Turistservicekontor
Torvet 22
Tel. 70 22 70 01, Fax 97 32 49 00
www.visitvest.dk

ÜBERNACHTEN

► Komfortabel
Hotel Fjordgården
Vester Kær 28
Tel. 97 32 14 00, Fax 97 32 47 60
www.hotelfjordgaarden.dk

Das große, etwas kühle Tagungshotel am Ringkøbingfjord besitzt eine schöne Badelandschaft mit Sauna und Solarium.

Sehenswertes in Ringkøbing

✳
Stimmungsvolles
Ortsbild

Charakteristisch für das Stadtbild sind die dunkelroten Mauern, weißen Gesimse und Halbwalmdächer der **Kaufmannshöfe** vom Ende des 18. Jh.s, wie man sie noch in der Østergade 11, Nørregade 2 und Algade 4–6 findet. Beim Turistbureau erhält man einen Prospekt mit Vorschlägen für einen Rundgang durch die historischen Gassen. Ältestes Gebäude ist das Hotel Ringkøbing am Marktplatz, dessen Grundstein um 1600 gelegt wurde. Die ersten Häuser an der lebhaften Vester Strandgade Richtung Hafen stammen aus dem frühen 19. Jh., am markantesten ist das Zollamt von 1843. Einen Schwerpunkt des **Ringkøbing Museums** am Østerport bilden grönländische Exponate, eine Schenkung des Polarforschers Ludwig Mylius-Erichsen (1872–1907).

> **!** **Baedeker TIPP**
>
> ### Strandgaarden
>
> Knapp 12 km nordwestlich am Ufer des Vest Stadil Fjord erzählt der unter Denkmalschutz gestellte Dünenhof am Husby Klitvej 5 vom Leben an der Westküste vor über 100 Jahren. Hier kann man sehen, wie einst gefischt wurde und welche Rettungsgeräte bei den Strandungen zum Einsatz kamen. In der Webstube können Besucher beim Spinnen und Weben zuschauen, im Laden gibt es hübsche Spielsachen und Kunstgewerbe (Öffnungszeiten: April–Okt. Di.–So. 11.00–18.00 Uhr).

Rund um den Ringkøbing-Fjord

Fiske og
Familiepark
🕐

Am Hovervej 56 in Hee kann man zwischen 50 Attraktionen wählen, vom **Badespaß** über den Tierpark bis zum Autorennen (Öffnungszeiten: Mitte Mai–Anfang Sept. tgl. 10.00–17.00 bzw. 18.00 Uhr; www.familieparkwest.dk).

Rote Ziegeldächer und mit Kopfstein gepflasterte Gassen zieren
die traditionsreiche Kaufmannstadt Ringkøbing.

Den Altar der Kirche von **Ølstrup**, 14 km nordöstlich von Ringkøbing, schmückt ein Gemälde aus dem Jahr 1904 von Emil Nolde (1867–1956), auf dem Christus in Emmaus dargestellt ist. Weiter südlich am Fjordufer bei **Velling Mærsk** begleitet den Besucher das leise Surren von Dänemarks größtem Windenergiepark – hier werden jährlich fast 30 Gigawattstunden Strom produziert.

> **!** *Baedeker* TIPP
>
> **Fisch & Flug**
> Frühaufsteher aufgepasst: Die Fischauktion am Hafen in Hvide Sande beginnt werktags um 7.00 Uhr. Im Sommer werden täglich Rundflüge über den weiten Ringkøbing-Fjord von Stauning Rundflyvning angeboten (Special Guide, S. 13).

Am Flughafen von Stavning gibt es alte Doppeldecker, Starfighter und über **300 Modellflugzeuge** zu bestaunen.

Dansk Veteranflysamling

Schon 1898 erließ der dänische Staat eine Bestimmung zum Schutz der Vogelfauna von Tipperne am Südrand des Ringkøbingfjords. Heute leben hier seltene Gänse-, Schwan- und Entenarten, Rotschenkel, Säbelschnäbler und Alpenstrandläufer.

Tipperne

Weite Strandspaziergänge auf der Landenge Holmsland Klit, Reiten und Surfen gehören zum Urlaub in Hvide Sande, wo die Schiffe durch eine schmale Fahrrinne in die Nordsee gelangen. Das **Fiskeriets Hus** an der Nørregade 2b ist der Fischereiwirtschaft gewidmet. Jährlich im April feiert Hvide Sande das »Sildefestival«, Dänemarks größter Wettbewerb im Heringsfischen.

Hvide Sande

Im Strandvogthof, 6 km südlich am Sdr. Klitvej 87 in Haurvig, lebte 1890–1957 eine liebenswerte, aber auch bestimmte und zielstrebige Frau namens Abeline. Ihre gemütlichen Stuben sind heute Museum. Im Sommer wird hier noch **altes Handwerk** ausgeübt (Öffnungszeiten: Ostern, Mitte Mai–Mitte Okt. So.–Fr. 11.00–17.00 Uhr).

★ Abelines gård

⏲

Ringsted

P 23

Insel: Seeland   **Region:** Sjælland
Einwohnerzahl: 21 000

Drei große Thingsteine neben dem Rathaus erinnern an die ruhmreiche Vergangenheit, als hier die Thingstätte Seelands lag und Ringsted als eine der mächtigsten Städte Dänemarks galt. Bis 1341 war die Kirche Grablege der dänischen Könige. Auch die Umgebung ist reich an wichtigen kirchenhistorischen Zeugnissen.

Dank seiner zentralen Lage in der Inselmitte war Ringsted seit dem frühen Mittelalter die Verwaltungshauptstadt ► Seelands. Hier traf bis 1805 der seeländische Landsting alle politischen Entscheidungen.

Mittelpunkt der Insel

Sehenswertes in Ringsted

✳ Sct. Bendts Kirke

Durch eine schwere Eichentür betritt man das romanische Gottes-haus. Eine erste Klosterkirche wurde um 1080 aus Travertin erbaut. Nach der Heiligsprechung von Knud Lavard im Jahr 1169 veranlasste Valdemar I. den Bau einer neuen Kirche, die schon ein Jahr später mit großem Pomp eingeweiht wurde. Die sterblichen Überreste seines Vaters wurden am Hochaltar beigesetzt und bis 1341 blieb die Kirche bevorzugte **Grablege der dänischen Könige**, bevor der Dom in ▶Roskilde Mitte des 14. Jh.s diese Funktion übernahm. Nach einem Brand 1241 erhielt sie ihr frühgotisches Gewölbe und den gotischen Turm über der Vierung. Rechts neben dem Eingang nennt eine Aufstellung die 27 gekrönten Häupter, die hier ab 1182 ihre letzte Ruhe fanden. Im Chor bezeichnet eine reich verzierte Messingplatte das Grab von König Erik Menvedn († 1319) und seiner Gemahlin Ingeborg. Die bekannteste Persönlichkeit ist aber Königin Dagmar († 1212), die Gattin von Valdemar dem Sieger, in deren Grab man ein zart emailliertes byzantinisches Goldkreuz aus dem Jahr 1000 fand (Kopie in der Kirche). Das Dagmarkreuz ist heute ein beliebtes Brautgeschenk.

? WUSSTEN SIE SCHON …?

■ Blutige Fehden erschütterten auch Ringsted. 1131 wurde Herzog Knud Lavard wenige Kilometer außerhalb im Wald von Haraldsted das Opfer einer Verschwörung. Verantwortlich für den Mord war sein Vetter Magnus, der Sohn des alternden Königs Niel. Doch am Ende setzte sich Valdemar I., der Sohn Knud Lavards, im politischen Ränkespiel durch und konnte 1157 die dänische Krone entgegennehmen – die Goldene Zeit der Valdemare brach an. Weil angeblich Wunder am Grab von Knud Lavard geschahen, sprach Papst Alexander III. ihn 1169 heilig.

Museum, Vindmølle

Stadtgeschichte und Müllerei sind die Schwerpunkte des Museums am Køgevej 41. In der 1804 erbauten **Windmühle** wird ganzjährig Mehl aus biologisch angebautem Getreide gewonnen.

▶ RINGSTED ERLEBEN

AUSKUNFT

Ringsted
Turistinformation
Nørregade 100, Tel. 57 62 66 00
www.visitringsted.dk

ÜBERNACHTEN

▶ **Luxus**
Sørup Herregaard
Sørupvej 26
Tel. 57 64 30 02

Fax 57 64 31 73
www.sorup.dk
Auf dem alten Herrensitz einige Kilometer südlich der Stadt, dessen Geschichte bis ins 12. Jh. zurückreicht, setzt man auf französische und neue dänische Küche. Hallenbad, Sauna, Solarium und Tennisplatz des Hotels garantieren Entspannung.

Die romanische St.-Benedikt-Kirche gibt Zeugnis von den dramatischen Fehden zwischen Königen und Herzögen in Dänemark.

Phonographen und Grammophone, Röhrenradios und **erste Farb-fernseher** dokumentieren im Radiomuseum 100 Jahre Rundfunkge-schichte von 1880 bis 1980 (Öffnungszeiten: Febr. – Dez. Di. – Do., So. 11.00 – 16.00 Uhr).

Radiomuseum

Umgebung von Ringsted

Schöne Aussichten verspricht 15 km nördlich der Gyldenløves Høj, mit 126 m ü. d. M. der höchste Punkt Seelands.

Gyldenløves Høj

Knapp 8 km westlich von Ringsted steht eine der ältesten Landkir-chen Dänemarks. Die um 1125 geweihte doppeltürmige Kirche von Fjenneslev wurde im romanischen Stil aus Feld- und Kreidesteinen erbaut. Beachtung verdienen die zeittypischen Wandmalereien und ein Kruzifix von Claus Berg auf dem Altar.

Fjenneslev Kirke

Das benachbarte Bjernede besitzt mit seinem 1150 – 1175 erbauten Gotteshaus die einzige **Rundkirche** Seelands.

Bjernede

Schon 1161 hatten Zisterziensermönche westlich von Ringsted am Sorøsee unter der Schirmherrschaft von Bischof Absalon das Kloster Sorø gegründet, vom dem allerdings nur noch das Tor »Klosterpor-ten« und die der Jungfrau Maria geweihte Kirche erhalten sind. In der romanisch begonnenen und gotisch vollendeten Marienkirche sind bedeutende Dänen beigesetzt: Hinter dem Altar ruht der Grün-der von ► Kopenhagen, **Bischof Absalon** († 1201), daneben König Christoffer II. († 1332) und seine Gemahlin, außerdem König Valde-

Sorø

✶

◄ Kirke

mar IV. († 1375) und König Oluf III. († 1387). In der Querkapelle ist Dänemarks großer Komödiendichter **Ludvig Holberg** (►Berühmte Persönlichkeiten) beigesetzt, der auf dem nahen Gut Tersløsegård am Holbergsvej 101 seinen Lebensabend verbrachte, wo dem Meister ein kleines Museum gewidmet ist. Das spätgotische Triumphkreuz von 1530 in der Vierung stammt aus der Werkstatt von Claus Berg.

Akademi ► Eine der besten Internatsschulen des Landes ist die Akademie von Sorø, die König Frederik II. anno 1586 als Ritterakademie für Adlige ins Leben rief. Nach der Schließung 1665 erlaubten erst das Vermögen und die Bibliothek Ludvig Holbergs einen Neuanfang. Ihm zu Ehren wurde im Akademiegarten, der bis an das Ufer des Sorøsees reicht, eine Bronzestatue aufgestellt.

★ ★ Rømø

Q/R 3/4

Region: Syddanmark **Inselfläche:** 99 km²
Bewohnerzahl: 700

Feinsandig und endlos lang sind die Badestrände der größten dänischen Nordseeinsel, Teil des Nationalparks Wattenmeer und kurz hinter der deutschen Grenze gelegen. Viele Traumstrände sind so breit, dass sie mit Autos befahren werden können, nur der Abschnitt südwestlich von Lakolk und der Südstrand sind weitgehend autofrei. Fähren verkehren von Havneby nach List auf Sylt.

Ein besonderer Spaß auf der Insel: die Gokartartigen **Kitesegler**, die mit den Beinen gelenkt werden und für die es auf der Insel extra ein mehrsprachiges Faltblatt mit Verkehrsregeln gibt. Allerdings bläst im Sommer nicht selten eine steife Brise und ablandige Strömungen sind nicht zu unterschätzen. Hinter dem Strand finden Naturfreunde ausgedehnte Dünen und Strandsümpfe, gefolgt von Dünenwäldern und Heideflächen, im Osten kann man Marschland und Watt erkunden. Mit dem Festland ist die Insel seit 1948 durch den knapp 10 km langen Rømødamm verbunden, der während der Vogelflugzeiten im Frühling und Herbst auch einen sehr guten Standort für Vogelbeobachtungen abgibt.

Fähren verkehren regelmäßig von Havneby nach List an der Nordspitze von Sylt. Es gibt auch Fähren nach **Helgoland.** Das Seebadeschiff Adler Nordica legt jeden Sonntag von Juli bis September zum 70 km langen Törn ab, der ca. 4 Stunden

---

! **Baedeker** TIPP

Federleichte Himmelsstürmer

Auf Rømø hat der Wind das erste und das letzte Wort. Er hat die Insel nach der letzten Eiszeit aus Sand zusammengeblasen, er hält ihre Bewohner bis heute auf Trab und sorgt für besondere Vergnügen: Ein Riesenspaß für alle Altersgruppen ist das internationale Drachenfestival Anfang September, bei dem sich der Himmel mit bunten Fantasievögeln schmückt.

Jeden 1. Freitag im September wird es eng am Himmel über Rømø, wenn bunte Fantasievögel beim internationalen Drachenfestival aufsteigen.

dauert. Auf Helgloand haben die Reisenden drei Stunden Zeit, die Insel zu inspizieren. Dann geht es zurück nach Rømø (www.adler-schiffe.de).

Sehenswertes auf Rømø

Eine Blütezeit im 17.–19. Jh. verdankte die Insel dem Walfang vor Grönland und Spitzbergen. Von dieser Zeit berichtet der 1748 erbaute, reetgedeckte **»Kapitänshof«** am Juvrevej 60 von Toftum im Norden der Insel. Hier kann man auch das Skelett eines Pottwals bestaunen, der 1996 mit 15 Artgenossen bei Rømø strandete. Decken und Türen des Friesenhofes sind mit biblischen Motiven bemalt, die Außenwände mit holländischen Kacheln verkleidet (Öffnungszeiten: Mai–Sept. tgl. 10.00–18.00, April, Okt. tgl. 10.00–15.00 Uhr).

Wie schert man ein Schaf, welche Rassen gibt es und was lässt sich aus der Wolle herstellen? All das zeigt jedes Jahr im Juli der Schafsmarkt beim alten Walfängerhof, wo Leckeres aus Lammfleisch und Schafsmilch angeboten wird.

Durch weite Heideflächen geht es nach Süden zur St.-Clemens-Kirche von Kirkeby, die dem Schutzpatron der Seeleute geweiht ist. Sie stammt aus dem 16. Jh. und besitzt fünf **Votivschiffe**, die zum Dank für die Rettung aus Seenot von wohlhabenden Schiffsführern gestiftet wurden. In Wort und Bild erzählen die Grabsteine auf dem Friedhof vom Leben der Kapitäne.

Der moderne Fischereihafen im Süden der Insel ist Ausgangspunkt der Fähren nach Sylt. Etwas außerhalb am Borrebjergvej kann man im kleinen Freizeitpark Rømø Sommerland dörfliche Atmosphäre nebst **Badespaß** erleben. Und noch ein Tipp für Kinder: Das nahe gelegene **Danmarks Mekaniske Dukkemuseum** am Havnebyvej 227

Toftum

★

◄ Kommandor-
gården

◄ Schafsmarkt

◄ Kirkeby

Havneby

◄ Sommerland

▶ RØMØ ERLEBEN

AUSKUNFT

Visit Rømø
Havnebyvej 30, Tel. 74 75 51 30
Fax 74 75 50 31, www.romo.dk

ÜBERNACHTEN

► **Komfortabel**
Hotel Færgegården
Vestergade 1 (in Havneby)
Tel. 74 75 54 32, Fax 74 75 58 59
www.hotelfaergegaarden.dk
Das Hotel am Südende der Insel
wurde im früheren Wohnhaus
eines Kapitäns aus dem Jahr 1813
eingerichtet.

GOLF UND WELLNESS

Rømø Golf & Wellness
Rømø Golf & Wellness
Vestergade 31, Havneby
Tel. 70 23 77 47, Fax 70 23 77 46
www.rgw.dk
Wikinger-Wellness oder samische
Zen-Zeremonien? Dänemarks größtes
und spannendstes Spa eröffnete 2008
an der Südspitze der Insel als Teil von
Rømø Golf & Wellness – einem
Ressort mit 200 exklusiven Ferien-
häusern mit Hotel-Service, einem
27-Loch-Golfplatz und Gourmet-
gastronomie.

besitzt wunderschöne Puppen und mechanisches Spielzeug. Infos
über das Wattenmeer und geführte Wattwanderungen gehören zum
Programm des **Naturzentrums Tønnisgård** am Havnebyvej 30.

✶ ✶ Roskilde

O 25

Insel: Seeland   **Region:** Sjælland
Einwohnerzahl: 47 000

**Heute ist Roskilde Seelands größte Provinzstadt, Sitz einer Univer-
sität und maßgebendes Zentrum für Dänemarks Energie- und Um-
weltforschung. Ein Muss für alle Besucher sind der prächtige Dom
und das berühmte Wikingerschiffsmuseum am Roskildefjord. Legendär ist auch das jährliche Rockfestival (mehr dazu auf S. 348).**

**Stadt der
Könige und
Wikinger**

Der Sage nach wurde Roskilde von König Ro gegründet, historisch
belegt sind die Anfänge in der Wikingerzeit – im 1998 feierte man
das 1000-jährige Bestehen der Stadt. Um 1020 wurde die Stadt Sitz
der seeländischen Bischöfe und entwickelte sich zu einem wichtigen
Zentrum der Kirche und der königlichen Macht. Zeitweise war sie
Residenzstadt der dänischen Monarchen, 38 gekrönte Häupter sind
im Dom von Roskilde begraben. Mit bis zu 10 000 Einwohnern war
Roskilde im Mittelalter eine der größten Städte Nordeuropas und
besaß alle Chancen, auch Dänemarks Hauptstadt zu werden, bevor
►Kopenhagen aufgrund seines besseren Hafens den Vorzug erhielt.

Copenhagen Airport Roskilde, 8 km südlich der Stadt, ist der Provinzflugplatz für Seeland und die Außenbezirke Kopenhagens. Regelmäßig fliegen Maschinen zu den Inseln Ærø, Samsø, Læsø und Anholt. Roskilde verfügt über gute regionale Bus- und Bahnverbindungen – die erste Eisenbahnlinie Dänemarks wurde übrigens 1847 zwischen Kopenhagen und Roskilde eröffnet. 1997 erhielt die Stadt einen neuen Jachthafen.

Verkehr

Sehenswertes in Roskilde

Der St.-Lukas-Dom, eine mächtige rote **Backsteinkathedrale** mit schlanken Turmspitzen, gehört zu den Nationaldenkmälern Dänemarks und steht auf der Liste des **UNESCO-Weltkulturerbes**. Schon 960 soll Harald Blauzahn, der Herrscher, der die Dänen taufen ließ, hier eine Holzkirche gestiftet haben. Sicher ist, dass man um 1030 begann, eine Steinkirche zu errichten. In den folgenden Jahrhunderten erlebte die Stadt ihre Blütezeit, war Zentrum der Geistlichkeit, die über große Macht und Reichtum verfügte, vor allem, als König Valdemar einen jungen Priester mit Pariser Schulung zum Bischof wählen ließ: Absalon aus dem Geschlecht der Hvide (1128 – 1201). 1168 schenkte Valdemar seinem Günstling die Stadt und Burg Havn. Absalon wurde damit zum eigentlichen Gründer ► Kopenhagens, denn die heutige Hauptstadt war damals ein völlig unbedeutendes Fischerdorf. Das Machtzentrum lag in Roskilde. Die Wende kam 1536 mit der Reformation: 11 Pfarrkirchen und alle Klöster von Roskilde wurden eingezogen. Noch einmal stand Roskilde 1658 im Brennpunkt, als im Dom der Friedensvertrag zwischen Dänemark und Schweden unterzeichnet wurde. Durch ihn verlor Dänemark seine Besitzungen jenseits von Kattegat und Øresund.

In seinen Grundzügen stammt der Sakralbau aus der Zeit Bischof Absalons: 1170 wurde mit dem Bau im romanischen Stil begonnen, später Kapellen und Anbauten in den jeweils herrschenden Stilarten ergänzt, sodass der Dom heute ein einzigartiges architekturhistorisches Denkmal darstellt. Die beiden Westtürme wurden im 14. Jh. angefügt, ihre mit Kupfer verkleideten Helme 1635 und 1636.

Seit Anfang des 15. Jh.s diente der Dom als letzte Ruhestätte dänischer Monarchen. Die Alabaster- und Marmorgrabmäler von 38 dänischen Königinnen und Königen – von **Margrethe I.** (†1412) bis zur **Königinmutter Ingrid** (†2000) – sind Hauptanziehungspunkt der Kirche. Der Sarg Frederiks IX. (†1972), der zuerst in einer der Grabkapellen stand, erhielt 1985 eine eigene Grabstätte außerhalb des Doms – ein Oktogon aus Handstrichziegeln. Am 15. Nov. 2000 wurde hier Königin Ingrid neben ihrem Ehemann beigesetzt. Als wertvollstes Stück gilt die Liegefigur Margrethes I. (1414) hinter dem Hochaltar.

★ ★
Roskilde Domkirke

🕐
Öffnungszeiten:
April – Sept.
Mo. – Sa.
9.00 – 17.00,
So. 12.30 – 17.00,
Okt. – März Di. – Sa.
10.00 – 16.00,
So. 12.30 – 16.00
www.roskilde
domkirke.dk

★ ★
◄ Grabstätten der Könige

NICHT VERSÄUMEN

- Grabmal Margrethes I.
- Königssäule in der Dreikönigskapelle
- Barockorgel

DOM VON ROSKILDE

✶✶ Mehr als 800 Jahre Architekturgeschichte spiegeln sich im mächtigen Dom von Roskilde wider. Das um 1170 begonnene Bauwerk ist die größte Kirche Dänemarks, Grablege der Könige und UNESCO-Weltkulturerbe.

🕐 Öffnungszeiten:
► S. 341

① Königsportal
Das Portal zwischen den beiden Westtürmen wird nur bei fürstlichen Begräbnissen geöffnet.

② Kapelle Christians IV.
Die prachtvolle Kapelle des Renaissancefürsten schmücken Wandmalereien von Wilhelm Marstrand und eine Bronzestatue des Königs von Bertel Thorvaldsen.

③ Königssäule
Die Rippengewölbe der Dreikönigskapelle ruhen auf einer Granitsäule. An ihr ist die Länge verschiedener Könige abzulesen – als Längster hat sich Christian I. mit gut 2,10 m eingetragen, sein Skelett misst allerdings nur knapp 1,90 m. Er ist hier mit seiner Gemahlin beigesetzt.

④ Dommuseum
Im Rittersaal über der Kapelle der Heiligen Drei Könige kann man die Baugeschichte der Domkirche anhand vieler Modelle nachvollziehen.

⑤ Kapelle Frederiks V.
Kuppel und hoch sitzende Fenster verleihen der klassizistischen Grabkapelle ein intensives Licht.

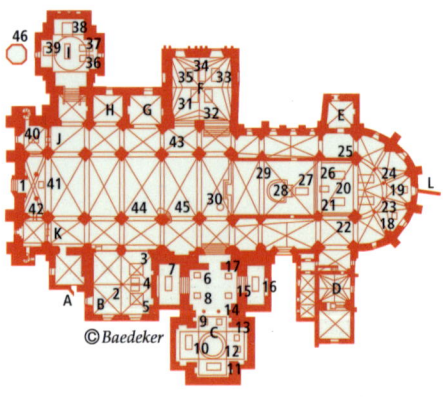
© Baedeker

A Eingang
B Dommuseum über der Kapelle Christians I. (Dreikönigskapelle)
C Kapelle Frederiks V.
D Kapitelhaus
E Oluf-Mortensen-Vorhalle
F Kapelle Christians IV.
G St.-Andreas-Kapelle
H St.-Birgitte-Kapelle
I Kapelle Christians IX.
J Nördliche Turmkapelle
K Südliche Turmkapelle
L Absalonsbogen

1 Hauptportal
2 Königssäule
3 Grabmal für Christian III. und Königin Dorothea
4 Gräber für Christian I. und Königin Dorothea
5 Grabmal für Frederik II. und Königin Sophie
6 Sarg für Caroline Amalie
7 Sarkophag für Sophie Magdalene
8 Sarg für Christian VIII.
9 Sarg für Marie Sophie Frederikke
10 Sarkophag für Königin Louise
11 Sarkophag für Frederik V.
12 Sarg für Juliane Marie
13 Sarg für Christian VII.
14 Sarg für Frederik VI.
15 Sarg für Louise Charlotte

16 Sarkophag für Christian VI.
17 Sarg für Frederik VII.
18 Helhestens Sten
19 Grabstein für Bischof Peder Jensen Lodehat
20 Grabmal für Herzog Christopher
21 Sarkophag für Frederik IV.
22 Pfeiler mit Gebeinen von Svend Estridsen
23 Sarkophag für Christian V.
24 Sarkophag für Charlotte Amalie
25 Pfeiler mit Gebeinen von Estrid (Schwester Knuds d. Gr.)
26 Sarkophag für Königin Louise
27 Sarkophag für Königin Margrethe
28 Hochaltar
29 Chorgestühl von 1420
30 Taufstein
31 Sarkophag für Frederik III.

32 Sarkophag für Sophie Amalie
33 Sarg für Anne Cathrine
34 Sarg für Christian IV.
35 Sarg für Prinz Christian
36 Sarkophag für Königin Alexandrine
37 Sarkophag für Christian X.
38 Doppelsarkophag für Christian IX. und Königin Louise
39 Doppelsarkophag für Frederik VIII. und Königin Louise
40 Sarkophag für Anne Sophie Reventlow
41 Kirsten Kimer, Per Døver und St. Jørgen
42 Rüstung von Vincentz Hahn
43 Königsempore
44 Orgel (1554–1654)
45 Kanzel (17.Jh.)
46 Grab für Frederik IX. und Königin Ingrid

Hinter dem Hauptaltar steht der Marmorsarkophag für Königin Margrethe I., eine gotische Alabasterarbeit des Lübeckers Johannes Junge (1414).

Der dreiflüglige Altar entstand 1560 in Antwerpen und ist aus Eichenholz geschnitzt.

Im Dommuseum ist eine Kopie des goldenen Kleids von Königin Margrethe I. zu bewundern.

ählen fs aus ment.

Prächtiges Renaissance-Grabmal für Christian IV.

① ② ③ ④

© Baedeker

Über dem Chorgestühl er mittelalterliche Holzreli dem Alten und Neuen Test

An der Nordwand sieht man die Königsempore und den reich ver-zierten Stuhl Christians IV. aus der Renaissance. Gegenüber fällt der Blick auf die berühmte Barockorgel aus dem 16. Jh., die vor ei-niger Zeit umfassend restauriert wurde. Ein Ohrenschmaus sind die **kostenlosen Orgelkonzerte** internationaler Solisten (im Som-mer jeden Donnerstag um 20.00 Uhr).

✱
Barockorgel ▶
◷

Chorgestühl ▶ Über dem wunderschön geschnitzten Chorgestühl aus der Mitte des 15. Jh.s erzählen Holzreliefs aus dem Alten und Neuen Testa-ment. Der **vergoldete Flügelaltar** aus dem 16. Jh. ist eine Arbeit aus Antwerpen, die ursprünglich für die Schlosskirche von Freder-iksborg Slot (▶Hillerød) vorgesehen war. Ansehen sollte man sich auch das Bronzetaufbecken von 1602 und die 1609 aufgestellte Sandsteinkanzel mit Marmordekor. Das Dommuseum im Ritter-saal berichtet über Einzelheiten der Kirchengeschichte.

Roskilde-Palais In dem 1733 von Laurids Thura entworfenen Barockpalast fanden 1835 – 1848 die Ständeversammlungen statt, wurde 1849 die neue dänische Verfassung verabschiedet. Seit 1923 war das Palais bi-schöfliche Residenz. Heute präsentiert hier das **Museet for Sam-tidskunst** zeitgenössische Kunst und junge Filmarbeiten. Das **Mu-seum Palæsamlingerne** zeigt wertvolle Interieurs des 18. und 19. Jahrhunderts, der Verein Roskilde Kunstforening veranstaltet im Palaisflügel Wechselausstellungen, Konzerte und Vorträge.

Roskilde-museum
◷
Mit umfangreichen archäologischen und ethnologischen Samm-lungen dokumentiert das Museum die **Stadtgeschichte** von der Steinzeit bis heute (Öffnungszeiten: tgl. 11.00 – 16.00 Uhr).

Rådhus, St. Laurentii Nur der über 500 Jahre alte Turm des 1880 erbauten Rathauses zeugt noch von der mittelalterlichen Laurentiuskirche (1125) am Stændertorvet. Reste der im 16. Jh. abgerissenen Kirche sind in der 1998 unter dem Marktplatz ausgegrabenen Ruine zu besichtigen (Schlüssel im Rathausturm). Mittwochs und samstags findet auf dem Stændertorvet ein **Wochenmarkt** vor historischer Kulisse statt.

✱
Lützhøfts Købmandsgård
◷
Weiter geht es durch die hübsche Skomagergade, Roskildes Fuß-gängerzone. Am Ende biegt man links in die Ringstedgade ein. Wie anno dazumal duftet es im **Kaufmannsladen** Haus Nr. 6–8, wo Salzheringe und Stockfisch, Würste nach Großmutters Rezept und köstliche Bonbontüten über den Tresen gereicht werden (Öff-nungszeiten: Mo. – Fr. 11.00 – 17.00 Uhr, Sa. 10.00 – 14.00 Uhr).

Håndværks-museet
◷
Von **Zimmerleuten**, Schreinern und Fassbindern berichtet südlich das Museum in der Ledreborg-Holzhandlung, Ringstedgade 68 (Öffnungszeiten: Mo. – Fr. 11.00 – 17.00, So. 10.00 – 14.00 Uhr).

Vor Frue Kirke Aus dem späten 11. Jh. stammt die **Liebfrauenkirche** an der Frue-gade im Süden der Altstadt. Sie wurde, so berichtet der dänische

Roskilde Orientierung

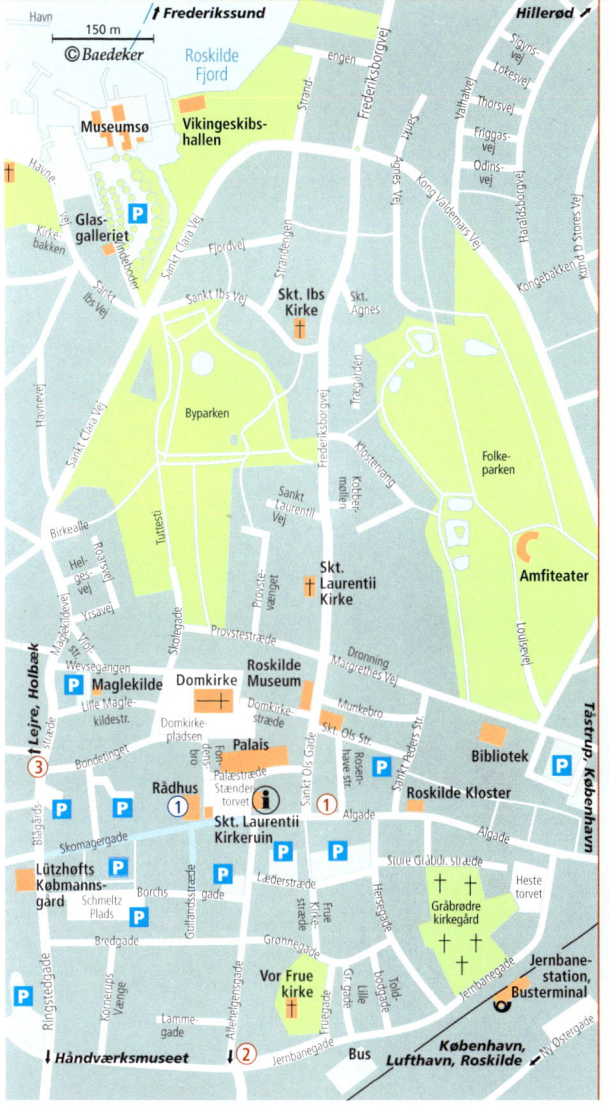

Havn
↑ **Frederikssund**   **Hillerød** ↗
150 m
© *Baedeker*
Roskilde
Fjord

Museumsø   **Vikingeskibs-hallen**

Glas-galleriet

Skt. Ibs Kirke   Skt. Agnes

Byparken

Folke-parken

Amfiteater

Skt. Laurentii Kirke

Maglekilde   **Roskilde Museum**   **Domkirke**

Palais

Rådhus   Stændertorvet   **Skt. Laurentii Kirkeruin**

Bibliotek

Roskilde Kloster

Algade

Lützhøfts Købmanns-gård

Gråbrødre kirkegård   Heste torvet

Vor Frue kirke

Jernbane-station, Busterminal

↓ **Håndværksmuseet**   ↓ ②   Bus   **København, Lufthavn, Roskilde** ↗

↓ **Lejre, Holbæk**   ③   **Tåstrup, København**

Essen
① Raadhus-kælderen

Übernachten
① Hotel Prindsen
② Scandic Hotel Roskilde
③ Svogerslev Kro

Geschichtsschreiber Saxo († 1220), um 1080 von Bischof Sven Normand aus Quellkalkstein errichtet. Die Schnitzereien der Kirchenbänke sind ein Werk des Roskildemeisters Caspar Luebbeke.

● ROSKILDE ERLEBEN

AUSKUNFT

Roskilde
Stændertorvet 1
Tel. 46 31 65 65. Fax 46 31 65 60
www.visitroskilde.com

Holbæk
Jernbaneplads 3
Tel. 59 43 11 31, Fax 59 44 27 44
www.visitholbaek.dk

ESSEN

▸ Erschwinglich

① **Raadhuskælderen**
Stændertorvet/Fondens Bro 1
Tel. 46 36 01 00
www.raadhuskaelderen.dk
Nettes Restaurant mitten in der Stadt.
Bei schönem Wetter genießt man
internationale und dänische Küche
im Garten mit Blick auf den Dom.
Kleine Gerichte im Bistro.

ÜBERNACHTEN

▸ Luxus

① **Hotel Prindsen**
Algade 13, Tel. 46 30 91 00

Fax 46 30 91 50, www.prindsen.dk
Eines der ältesten Gasthäuser des
Landes, gediegene Einrichtung,
mehrere Zimmer mit Blick auf den
Dom. Für große Feiern: die in
Zusammenarbeit mit dem National-
museum renovierte »Golden Age
Hall«. In der Brasserie kann man
zu erschwinglichen Preisen speisen.

▸ Komfortabel

② **Scandic Hotel Roskilde**
Tel. 46 32 46 32
Fax 46 32 02 32
www.scandic-hotels.com
Haus mit allen Annehmlichkeiten
eines modernen Business-Hotels;
15 Minuten bis zur Innenstadt.

③ **Svogerslev Kro**
Svogerslev, Svogerslev Hovedgade 45
Tel. 46 38 30 05, Fax 46 38 30 14
www.svogerslevkro.dk
Der gemütliche rote Fachwerkbau in
ruhiger Umgebung liegt 4 km westlich
der Stadt. Probieren Sie im Restaurant
den Lachs mit Avocadomousse.

Byparken und Sct. Ibs Kirke	Vom Byparken im Norden der Stadt hat man einen weiten Blick über die geschichtsträchtige Fjordlandschaft. Am Nordende des Parks führt der Sct. Ibs Vej zur gleichnamigen romanischen Kirche, in der Überreste mittelalterlicher Fresken erhalten sind.
Sct. Jørgensbjerg Kirke	Die ältesten Teile des Sakralbaus oben auf dem aussichtsreichen Sct. Jørgensbjerg sind Chor und Schiff (11. Jh.). Durch die schlanken Rundstäbe in den Ecken und an den Längswänden im Hauptschiff wirkt das Gotteshaus wie eine versteinerte Stabkirche.
✳ ✳ **Vikingeskibs-museet**	Neben dem **Wikingerschiffsmuseum** von Oslo vermittelt die Schiffs-halle von Roskilde, die 2009 mit einer neuen Ausstellung über den Havingsten fra Glendalough (den »Hengst von Glendlough«) und dessen Fahrt nach Dublin 40-jähriges Bestehen feierte, den den bes-ten Überblick über den Schiffbau der Wikinger (▸Baedeker Special,

S. 38). Die Anlage erstreckt sich direkt am Fjordufer mit herrlichem Ausblick über das Wasser.

In der Halle befinden sich fünf 1962 gehobene und **restaurierte Wikingerschiffe** aus der Zeit zwischen 1000 und 1050. Sie waren mit Steinen beschwert bei Skuldelev im Roskildefjord als Sperre der wichtigen Fahrrinne versenkt worden, um den Verkehr auf dem Fjord zu kontrollieren und Roskilde vor feindlichen Angriffen von See zu schützen. Jedes Schiff erzählt auf andere Weise von ausgedehnten Handelsreisen, wilden Beutezügen und dem Leben der Fischer. Im Einzelnen handelt es sich um ein knapp 18 m langes Kriegsschiff, das ca. 30 Mann Besatzung hatte, die Skuldelev II (siehe S. 352), zwei Handelsschiffe (14 bzw. 16,5 m) mit einer Nutzlast von 4 t bzw. 20 t, und ein Fischerboot von 12 m Länge – im Øresund gab es damals große Heringsschwärme. Außerdem beschäftigt sich die Ausstellung mit der Wikingerzeit.

Spannende Bauaktivität verspricht die **Bootswerft**, wo mit Werkzeug und Methoden wie zu Zeiten der Wikinger Repliken der Frachtschiffe Skudelev I und II, Kraka Fyr gebaut wurden und 2010 mit Skudelev VI ein weiterer Nachbau auf Kiel gelegt wurde. In den gegenüberliegenden Werkstätten kann man im Sommer die Kunst der Seilerei und Segelmacherei erproben oder vom Dörrfisch aus der Provianttonne kosten. Wie 1997 gehobene Wrackteile weiterer Schiffe untersucht und datiert werden, sehen Besucher in der archäologischen Werkstatt. Im neuen Hafen liegen die nachgebauten Schiffe »Helge Ask« und »Roar Ege« sowie der restaurierte Einmaster »Ruth« vor ◄ weiter auf S. 350

! **Baedeker** TIPP

Glasgalleriet

Im ehemaligen Glaswerk am Sct. Ibs Vej 12 kann man heute Glasbläsern bei der Arbeit zusehen und schöne Mitbringsel einkaufen (Öffnungszeiten: tgl. 10.00 bzw. 13.00 – 16.00 Uhr).

Wie in den 1920er-Jahren: Lützhøfts Kaufmannshof

ROCK IN ROSKILDE

Seit mehr als 40 Jahren bildet das Rockfestival von Roskilde einen festen Bestandteil im dänischen Kulturkalender. Bei diesem grandiosen Open-Air-Konzert, zu dem Superstars und Newcomer der Musikszene auftreten, stehen wirtschaftliche Interessen erfreulicherweise nicht im Vordergrund.

Im Jahr 1970, ein Jahr nach dem legendären Woodstock-Festival, ging in Roskilde zum ersten Mal ein Riesen-Open-Air-Konzert über die Bühne. Rasch avancierte es zu einem festen Bestandteil der europäischen Musikszene und zählt heute neben der Love Parade von Berlin zum bedeutendsten Open-Air-Festival Europas. Jahr für Jahr erscheinen am **ersten Wochenende im Juli** Abertausende von Musikfans, um hier vier Tage lang Rock, Pop, Blues, Jazz, Folk und Techno voll zu genießen.

Stars und Newcomer

»Viele Leute von heute und morgen und ein paar von gestern«, lautet die Devise der Veranstalter, nach der alljährlich Bands und Solisten aller Stilrichtungen nach Roskilde eingeladen werden. Neben Supergrößen der Rock- und Popszene bekommen unbekannte Musiker die Chance, auf sich aufmerksam zu machen. Auch Theaterensembles und Performance-künstler geben in der Zeltstadt ihr Bestes, sogar ein klassisches Philharmonieorchester ist schon aufgetreten.

Monumentale Aufmachung

Natürlich reicht für die pro Jahr inzwischen weit über 100 agierenden Solisten und Gruppierungen nicht mehr, wie im Anfangsjahr 1971, als nur (!) 10 000 Fans anreisten, eine einzelne Bühne aus. **Sieben Bühnen**, verteilt auf einem Quadratkilometer Festivalgelände, bieten absoluten Musikgenuss. Selbst im hintersten Winkel erlebt man das Geschehen auf der Bühne dank Übertragung auf **Groß-bildleinwände** live mit. Wahrzeichen des Festivals ist das an drei Masten aufgehängte orangefarbene Zelt, das allerdings nur die Hauptbühne überdacht, nicht die Zuhörer. Daneben gibt es noch andere unterschiedlich große Zeltbühnen, die den Fans auch Schutz vor Wind und Wetter bieten.

Freiwillige Helfer

Um die Organisation und reibungslosen Ablauf von Dänemarks größtem Rockfestival kümmern sich über **20 000 freiwillige Helfer**, Mitglieder von Vereinen aller Art aus der Umgebung wie Umweltschutzgruppen, Frauenorganisationen oder multikul-

Superstars und Newcomer:
Das Roskilde Festival ist für
alle eine angesagte Bühne.

turelle Freundschaftsverbände. Sie gestalten Programm und Marketing, kontrollieren den Einlass, reinigen Toiletten und Duschen, verkaufen Getränke und Essen, versorgen Fans, die ohnmächtig geworden sind. Die Besonderheit von Roskilde: weder Helfer noch der Organisator »Roskildefonden« wirtschaften in die eigene Tasche. Roskildefonden ist ein gemeinnütziger Verein, der die erwirtschafteten Gelder, die sich inzwischen nach jedem Konzert auf zweistellige Millionenbeträge belaufen, Jugendorganisationen, Kindergärten und anderen humanitären Einrichtungen zugute kommen lässt.

Die große Tragödie

Von einem tragischen Unglück überschattet wurde das Roskilde-Festival 2000. Beim Megakonzert der US-Rockband »Pearl Jam« in der Nacht zum 30. Juni entstand vor der Bühne plötzlich ein furchtbares Gedränge. **Panik** brach aus. Viele Fans stürzten im Schlamm, der nach Dauerregen entstanden war, zu Boden und wurden von den Nachfolgenden überrannt – neun junge Männer erstickten unter den Menschenmassen im Schlamm. Erschüttert brachen am Samstagvormittag Tausende Besucher ihre Zelte ab, Topgruppen wie »Oasis« und die »Petshop Boys« sagten aus »Respekt vor den Toten« ihre Auftritte ab. Das Festival jedoch ging weiter.

In Roskilde spielten schon Prince, Pattie Smith, Simple Minds, Bob Marley, Sting, Eric Clapton, Mike Oldfield und deutsche Stars wie Herbert Grönemeyer, BAP und Nina Hagen.

Keine 24 Stunden später tanzten dort wieder Tausende zu den Rockklängen einer Band. Wie man solchen Tragödien aber künftig besser vorbeugen kann, soll der »Roskilde 2000 Tragedy Fund« erforschen.

Vorverkauf

Kartenvorverkauf in
Deutschland: Tel. (01805) 10 14 14
Österreich: Tel. 0900 08 08 08
der Schweiz: Tel. 0900 800 800;
www.cts.de und www.ticketonline.de
Der Verkauf der 75 000 Eintrittkarten beginnt grundsätzlich am 1. Dezember. Offizieller Ticketpartner für den deutschsprachigen Raum ist www.eventim.de.

Die »Skuldelev 3« war vermutlich ein Küstenfrachtschiff.

Anker. Ein unvergessliches Erlebnis sind die in den Sommermonaten täglich angebotenen, einstündigen Segeltörns auf einem der offenen **Rahsegelboote** (Auskunft: Tel. 46 30 02 00; Öffnungszeiten: tgl. 10.00 bis 17.00 Uhr; www.vikingeskibsmuseet.dk).

Umgebung von Roskilde

Schiffsfahrten auf dem Roskildefjord

Auf derselben Route, die einst die Wikinger nahmen, um den Handelsplatz im Innern des Fjords zu erreichen, verkehren heute das Fährschiff »Harald Blåtand« und der nostalgisch anmutende Dampfer »Sagafjord« zwischen Roskilde und ► Frederikssund – wer Lust hat, kann das Fahrrad mitnehmen und den Fjord entlang zurückradeln. Im Winter liegt die »Sagafjord« als schwimmendes Restaurant im Hafen von Roskilde vor Anker.

Sagnlandet Lejre

Das historisch-archäologische Versuchszentrum an der Slangealleen 2, knapp 4 km nordwestlich von Lejre, zeigt, wie man früher lebte und arbeitete. Größte Attraktion ist ein **Eisenzeitdorf** mit vier rekonstruierten Häusern, Hütten, Feldern und Haustieren. Heiligtum war vor rund 2000 Jahren das Opfermoor, wo Schiffe, Waffen, Tiere, ja sogar Menschen den Göttern geopfert wurden. In den offenen **Werkstätten** kann man Töpfer, Weber und Schmied bei der Arbeit zusehen oder in einem ausgehöhlten Einbaum herumpaddeln. Die rekonstruierten Kleinbauernhöfe erzählen vom Leben auf dem Land vor 150 Jahren. Im Sommer finden zahlreiche Veranstaltungen zum Thema **»Ländlicher Alltag in Dänemark«** statt (Öffnungszeiten: Mai – Mitte Juni und Mitte Aug. – Mitte Sept. Di. – So. 10.00 – 17.00, Mitte Juni – Mitte Aug. und Mitte – Ende Okt. tgl. 10.00 – 17.00 Uhr; www.sagnlandet.dk).

mit einer Villa im englischen Stil erbauen. Die Parkanlage ist während der Sommermonate unter der Woche zugänglich. Alternative: die reizvollen Wanderwege in den östlichen Küstenwäldern. Der Rundblick über die Belten und das Kattegat lohnt die Anfahrt zum Leuchtturm Vesborg Fyr an der äußersten Südwestspitze der Insel.

Stavns Fjord ✳ Ein gutes Dutzend Inselchen gehören zum kleinen Archipel, das sich im Nordwesten zum Kattegat öffnet. Das Gebiet, in dem seltene Seevögel ein Refugium gefunden haben, steht unter Naturschutz und ist nur eingeschränkt zugänglich.

! *Baedeker* TIPP

Samsø Glas

Auf einem alten Bauernhof am Skollebakevej 19 in Brundy betreiben die beiden Schwestern Malene und Mette Find eine Glaswerkstatt mit Sinn fürs Funktionelle. Ihre klassischen Trinkgläser, individuell geformte Karaffen, Schalen und Lampen sind eine Augenweide und wunderschöne Souvenirs (Öffnungszeiten: Mi. – Sa. 13.00 – 17.00 Uhr, Telefon 86 59 34 14).

Im Naturhafen von **Langør** treffen sich die Freunde des Segelsports. Nur 11 m breit ist der Kanhave Kanal – schon zur Wikingerzeit die Verbindung zur Sælvig Bugt.

Dank seiner reetgedeckten Fachwerkhöfe am Dorfteich wurde **Nordby**, das, wie der Name sagt, im Norden liegt, 1990 zum »besterhaltenen Dorf Dänemarks« gekürt. Vom Aussichtsturm des 64 m hohen Ballebjergs sieht man bis zu den Moränenhügeln im Landschaftsschutzgebiet Nordby Bakker.

Silkeborg

K/L 10

Halbinsel: Jütland   **Region:** Midtjylland
Einwohnerzahl: 50 000

Die herrlichen Wälder und Seen von Silkeborg sind ein beliebtes Ausflugsziel. Bekannt ist die Kurstadt auch für ihr Süßwasseraquarium, zwei hervorragende Kunstmuseen und den Tollundmann, eine der besterhaltenen Moorleichen der Welt.

Hauptstadt des Seenhochlands Es war Michael Drewsen, der Mitte des 19. Jh.s dem erst 1840 von Christian VIII. gegründeten Städtchen am Langsø zum Aufschwung verhalf. Der Papierfabrikant wusste die Wasserkraft der Gudenå zu nutzen und Silkeborg entwickelte sich bald zum Zentrum des mitteljütländischen Seenhochlands.

Sehenswertes in Silkeborg

Hovedgården ✳✳ Im ältesten Gebäude der Stadt, einem 1767 am Seeufer erbauten Herrenhaus, zeigt das **Kulturhistorische Museum** eine eisenzeitliche

Sensation: die sehr gut erhaltene Moorleiche **»Tollundmann«** (Öffnungszeiten: täglich 10.00 – 17.00 Uhr).

Niels Frithiof Truelsen lieferte den Enwurf für das Museum Jorn in einem Park am Gudenåvej 9. **Die Frontfassade schmückt der Keramikfries** »Epokhé« nach Skizzen von Dubuffet. Ausgestellt sind Werke moderner Künstler seit den 1930er-Jahren, v. a. der Gruppe **CoBrA**, zu deren Gründungsmitgliedern der Maler, Bildhauer, Keramiker und Webkünstler Asger Jorn (1914 – 1973) zählte. Über 5500 Werke von 156 international hoch geschätzten Künstlern wie Emil Nolde, Max Ernst, Man Ray und Karel Appel sowie mehrere Hundert eigene Arbeiten hinterließ Asger Jorn seiner Heimatstadt Silkeborg, in der er 1933 mit einer Ausstellung seine Laufbahn begonnen hatte. Später entwickelte Jorn zusammen mit den späteren CoBrA-Künstlern Ejler Bille, Henry Heerup, Egill Jacobsen und Carl-Henning Pedersen einen eigenen spontan-abstrakten Stil. Zwei seiner Hauptwerke werden präsentiert: das Monumentalgemälde »Stalingrad« und der 14 m lange Gobelin »Die lange Reise«. Werke der Künstlergruppe CoBrA zeigt das CoBrA-Forum mit modernen Medien und Materialien aus dem Archiv (Öffnungszeiten: Di. – So. 10.00 – 17.00 Uhr, www.museumjorn.dk). ⊙

✱ ✱
Kunstmuseum

? | WUSSTEN SIE SCHON …?

■ Als der Tollundmann 1950 aus dem Moor geborgen wurde, glaubte man zuerst an einen Mord und verständigte die Polizei: Das Opfer hatte nämlich einen Lederstrick um den Hals. Wie Gerichtsmediziner herausfanden, kam er durch Erhängen ums Leben, doch schon vor 2200 Jahren. Archäologen vermuten, dass der 40-Jährige den Göttern geopfert wurde. Seine letzte Mahlzeit: eine Suppe aus Getreide, Leinsamen und Vogelknöterich.

Im Kunstmuseum von Silkeborg sind Werke hochkarätiger Künstler ausgestellt wie Max Ernst und die CoBrA-Mitglieder Asger Jorn und Ejler Bille.

▶ SILKEBORG ERLEBEN

AUSKUNFT
Havnen, Åhavevej
Tel. 86 82 19 11, Fax 86 81 09 83
www.silkeborg.com

ÜBERNACHTEN

▶ Komfortabel
Gl. Skovridergaard
Marienlundsvej 36
Tel. 87 22 55 00, Fax 87 22 55 11
www.glskov.dk/dk

Alter Fachwerkhof am Stadtrand,
68 modern-elegante Zimmer, spannende Kunst und gehobene Küche.

▶ Günstig
Himmelbjerget
Ry, Himmelbjergvej 20
Tel. 86 89 80 45, Fax 86 89 87 93
www.hotel-himmelbjerget.dk
Gutes Restaurant mit Aussichtsterrasse.

Silkeborg Bad   Silkeborgs zweite Kunst-Top-Adresse ist die ehemaliger Wasserkuranstalt Silkeborg Bad in einer weitläufigen Parkanlage am Ørnsø: zeitgenössische Kunst aus Skandinavien und aller Welt. Wahrzeichen des KunstCentret Silkeborg Bad ist der »Vandmanden«, der aus den Poren seines blauen Körpers Wasserfontänen sprüht (Gjessøvej 40, Öffnungszeiten: Mai – Sept. Di. – Fr. 10.00 – 16.00, Sa., So. 11.00 bis 17.00, Okt. – April Di. – Fr. ab 12.00 Uhr; www.silkeborgbad.dk).

AQUA   Nordeuropas größtes Süßwasseraquarium (Vejlsøvej 55) verspricht eine spannende Reise in **dänische Gewässer** (Öffnungszeiten: Juni – Aug. tgl. 10.00 – 18.00, Sept. – Mai Mo. – Fr. 10.00 – 16.00, Sa., So. 10.00 – 17.00 Uhr; www.ferskvandscentret.dk).

Umgebung von Silkeborg

Ausflug zum Himmelbjerget   Von Silkeborg fährt im Sommer der **älteste originale Raddampfer der Welt**, der 1861 gebaute »Hjejlen« (www.hjejlen.com; Anleger im Museumspark), auf der Gudenå zum 147 m hohen Himmelbjerget. Dabei passiert man zwei weitere Himmelbergseen, den Brassø und den Borresø. Majestätisch erhebt sich der Himmelbjerget über dem Julsø, Teil einer schönen Wald- und Seenlandschaft, die sich östlich bis Skanderborg (▶ Århus, Umgebung) fortsetzt. Man kann einem Wanderweg folgen, ein Kanu mieten oder die Angel auswerfen. Ganz in der Nähe des Himmelberg-Turmes erinnert ein Denkmal an den Dichter **Steen Steensen Blicher** (▶ Herning), der hier im 19. Jh. seine Versammlungen abhielt.

! *Baedeker* TIPP

River-Boat Jazzfestival
Jährlich im Juni wird auf den Schiffen am Hafen von Silkeborg, den Plätzen und Straßen der Stadt von früh bis spät gejazzt. Zu dem Event reisen über 70 Bands aus der ganzen Welt an. Termine und Infos unter www.riverboat.dk.

Der Weg am Südhang entlang führt rund 15 km weiter nach Gammel Rye, das einst Hauptort und Thingstätte von Mitteljütland war. Über die Blütezeit des Holzschuhhandels im 19. Jh. erzählt das **Mølle- og Træskomuseum** am Møllestien.

Gammel Rye

140 seltene europäische und amerikanische Oldtimer von 1900 bis 1948 findet man rund 15 km nordöstlich von Silkeborg im Jütländischen Automobilmuseum am Skovvejen in Gjern (Öffnungszeiten: Mitte März – Mitte Mai, Sept., Okt. Sa./So. 10.00 – 17.00, Mitte Mai bis Aug. tgl. 10.00 – 17.00 Uhr, www.jyskautomobilmuseum.dk).

Gjern

🕐

Sjælland · Seeland

K–S 18–29

Region: Sjælland **Inselfläche:** 7026 km²
Bewohnerzahl: 2,2 Mio.

Auf Seeland wohnt fast die Hälfte aller Dänen – und die meisten davon natürlich in Kopenhagen. Seeland ist aber nicht nur Einzugsgebiet der Hauptstadt, es bietet auch wunderschöne Ausflugsziele, Kulturereignisse und ein Stück der schönsten Natur des Landes.

Seit 1998 gelangen Autofahrer in zehn Minuten von Seeland über die neue Storebæltbrücke nach ►Fünen. Die Fähren haben inzwischen den Betrieb eingestellt. Dem Brückenschlag über den Großen Belt folgte im Jahr 2000 die Verbindung über den Øresund, sodass Kopenhagen, Oslo und Stockholm nun direkt per Auto und Eisenbahn mit dem europäischen Festland verbunden sind (►Baedeker Special, S. 30). Im Süden Seelands stellen Storstrømmenbrücke und Farøbrücke eine Verbindung nach ►Falster und die Ulvsundbrücke eine Anbindung an ►Møn her.

Der Abschied vom Inselleben

Dominierendes Zentrum der größten dänischen Insel ist die charmante Hauptstadt ►Kopenhagen. Ihre Villenvororte reichen im Norden fast bis nach ►Helsingør, wo das Hamletschloss Kronborg über den Øresund wacht. Im benachbarten ► Hillerød steht der wohl prächtigste Renaissancebau Dänemarks: Schloss Frederiksborg. Einzigartig ist das Louisiana Museum für moderne Kunst in Humlebæk. ► Roskilde ist berühmt für seinen Dom, die spannende Wikingerschiffshalle und das spektakuläre Roskilde-Festival. Im benachbarten Lejre Forsøgscenter wird die Eisenzeit wieder lebendig, Schloss Ledreborg weiter westlich gehört zu den besterhaltenen Rokokoanlagen Nordeuropas. In ►Køge findet man das älteste Fachwerkhaus Dänemarks, auf der Ringburg Trelleborg bei ►Slagelse sind die Wikinger präsent, im traditionsreichen Holmegårdglaswerk bei ► Næstved kann man Glasbläsern bei der Arbeit zusehen. Und im Märchenland von ►Ringsted sind die Kleinsten allemal die Größten. Nationalhis-

Königliches und grünes Seeland

»Joanna« heißt die Replik eines norwegischen Dingi aus der Zeit um 895, das vor der Wikingerschiffshalle in Roskilde steht.

torische Bedeutung hat eine reetgedeckte Villa in Hundested. Dorthin zog sich der Polarforscher Knud Rasmussen nach seinen Reisen durch Grönland zurück. Auf Seeland erreicht man in kürzester Zeit kilometerlange Sandstrände und endlose Dünenlandschaften. Hier kommen alle Urlauber auf ihre Kosten – Sonnenanbeter und Wasserratten, Freunde des Angelsports, Surfer und Freizeitkapitäne.

★ ★ Skagen

A 16

Halbinsel: Jütland	**Region:** Nordjylland
Einwohnerzahl: 9000	

Wo Skagerrak und Kattegat zusammentreffen, bildet Skagen die Spitze Dänemarks. Berühmt ist das Licht von Skagen, das viele Künstler inspirierte, und die herrliche Dünen- und Heidelandschaft. Wer noch ein Mitbringsel sucht, sollte in den zahlreichen Werkstätten vorbeischauen, wo man bei der Verarbeitung von Glas, Keramik und Bernstein zusehen kann.

Die Spitze Dänemarks

Herzstück von Skagen ist der Hafen, in dem **Fischkutter und Segeljachten** vor Anker gehen. Am Kai fällt der Blick auf die malerischen alten Fischpackhäuser, die der Künstler Th. Bindesbøll entwarf – eine ausgezeichnete Adresse, um frischen Fisch zu essen. An Wochentagen wird hier morgens ab 7.00 Uhr kistenweise Fisch ersteigert. Niedrige, gelb getünchte Häuschen aus der Zeit um 1900 mit roten Ziegeldächern, deren Kanten schneeweiße Schmuckborten tragen, findet man in **Gammel Skagen**. Skagens Museen, die ihren Ursprung in der Künstlerepoche der vorigen Jahrhundertwende haben, zählen vor allem durch den Mythos der Skagen-Maler (▶ S. 54) zu den meistbesuchten in Dänemark. Ungetrübte Badefreuden versprechen derweil die **endlosen Sandstrände** der Umgebung. Surfer finden optimale Verhältnisse, und die vielen Wracks vor der Küste bieten Tauchern ein lohnendes Ziel. Die wunderbare Landschaft sollte man mit dem Fahrrad oder auf Schusters Rappen erkunden, für Nervenkitzel sorgen Sportarten wie Paragliding und Drachenfliegen.

Sehenswertes in Skagen

Das vor gut 100 Jahren, nämlich 1908 gegründete Museum am Brøndumsvej 4 besitzt rund 1800 Gemälde, Zeichnungen und Skulpturen von Künstlern, die zwischen 1830 und 1930 in Skagen gewirkt haben. Besonders die **Skagenmaler** (▶ auch S. 55) sind vertreten, darunter die Gründungsmitglieder der Künstlerkolonie P. S. Krøyer, Michael und Anna Ancher (Öffnungszeiten: Febr., April, Sept. – Nov. Di. – So. 10.00 – 17.00, Mai – Aug. tgl. 10.00 – 17.00, Mi. bis 21.00 Uhr, www.skagensmuseum.dk).

✳
Skagen-museum

◔

Hübsche gelb getünchte Häuschen gehören zum Ortsbild von Skagen, das in den Sommermonaten mehr Besucher als Einwohner zählt.

SKAGEN ERLEBEN

AUSKUNFT

Sct. Laurentii Vej 22
Tel. 98 44 13 77, Fax 98 45 02 94
www.skagen-tourist.dk

ESSEN

▶ **Erschwinglich**

Bodilles Kro

Østre Strandvej 11, Tel. 98 44 33 00
www.bodilles.com
Landschaftsbilder von Mitgliedern
der Künstlerkolonie Skagen hängen
an den Wänden des rustikalen
Wirtshauses in Hafennähe. Gekocht
wird wie zu Urgroßmutters Zeiten.
Tipp: das große Fischbuffet.

Aavangs Fiskehus

Fiskehuskajen 1–3, Tel. 98 44 14 33
www.fiskepakke.dk
Die liebevoll restaurierten Packhäuser
am Hafen bergen heute angesagte
Fischrestaurants wie Aavangs.

ÜBERNACHTEN

▶ **Komfortabel**

Strandhotellet

Jeckelsvej 2, Gammel Skagen
Tel. 98 44 34 99, Fax 98 44 59 19
www.strandhotellet.glskagen.dk
Die winzigen eingerichteten Zimmer
haben Meerblick, einfaches
Frühstück.

Anchers Hus Anno 1884 wurde das niedrige Haus am Markvej 2 vom Anna und
Michael Ancher erworben. Seit dem Tod ihrer Tochter Helga 1964 ist
🕐 das Künstlerheim Museum (Öffnungszeiten: Apr.–Sept. tgl. 10.00
bis 17.00 Uhr; www.anchershus.dk).

Skagens Ein Muss für Kinder: Am Oddevej 2A wird die Geschichte des **Ted-**
Bamsemuseum **dybären** erzählt (Öffnungszeiten: Mai–Sept. tgl. 10.00–17.00, Okt.
bis Apr. Mi.–So. 11.00–15.00 Uhr; www.skagensbamsemuseum.dk).

✳ Dänemarks größte **Bernsteinsammlung** mit Schmuck der Serie Ska-
Ravmuseet genrosen und Bernsteinschleifen für Kinder bietet das Museum am
Bankvej 2 (Öffnungszeiten: Aug.–Mitte Juni tgl. 10.00–17.00, Mitte
Juni–Juli tgl. 10.00–22.00 Uhr; www.ravmuseum.dk).

By- og Die Häuser P. K. Nielsensvej 8 und 10 dokumentieren das Leben ei-
Egnsmuseet nes armen und eines reichen Fischers. Informationen gibt es auch
über das Schmiedehandwerk (Öffnungszeiten: Nov.–Feb. Mo.–Fr.
10.00–16.00, März, April, Okt. Mo.–Fr. 10.00–7.00, Mai/Juni Mo.
bis Fr. 10.00–16.00, Sa., So. ab 11.00, Aug./Sept. Mo.–Fr. 10.00 bis
17.00, Sa., So. 11.00–16.00 Uhr; www.skagen-bymus.dk).

Drachmanns Hus Das Haus Nr. 21 im Hans Baghsvej war seit 1902 Domizil des Dichters und Malers **Holger Drachmann** (1846–1908).

Naturhistorisk Wer wissen will, wie die Landzunge Skagen Odde entstanden ist, wie
Museet man Strandsteine bestimmt oder wer sich für Mammuts und Stein-

werkzeuge interessiert, ist im Naturhistorischen Museum richtig (Öffnungszeiten Juli – Mitte Aug. tgl. 11.00 – 16.00 Uhr; www.naturmuseum-skagen.dk).

Wie branden bei Grenen zwei Meere aufeinander und warum wandert die Düne Råbjerg Mile? »Wind, Wasser, Licht und Sand sehen, hören und verstehen« lautet das Motto im **Erlebniszentrum** am Batterivej 51, das im Jahr 2000 eröffnet wurde. Leicht verständlich wurde hier die raue Natur Nordjütlands veranschaulicht. Für den Bau zeichnete Stararchitekt Jørn Utzon verantwortlich, der Schöpfer der Sydneyoper (Öffnungszeiten: Mai – Mitte Aug. tgl. 10.00 – 16.00, Mitte Aug. – Mitte Okt. tgl. 10.00 – 15.00 Uhr).

? WUSSTEN SIE SCHON …?

■ Südlich von Skagen sollte man sich die etwa 2 km² große und bis zu 35 m hohe Wanderdüne Råbjerg Mile ansehen, die jährlich rund 15 m nach Osten vorrückt und dabei laufend ihre Gestalt verändert. Das Dünengebiet steht unter Naturschutz, das Vordringen des Flugsands darf auch durch Bepflanzungen nicht aufgehalten werden.

Tilsandede Kirke

Etwa 3 km westlich der Stadt legt der Turm der alten Laurentiuskirche aus dem 14. Jh. Zeugnis davon ab, dass die Natur stärker ist als der Mensch. Die Pfarrkirche wurde Ende des 18. Jh.s vom **Flugsand** erreicht und 1795 auf Anordnung des Königs geschlossen.

Umgebung von Skagen

Wenige Kilometer nordöstlich der Stadt markiert die flache Landzunge Grenen **Dänemarks äußerste Nordspitze**. Während sich der

✶ Grenen

Peter S. Krøyer, Michael Ancher und seine Frau Anna gründeten Ende des 19. Jh.s ihre Künstlerkolonie, deren Bilder heute in Skagens Museum zu bewundern sind.

Zauberhaftes Morgenlicht auf der Landspitze zwischen zwei Meeren

Nordstrand am Skagerrak verbreitert, trägt die See am Südstrand der Kattegatküste Land ab. Im **Kunstmuseum** von Grenen sind junge Künstler vertreten wie Eva Lind und Axel Lind, in den Dünen liegt das Grab von Holger Drachmann (s. S. 362), der als »Sänger der Meere« in die Literatur einging. Steinadler, Seeadler und Wanderfalken kann man etwa 15 km südwestlich im Adlerreservat am Skagensvej 107 beobachten.

✱
Ørnereservatet ▶

Slagelse

P 20/21

Insel: Seeland   **Region:** Sjælland
Einwohnerzahl: 32 000

Schon im Mittelalter war Slagelse ein wichtiger Handelsplatz dank seiner Lage an der Hauptverkehrsader zwischen Kopenhagen und Westseeland. Heute lohnt ein Aufenthalt der Kirchen wegen, sehenswert ist vor allem die nahe gelegene Wikingerburg Trelleborg.

Sct. Peders Kirke, Sct. Mikkels Kirke

Durch mehrere große Stadtbrände sind nur wenige historische Gebäude erhalten geblieben. Ältestes Bauwerk ist die St.-Peter-Kirche, die ebenso wie die gotische Backsteinkirche St. Michael im 13. Jh. begonnen wurde. Unweit der Letzteren liegt die ehemalige Lateinschule, die u. a. auch H. C. Andersen (▶ Baedeker Special S. 317) und der Schriftsteller Jens Baggesen (1764–1826) besuchten.

Rekonstruierte Werkstätten und ein alter Kaufmannsladen sind im **Heimatmuseum** an der Bredgade 11 zu besichtigen.

SLAGELSE

AUSKUNFT
Løvegade 7
Tel. 58 52 22 06, Fax 58 52 86 87
www.visitsydvestsjaelland.dk

Umgebung von Slagelse

Wer die Wikingerzeit (▶ Baedeker Special, S. 38) pur erleben will, sollte 7 km westlich zur Trelleborg fahren. Vermutlich ließ König **Harald Blauzahn** die 6 ha große **Ringburg** um 980 als militärischen Stützpunkt errichten. Bis zu 500 Soldaten, Frauen und Kinder hatten Platz in der Festung, die um 1000 ihre Bedeutung verlor. Einige Funde der Ausgrabungen 1934–1942 sind im Museum ausgestellt, wo mit modernster Technik die Geschichte der Burg dokumentiert ist. Das »**Trelleborghaus**« (Abb. S. 39) am Eingang ist eine Rekonstruktion der Vorburggebäude, die als Vorratslager und Werkstätten dienten. Der Wallgraben mit 137 m Durchmesser war außen mit starken Holzpalisaden verkleidet und an vier Stellen durch überdachte Holztunnel-Tore passierbar. Quer über den Burgplatz liefen zwei Holzbohlenstraßen im rechten Winkel aufeinander zu. Es gab 16 hölzerne **Langhäuser** von knapp 30 m Länge in der Haupt- und 15 in der Vor-

★
Trelleborg

Wikingerburg Trelleborg *Orientierung*

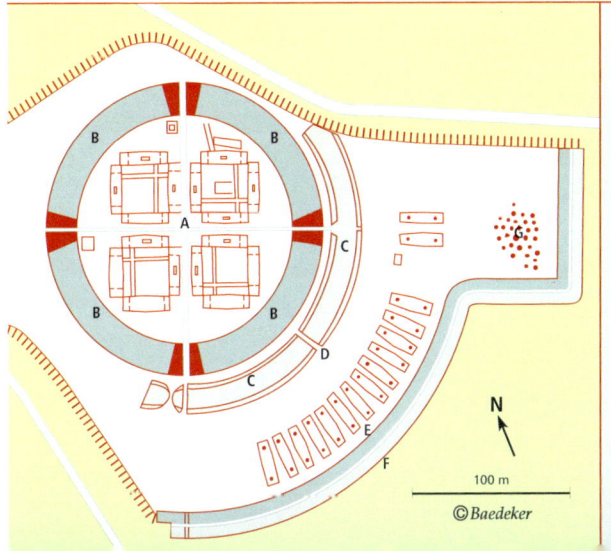

A Hauptburg
B Hauptwall
C Wallgraben
D Vorburg
E Äußerer Wall
F Äußerer
  Graben
G Gräber

N

100 m

©Baedeker

Die Reste der Wikingerburg Trelleborg

burg. Im Bereich der Vorburg liegt ein Gräberfeld mit ca. 160 Bestattungen. Man kann beim Bogenschießen, Brotbacken und bei Rudertouren im Wikingerboot mitmachen, Mitte Juli gibt es einen **Wikingermarkt** (Trelleborg Allé 4, Hejninge, Öffnungszeiten: April bis Okt. tgl. 10.00 – 17.00, Nov. – März tgl. 13.00 – 15.00 Uhr).

Hochseilgarten 1,5 km Klettern mit Blick auf den Großen Belt ist auf dem Herrenhof Kragerup Gods möglich – dort eröffnete 2010 Seelands erster Hochseilgarten (www.kragerup.dk).

★ Svendborg

R 16

Insel: Fünen   **Region:** Syddanmark
Einwohnerzahl : 59 000

Enge, verwinkelte Gassen, und ein idyllischer Marktplatz – das ist Svendborg. Die alte Seefahrerstadt, in der 1904 die heute größte Reederei gegründet wurde, steht noch immer im Zeichen der Seefahrt: Hier werden Segeljachten gebaut und die Marine geschult und neben Fischkuttern und Fähren ankern auch Luxusjachten.

Seefahrerstadt mit Tradition Mit Stolz blickt die 1253 urkundlich belegte Seefahrerstadt auf eine lange maritime Tradition. Um 1850 wurde auf ihren Werften die Hälfte der dänischen Holzschifftonnage gebaut und noch heute sind die schmucken Holzboote, die in ▶ Fünens zweitgrößter Stadt vom

Stapel laufen, bei Kennern sehr gefragt. Auch eine der größten privaten Reedereien der Welt, **Mærsk**, wurde 1876 von Arnold Peter Møller am Svendborgsund gegründet. Sein Sohn Mærsk Mc-Kinney Moeller, einer der reichsten Männer Dänemarks, stiftete 2004 die Oper in ►Kopenhagen.

Im Hafen liegen edle Jachten dicht an dicht mit Inselfähren, die vom Havnepladsen nach ►Ærø und in die dänische Südsee fahren. Die **Oldtimerschiffe** haben ihren eigenen Liegeplatz am restaurierten Speicher von Maritimt Center Danmark. Im Sommer dreht täglich die 1924 gebaute Sundfähre »Helge« ab Jessens Mole ihre Runden nach Thurø und Tåsinge. Mit der Galeasse »Palnatoke« kann man sogar auf Segeltörn gehen. Wer das Seekajak beherrscht, kann sich in die dänische Südsee aufmachen (►Special Guide, S. 6).

! Baedeker TIPP

Strandfreuden und Minigolf

Schöne Natur und die besten Badestrände bei Svendborg findet man auf der vorgelagerten Insel Thurø, die über einen Damm erreichbar ist. Wer gerne Minigolf spielt, sollte zum Smørmosen Strand mit 20 handgegossenen Schikanen.

Sehenswertes in Svendborg

Dem charmanten Hafenviertel steht die Altstadt in nichts nach. Neben dem Torvet (Wochenmarkt am Samstagvormittag) entzückt in der Fruestræde 3 Svendborgs **ältestes Stadthaus** von 1560, Anne Hvides Gård, in dem Silber aus dem 17. bis 19. Jh. ausgestellt ist (Öffnungszeiten: Juni – Mitte Okt. Di. – So. 11.00 – 15.00 Uhr).

✷
Torvet
Anne Hvides
Gård
⊙

Uraltes Fachwerk schmückt den liebevoll erhaltenen mittelalterlichen Hof von Anne Hvide in der Fruestræde neben dem Marktplatz.

Sct. Nicolai Kai Nielsen ▶	Vor der um 1220 romanisch erbauten Nikolaikirche grüßt »ein kleines Mädchen«, die Skulptur **»En lille pige«** von Kai Nielsen, der 1882 in Svendborg geboren wurde. Weitere Plastiken des Bildhauers stellt das Kunstbygningen SAK an der Vestergade 27–31 aus.
L. Lange & Co's **Ovnmuseet**	In der ehemaligen Eisengießerei an der Vestergade 45 erfährt man, wie Öfen und Kamine zwischen 1850 und 1984 hergestellt wurden.
✱ **Forsorgsmuseet** **Viebæltegård** 🕐	Über die Frühgeschichte und das Mittelalter in Svendborg und Südfünen informiert das **Stadtmuseum** im ehemaligen Armenhaus. (Grubbemøllevej 13, nordwestlich der Altstadt (Öffnungszeiten: Okt. bis April Di.–So. 13.00–16.00, Mai–Sept. 10.00–16.00 Uhr).
✱ **Naturama** 🕐	Ein Naturtheater für alle Sinne ist das Naturum, das **Dänemarks Tierwelt** zum Anfassen präsentiert. Licht, Ton und Musikpräsentationen betten das Tiererlebnis in die wechselnden Tageszeiten, Wetterverhältnisse oder Stimmungen ein. Zu entdecken sind neben 500 Vögeln rund 1000 Tiere aus Nordeuropa. Vom 10. Juli bis 7. August lädt das Hausorchester »Dry i Drift« zu tierischen Konzerten (Dronningemæn 30, Öffnungszeiten: Di.–So. 10.00–16.00, in Schulferien bis 17.00 Uhr; www.naturama.dk).

Südliche Umgebung von Svendborg

Thurø	Auf dem Friedhof der Inselkirche aus dem 17. Jh. ruht **Karin Michaëlis** (1872–1950), deren Romanserie »Bibi« in den 1930er-Jahren auch in Deutschland Bestseller war. Das Domizil der Schriftstellerin, Torelund, wurde später von **Tom Kristensen** (1893–1974) bewohnt, der ebenfalls auf dem kleinen Kirchhof begraben ist. Sein au-

 ## SVENDBORG ERLEBEN

AUSKUNFT
Centrumpladsen, Tel. 62 21 09 80
Fax 62 22 05 53, www.visitsydfyn.dk

ÜBERNACHTEN
▶ **Komfortabel**
Hotel Troense
Troense, Strandgade 5–7
Tel. 62 22 54 12, Fax 62 22 78 12
www.hoteltroense.dk
Die Zimmer in den weißen Gartenbungalows eignen sich für Gehbehinderte, das Restaurant bietet auch Leckeres für Diabetiker und Vegeta-

rier. Traumhafter Blick auf den Svendborgsund.

ESSEN
▶ **Fein & teuer**
Slotskælderen in Valdemars Slot
Slotalleen 100, Troense
Tel. 62 22 59 00
www.valdemarsslot.dk
Im »Schlosskeller« des Valdemars Slot wird fein gekocht. Das Bistro »Æblehaven« steht im Schlossgarten, der alte Teepavillon serviert Kaffee und Kuchen mit Meerblick.

tobiografischer Roman »Hærværk« gehört zu den großen Zeitromanen vor dem Zweiten Weltkrieg, oft gleichgestellt mit Döblins »Berlin Alexanderplatz«. Über die 1200 m lange Svendborg-Sund-Brücke fährt man zur Insel Tåsinge, die eine weitere Brücke auch mit ► Langeland verbindet.

Eine **Dorfidylle** mit reetgedeckten Fachwerkhäusern aus dem 18. Jh. kann der Hauptort **Troense** an der

Nordostseite der Insel aufweisen. Besonders schön ist die Grønnegade mit ihren Kapitänshäusern und verwunschenen Gärten. Die Oldtimerfähre »Helge« legt im Sommer drei Mal täglich von Jessens Mole zur Rundfahrt nach Vindebyöre, Christiansminde, Troense, Grasten und Valdemars Slot ab.

Danmarks Legetøysmuseet präsentiert im Heskatsstalden 125 Jahre **Kinderspielzeug** (Öffnungszeiten: Mai, Juni, Aug. tgl. 10.00 – 17.00, Juli bis 18.00, Sept. Mo. geschlossen).

Legetøysmuseet ☉

Christian IV. (►Berühmte Persönlichkeiten) ließ den Herrensitz bis 1644 für seinen Sohn Valdemar Christian erbauen. Mit dem Prisengeld aus der Schlacht in der ► Køge Bugt erwarb der Seeheld Niels Juel 1678 das Anwesen, das von seinem Enkel Mitte des 18. Jh.s zu einer prachtvollen Barockanlage ausgebaut wurde, heute das größte Schloss Dänemarks in Privateigentum (► Bild S. 372). Noble Interieurs und Kunstsammlungen des **Herregårdsmuseum** wie die Porträts C. G. Pilos von König Frederik V. und seiner Familie schildern das Schlossleben im Lauf von 350 Jahren. Der Nordflügel beherbergt das neue **Museum für Segelsport,** im Südflügel werden historische Jachten restauriert. Auf dem Dachboden warten eine Sammlung von Jagdtrophäen und volkskundliche Exponate (Öffnungszeiten: Ostern, Mai, Juni, Aug. tgl. 10.00 – 17.00, Juli bis 18.00, Sept. Di. – So. 10.00 bis 17.00, Okt. Sa., So. 10.00 – 17.00 Uhr; www.valdemarsslot.dk). Im Schatten des Schlosses liegt Dänemarks größte Minigolfanlage.

**✱ ✱
Valdemars Slot**

☉

Vom Kirchturm in Bregninge hat man eine herrliche Aussicht auf Südfünen und die Inselwelt. Direkt daneben berichtet das **Skipperhjem og Folkemindesamling** in einem Kapitänshof aus dem 19. Jh. über das Leben auf See.

Bregninge

Nördliche Umgebung von Svendborg

Nur 4 km außerhalb der Stadt steht eines der schönsten **deutschen Barockpalais** des Landes: das um 1550 erbaute Schloss Hvidkilde,

**✱
Hvidkilde Slot**

Brechts Strohdach-idylle bei Svendborg ist heute ein Domizil für internationale Künstler und Autoren, die hier auf Einladung der Stadt ein Werk erstellen.

IM DÄNISCHEN EXIL

Sechs Jahre lang lebte Bertolt Brecht auf der Flucht vor den Nazis im dänischen Exil, bevor er über Schweden und Finnland in die USA emigrierte. In seinem Haus bei Svendborg hatte der Dichter eine seiner produktivsten Phasen. Das Gastland selbst allerdings interessierte ihn so gut wie gar nicht.

Die Einladung nach Dänemark erhielt Brecht (1898–1956) im Pariser Exil von der dänischen Schriftstellerin **Karin Michaëlis**, die mit Brechts Antifaschismus uneingeschränkt sympathisierte. Am 19. Dezember 1933 verließ der Dichter Paris und reiste samt Anhang nach Dänemark. Zuerst lebte Brecht im Haus von Karin Michaëlis in Thurø, wo er mit dem dänischen Schriftsteller Martin Andersen Nexø zusammentraf. Dann kaufte er für lächerliche 7000 Kronen, damals 6000 Reichsmark, ein strohgedecktes Fachwerkhaus am Skovsbostrand in Rantzausminde bei Svendborg, das ihm und seiner Familie sechs Jahre lang als Unterkunft diente.

Frauen, Autos, Schreiben

Im Bauernhaus richteten sich die Exilanten gemütlich ein. Brecht fühlte sich hier wohl, besaß er doch wieder ein Arbeitszimmer, das einen wichtigen Bestandteil seines geordneten Lebens darstellte. Dieses Zimmer war der größte Raum im Haus – Helene Weigel, die beiden gemeinsamen Kinder und Brechts Sekretärin und Lektorin Margarete Steffin schliefen in einem kleineren Zimmer oder in der Küche. Brecht war ein **Gewohnheitstier**. Er stand sehr früh auf, setzte sich an den Schreibtisch, nach dem Mittagessen machte er ein kurzes Nickerchen, nachmittags arbeitete er wieder, zog jedoch diesmal Mitarbeiter oder Freunde hinzu, abends wollte er immer Gäste um sich haben. Auch von anderen Gewohnheiten ließ Brecht im dänischen Exil nicht ab, wie von seinen Leidenschaften für Frauen und für Autos. Mit der dänischen Schauspielerin **Ruth Berlau** begann er ein Verhältnis, womit sich seine beiden Lebensgefährtinnen ab-

*Bertolt Brecht
und Helene Weigel*

finden mussten. Mit einem alten Ford machte der Dichter die Gegend unsicher. »Brecht war ein glänzender Autofahrer, einer der schnellsten und unvorsichtigsten meiner Bekanntschaft«, schrieb der Maler George Grosz, der den Dichter in Dänemark besuchte. 1938 fuhr Brecht eine fünfköpfige dänische Familie krankenhausreif. Während seines Exils am Svendborg Sund hielt sich der Dichter jedoch nicht ununterbrochen in Dänemark auf, er reiste nach Moskau, Paris, London und in die USA.

sein dänisches Domizil nicht gewesen zu sein, sonst hätte er seine hier entstandene poetische Sammlung wohl nicht **»Svendborger Gedichte«** genannt. Am 22. April 1939 setzte sich Brecht aus Angst vor dem sich anbahnenden Krieg nach Schweden ab.

Künstlerdomizil

Im Jahr 1981 erwarb die Stadt Svendborg Brechts ehemaliges Haus am Skovsbostrand. Mit finanzieller Unterstützung aus der DDR sollte daraus ein Brechtmuseum gemacht werden.

*»Die Dänen sind sehr gemütliche Leut
und haben uns gastlich aufgenommen.«*

Der Dichter und die Dänen

Land und Leute interessierten den Dichter wenig; Svendborg war für ihn nur **»Dänisch-Sibirien«**. Brecht hatte ein distanziertes Verhältnis zur Natur, die schöne Landschaft war ihm egal. Der sprachunbegabte Gast weigerte sich auch strikt, Dänisch zu lernen – den Ämtergang mussten andere für ihn besorgen. Und wenn Nachbarn vorbeigingen, guckte er einfach weg. So ganz gleichgültig scheint ihm aber

Mit dem Ende der DDR wurde das Projekt jedoch aufgegeben. Heute dient das nicht zu besichtigende Haus als Domizil für Künstler und Autoren, die hier einige Wochen leben dürfen und als Gegenleistung ein künstlerisches Werk erstellen müssen. Erster Gast war 1996 der Hamburger Schriftsteller Günther Schwarberg. In »Sommertage bei Bertolt Brecht« erzählt er, was er in Brechts Bauernhaus gedacht und getan hat.

das im Besitz der Grafen Ahlefeldt-Laurvig-Lehn ist und Ende der 1990er-Jahre umfassend restauriert wurde. Heute veranstaltet das Hotel Svendborg im Rittersaal festliche Bankette (Tel. 62 21 17 00).

Gudme
Kongens Hal

Gold-, Silber- und Bronzefunde bei Gudme und Lundeborg belegen, dass nördlich von Svendborg schon während der **Eisenzeit** ein wichtiges Handelszentrum lag. Zur Zeit der Völkerwanderung existierte hier bereits ein Königreich und demnach stand hier auch die Wiege Dänemarks – also noch vor dem Reich Gorms des Alten in Jelling (► Vejle, Umgebung); das zumindest wird seit 1993 aufgrund eines sensationellen Fundes in Gudme vermutet: Freigelegt wurde eine 47 x 9,5 m große Halle aus dem 4. Jh., der größte bisher nachgewiesene Bau der Eisenzeit in Skandinavien, bei dem es sich wahrscheinlich um einen Königshof handelt, über den eine kleine Ausstellung informiert. Die Ausgrabungsfunde sind im Svendborger Stadtmuseum und im Nationalmuseum von ►Kopenhagen zu sehen.

Broholm Slot

Das hinter Wallgraben und Sperrmauer versteckte Schloss aus dem 17. Jh. ist heute ein Hotel (www.broholm.dk). Das jüngst renovierte Museumsgebäude am Broholmsvej 32 birgt die beachtlichen **Altertumssammlung** des Kammerherrn N. F. B. Sehested.

Hesselager-gård

Einzigartig in Dänemark sind die um 1550 nach venezianischem Vorbild geschaffenen Rundgiebel des wehrhaften Herrenhofs 4 km

Heute das größte Schloss Dänemarks in Privateigentum: Valdemars Slot

nordwestlich von Lundeborg, erbaut um 1538. Das von der Straße aus sichtbare Renaissancegebäude ist leider nicht für die Öffentlichkeit zugänglich.

Wer gerne picknickt, kann dies auf einer Wiese östlich von Hesselager tun, wo der **Dammestenen** aufragt, Dänemarks größter Findling. Der ca. 1000 t schwere, gut 12 m hohe Granitbrocken von 46 m Durchmesser kam während der letzten Eiszeit vermutlich von Norwegen hierher.

Nur 5 km weiter nordwestlich trifft man auf Schloss Glorup, das 1743 im Stil des Barock verändert wurde. Den großzügig angelegten **Park**, der auch für Normalsterbliche zugänglich ist, zieren schöne Skulpturen, Gedenksteine und ein toskanischer Liebestempel.

Glorup Slot

»Was für eine Verpflegung erhältst du hier auf Lykkesholm! Warmes Mittagessen, herrlichen Wein und gute Betten« schwärmte H. C. Andersen (▶Baedeker Special, S. 317), der auf dem Herrensitz von 1600 ein gern gesehener Gast war. Heute dient das Haus Hochzeiten und Firmenfeiern (www.lykkesholm.dk). Im Mittelalter stand östlich die Burg Magelund, deren Wälle aus dem 14. Jh. zu besichtigen sind.

Lykkesholm

? WUSSTEN SIE SCHON ...?

■ Der längste Dolmen Dänemarks misst 168 m und steht rund 3 km nördlich im Wald Lindeskov. Fast 130 seiner ursprünglichen Randsteine sind erhalten geblieben. Insgesamt zählt die Begräbnisstätte aus der Jungsteinzeit um 3500 v. Chr. sieben Dolmengräber und ein Kammergrab.

✶ ✶ Tønder

S 6

Halbinsel: Jütland   **Region:** Syddanmark
Einwohnerzahl: 7800

Keine 5 km trennen die Hauptstadt der Tønder Marsk, Dänemarks größter Marsch, von der deutsch-dänischen Grenze. So profitiert die Stadt auch vom Grenzhandel, ist doch die reizvolle Fußgängerzone ein beliebtes Ziel für Deutsche, die gern Dänisches einkaufen.

Seine Blütezeit erlebte Tønder, das bereits 1243 lübisches Stadtrecht erhielt, zwischen dem ausgehenden Mittelalter und der Renaissance. Das Handelsschiff im Stadtwappen erinnert an die große Zeit, wo mit der Ausschiffung von Getreide und Vieh gutes Geld verdient wurde. Zum Schutz gegen die verheerenden Sturmfluten ließ Herzog Johann der Ältere Mitte des 16. Jh.s Deiche bauen – doch dadurch versandete die Zufahrt zum Meer, sodass die alte Handelsstadt neue Wege gehen musste.
Man setzte auf Klöppelspitzen als Modetrend mit Zukunft. Im 17. Jh. genoss die aufstrebende Klöppelindustrie in und um Tønder Weltruhm; zeitweilig arbeiteten **bis zu 12 000 Mädchen** am Klöppelkissen.

Hochburg der Klöppelspitzen

Erst mit dem Aufkommen maschinell produzierter Tüllstoffe um 1800 endete die Zeit der Spitzenkrämer, 1836 war nur noch einer von ihnen übrig. Den Wohlstand der betuchten Spitzenhändler bezeugen noch heute die stattlichen Barock- und Rokokoportale erhaltener Patriziervillen im Zentrum.

Klöppelfestival ► Alle drei Jahre wird der kunstvollen Tradition beim internationalen Klöppelfestival gedacht mit Teilnehmern aus aller Welt (2013, 2016 etc.). Der große Julimarkt findet wie zu Großmutters Zeiten statt und seit 1994 veranstaltet Tønder auch einen stimmungsvollen Weihnachtsmarkt, den ersten seiner Art in Dänemark überhaupt.

Längst gehört das international anerkannte **Tønder-Festival**, das 2004 bereits sein 30. Jubiläum gefeiert hat, zu den musikalischen Highlights in Dänemark. Über 25 000 Fans strömen jährlich Ende August nach Tønder, um auf sechs Bühnen, den Straßen und Plätzen der Stadt Blues, Gospel, Jazz und traditioneller Folkmusik live zu hören. (Kartenverkauf: Tel. 74 72 10 00, www.tf.dk).

> **!** *Baedeker* TIPP
>
> **Det gamle Apotek**
> Kunstvolles Glas, Keramik und Textilien, bezaubernde Scherenschnitte, originelle Karten oder nostalgische Haushaltswaren – im vornehmen Patrizierhaus von 1671 an der Østergade 1 kann man alles zum Thema dänisches Kunsthandwerk kaufen. Dazu gibt es ein Apothekenmuseum mit alten Utensilien, Geheimrezepten und Giftschrank (Öffnungszeiten: tgl. 9.30 – 17.30 Uhr).

Sehenswertes in Tønder

Torvet Das Klosterbagerens Hus am Marktplatz, ein spätgotisches Giebelhaus aus der Zeit um 1517, wurde für den früheren Klosterbäcker erbaut. Schräg gegenüber soll die Staupefigur des **»Kagmanden«** Gerechtigkeit und Ordnung symbolisieren – hier wurden einst Prügelstrafen öffentlich vollstreckt.

Kristkirken Der knapp 48 m hohe Turm der 1592 geweihten **Christuskirche** diente früher als Seemarke für den Schiffsverkehr. Zum reichen Kircheninventar aus Renaissance und Barock gehören eine Kanzel von 1586 und schöne Grabmäler des 17. und 18. Jh.s.

Drøhses Hus Im 1672 erbaute Giebelhaus an der Storegade 14 werden Klöppelspitzen ausgestellt; regelmäßig demonstrieren **Klöpplerinnen** der Gegend das alte Handwerk (Öffnungszeiten: April – Dez. Mo. – Fr. 10.00 bis 17.00, Sa. 10.00 – 14.00 Uhr, www.museum-sonderjylland.dk).

Vestergade Zwei stattliche Patriziervillen des 18. Jh.s stehen in der angrenzenden Vestergade: das um 1793 im Louis-XVI-Stil errichtete Haus Nr. 14 und das **»Deichgrafenhaus«** (Nr. 9) mit schmucker Rokokofassade, das 1777 für den Spitzenhändler und späteren Bürgermeister Carsten Richtens entworfen wurde.

▶ TØNDER ERLEBEN

AUSKUNFT
Torvet 1
Tel. 74 72 12 20, Fax 74 72 09 00
www.romo.dk

ESSEN
▶ Preiswert
Café Victoria
Storegade 9, Tel. 74 72 00 89
www.victoriatoender.dk
Witziges Café in der Fußgänger-
zone. Kleine Snacks und leckere
Salate. Unbedingt probieren: das
süffige Victoriabier vom Fass.

ÜBERNACHTEN
▶ Komfortabel
Schackenborg Slotskro
Slotsgaden 42, Møgeltønder
Tel. 74 73 83 83, Fax 74 73 83 11
www.slotskro.dk
In dem alten Gasthof neben Schloss

Schackenborg zelebriert Børge Kolbeck erlesene Gerichte – Spezialität
des Hauses: Lachssoufflé Haeberlin.

Hotel Tønderhus
Jomfrustien 1
Tel. 74 72 22 22, Fax 74 72 05 92
www.hoteltoenderhus.dk
Das Haus wurde nach dem Vorbild
eines friesischen Gehöfts erbaut. Das
Restaurant wartet mit feiner Speise-
karte auf.

Einstöckige **Giebelhäuschen** mit kleinen Erkern sind typisch für die
gepflasterte Uldgade, wo einst Frauen und Mädchen an Winteraben-
den im Schein der Schusterkugel ihre Spitzen klöppelten. Die heutige
Idylle lässt leicht vergessen, wie anstrengend die feine Arbeit für Augen und Rücken war und dass viele Mädchen schon mit sechs Jahren
ans Klöppelkissen gesetzt wurden, statt in die Schule zu gehen.

✳
Uldgade

Südlich am Kongevej 51 steht vom ehemaligen Schloss Tønderhus,
das 1750 abgerissen wurde, nur noch das Torhaus mit dem Traban-
tensaal. Hier zeigt das Stadtmuseum **ausgesuchte Klöppelarbeiten,
Trachten und Tischsilber** des 17. und 18. Jh.s sowie Dänemarks größte Sammlung holländischer Kacheln und Fayencen.

✳
**Tønder
Museet**

Anlässlich der Rückführung Nordschleswigs an Dänemarks wurde
1920 das Kunstmuseum ins Leben gerufen mit einer repräsentativen
Sammlung **zeitgenössischer dänischer Maler** und Bildhauer.

✳
◀ Sønderjyllands
Kunstmuseum

Anno 1995 wurde der alte Wasserturm zum Museum über den Mö-
beldesigner Hans Jørgen Wegner ausgebaut. Auf sieben Etagen sind
alle Modelle aus 50 Jahren zu bewundern (Öffnungszeiten für alle
drei Museen: Juni – Aug. tgl. 10.00 – 17.00, Sept. – Mai Di. – So. 10.00
bis 17.00 Uhr).

✳
◀ H. J. Wegner
Udstilling

Hier scheint es, als wäre die Zeit stehen geblieben: reetgedeckte Backsteinhäuschen und altes Kopfsteinpflaster in Møgeltønder.

Umgebung von Tønder

Møgeltønder ✳ Beliebtes Ausflugsziel ist 5 km westlich das idyllische Møgeltønder. **Reetgedeckte Backsteinhäuschen**, Lindenbäume und altes Katzenkopfpflaster sind Kennzeichen der Slotsgade, eine der schönsten Dorfstraßen Dänemarks. In der um 1200 geweihten Møgeltønder Kirke befindet sich eine der ältesten Orgeln des Landes, sie ist von 1679. Für seine treuen Dienste im Krieg gegen Schweden wurde Marschall Hans Schack 1661 mit der bischöflichen Burg »Møgeltønderhus« belohnt, die er zu einer Barockanlage umbauen ließ. Sein Rokokoaussehen erhielt der Bau um 1750. Elf Generationen blieb das Anwesen im Besitz der Familie Schack, 1993 übernahm Prinz Joachim das Gut samt Land- und Forstwirtschaft, das der diplomierte Agrarwirt bis heute bewirtschaftet.

Schackenborg Slot ▶

Højer ✳ Nordwestlich gleich hinter den Deichen liegt der Ort Højer, bekannt für seinen Schafsmarkt, der am zweiten Septemberwochenende abgehalten wird. Die reetgedeckten Höfe im alten Ortsteil stehen unter Denkmalschutz. Markanter Blickpunkt ist die 30 m hohe **Holzwindmühle** im holländischen Stil von 1857. Im Højer Mølle & Marsk Museum kann man sich über das Müllerhandwerk und die Marsch informieren. Auskünfte über das Wattenmeer und den Einfluss der Gezeiten – hier mit einem Tidenhub von 1,8 m – erteilt das Tøndermarskens Naturcentret am Stensbaekvej 29 in Gram. Über 100 Jahre

Tøndermarskens Naturcentret ▶

wurden Tønder und seine Umgebung durch den Højerdeich von 1861 geschützt. Der neue Deich, ein 1981 fertiggestelltes deutsch-dänisches Projekt, hält einem Wasserstand von mehr als 6 m über Normalnull stand. Auf der **Sturmflutsäule** bei der Højerschleuse sind alle bisherigen Sturmfluten markiert.

Løgumkloster

Knapp 20 km nördlich von Tønder gründeten Zisterziensermönche 1173 an der Brede Å ein Kloster, um das sich der gleichnamige Ort entwickelte – Løgum ist ein altes dänisches Wort für einen wasserreichen Platz. Nach Tønder war Løgumkloster zeitweilig das zweitgrößte Zentrum der **Klöppelindustrie**. Mitte August findet alljährlich der traditionelle »Klostermærken« statt, eine gelungene Mischung aus Viehmarkt und Volksfest. Eine Besonderheit des Klostermarkts sind die **Gauklergottesdienste**, handelt es sich doch auch um das wichtigste Treffen der dänischen Schaustellerzunft.

★ ★
Klosterkirken og gamle kloster

Von den ursprünglich vier Flügeln des Klosters blieben nur ein Teil des Ostflügels mit Kapitelsaal, Sakristei und Bibliothek sowie der Nordflügel, die heutige Kirche, erhalten. Fast 400 Jahre existierte das Kloster, bis zur Reformation, die 1536 in Dänemark eingeführt wurde. Seit 1548 wird das Kloster als Gutsbetrieb geführt.
Die 1225 – 1325 im spätromanischen und frühgotischen Stil erbaute **Klosterkirche** beeindruckt durch die Raumwirkung mit hohen spitz-

Løgum Klosterkirken Orientierung

Ehem. Zisterzienserabtei Locus Dei

Kirche

Kreuzhof

Gärten

Laienbrüderhof

Gärten

Südliche Klostermauer

20 m

Ausgrabungen

© Baedeker

1 Ehem. Treppe zum Mönchsschlafsaal
2 Sakristei
3 Bibliothek
4 Kapitelsaal
5 Treppe zum Mönchsschlafsaal im ersten Stock
6 Gefängnis
7 Tordurchgang
8 Brunnen
9 Studier- und Arbeitssaal der Mönche
10 Heizanlage
11 Latrinen der Mönche
12 Treppe zum Obergeschoss
13 Speisesaal der Mönche
14 Küche
15 Speisekammer (?) Wärmeraum (?)
16 Sprechraum des Cellerars
17 Speisesaal der Laienbrüder; oben deren Schlafsaal
18 Vorratsräume
19 Vermutete Stelle der Klausurtür
20 Ehemaliges Jagdschloss, heute Priesterseminar

bogigen Fenstern und schönen Pfeilern. Das rotbraune Mauerwerk wurde erst bei der letzten Restaurierung zu Beginn des 20. Jh.s freigelegt. Der **Flügelaltar** aus dem späten 15. Jh. stand bis 1925 in der Kirche von Jerne. In die Nordwand des Chors eingemauert ist ein Reliquienschrank von ca. 1325. Der etwa gleich alte Zelebrantenstuhl zeigt Christus, der Marias Seele gen Himmel hebt. Im Chorbogen befindet sich ein gotisches Triumphkreuz mit Kruzifix von ca. 1330.

Altarbilder ▶ An zwei Pfeilern im Westteil der Kirche sind die Holzfiguren zu sehen, die früher wohl als Altarbilder dienten: eine Ende des 15. Jh.s gefertigte Anna Selbdritt und eine Pietàgruppe (1500–1525). Die **Kanzel** mit Reliefs der Tugenden stammt aus Tønder (1580). Zwischen zwei Fenstern an der Nordwand des Hauptschiffs erkennt man eine französische Lilie, ein Mariensymbol, bekannt aus dem Wappen des Mutterklosters Citeaux, Frankreich. In der berühmten Werkstatt von **Claus Berg** entstand vermutlich die auf 1510 datierte Seitenaltarfigur »Christus als der Gepeinigte« in der südöstlichen Seitenkapelle.

In der Sakristei birgt eine Nische an der Westwand die anmutige Holzskulptur »Maria mit dem Kind« von ca. 1400. Durch eine niedrige Tür betritt man die **Bibliothek**, deren Südwand eine Nachbildung des Hochaltars von 1325 trägt. Das mit Gold, Silber und Berg-

Zisterzienser begannen im 12. Jh. mit dem Bau der Klosterkirche, die durch ihre ästhetisch schnörkellose Ziegelbauweise besticht.

kristallen verzierte Kunstwerk erzählt in 12 Feldern das Leben Marias, Christus thront als Richter auf einem Regenbogen – das Original befindet sich im Nationalmuseum in ►Kopenhagen.
Westlich schließt das 1585 von Herzog Adolf von Gottrop im Renaissancestil erbaute Jagdschloss an, heute Priesterseminar.

◄ Jagdschloss

Im archäologischen **Erlebnispark**, ca. 20 km nordwestlich von Løgumkloster am Hjemstedvej 60 in Skærbæk, wird die Frühzeit lebendig. Hier kann man wie vor 2000 Jahren in Einbäumen herumpaddeln, mit Pfeil und Bogen schießen oder mit zeittypischen Geräten eine Mahlzeit zubereiten und in zwei Kabinen mit 28 Betten im Flair der Frühzeit nächtigen (Öffnungszeiten: 27. Juni – 19. Aug. So. – Fr. 10.00 – 17.00 Uhr; www.hjemsted.dk).

✳
Hjemsted Oldtidspark

🕐

Wer mit Kindern unterwegs ist, muss in Südjütlands größten **Freizeitpark** östlich von Tønder am Sommersvej 4 in Terkelsbøl bei Tinglev gehen. Hier warten mehr als 20 lustige Wasserrutschen, Prärieexpress und Ponyreiten, schnittige Gokarts, Afrikas Tierwelt und Kapitän Hook's Piratenschiff (Öffnungszeiten: Mitte Mai – Anfang Sept. tgl. ab 10.00 Uhr; www.sommerlandsyd.dk).

✳
Sommerland Syd

🕐

✳ Vejle

N 10

Halbinsel: Jütland **Region:** Syddanmark
Einwohnerzahl: 51 000

Der Name der modernen Handels- und Hauptstadt von Syddanmark bedeutet »Furt« und verweist auf die Lage zu Füßen waldreicher Uferhänge am Ende des gleichnamigen Fjords. Die beiden Runensteine im nahen Jelling zählen zum UNESCO-Weltkulturerbe.

Wo sich im Mittelalter ein Dominikanerkloster befand, schlägt heute die alte Klosterglocke vom Turm des Rathauses, das 1878 am Rådhustorvet errichtet wurde. Die modernen Skulpturen zum Thema Handel, Industrie und Landwirtschaft schuf Sigurdjon Olafson.

Rådhus

Ältestes Bauwerk der Stadt ist die gotische St.-Nikolai-Kirche am Kirketorvet. Hier steht ein Sarg mit der ca. **2500 Jahre alten Moorleiche** einer 40- bis 50-jährigen Frau aus der keltischen Eisenzeit, die man 1835 im Moor Hraldskær entdeckte. An der nördlichen Außenmauer sind 23 Schädel von hingerichteten Räubern eingemauert.

✳
Sct. Nicolai Kirke

Das Kunstmuseum (Nr. 16) bietet neben Malerei und Skulpturen eine der landesweit größten **Grafiksammlungen** mit Arbeiten von Rembrandt bis zu Wilhelm Lundstrøm. Der Erweiterungsbau von Kim Utzorn birgt neben vier Grafiksälen und einem Saal für Wech-

✳
Vejle Kunstmuseet, Velje Museet

selausstellungen auch die »Junior Galleri« mit speziell für Kinder aufbereiteten Ausstellungen. Das **Vejle-Museum** widmet sich der Stadtgeschichte von der Vorzeit bis heute (Öffnungszeiten beider Museen: Di. – So. 11.00 – 18.00 Uhr).

Vejlem Mølle Die 1848 erbaute und 1890 nach einem Brand wieder aufgebaute **Windmühle**, war bis 1960 in Betrieb und informiert heute als Museumsmühle über die Mühlentradition der Region (Öffnungszeiten: Mai – Okt. Di. – So. 11.00 – 16.00 Uhr).

Økolariet In den unterirdischen Gängen des Økolariet kann der Nachwuchs interaktiv **Umwelt, Wasser und Natur** entdecken – u. a. bei Spaziergängen am Meeresboden (Öffnungszeiten: Mo. – Do. 11.00 – 18.00, Sa./So. 11.00 – 16.00 Uhr, Dæmningen 11, www.okolariet.dk).

Umgebung von Vejle

✳ Grejsdalen
Naturfreunde sollten einen Ausflug in das wildromantische Tal 7 km nördlich von Vejle einplanen, das unter Naturschutz steht und für seine reiche Vogelfauna bekannt ist.

✳ ✳ Jelling
Weitere 5 km sind es bis Jelling, um 1000 das politische Zentrum des Landes. Hier liegen die **größten Grabhügel Dänemarks und zwei Runensteine** (UNESCO-Weltkulturerbe). Die 21 m und 24 m hohen Grabhügel an der Landstraße stammen von 935 bis 950. Ausgrabungen lassen vermuten, dass der nördliche Hügel das Grab König Gorms († um 940), der südliche das seiner Gemahlin Thyra enthält.

Großer Runenstein von Jelling

König Gorm herrscht über Dänemark,
Er herrscht die dreißig Jahr,
Sein Sinn ist fest, seine Hand ist stark,
Weiß worden ist nur sein Haar,
Weiß worden sind nur seine
buschigen Braun,
Die machten manchen stumm,
in Grimme liebt er drein zu schaun –
Gorm Grymme heißt er drum.
Und die Jarls kamen zum Fest der Jul,
Gorm Grymme sitzt im Saal.
Und neben ihm sitzt,
auf beinernem Stuhl,

Thyra Danebod, sein Gemahl;
Sie reichen einander still die Hand
Und blicken sich an zugleich,
Ein Lächeln in beider Augen stand –
Gorm Grimme, was macht dich
so weich?

Den Saal hinunter, in offener Hall,
Da fliegt es wie Locken im Wind,
Jung-Harald spielt mit dem Federball,
Jung-Harald, ihr einziges Kind,
Sein Wuchs ist schlank,
blond ist sein Haar,
Blau-golden ist sein Kleid,
Jung-Harald ist heut fünfzehn Jahr,
Und sie lieben ihn allbeid.

(Aus Theodor Fontanes Gedicht »Gorm Grymme«)

▶ VEJLE ERLEBEN

AUSKUNFT

Vejle
Banegårdspladsen 6
Tel. 75 82 19 55, Fax 75 82 10 11
www.visitvejle.com

Jelling
Gormsgade 4
Tel. 75 87 13 01, Fax 75 82 10 11

ÜBERNACHTEN

▶ Luxus
Munkebjerg Hotel
Munkebjergvej 125
Tel. 76 42 85 00, Fax 75 72 08 86

www.munkebjerg.dk
Das stilvolle Hotel mit zwei Spitzen-
restaurants gilt als eine der besten
Adressen des Landes. Das Haus besitzt
auch eine Konditorei, eine Metzgerei
und ein Golfmuseum.

▶ Komfortabel
Bredal Kro og Motel
Horsensvej 581, Tel. 75 89 57 99
Fax 75 89 51 52, www.bredal-kro.dk
Anno 1847 wurde Bredal Kro könig-
lich privilegierter Gasthof, heute ist
es eine komfortable Unterkunft mit
kulinarischen Erlebnissen.

Der kleine Runenstein trägt die Inschrift: »Gorm der König errichtete diese Mäler nach Thyra, seiner Königin, dem Stolz Dänemarks.«
Der große Runenstein ist das wunderbar verzierte Vermächtnis von
Harald Blauzahn (940–985) zur Erinnerung an seine Eltern und an
die eigenen Ruhmestaten: »Harald der König ließ diese Mäler errichten nach Gorm, seinem Vater, und nach Thyra, seiner Mutter, der
Harald, der für sich Dänemark gewann und ganz Norwegen, und der
die Dänen zu Christen machte.« Der große Runenstein wird auch
Taufschein Dänemarks genannt, obwohl die Christianisierung noch
ein Jahrhundert dauern sollte. Harald verlegte seinen Sitz von Jelling
nach Seeland, vermutlich nach ▶Roskilde.

★ ★
Jelling
Oldtidsminder

Im schönen Fårupsee kann man jeden Sommer das rekonstruierte
Wikingerschiff »Jelling Orm« bestaunen, ein 15 m langes und 3 m
breites Schiff aus goldgelbem Lärchenholz.

Jelling Orm

Im **Löwenpark** Givskud, knapp 10 km nordwestlich von Jelling, leben auch Elefanten, Nashörner, Zebras und Kamele, außerdem zah-
me Tiere im Kinderbauernhof (Öffnungszeiten: Mitte April–Juni,
Mitte Aug.–Mitte Sept., Woche 42 (Herbstferien) tgl. 10.00–18.00,
Juli–Mitte Aug. 10.00–20.00 Uhr; www.givskudzoo.dk).

★
Løveparken
Givskud
☉

Ein beliebtes Ausflugsziel ist das »Bachtal«, das sich zunächst breit
und mächtig vom Vejle Fjord gen Westen erstreckt, dann aber hinter
Skibet zum engen, tiefen Tal mit ausgewaschenen Schluchten wird.
Durch den Naturpark fuhr bis 1957 die Eisenbahn nach Vandel.
Heute bildet ihre Trasse den Rad- und Wanderweg **Bindeballestien**.

Velje Ådal

Viborg

Halbinsel: Jütland   **Region:** Midtjylland
Einwohnerzahl: 36 000

Über 1000 Jahre alt ist die alte Hauptstadt Jütlands. Sie liegt an den Seen Søndersø und Nørresø, die zum Baden, Bootfahren und Angeln einladen. Die Eiszeiten hinterließen eine bezaubernde Landschaft aus Heideflächen, Seen und Flusstälern.

Am »Heiligen Berg«, so die Übersetzung des Namens Viborg, wurde ein bedeutendes **Thing** abgehalten. Hier residierte ab 1065 ein Bischof. Die Domstadt hatte als Knotenpunkt wichtiger Handelswege eine entscheidende Rolle inne. Sie war der Ausgangspunkt des historischen Heer- und Ochsenwegs, der von ▶ Jütland nach Schleswig führte. Der wohl größte Volksmarsch Nordeuropas ist der alljährlich am letzten Juniwochenende veranstaltete **Heerwegmarsch**. Das Kongehyldingsmonument neben dem Dom erinnert daran, dass sich vom 11. bis 17. Jh. die Stände hier versammelten, um dem neu gewählten König zu huldigen. Nach der Reformation schwand die Bedeutung Viborgs. Verheerende Großbrände, zuletzt 1726, zerstörten die meisten alten Bauten, sodass nur im Domviertel das mittelalterliche Erbe erhalten blieb.

Thing und Dom

Die Seele der Gegend hat wohl niemand so einfangen können wie der Heidedichter **Steen Steensen Blicher** (1782–1848), der heute noch populär ist. Blichers Erzählungen aus der Schulstube im nahen Lysgård kennen die meisten Dänen von Kindesbeinen an. Über Viborger Bürger des 20. Jh.s erzählt der 1935 hier geborene **Peer Hultberg** in seinem Kultroman »Byen og verden« (»Die Stadt und die Welt«).

Sehenswertes in Viborg

Die neoromanische Granitkirche wurde im 12. Jh. erbaut und zwischen 1864 und 1876 nach dem Vorbild der ursprünglichen Kathedrale erneuert. Nur die dreischiffige Krypta ist original erhalten. Hier ruht in einem lederbezogenen Sarg der einbalsamierte Goldmacher **Valdemar Daa**, den H. C. Andersen (▶ Baedeker Special, S. 317) in seiner Geschichte »Der Wind erzählt von Valdemar Daa und seinen Töchtern« verewigt hat. Das Innere des Doms wird von einer Bilderbibel beherrscht (Joakim Skovgaard, 1901–1906). Die Malereien in den Seitenschiffen zeigen Themen aus dem Alten Testament, im

✷
Domkirken

← *Blick in den neoromanischen Dom von Viborg*

Querschiff Szenen aus dem Leben Jesu, im Chor Auferstehung und Himmelfahrt. Die Deckengemälde »Jesu Geburt, Moses, David und den Propheten« malte Skovgaard in Öl auf Mahagoni.

Skovgaard Museet

Das alte Barock-Rathaus am Domplatz entwarf Claus Stallknecht aus Altona, den man nach dem Brand von 1726 zum Wiederaufbau nach Viborg berufen hatte. Jetzt stellt hier ein Museum Gemälde und Skulpturen von **Joakim Skovgaard** (1856 – 1933) und dem befreundeten Künstlerkreis aus, darunter auch Vorarbeiten zu den Fresken im Dom (Öffnungszeiten: Sept. – Mai Di. – So. 11.00 – 16.00, Juni bis Aug. Di. – So. 10.00 – 17.00 Uhr; www.skovgaardmuseet.dk).

Sct. Mogens Gade

In den Vierteln um den Dom ist die Geschichte am lebendigsten, nicht zuletzt in der restaurierten Sct. Mogens Gade, wo man am mittelalterlichen Gebäude Nr. 9 lesen kann: »So ein Haus gibt es nur in Viborg.« Im Hof des »Karnapgården (Nr. 31) erinnern Granitquader und Reliefs an frühere Kirchenbauten.

Søndre Sogns Kirke

Die »Kirche der Südgemeinde« wurde 1227 von Dominikanern errichtet. Nur Chor und Mittelschiff sind noch erhalten, alles andere wurden nach dem Großbrand 1726 neu aufgebaut. Der gotische Altar (1520), eine vergoldete flämische Bildschnitzerarbeit, stand einst in der Schlosskirche von Christiansborg in ►Kopenhagen.

Rund um den Dom hat man in den letzten Jahren die mittelalterlichen Bauten sorgsam restauriert, wie hier in der schmucken Sct. Mogens Gade.

► VIBORG ERLEBEN

AUSKUNFT
Nytorv 9, Tel. 87 25 30 75
Fax 86 60 02 38, www.visitviborg.dk

MOBIL
Auch Viborg hat jetzt 20 kostenlose
grüne Citybikes – als Pfand genügen
20 Kronen.

ESSEN
► **Erschwinglich**
Niels Bugges Kro
Dollerup; Ravnsbjergvej 69
Tel. 86 63 80 11
www.nielsbuggeskro.dk

Gut 5 km südlich des Zentrums im
Grünen gelegener Landgasthof, dänische Feinschmecker-Küche, angenehme Atmosphäre, gute Weinkarte.

ÜBERNACHTEN
► **Komfortabel**
Palads Hotel
Skt. Mathiasgade 5
Tel. 86 62 37 00, Fax 86 62 40 46
www.hotelpalads.dk
Das Stadthotel neben der Kathedrale
verfügt über gut ausgestattete Zimmer
und Suiten. Im Restaurant wird nach
dänischer Tradition gekocht.

Ein anschaulicher Schlüssel zur Geschichte der Region ist das **kulturhistorische Museum** in der Fußgängerzone am zentralen Hjultorv.
Wer ausspannen und bummeln möchte, besucht hier am Samstag
den Wochenmarkt.

Stiftsmuseum

Das Tüpfelchen auf dem i in Viborg sind die vielen Grünanlagen wie
der Stadtpark Borgvold mit einem biblischen Garten am Ufer der
Nørresø. Direkt gegenüber in der Riddergade 8 veranstaltet das
Kunst- und Kulturhaus Brænderigården Ausstellungen mit dänischen
und internationalen Künstlern.

**Borgvold,
Brænderigården**

Umgebung von Viborg

Unberührte Heide, alte Buchen
und knorrige Eichen, verwunschene Quellen und einen 34 m tiefen
See finden Naturfreunde 8 km südwestlich im Gebiet von **Hald**. Eine
der klassischen Wanderungen von
rund 5 km führt unterhalb von Ra-
vensberg entlang, wo Niels Bugges
Bank die schönste Aussicht gewährt. In der Scheune beim Gut
Hald Hovedgård, dem seit dem
Mittelalter fünften Anwesen an
dieser Stelle, informiert eine Ausstellung über das ganze Gebiet.

! Baedeker TIPP

Unter Tage
Westlich von Viborg erzählt ein rund 80 km
langes Stollenlabyrinth vom harten Arbeitsalltag
in den beiden Kalkminen Mønsted und Daugb-
jerg, deren Abbau schon um das Jahr 1000
begann. Manche der Höhlen, die besichtigt
werden können, sind so groß wie Dome,
manche Pfade so schmal, dass man kaum
aufrecht stehen kann. Mitte der 1950er-Jahre
wurden die Gruben stillgelegt (Öffnungszeiten:
Mitte Mai – Okt. tgl. 11.00 – 17.00 Uhr).

Lysgård, Die alte Dorfschule (1790) »E Bindstuw« in Lysgård diente **Steen**
Thorning **Steensen Blicher** als Vorbild für sein gleichnamige Novelle (Blichers-
⏱ vej 40, Öffnungszeiten Juni – Aug. Di. – So. 10.00 – 17.00, Herbstferien u. 1. Advent 10.00 – 16.00 Uhr). Blicher (1782 – 1848) wurde im
Pfarrhof von Vium geboren und war später selbst Pfarrer in Lysgård
und in Thorning, wo das Blicheregnensmuseum an sein Leben und
⏱ Werk erinnert (Blichersvej 30, Öffnungszeiten: Okt. – März Di. – Do.
11.00 – 17.00, So. 13.00 – 17.00, April – Sept. Mo. – Fr. 9.00 – 17.00,
Sa., So. 13.00 – 17.00, Juni – Aug. Sa., So. ab 11.00 Uhr; www.bliche
regnensmuseum.dk).

Hvolris Die archäologischen Funde auf dem Höhenzug 16 km nördlich von
Viborg reichen von ca. 2200 v. Chr. bis 1300 n. Chr. Seit 1962 wurden Dörfer und **Grabstätten der Eisenzeit**, Grubenhäuser der jüngeren Steinzeit und Hügel der Bronzezeit freigelegt.

Vordingborg

R/S 24

Insel: Seeland   **Region:** Sjælland
Einwohnerzahl: 46 300

**Nur der Gänseturm zeugt heute noch von der glanzvollen Vergan-
genheit Vordingborgs unter den Valdemaren. Heute ist die Stadt
ein geschäftiges Zentrum mit Museum und botanischem Garten.**

Der Gänseturm

Lediglich Ruinen erinnern in der Garni-
sonsstadt bei der Storstrømsbrücke zwischen ►Seeland und ►Falster an eine der
ältesten Festungsanlagen Dänemarks.
Nach Jahren der Zersplitterung wurde
das Reich 1157 unter Valdemar dem
Großen auf Burg Vordingborg wieder
vereint. Hier begannen Ende des 12. Jh.s
die Wendenzüge unter Bischof Absalon,
1241 verfasste Valdemar II. das erste dänische Gesetzbuch **»Jyske Lov«**. Valdemar Atterdag ließ die Burg 1360 zu einer
Festung gegen deutsche Hansestädte
ausbauen.

1365 entstand der wuchtige »Gänseturm«, das **Wahrzeichen Vordingborgs**,
neben Resten der Ringmauer das einzige
noch erhaltene Bauwerk der Valdemar-
zeit und Herzstück von Danmarks Borg-
center, das heute auf Führungen die einst

größte Burg Nordeuropas präsentiert. Auf dem 36 m hohen Spitzdach hebt eine vergoldete Gans ihre Flügel. Das erste Exemplar soll schon Valdemar Atterdag 1368 bestellt haben, der die Hansestädte, die Dänemark den Krieg erklärt hatten, mit einer Schar schnatternder Gänse verglich (Öffnungszeiten: Juni – Aug. tgl. 10.00 – 17.00, April, Mai, Sept., Okt. Di. – So. 10.00 – 16.00, Nov. bis März Sa., So. ab 13.00 Uhr; www. danmarksborgcenter.dk).

Gegenüber zeigt das **Sydsjællands Museum** Funde aus der Steinzeit, kostbares Kircheninventar sowie Werkzeug und Textilien. Hinter dem Museum liegt der beliebte, 1921 im Renaissancestil geschaffene **botanische Garten**.

VORDINGBORG

AUSKUNFT
Vordingborg Turistinformation
Slotsruinen 1, Tel. 55 34 11 11
www.visitvordingborg.dk

ÜBERNACHTEN
► **Komfortabel**
Hotel Kong Valdemar
Algade 101, Slotstorvet
Tel. 55 34 30 95, Fax 55 34 04 95
www.hotelkongvaldemar.dk
Auch das Restaurant des modernen Hotels lohnt einen Besuch.

Die gotische **Liebfrauenkirche** wurde um 1400 erbaut. Das herrliche Altarbild aus dem Jahr 1442 stammt von Abel Schrøder d. J. Der Chor zeigt Malereien des 15. Jh., darunter eine außergewöhnliche Darstellung von Christi Geburt. Die Karikatur vom durstigen Maurer Jeppe wurde bei Renovierungsarbeiten entdeckt.

Vor Frue Kirke

Umgebung von Vordingborg

Um die Storstrømpassage zu sichern, legte man Anfang des 20. Jh.s auf der vorgelagerten Insel Masnedø ein Fort an. 1994 restauriert, dient es heute für Kunstausstellungen.

Masnedøfortet

Auf der Halbinsel nördlich von Vordingborg kann man bronzezeitliche Gräber entdecken, an der Spitze der Landzunge wachsen verschiedene Wildblumen, in den salzhaltigen Wasserlöchern leben seltene Froscharten und im Freigehege weiden amerikanische Bisons.

Knudshoved Odde

Im alten Pfarrhof bei der Kirche von Udby, 10 km nördlich der Stadt, wurde 1783 der dänische Theologe und Volkserzieher **Nikolai Frederik Severin Grundtvig** geboren (► Berühmte Persönlichkeiten). Gedenkstuben im Pfarrhaus aus der Zeit um 1600 erinnern an ihn.

Grundtvigs Mindestuer

Auf eine Bürgerinitiative hin entstand rund 12 km nördlich in Køng ein Museum (Öffnungszeiten: Di. – So. 10.00 16.00 Uhr) zur Geschichte von Niels Ryberg, einem Bauernsohn, der 1744 das Gut kaufte, 1783 eine Weberei gründete und später zum Hoflieferanten aufstieg.

Køng Museet
⊙

VERZEICHNIS DER KARTEN
& GRAFISCHEN DARSTELLUNGEN

BILDNACHWEIS

Archiv für Kunst und Geschichte: S. 51, 54, 62, 64 (oben), 65, 271, 343 (ganz rechts unten)
Baedeker Archiv: S. 7 (oben), 16 (Mitte), 42, 44, 61, 82, 107
dpa: S. 64 (unten)
DuMont Bildarchiv: S. 3 (oben), 6 (oben, unten), 8 (unten), 9 (oben), 13, 14, 15 (Mitte, unten), 16 (oben, unten), 20, 21, 40, 43, 52, 66/67, 67, 73, 77, 80, 101, 102, 108 oben, 113 (links oben, Mitte, unten), 115 (oben rechts), 117 (unten links), 121, 122, 142, 143, 156, 161, 169, 177, 178, 180, 194, 208, 215, 216, 217, 224, 228, 278, 283 (oben), 288, 291, 292, 303, 327, 334, 339, 353 (links), 355, 363, 382, hintere Umschlagklappe innen
Haafke: 343 (oben links, ganz rechts oben)
Hipp Foto: 60
Hotel Nimb: S. 247
Huber: S. 5, 12/13, 22, 110, 120/121, 132, 144, 155, 206, 213, 231, 253, 254, 304, 318, 364, 372
Interfoto: S. 34, 38, 50, 371
IFA: S. 257, 266
Knuthenborg Safaripark: S. 297
Hans Joachim Kürtz: S. 47, 57, 243, 252, 258
Laif: S. 9 (unten), 106/107, 158, 260, 287, 366

Mauritius: S. 41
Ny Carlsberg Glyptotk: S. 249 oben
Dr. Madeleine Reincke: S. 1, 2, 3 (unten), 4, 7 (unten), 8 (oben), 11 (oben, unten), 15 (oben), 39, 55, 58, 59, 75, 89, 97, 108 (unten), 109 (2 x), 112, 113 (oben rechts), 115 (oben links, unten rechts und links), 117 (rechts oben und unten), 118 (2 x), 119 (oben, unten), 126, 130, 131, 135, 141, 149, 151, 152, 162, 164, 166, 171, 172, 175, 183, 184, 185, 190, 198, 201, 205, 207, 220, 222, 226, 234, 238, 240, 244, 249 (Mitte, unten), 261, 263, 265 (Mitte rechts, unten links) 268, 270, 274, 281, 283 (unten), 284 (unten, oben), 294, 298, 299, 300, 307, 310, 315, 319, 321, 322, 326, 332, 337, 343 (oben Mitte, unten), 347, 350, 357, 360, 361, 367, 370, 375, 376, 378, 380, 383, 384
Picture Alliance: S. 10, 17, 18, 31, 32, 33, 48, 49, 76, 108 (Mitte), 119 (Mitte), 167, 264, 265 (oben rechts, unten rechts, oben links), 272, 285, 317, 330, 344, 352, 353 (unten Mitte und rechts, oben rechts), hintere Umschlagklappe außen
VisitDenmark: S. 148, 210, 348, 354, 386
ZEFA: S. 23

Titelbild: Huber/PictureFinders

IMPRESSUM

Ausstattung: 240 Abbildungen, 32 Karten und grafische Darstellungen, eine große Reisekarte

Text: Dr. Madeleine Reincke
mit Beiträgen von Achim Bourmer,
Hilke Maunder und Dina Stahn
Bearbeitung: Baedeker Redaktion
(Isolde Bacher)

Kartografie: Franz Huber, München; Falk
Verlag, Ostfildern (große Reisekarte)
3D-Illustrationen: jangled nerves, Stuttgart
Gestalterisches Konzept: independent
Medien-Design, München (Kathrin Schemel)
Chefredaktion: Rainer Eisenschmid
Baedeker Ostfildern

11. Auflage 2011
Urheberschaft:
Karl Baedeker Verlag, Ostfildern

Nutzungsrecht:
MAIRDUMONT GmbH & Co KG; Ostfildern

Sprachführer in Zusammenarbeit mit
Ernst Klett Sprachen GmbH, Stuttgart,
Redaktion PONS Wörterbücher

Der Name Baedeker ist als Warenzeichen
geschützt. Alle Rechte im In- und Ausland sind
vorbehalten. Jegliche – auch auszugsweise –
Verwertung, Wiedergabe, Vervielfältigung,
Übersetzung, Adaption, Mikroverfilmung,
Einspeicherung oder Verarbeitung in EDV-
Systemen ausnahmslos aller Teile des Werkes
bedarf der ausdrücklichen Genehmigung durch
den Verlag Karl Baedeker.

Anzeigenvermarktung:
MAIRDUMONT MEDIA
Tel. 0049 711 4502 333
Fax 0049 711 4502 1012
media@mairdumont.com
http://media.mairdumont.com

Printed in China
Gedruckt auf 100 % chlorfrei gebleichtem Papier

BAEDEKER VERLAGSPROGRAMM

LIEBE LESERINNEN, LIEBE LESER,

ein herzliches Dankeschön, dass Sie sich für einen Baedeker Allianz Reiseführer entschieden haben. Er wird Sie zuverlässig auf Ihrer Reise begleiten und Sie nicht im Stich lassen.

Natürlich beschreibt er die wichtigen Sehenswürdigkeiten, aber er empfiehlt auch die nettesten Kneipen und Bars, dazu Hotels für den großen und kleinen Geldbeutel, gibt Tipps für Restaurants, Shopping und für vieles mehr, was eine Reise zum Erlebnis macht. Dafür hat unsere Autorin Dr. Madeleine Reincke Sorge getragen. Sie ist für Sie regelmäßig nach Dänemark gereist und hat all ihre Erfahrungen und Kenntnisse in diesen Reiseführer gepackt.

Trotzdem: Die Erfahrung zeigt, dass Fehler und Änderungen nach Drucklegung, für die der Verlag keine Haftung übernehmen kann, nicht ausgeschlossen werden können. Für Kritik, Berichtigungen und Verbesserungsvorschläge sind wir Ihnen außerordentlich dankbar. Schreiben Sie uns, mailen Sie uns oder rufen Sie an:

▶ **Verlag Karl Baedeker GmbH**
  Redaktion
  Postfach 3162
  D-73751 Ostfildern
  Tel. (0711) 4502-262, Fax -343
  E-Mail: info@baedeker.com

Besuchen Sie uns auch im Internet unter www. baedeker.com. Hier finden Sie jeden Monat den aktuellen Reisetipp der Redaktion und das gesamte Verlagsprogramm. Hier können Sie auch lesen, wer Karl Baedeker war und wie er seinen ersten Reiseführer geschrieben hat. Mit seinen über 180 Jahren ist der Karl Baedeker Verlag der älteste Reiseführer-Verlag der Welt.

www.baedeker.com

▶ ZU GEWINNEN: **STADTREISE NACH LONDON**

Unter allen Einsendungen verlost der Verlag am Jahresende – unter Ausschluss des Rechtswegs – eine Städtekurzreise für zwei Personen nach London.
Freuen Sie sich auf ein spannendes Wochenende in London. Natürlich ist ein Baedeker Allianz Reiseführer London auch dabei!